教育是美的经历

IS A BEAUTIFUL EXPERIENCE

全疆发 著

沈阳出版发行集团
沈 阳 出 版 社

图书在版编目（CIP）数据

教育是美的经历/全疆发著.-沈阳：沈阳出版社，2024.4

ISBN 978-7-5716-3742-2

Ⅰ.①教… Ⅱ.①全… Ⅲ.①美育－教学研究 Ⅳ.①G40-014

中国国家版本馆 CIP 数据核字（2024）第 006692 号

出版发行： 沈阳出版发行集团｜沈阳出版社

（地址：沈阳市沈河区南翰林路 10 号　邮编：110011）

网　　址： http：//www.sycbs.com

印　　刷： 保定市铭泰达印刷有限公司

幅面尺寸： 185mm×260mm

印　　张： 22

字　　数： 440 千字

出版时间： 2024 年 4 月第 1 版

印刷时间： 2024 年 4 月第 1 次印刷

责任编辑： 杨　静　李　娜

封面设计： 庄　琦

版式设计： 崔永晨

责任校对： 高玉君

责任监印： 杨　旭

书　　号： ISBN 978-7-5716-3742-2

定　　价： 98.00 元

联系电话： 024－24112447

E-mail： sy24112447@163.com

最養百花唯曉露
能生萬物是春風

书清孔令貽句賀全疆发同志
新作出版 壬寅秋 柳斌

INTRODUCTION
前 言

教育是传授知识、培养人才的活动。《说文解字》的注释是：“教，上所施下所效也。”“育，养子使作善也。”马克思认为：“教育绝非单纯的文化传递。教育之为教育，正是在于它是一种人格心灵的唤醒。”康德则认为：“教育的最大秘密是促进人性的完美。”由此可见，教育的主要功能是人格培养而不是知识传播。

关于“美”的定义有很多种，我比较认同黑格尔关于“美使人感到愉悦”“美使人性趋于完善”的说法。比如一个有修养的人的语言、行为、仪态所表现出来的气质，能够让人感到赏心悦目。苏霍姆林斯基认为：“美是一种心灵体操。它使我们的精神正直、心灵纯洁、情感和信念端正。”蔡元培认为：“美育可以使人在高尚的情感享受过程中，实现人性完美，成为人格健全的人，也就是实现人全面发展。”人类对美的追求是与生俱来的。一个内心世界充满着美好的情感和丰富的审美情趣的人，在充满诱惑的物欲世界中，就可能保持着人性的美好，就可能用美的心灵去感受生活、创造生活，从而实现个体美、社会美、自然美的高度统一。

然而，不是所有人的初始人性是完美的。教育的目的与价值恰恰表现在促进学生个体的人性、人格完美的社会化过程中。教育追求的是人性美，这个美字既是形容词，也是动词。所以，教育是太阳底下最神圣、最崇高、最美好的一个经历。学生因为接受教育、健康成长而享受这一美的经历。教师也因为培养学生成功而享受这一美的经历。

笔者近六年来，带领全体师生致力于教育这项“美的经历”的探索与实践，主要途径与方法有以下几点：

一、认识教育中美的内涵

好的教育并不是只有较高的升学率。好的学校也不依靠“掐尖儿”来赢得生源的优势。学校立足于社区的普通生源，摒弃了升学率这一热门要素，提出

“美的教育，美好人生”的办学思想。即办家门口的优质教育，让普通百姓的子女在学校体验到成长的美好。通过学校教育经历中的人性关怀之美、发现科学规律之美、师生互动的情感愉悦之美，让学生体验到觉悟自然与社会规律之美、知识与技能提升的成功之美，让师生在教学中体验到互动的愉悦、创造的快乐、成功的幸福，进而促进各自人性、人格的完善与完美。当学习经历是愉悦状态时，显然不需要担心学生的成绩。

二、创建审美融入的课程体系

通过审美融入，学校构建了由心灵美、语言美、行为美、科技美、艺术美、健康美等六个模块组成的校本化课程体系。教师们积极发掘学科课程中的审美元素，比如逻辑与结构美等，创建知识与学习的审美情境。教师借鉴音乐中的“变奏”等概念，围绕学习主题，不断变换学习情境与方法，激发学习兴趣，提升学习效果。教师引导学生在学习过程中体验到学科知识的结构美、规律美、情境美、思维美，从而让学生体悟知识与规律、享受学习成功、自我完善人格。通过美育的渗透，促进德育智育体育的发展。

三、构建审美融入的校园文化

学校构建了由臻美德育、博美课程、智美教学、偲美社团、和美管理、怡美校园等六要素组成的学校文化体系。比如偲美社团，从无到有组建了民乐团、京剧团、海棠文学社等，一年一度举办艺术节、海棠诗会、书画比赛等，努力实现艺术社团从兴趣向专业的转变，艺术展演从表演走向绽放。类似的艺术社团不仅是培养了一门艺术技能，还是在艺术学习的经历中，开发学生潜能，解放人的天性，培养了一种对世界对他人的态度，在审美的追求中完善人格，形成了价值观。又比如怡美校园，作为初中部的走廊文化，围绕语言美、心灵美、行为美三个主题设计，呈现的是学生们自己的作品；教学楼大厅72个不同字体的“美”字寓意孔子的72位弟子，旨在于环境和活动的熏陶中以美育人、以文化人。

四、重视德育的审美情感体验

学校构建了由“礼”“节”“社”“会”组成的德育活动体系。引导学生在德育实践活动的审美情感经历中陶冶情感、健全人格。一年一度的读书节、科技节、艺术节、运动会，到处洋溢的是学生的参与、竞争、成功、快乐、自信、笑容，是学校生活中学生最有兴趣、最有激情、最难忘的经历。又譬如，高三成人礼仪式活动中，安排了父母和孩子当场交换信件并阅读的环节。可能十几年才有的第一次当面的深度交流，我们看到了许多孩子和父母泪流满面的场面。可能是第一次了解到父母生活的艰辛与爱心付出，孩子们在感动和内疚中油然而生了感恩之心，重新点燃了为人生目标而奋斗的雄心壮志。

五、尝试审美融入教育评价

学校率先推出了《尚美学生公约》《雅美教师公约》，举行以“美”为标准的评比活动并隆重颁奖，引导师生追求真善美的统一。首创的《尚美学生公约》新闻发布会被《北京晚报》（2019 年 6 月 21 日）等多家媒体报道。《尚美学生公约》涉及 12 个学年段计 120 条，内容主要是理想、道德、礼仪、守纪、劳动、学习、思维、健体、艺术、责任等方面。“尚美学生”的多元综合评价，不仅改变了过去的“分数导向”的智育评价倾向，而且形成了“面向全体、个性与多元、自荐加他评”的鼓励性、多样性、综合性的评价体系。让一些在学习成绩方面没有优势的同学可以在诸如助人、劳动等方面有张扬个性并扬长补短的经历，体验到学校生活美好的同时，树立了创造美好人生的信心。

六、教育过程变成了美的经历

现代社会中，每个人都得经历 9 年或者 12 年的学校生活。这个受教育的过程，就是不断学习、成长、进步、关爱、愉悦的美的经历，并为其美好的人生奠定了基础。教师更是因为在这一美的经历中自由的、创造性的劳动而获得成长、成功的快乐，享受这种美的工作与生活。从这个意义上看，说教师是天底下最光辉、最美好的事业是恰如其分、令人羡慕的。

学校常态的教育实践与互动中，教师与学生都会体验到“自己的需求得到满足的愉悦感”；或者说在教育教学过程中，因为相互关爱、成长与进步而体验到了人生的美好经历。这种美的经历也表现为具体的场景、事件和人物。譬如课堂上教师的点拨与学生的顿悟，艺术节上民乐团倾情演奏的全过程，或者是足球比赛中的临门一脚、服装设计大赛中宣布获奖的瞬间等等。“美”成了学校生活中最美好最有意义的一种经历与状态。“美”进而又成为师生灵魂深处的价值取向与精神追求，并渗透到学校集体生活中的方方面面，成为每个人努力提升自我、实现自我价值、在成长中走向成功的快乐与幸福之源。

CONTENT

目录

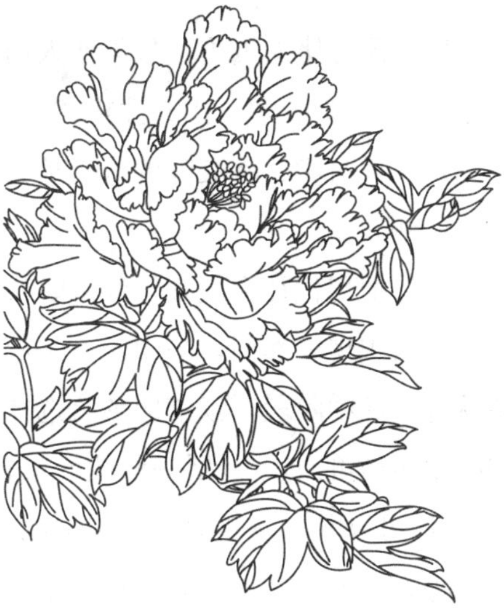

学校集会讲话

第 1 章

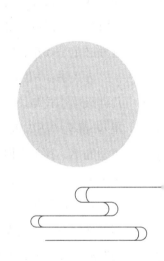

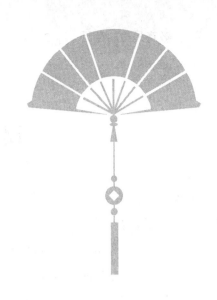

读书可以美丽人生

各位同学：

大家好！

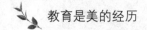

高尔基先生讲：“书籍是人类进步的阶梯。”我认为这是至理名言。因为，书籍是人类传递文化、知识的最传统、最有效方式；而读书，可以让你认识世界，从而拥有适应与改造世界的能力；并且，你的进步正是人类进步的一部分。

培根先生说：“读书是以怡情，读史使人明智，读诗使人灵秀，数学使人周密，科学使人深刻，伦理学使人庄重，逻辑修辞学使人善辩。凡有所学，皆成性格。”性格决定命运呀！一个博览群书的人，必定是有修养、有道德、懂科学、善交际的人。那么他的人生过程必定是成功、快乐的。换句话讲，读书可以美丽人生。

古人讲：“书中自有黄金屋，书中自有颜如玉。”但现代社会是知识经济时代，信息呈几何级爆炸式增长，许多知识与信息也以书籍的形式出现。然而，书中是不是都有“黄金屋”，都有“颜如玉”？这就很难讲了。所以我认为，高中阶段，读书应该有选择性。有些类型的书，我主张你们多读一些。第一类是伟人传记类的书，包括一些政治家、科学家、军事家、经济学家、文学家的传记书。读这类书，可以从伟人的成长经历中学到许多东西，特别是理想、信念、学习方法、磨难、意志等方面的内容。譬如《周恩来传》等，会帮助你树立正确的人生观与价值观，志存高远。周恩来少年时代就有“为中华之崛起而读书”的崇高理想，而且为此理想奋斗一生。读书成就了他的伟大、美丽人生呀！第二类是中外古典名著，包括“四书五经”中的四书，这个语文老师肯定有讲，我就不说了。第三类是报纸杂志，譬如《读者》《青年博览》《计算机世界》等。《读者》有许多感人肺腑的精美短文，可以润泽人的心灵。反映现代科技进展的杂志很值得读，它能让你拓宽眼界，把握当今科技前沿的信息。第四类是教辅书，是辅助学习之用，但宜精不宜多，好教辅书读通一本就差不多了。

读一本好的书或一篇好文章，就像与一位有品位、有智慧的学者进行心灵的对话，不知各位有没有读书至感动甚至流泪的经历。如果没有，可能你还没有读到好书。

有的同学热衷读动漫、漫画、娱乐界新闻等快餐式、娱乐性书籍。可以休闲消遣读一些，但切莫沉迷其中。那充其量是炒菜时加的一点点酱油，但它绝不是主菜。试想一下，你能靠吃酱油活下去吗？

康有为先生是因读书而奋发有为的楷模。他是广东南海人，19 岁拜南海九江有名的学者朱次琦为师学习宋明理学，22 岁一个人跑到西樵山白云洞读顾炎武《天下郡国利病书》等大量经世治国的书籍，后来又到香港“购地球图，渐收西学之书”，从而认识到中西体制的差异，燃起救国之心。从组织“强学会”，到发动“百日维新”，他成为中国宪政思想的创始人，推动了中国宪政体制的改革。他的人生绚丽多彩，永垂史册。今天我们读书节的启动仪式，就是号召大家向康有为先生学习，敢为人先，发愤读书，成为奋发有为之青年。

最后我想说的是，读书可以增长你的知识、高雅你的情趣、净化你的心灵、强化你的意志、正确你的行为、美丽你的人生。结束发言前，我送一副对联给各位。上联是：爱书、读书、写书、书铺人生之路；下联是：奇心、信心、恒心、心燃前途之灯；横批是：书美人生。

谢谢各位。

（2017 年 4 月，在读书节启动仪式上的讲话）

用行动来践行爱国

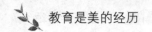

尊敬的各位领导、来宾，尊敬的各位老师，亲爱的同学们：

上午好!

新中国成立 70 周年国庆日即将来临之际，北京化工大学附属中学 2019—2020 学年度第一学期开学典礼如期进行。

过去的一年中，在朝阳区教工委、教委的正确领导下，在北京化工大学、小关街道等友邻单位的支持帮助下，北化附中全体师生奋发图强，取得了一系列成绩。

高考本科率达 98.5%，重点率达 33%，远远超出区教委下达的任务指标。咱们的同学参加北京市中学生化学、物理、通用技术、创客比赛都获得了一等奖的骄人成绩。这个成绩来之不易，因为我们的入学起点不高。它说明了经过我们的努力就可以创造奇迹，也表明北化附中理工特长的办学特色基本形成。

另外，学校跆拳道队、健美操队也再次荣获北京市一等奖。刚才，我们又为北京市高中力学竞赛一等奖和三等奖、朝阳区高中女子足球亚军、男子足球第四名获得者以及朝阳区优秀学生干部、三好学生、优秀班集体获得者颁奖。我在这里还要特别表扬男、女足球队。因为咱们招生人数少，而且没有体育特长生，男女足球队组队时间都不长。但是，我们面对名校强手，毫不畏惧，敢于亮剑，过关斩将。去年勇夺男子足球冠军，今年又勇夺女子足球亚军。无须申请就自动成为北京市足球特色校，有几位同学已被上级选为北京市代表队成员。我为你们感到骄傲和自豪。建议大家以热烈的掌声对各位获奖的同学表示热烈的祝贺。

在向各位获奖者表示祝贺的同时，也号召全体同学向他们学习，都努力争取在德智体各方面超越自我、全面发展、更进一步。

借此机会，我还想对 26 名“1+3”实验班学生、49 名高一新生表示热烈的欢迎与祝贺。为什么要说祝贺呢？因为“1+3”招生是从近 200 名报名学生按面试大体 8：1 的比例选拔出来的。今年中考题偏难，考入北化附中最低分要 501 分，在全区 20 多所高中录取最低分排名第 13 位，首次超出了部分引进名校。三年前北化附中录取最低分排名是第 18 位，近三年前进了 5 位。换句话说，现在要考入北化附中不容易。所以，我对 75 名新生表示欢迎，因为你们优秀，所以特别欢迎。

刚才，吴敏老师和两位同学就新学期工作与学习做了表态发言，化工大学工会副主席高红峡教授也为我们的工作表达了坚定支持与热情鼓励。我相信，你们的发言必将成为全体师生砥砺前行、团结奋进的动力。

30 天后，是新中国成立 70 周年的日子。我还想借此机会交流一下爱国这个话题。

首先，爱国需要理由吗？我认为：不需要！为什么？第一，因为您生于斯、长于斯，您呼吸的空气，您喝的水，您吃的面条、饺子、蔬菜、水果是哪里来的？祖国的土地滋养着您的血脉、骨骼、肌肉等肉体世界。第二，您的父母养育着您，您的亲戚、同学、朋友陪伴着您。父母、好友等联结着您的情感世界。第三，生长、读书、吃饭、看戏，中国的传统文化与家乡习俗熏陶、浸润着您的精神、灵魂世界。以此推理，爱国就是人性的情感组成部分。

所以，无论您将来在哪里生活、工作，祖国是您的根和魂，无法分割。请问：爱国，还需要理由吗？

其次，我想问的是：爱国会不会是一个很空洞的话语？如果不空洞，具体是爱什么呢？我认为第一是爱自己的父母和亲人，儿不嫌母丑啊。第二是爱自己的同学、老师和朋友。第三是爱家乡的山山水水，爱学校的一草一木。第四是爱祖国的大好河山、各族人民和传统文化。其中前三种是小爱，第四种是大爱；前三种爱是基础，第四种爱是升华。

最后我想问的是，怎么样才算是爱国呢？要不要有实际的行动才能证明？我的回答是：要！第一要知国。通过学习了解家乡，了解国家的自然、历史、文化等。因为只有了解和认识，才可能产生爱。第二要忧国。通过学习知道国家的历史和现状，明确了国家发展、人民富裕还存在这样或那样的难题，您有责任和义务去帮助解决，即“先天下之忧而忧”。第三是报国。学习的目的就是在自我成长的同时，形成为祖国和社会发展服务奉献的能力，在报效祖国的同时实现自我价值。以侯德榜、邓稼先、钱学森等为代表的一大批科学家，放弃国外优裕的生活，回国艰苦创业，实践科技与工业救国。他们把自己的生命和才华献给了国家，服务人民，实现了人生价值与梦想。他们才是国家栋梁，是值得我们永远崇拜与学习的爱国、报国楷模。同学们，振兴中华，匹夫有责。这个责任要通过学习形成能力才能完成。希望同学们爱学、勤学、善学、乐学，让爱国情感转化为具体的行为。

最近，大家从各种新闻媒体上，也看到了香港一些无知无畏的青年，被一些别有用心的人利用，用暴力伤害无辜的人，破坏公物，严重影响了香港的经济和老百姓的生活。我的判断是：必定失败。依据是：竟然举着英美的国旗，挑战的是人性中爱国这一情感底线，必将被钉在历史的耻辱柱上。

老师们，同学们！历史已证明：没有共产党就没有新中国，没有共产党就没有强大富裕的中国。我们都是共产党、新中国的受益者。只有奋发努力地学习和工作，才是真正的爱国者。愿我们共同努力，共同去创造和迎接祖国美好的未来！

谢谢大家！

（2019 年 9 月 1 日，在开学典礼上的讲话）

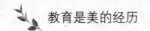

奋发图强，为自我的生命过程增添美好

亲爱的同学们，尊敬的老师们：

下午好！

窗外冷风扑面，2019 年正踏步而来。

我们满怀信心，洋溢着微笑，又一次携手走进新年。

2018 年是改革开放 40 周年。回望过去，13 亿中国人民在中国共产党的坚强领导下，通过改革开放，创造了人类历史上少有的经济奇迹，使十多亿人民摆脱了贫困，迈进了小康社会。

2018 年是跌宕起伏的一年。特朗普高喊着“美国优先”，向中国及其他贸易伙伴张牙舞爪，挥舞着“贸易制裁”的大棒。但中国人从来就不怕事。伟大领袖毛主席有一句名言：“帝国主义和一切反动派都是纸老虎。”

党的十八大，习近平主席首次提出了“一带一路”“人类命运共同体”的概念，号召各国共同打造“政治互信、经济融合、文化包容”的人类命运共同体，彰显了中国共产党中华民族的文化自信、制度自信，赢得了全世界有识之士的赞同和拥护。

敢于直面困难，感受人间人生波折的苦乐，是中华民族与儿女几千年来传承的优秀文化。

当我们走进大地，你会发现农民仍在田间耕耘；当我们走过城市，你会发现工人还在工地埋头奋战；当你回眸课室和办公室，你会发现同学们仍在书本上记笔记，老师们的双手在键盘上敲击。

哦，无论天气多么寒冷，每个中国人仍在自己的位置上奋发图强。旺盛的生命力是对自我的尊重，是对未来生活的追求，是对家人的感恩。

2019 年是中华人民共和国成立 70 周年。伟大的中国共产党领导中国人民，不但打败了各路军阀及帝国主义，建立了人民当家作主的新中国；而且领导全国人民建立了一个经济总量居世界第二（注：指 2019 年数据），在全球政治、军事、文化影响力快速提升，老百姓生活走向富裕与小康的强大中国。

70 年前上海租界写着“华人与狗不得入内”的时代一去不复返了。如今欧美各国的大型机场、酒店、购物场所都配有中文标志，甚至中文翻译。70 年前，伟大领袖毛泽东那句“中国人民从此站起来了”气壮山河，并变成了现实。

所有的辉煌成绩都是一代代中国人不畏艰辛，奋发图强，踏踏实实干出来的。在困难面前害怕、懒惰只会让你失败。敢于亮剑，奋力拼搏，就会创造生命的奇迹。这也是生命成长的本质和意义。

2018 年，北化附中在全体师生的共同努力下，业绩辉煌。借此机会，略作表述。

1. 召开培育“社会主义核心价值观”工作推进会。践行“美的教育”，落实立德树人，开创“全员、全科、全程”育人的新局面，为孩子们的美好人生奠基。

2. 高考、中考成绩再创历史新高。重点上线人数超288%，本科上线人数超57.7%，孟婧同学考入清华大学。初三中考平均成绩接近500分。师生们“学而时习，习与智长”，着力提高课堂教学、个性辅导的增值效益。学校再获朝阳区高中“教育教学优秀奖”。高三年级组被评为朝阳区“教育先锋号”。

3. 推进校本研训，促进教师专业发展。邀请到魏书生等教育名家莅临讲学，成功举办“冯天林、钱怡老师教学特色研讨会”、高中市级生物课题开题会。初中部请到40多名特级教师进校园指导教学活动，11位教师在市级论文评比中获奖。

4. 学科竞赛屡获大奖。高中部获中美创客比赛市一等奖（4人，全区唯一），通用技术大赛市一等奖（4人，全区唯一），高中化学竞赛市一等奖（4人）。初中部举办了名著阅读、文综知识、雅美学生、英语短剧等竞赛，并在区级电子技术、时事述评等竞赛中获一等奖27人次。彰显了化附学子的创新、实践能力，证明了普通学生也能创造成长空间。

5. 体育竞技捷报频传。高中部获朝阳区足球比赛冠军、北京市健美操、跆拳道比赛一等奖。虽然不是市级体育特色校，不招体育特长生，但敢于“亮剑”就有夺冠的可能。

6. 高中部成功举办“吴越文化”“京西古道”研学活动。同学们在了解北京文化的同时，走出北京，了解中华文化。初中部组织了“四个一”活动，参观故宫、学习农耕文化等行知课程开展得有声有色。

7. 成功举办了两次“合作办学理事会”。北京化工大学、朝阳区教委、北化附中三方将进一步深化合作办学。北化大学的化学、物理、生物、数学、英语、体育等专业的教授、专家深入化附指导教学。

8. “大学先修实验课程”如期开学。北京化工大学的张丽丹、尹亮教授等亲自授课。化附学子学习合格后，考上化工大学将计入大学学分。

9. “1+3”实验班成功开设STEAM、AL（人工智能）课程。从科学、工程、技术、艺术的视角整合课程，着力培养学生的创新思维与实践能力。

10. 宣传工作卓有成效，办学声誉迅速提升。获朝阳区教育传播联盟“最佳贡献奖”。北化附中微信公众号的新闻发布量、阅读量、点赞量稳居朝阳区前十名。北京电视台报道北化附中“成人礼”仪式。“春风化雨，化与心成”“活动体验、感动感悟”的德育特色得到学生、家长、社会、政府认可。

在将来临的新年里，我代表学校党、政、工、团，希望全体师生继续共同努力、奋发图强，为我们的生命成长过程增添美好，为我们的时代与社会发展增砖添瓦。并借此机会祝福各位身体健康、学习进步、家庭幸福、生活快乐。

（2019年1月1日，新年贺词）

温馨的家庭环境有利于高三备考

这是一个老生常谈的话题，说起来容易，想做好却不容易。

首先，高三家长必须清醒地看到，家长的焦虑情绪一定会传染给即将高考的孩子。这对于自己的孩子是有害无利的。必须想尽一切办法，放平心态，避免这种无益焦虑。

其次，从客观规律来讲，受中小学教育将近 12 年，学生的应试能力、在学生整体中的水平和位置等，都基本固定了。一些过高的期望是不切实际的，反而会产生一些焦虑。这种焦虑往往通过语言、表情等表现出来，难以掩饰。在高三考生面前“假装镇定”反而会激起孩子的焦虑情绪。放弃不必要的焦虑才是最明智的选择。

再次，不要轻易相信社会上一些自媒体，特别是从事高三补课的商业机构故意贩卖的焦虑。离高考还有几天，不太可能有神奇的机构及“能人”，能够在这么短时间内提升高考分数。如果有，早干吗去了？这种“临时抱佛脚”只能是花钱购买心理安慰。

今天，我想以“温”字的三个词组，表达几个观点供参考。强调的是不冷不热不过度，恰到好处即为“温”。“恰到好处”依然表现出一种积极乐观的心态，“温”强调的则是拿捏好分寸感。即营造一种温暖、温馨的生活、学习上的常态，让孩子有一种积极、乐观、稳定的心理状态，从而在高考中发挥出最佳水平。

一、温馨的家庭环境

家庭环境虽然与居住面积有关，但更强调干净、整洁、有序、温馨。有条件的也可以买一点散发着淡香的鲜花。因为干净、有序、淡香的家庭物质环境有利于稳定、平静孩子的心理。

温馨环境也包括常态、稳定的作息时间，以便确保高质量的睡眠及第二天的精神状态。低音放一点轻松的音乐，适当地提前睡眠，早睡早起似乎也有必要。

温馨环境也可以包括健康、营养的饮食。大鱼大肉、营养补品、辛辣刺激、冷饮伤胃都没有益处。常态可口、健康营养的家常菜就可以了，有条件的可以辅以温补煲汤。

温馨环境还包括提前给孩子准备一些考试用品，包括身份证、准考证等证件，签字笔、2B 铅笔等文具，公交卡、零花钱等。恰逢雨季准备雨伞又可遮阳，备点创可贴有备无患，还可以专门准备一个透明塑料袋装好。

温馨环境更重要的表现是：尽可能不谈高考话题，特别是高考的几天中，尽量避免谈及当天考试科目的答题好坏。因为当天考试都已经结束了，谈论答案正确与否只能徒增烦恼。

二、温习的学习策略

温习强调的是复习已经学过的知识，通过温故而增强记忆而已。考前再进行系统全面的复习，时间不允许也没有必要。堆成小山似的复习资料也可以放在一边不看了。还应该避免新的难题怪题的解题训练。对于绝大部分同学来讲，在基础题上不丢分是最有价值的。把会做的题都做对了，就能够获得最高分。

温习可以是查漏补缺。课程标准、考试说明、课本、近期模拟题、错题本等，可以粗略翻到想查看的那一页。也可以尝试对照知识点，系统梳理、回忆一下知识结构。过往的试题特别是曾经出错的地方，看看能否找出曾经的思维障碍，知道解法并举一反三。

温习应该是低强度的。听听轻松愉快的音乐是值得提倡的，或者家长陪同进行一些强度较小的体育锻炼。闭目养神、多一些深呼吸也是一种挺好的调整方式。电脑游戏应该禁止几天。

三、温暖的交流氛围

高考前夕和高考过程中，准时接送很重要。父母和子女之间，彼此心照不宣，双方的沟通都特别谨慎、小心。其实过于在意对方，反而增加紧张感。还不如彼此温暖一些，相互鼓励。

温暖是一种积极的心理暗示。父母要相信自己的孩子是最棒的！微笑着鼓励孩子：你是最棒的！这次发挥得会更好！积极的心理预期往往会带来最佳的目标。

温暖还表现为言行的鼓励。复习期间、考试期间，家长最好不打听“考得怎么样”。即便是有一天哪一科考生觉得有点难，发挥不好不顺意，家长的最好语言是：“孩子，没事。你不会做，别人也不会做。放心吧，准备明天考得更好。”鼓励的温暖语言比唉声叹气甚至指责更有积极意义。

注重仪容也是一种温暖。有的家长很聪明，特意穿着有寓意的红色上衣，甚至旗袍盛装，或者捧着鲜花迎接、见面拥抱等。以上只要不过头，我也持赞成态度。因为它是一种温暖、正向的交流、沟通方式，也是一种积极的心理暗示。

（2021 年 6 月，在高三线上家长会上的讲话）

“昂”字引领，阔步前进

各位同学、老师们：

大家好！

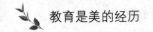

首先，预祝同学们在新的学期里身体健康、学习进步，老师们工作顺利、家庭幸福。

其次，代表全体师生欢迎153位高一新生成为北化附中大家庭的光荣一员。下面我以“昂”字组几个词，与大家共勉。

一、昂首阔步

第一，希望大家在新的学年里，满怀自信、大步前进。为什么呢？因为从生物学角度来讲，你们能够成为生命就是上万细胞里的最强者，相信自己是最棒的。第二，北化附中有一支特别优秀的教师队伍，近几年高考都取得了优异的成绩，实现了低进高出，赢得了社会的肯定。第三，党和政府半年多来的政策与作为，向世人证明了中国政府具有强大的制度优势，作为中国人，我们应该感到无比自信。

二、斗志昂扬

北化附中的育人目标是立志、立德、立业、立人。立志是成才的前提，希望大家把自己的人生规划和国家发展联系在一起，树立远大的人生目标。

学习成绩的好坏不仅仅取决于智力因素，更取决于非智力因素。希望大家树立敢于胜利的昂扬斗志。

三、昂首青云

希望大家在学习生活中大展身手、张扬个性、全面发展，享受学习中的成功与快乐。我想特别强调一点，我们的校训是“习与智长、化与心成”，《论语》中的第一句是“学而时习之，不亦说乎”，都强调了学习中“习”的重要性。即动手实践、动脑思考，包括预习、自习、练习、复习、温习等。“昂首青云”的学习过程离不开“习”字。

四、器宇轩昂

希望同学们精力充沛、风度不凡，学习生活中德智体美劳全面发展。我想特别提醒同学们要注意卫生和身体锻炼。学校开设“君子淑女”课程，进行“尚美学生”评比，就是希望同学们有修养、有气质。

五、步步高昂

希望同学们天天有进步，周周、月月、年年有进步，积小步成大步，在成才的道路上阔步前进。

六、苍穹之昴

希望同学们通过学习与进步，在学习生活中拥有最闪亮、最成功的时光，将来在某个行业或领域成为最出色的人，成为天空中最亮的那颗星星。

谢谢各位！

（2020 年 9 月 1 日，在秋季开学典礼上的讲话，《朝阳教育报》刊发）

习与智长，让暑假更有意义

线上线下学习，使学生们经历了自己的成长，收获了知识。接下来的暑期生活，如何将学习生活融入假期，如何让假期的生活变得更有意义呢？我认为暑期的生活始终贯穿一个“习”字，会让暑假变得更有意义。

一、习的内涵

《说文解字》里说：“习，数飞也。”“数飞”就是“多次飞翔”的意思，这是“习”字的本义。实际上就是通过训练形成技能。对于广大青少年来说，学习就是这个意思。孔子《论语》第一句：“学而时习之，不亦说乎！”朱熹先生《小学》中曰：“习与智长。”可见“习”字在学习过程中的重要性。我国古代的学子一直有习文、习武、习礼、习艺等传统。譬如春秋战国时期的“六艺”指的是礼（礼仪）、乐（音乐）、射（射箭）、御（驾车）、书（识字）、数（计算），都是当时作为“士”的生活与工作的基本技能。当然，时代在发展，对于生活和工作的基本技能也在发生变化。但万变不离其宗，新时代倡导的德、智、体、美、劳也大体是这个含义。同时，也必须在“习”的过程中将习惯成自然转化为能力与素养，即在“习”中成性，在“习”中获得。

二、习以养德

居家生活中，习以养德主要体现在起居、用餐、家务、对话活动等言语和行为上对父母、长辈的孝心、礼仪。孝顺父母本是天职，古代皇帝还践行“孝道治天下”，可见“孝”在道德中的地位之重要。但独生子女时代后这方面确实淡化了。对长辈要习惯用尊重的称谓，不说让长辈心烦的话，做一些诸如洗菜、洗碗、拖地等力所能及的家务，与长辈一起读书、观影并交流心得等。长期与长辈交流、分忧、共同劳动习得的不仅是德行，也习得了责任感、生活技能，终身受益。有些孩子不在意父母生活劳作的艰辛及烦恼，习惯于“饭来张口”，甚至把不满的情绪向最亲的父母发泄，这对自身的成长与道德修养是不利的。“习”可知晓为人之准绳，为事之方圆。

三、习系天下

身居陋室，心系天下，指的是要关心国家、民族和社会的大事。因为每个人的命运是与国家、民族、社会的命运联系在一起的。建议通过电视、网络了解政治、科技、军事、经济发展方面的大事，从而把握社会发展的大趋势；对感兴趣的领域尝试探究式学习，在学习取向与职业生涯规划中引以参考，学以致用。譬如中国正从“制造大国”向“制造强国”转型，航空航天、人工智能、材料科学、生物工程等是重要发展方向。感兴趣的方向就要从小立志，学习领域必须有对应的科目选择。也可以探究的视角进入自己感兴趣的国家、省、市级网上博物馆参观学习，足不出户、超越时空去了解、体验历史与文化。类似的研习过程不仅仅增长知识与能力，更有助于开阔视野与胸怀，提高政治站位，提升人生观价值观世界观。

四、习与智长

学习者自身是学习的主体。居家学习的最大特点是自主，自己的事情自己定、自己做。根据自身的条件和课业的要求，制订学习与生活计划。从时间上看，包括每日、每周及整个暑假的计划；从内容上看，包括课程学业、身体锻炼、家务劳动、艺术欣赏等；从任务上划分，有预习、复习、练习、习作等；从操作上讲，又含听、说、读、观、写、做等。比如，晨读课文、观看“首都教育”App 上的网课视频、读书笔记后尝试自绘“思维导图”、自主“限时训练”、学友之间网络交流与合作学习、“国家大剧院”App 上欣赏音乐等。学习的内容、方式尽量丰富一些，既调节了情绪，也避免枯燥乏味，还提升了综合能力。上述一系列“习”的行为，无形中促进了学习者智慧的增长。德智体美劳全方位地学习与实践，“习德”与“习智”双赢。通常，有运动、艺术、厨艺爱好的人，会比较有生活情趣，可能生活品质与幸福感会高一些。

五、习以律己

自信、自立、自律、自强是居家自主学习的关键。对自己充满自信，自己的事情自己做，遇到疲倦时学会自我调节，遇到诱惑时能自我克制欲望，遇到困难时意志坚定勇往直前，这就是自我成长与勉励、奋发图强的过程。这“四自”是所有成功者的要素。现代信息社会的青少年在学习过程中，最容易出现的毛病是自律性不够。比如，面对网络上良莠不齐的游戏甚至色情网站，抵制不住诱惑甚至深陷其中，就可能丧失原有的人生的正向目标与学习动力。其可怕的结果是，自己也意识到陷入诱惑难以自拔，有时也想回归正常的学习与生活状态，但意志薄弱，缺乏定力。如果确实遇到这种情况，一方面可以尝试坚持有兴趣的身体锻炼、艺术训练与欣赏项目来转移注意力、强化意志力，另一方面也可以尝试到“北京市中小学心理咨询平台”及正规的心理咨询所进行咨询、诊断、矫治。

六、习美人生

孔子说：“少年若天性，习惯成自然。”大体的意思是说青少年成长过程中，长期的“习”形成惯性，就会养成人的秉性与性格。习惯与性格无疑会深刻影响一个人的成长与命运。北化附中秉承“习与智长，化与心成”的校训，致力营造“学而时习，习与智长”的学风，在以“习”为主线优化实施国家必修课程的同时，着力构建以“习”为主线的“理化实验”“海棠文化”“行知实践”等校本课程体系，让学子们在“习”的过程中体验到学习生活的成功与美好。体验到成功，习惯成自然，也可以转化为居家线上与线下学习过程中的动力。暑假期间的居家学习，学校、年级、班主任及教师各个层面对学生的学习与生活指导、督促。如前所述，德、智、体、美、劳各个领域都贯穿着“习”为主线的自主学习，从而实现习惯自然，立德树人，也为美好的人生奠定了基础。

社会的发展、人类的进步都离不开一代代有志青年的拼搏努力，特殊时期更需要有思想、有追求的青年人做好国家的栋梁，肩起时代的、家庭的、自己人生的责任！学而时习之，不亦说乎！

（2020 年 7 月 13 日，在结业礼上的讲话）

在创新中实现家校和谐共育

各位老师、家长：

晚上好！

我今天分享的主题是：在创新中实现家校和谐共育。

互联网技术改造了教育的形态，使学校教育突破了时间与空间，包括传统意义的围墙、教室、作息时间等；实现了线上、线下教学的交替进行。目前这种不确定性带来的风险，让学生、家长、教师产生焦虑。

怎么办呢？需要学校、家长、教师齐心合力，围绕“孩子健康、快乐成长”的主旋律，和谐地合奏育儿新曲。

一、树立“三个第一”的新观念

我先讲观念更新，概括而言就是“三个第一”。

首先是“生命第一”。特殊时期，健康第一重要，学习成绩可以放一放。

其次是“孩子成长第一”。为孩子成长，家长与教师的想法、做法必须一致。这对孩子成长最有利。和谐的合奏有利于家校共育。当家长、教师观点不一致时，家长要相信教师，相信教师的职业道德、专业能力。教师这个职业天生有母爱因素，爱心育人。请记住：家长与学校发生冲突，首先吃亏的是孩子。当然，教师也要从家长角度换位思考，譬如独生子女型的“学困生”家长的焦急等，应该避免家校矛盾。

再次是“家庭教育第一”。咱们要重新认识家庭教育的特殊地位与作用。儿童面临的第一个育人环境、第一位老师、第一节课都是在家庭。父母是第一个甚至终身的教育主体，言传身教，潜移默化。有的孩子说话的口气、走路的姿势都与父母一样。而学校及教师，可能仅相当于火车的乘务员，只能管一段。

二、创新家校共育三个新途径

首先是创新家长学校功能与作用。包括请有经验的专家、家长、老师介绍家庭教育中亲子关系、家校关系的处理，督促自主学习、心理调适的方法等，介绍传播典型经验。或者依托社会心理机构、聘请心理或教育专家，对学生、家长进行积极心理培训，建议个别家庭联系、寻求心理健康咨询与治疗服务。再就是组织培训，提高家长互联网技术能力，以便提高线上学习的指导、监督能力，及与孩子、老师的沟通能力。

其次是创新家长群的功能与作用。及时宣讲国家政策、上级要求、学校安排、家长配合的措施；及时实现家长与教师沟通、反馈、监督学生的自主学习问题；及时举办互联网上的家务劳动、体育锻炼、书画或歌唱艺术、读书的活动过程、作品、成果交流，分享成功与愉悦。

再次是创新家委会的功能与作用。包括挑选有热情、有能力的家长参与、协助学校的教育教学及管理，挑选有兴趣、有能力的家长参与学校的课程规划、校本课程、学生管理等志愿服务，挑选家校共育中的优秀家长梳理、介绍典型家校共育经验。譬如小学部累计请了 9 位家长，都是化工大学的老师，给小学生们上科学类、人文类的校本课程。课后化大老师说比给本科生、研究生上课还更难，备课更费工夫，因为要考虑儿童们是否有兴趣、听得懂、学得会。这有点意思，家长可能体会到了老师工作的特点与难处。

三、具体方法上的四个注意

一是允许孩子犯错及惩戒教育。现在的家长对孩子们要求太高、太完美，小学各科都想 100 分，犯点小错就暴跳如雷。这不对吗？咱们自己小时候成绩都多少分，干过调皮捣蛋的事吗？我小时候是干过，也被老师批评过、惩罚过。父母知道后都支持学校，肯定老师惩戒得对。儿童的成长过程就是试错的经历，允许犯错，也允许惩戒，有利于孩子的成长。当然，现在多是独生子女，应该把握好惩戒方式与尺度，譬如抄作业、罚站、搞卫生、禁止参加集体活动，我认为可以，也有必要。

二是表扬鼓励为主及挫折教育。多一些表扬鼓励，有利于儿童发展兴趣与提供动力。但一生不可能一帆风顺，必要的挫折教育有利于孩子走进社会。

三是真正“五育”并举与只看成绩。我们招聘老师、单位招聘员工，都看综合素质，特别是人际关系的处理能力。现在的家长、老师、学校过度关注学习成绩。前面也谈到学生的焦虑症问题，其实，“五育”并举就有可能从源头上、本质上缓解焦虑等心理健康问题。一个爱劳动、爱运动、有绘画和音乐爱好甚至特长的人，也是有生活情趣、品质的人，也懂得排解烦恼的方法。

四是主动互联网＋与传统教学。互联网＋冲击、改变教育、生活方式，是时代进步潮流，挡不住，那就积极主动应对。当然，传统教育有益有效的学法、教法依然可以用。这才是因材施教、科学施教。

四、值得反思的五个概念

关于家庭，我认为本质上是生命的代际延续。家庭是育人的私人、个性、自由育人环境，没有伪装，最能反映人的天性、本真。对孩子成长而言，以家庭最为重要、关键。

关于学校，我认为本质上是人类文明的传承。学校是育人专业环境，有标准，有集体主义，所以有规矩也会有伪装，但这是儿童成长、社会化的必须途径，当然重要。

关于教育，我认为本质上是习惯养成、人性的完美的过程。自我意识、情绪控制、人际交往、自我激励等情商因素非常重要，许多“学困生”并不是智商不行，而是习惯、意志等情商欠缺。

关于学习，我认为本质上是学生自学中的认知与顿悟。与基因有关的观察、认知、语言、思维、计算等智商因素是有差异的。“多元智能”理论也证明了这一点。为什么海淀区中学中的“六小强”考上北大清华的学生多，那是因为海淀区是全中国甚至全世界“学霸级”父母最集中的地方。当我们希望子女考上什么大学时，首先回忆一下自己当年考上什么大学。还有就是数理化不爱学，也许孩子绘画行，人的特长是有差异的。

关于快乐，我认为本质上是好奇心、好胜心的满足。所以兴趣培养，成功激励非常重要。家长、教师、家校共育中特别要注意这一点。

（2021 年 9 月，在线上家长会上的讲话）

用美的心灵去感受、创造美的生活

每天傍晚放学，走路回家的路上，我总是能够看到类似的一幅幅动人的、让我感受到美的真实画面。譬如，校门口左转弯车道上一辆破旧的三轮车里，座椅上的母亲双手端着煲好的汤，坐在前排驾驶位的父亲回着头，父母充满爱意的慈祥目光凝视着那位低头大口喝汤的男同学。

每次看到这种场景的一瞬间，我心里总是充满感动。我眼中看到的是一幅充满母爱、父爱，充满亲情美、情感美的画面。我几次都想带相机拍下这种充满美感的动人画面，但又不忍心打扰这一宁静的充满美的情境。以至于后来有时未看到这辆破旧的三轮车时，我总有一种未能感受和欣赏到美的失落。

在失落之余我在思考：我为什么会出现这样一种情感失落？我情感世界中是否有着一种对美的追求？如果我们能用美的心灵去感觉生活世界，是否在世界的每一个角落、每一个瞬间都可能感受到美？人的心灵是否会进一步得到净化、升华？人的思想、道德、情感是不是会上升到一个更高的境界？这种思考断断续续，充满困惑。后来读到康德关于美学思想的一篇文章，我茅塞顿开。

德国大哲学家康德认为，科学的本质是求真，科学面对的是自然界，服从因果律；道德、社会历史的本质是求善，它面对的是人类社会，服从道德或自由律。康德发现自然和社会两个世界是完全不能沟通和对话的。但又发现人同时生活在这两个世界之中。人作为自然存在物，具有动物性，具有各种感性欲望，追求个人利益，服从因果律。但人如果完全按照因果律选择自己行为的话，人类社会就会变成“弱肉强食”的动物世界。幸运的是，人类社会从一开始就超越了因果律，人还追求道德和自由。当然，如果每个人都按照道德律来选择自己行为的话，就可能是“神”的世界，人类社会就变成了理想中的“天堂”。

康德认为，如果仅有科学的因果律，人不可能走出动物界；但抽象的道德律在现实生活中又经常面临挑战。譬如按道德律选择自己行为的人不见得都幸运，而有些不道德的人却常常能得逞并获得各种利益和实惠。在如此不公正、不道德的世界中，谁还会选择道德行为呢？这正是康德所深刻揭示的真与善之间、因果律与道德律之间的“二律背反”。正是在这样一种矛盾、困惑之中，康德发现人还有一种独特的要求，即在情感世界中对美的追求。

对于“美”的定义有很多种，我比较认同黑格尔等关于“美使人感到愉悦”“美使人性趋于完善”的说法。譬如自然景物中的幽静、壮阔、险要、秀美能使人感到愉悦，称之为美景；又譬如一个有修养人的仪态、行为、言语所表现出来的气质美，也能使你感到愉悦；还有我们通常所说的音乐、美术、文学作品中所表现的艺术美等。人类对美的追求是与生俱来的。我国近代杰出的教育家蔡元培先生甚至提出了用“美育”取代宗教的伟大设想。有研究成果表明，艺术修养和审美能力较高的群体，犯罪率是最低的。康德认为，凡是具有深厚文化教养、具有丰富审美判断力的人，在道德和功利的两难选择中往往能牺牲功利而选择道德行为。相反，缺乏文化教养和审美判断力的人则可能追逐无穷无尽的物质欲望和眼前利益。康德从人性的视野揭示了人的审美判断力的奥秘，认为美是沟通真与善的桥梁，并就人的自然、社会和情感领域提出了真、善、美统一的伟大哲学思想。康德这一观点成为美学的经典，也是人类思想史上一座永恒的丰碑。

当我们静下心来仔细品味康德这一伟大思想之时，仍然会受到启发、终身受益。茫茫人海，人生旅途不乏艰难困境，但情感世界不同的人，生活境界是完全不同的。一个人内心世界充满着美好、和谐的情感和丰富的审美情趣的人，在充满诱惑的物欲世界中就可能保持着宁静、大气的心态，保持着人性的美好与纯洁；就可能用美的心灵去感受生活，去创造美好的生活，并促进个体和社会的和谐发展，实现美化个体、美化社会、美化自然的高度统一。有人认为：情感世界对美的追求是治疗现代工业文明发展中出现的生态危机、道德危机等人类疾病的一剂良药。

今天，借这个机会把我的思考、体验告诉大家，就是希望大家在人生旅途之中加强学习，提高自身的道德、文化修养，提高审美能力，将来无论遇到什么困境，都能始终怀着一种积极的、阳光的、对美的追求的情感，用美的心灵去感受，并创造美好的生活！

（2022年9月27日，《人民日报》客户端刊发）

认真备考，从成人走向成才

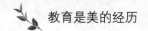

〔铺垫：父母、爷爷、奶奶：为什么来参加成人礼仪式？学生：为什么买或租衣服？多少钱？〕

〔引出：什么是成人？向同学们道喜，讲解古代冠礼、笄礼的概念。〕

我理解的成人，是指年龄上、生理上、精神上能够独立；甚至可以生儿育女，赡养父母；德才兼备，成才成器，进入社会。古代跨入成年时举行冠礼、笄礼，传递责任担当、仁义礼智信、孝悌的精神。今天我们有赠送、学习《中华人民共和国宪法》，为同学们戴校徽，父母子女相互交换、阅读信件等仪式。

是否成人的衡量标准是什么？

关于成人的说法，最早见于孔子回答子路的提问。子路问成人，子曰："若臧武仲之知，公绰之不欲，卞庄子之勇，冉求之艺；文之以礼乐，可以成人矣！今之成人何必然，见利思义，见危授命，久要不忘平生之言，也可以成人矣。"

孔子这句话，大概的意思是一个人如果像某某某那样有知识与智慧、廉洁少私欲、勇挑重担、多才多艺有修养，就可以成为完美的人了。今天讲的成人是什么意思呢？见利思义，困难面前勇挑重担，不忘初心，也可以算是完美的人。

〔向同学们致敬。四个月来坚持戴口罩，来上课，不舍学业，值得称赞。〕

〔请向老师们致敬。坚持戴口罩上课。老师像灯带来温暖，照亮前程与明天。〕

面对不确定性的未来，怎么办？

怎么努力去达到成人的标准呢？

咱们现阶段的主要任务是：搁置游戏玩耍，全力备考（最有收益率的投资），争取高考好成绩，解决一个未来职业发展的门槛问题。

怎样复习才能有更好的高考成绩呢？

1. 有明确的学习目标。会分解目标到每一个环节，小步前进始终有成功感。

2. 有良好的学习习惯。能克服懒惰，意志坚强，处理好学习与娱乐的关系。

3. 学习时专注，时间抓得紧。喜欢刨根问底，不盲目刷题，有错题本，做错的题不会再错。

4. 学习方法科学、高效。预习、听讲、复习、作业落实到位。

5. 相信老师。善于与老师沟通，复习节奏大体配合老师，稍微超前。

6. 相信自我。劳逸结合，身体锻炼，艺术欣赏，心理调适。

今天是毛泽东主席的诞辰纪念日。1917 年他写了一首诗《七绝·改诗赠父亲》。借此机会我朗诵一遍，送给大家。

孩儿立志出乡关，
学不成名誓不还。
埋骨何须桑梓地，
人生无处不青山。

新时期，我们可以有爱，有勇气，有温暖，有力量。携手闯关，拼命向前，没有过不去的坎儿，明天一定有希望。

（2020 年 12 月 6 日，在高三成人礼上的讲话）

树文明风尚，做文明新人

亲爱的同学们，尊敬的老师们：

大家好！

2019 年是不平凡的一年。在朝阳区教工委、教委的领导下，全体师生奋发努力，锐意进取，取得了一系列骄人成绩。

体育艺术活跃。小学部“高参小”体艺汇报演出在北京剧院举行，全体师生、家长、市区教委领导等千人观演，直播流量达 1.67 万，盛况空前。它展示了我校体育、艺术教育“零基础、全员参与、较高水准”等特点，张扬了学生的天赋与个性，彰显了我校“美的教育、美好人生”的办学思想。

我在这里要特别表扬我们小学部的民乐团、合唱团、舞蹈团、京剧社、曲棍球队，高中部的男女足球队、健美操队、跆拳道队等。同学们平时训练很艰苦，但又乐在其中，并且在市区各种竞技比赛中获得了优异成绩。学校还晋升为北京市“中小学足球特色校”“葫芦丝音乐特色校”，可喜可贺。

落实养成教育。前后历时一年，师生、家长共同参与拟定的《尚美学生公约》，是落实养成教育、立德树人的重要举措之一。绘本新闻发布会因创新性和接地气，得到市区教委领导的肯定，北京有 13 家媒体刊发了新闻。我今天更想说的是：我们应该在日常学习生活中践行公约，履行承诺，从而成就美好人生。

海棠文化成形。我们的校园都有海棠树，以高中和小关校区的两棵海棠最为粗壮和茂盛。海棠花别名“解语花”，有温婉、相思、美丽、快乐的寓意。周恩来总理、宋庆龄女士等生前都特别喜爱海棠花。2019 年以来，各校区开展了以“海棠诗会”“海棠书苑”“海棠文学社”“海棠听语”为系列的校园文化活动，理解与丰富了传统文化，让校园生活更加充满诗意与情怀。

我们还组织了近 400 人的“邯郸专列”，以及考察京西古道、故宫等综合实践活动，在观赏祖国大好河山的同时，了解燕赵及京城古文化，丰富了爱国主义情感。

推进教学改革。学校还依托北京市教委“1＋3”改革项目、区教委“理想教育文化”改革项目等，开展了“靶思维”课堂教学模式的改革探索。刘伟、王静、李莉、牛月梅、承宝荣、金燕玲老师的科研论文首次发表在国家级刊物《中国教师》上。赫荣涛、王亚菲老师荣获第三届京城“榜样教师”荣誉称号。学校还被评为“京城教改创新领军中学”。

2019 年 9 月，在区教委、小关街道的支持下，我们克服各种困难，终于将高中部原出租的“鸿祥阁”改建为饭堂，实现了4个校区的师生都可以安全、营养就餐。民以食为天，我们解决了师生期盼很久的最大民生问题。

今天，我还要特别表扬咱们的全体一线教师，特别是高三老师。无论是酷暑还是寒冬，总是天未亮就来到学校，星星眨眼时才离开学校。爱心育人，为高三学子考上理想大学奋发努力、不辞辛苦，再创佳绩。今年我们是第二次获得了区“教育教学优秀校”的最重、最高奖杯。来之不易呀！我谨代表高三学子及家长代表谢意。

最后，我想说的是，今天市教委“首都教育”公众号发布了一条新闻：《北京化工大学附属中学被评为北京市第四批文明校园》。特此报喜。文明是指人类创造精神财富的总和，也是指社会或个人发展到较高阶段的一种文化状态。学校是传承、弘扬文明的场所。所以，我希望全体师生在新的一年里，秉承校训“习与智长，化与心成”，不忘初心、牢记使命，争做“雅美教师”“尚美学生”，树文明风尚，做文明人。祝老师们新年快乐、身体健康、家庭幸福、工作顺利。祝同学们在新的一年里身体健康、学习进步、天天向上！

（2020年2月，在春季开学典礼上的讲话）

与“牛”为伍，牛气冲天

各位同学，老师们：

大家好！

天气暖和了，迎春花开了，咱们开学了！在新学年里，祝同学们身体健康、学习进步，老师们工作顺利、家庭幸福。我今天讲话的主题是：与“牛”为伍，牛气冲天！

今年是牛年，是中国共产党建党100周年，是我国取得“脱贫攻坚”全面胜利的一年、经济继续正增长的一年，也将是飞行4.5亿公里的“天问一号”软着陆火星面探测的一年。我们应该感恩并相信伟大的祖国、伟大的党，信心百倍去迎接伟大的新时代。今天我以带“牛”的几个词句与同学们分享、共勉。

一是初生牛犊不怕虎，立志成为执牛耳者。因为从生物学角度来讲，能够成为生命意义的人，一定是上万细胞里的最强者。所以，每个人必须坚信自己是最棒的！

北化附中的育人目标是“立志、立德、立业、立人”。我希望每一同学志存高远、满怀信心、追求卓越、努力奋斗。这不但有助于学习进步，而且有助于实现人生理想。特别希望各位将来在某个领域成为最出色的人。

二是牛劲十足。信心百倍、脚踏实地、吃苦耐劳、勇往直前的学习者才能享受到学习的成功与快乐。

需要提醒的是：同学们要赶紧从过年的放松状态中调整过来，现在已经开学了，应该进入紧张的学习状态。因为，学习如逆水行舟，不进则退。特别是高三的学生，百日之后就是改变命运的高考。这100天投入产出的性价比最高！此时不努力，后悔来不及。

还需要提醒的是，个别同学要努力避免遇到困难时的消极情绪，钻牛角尖。困难面前反而要意志坚定、牛劲十足、愈挫愈勇。期待在前进的路上，每个学生都有进步，都不掉队。

三是学习要善于抓牛鼻子、庖丁解牛。每门学科、每个人都有各自的思维结构、规律、个性、特征，每位同学应结合实际、抓住重点、掌握规律，争取事半功倍。

北化附中的校训是“习与智长、化与心成”，《论语》中的第一句是“学而时习之，不亦说乎”，都强调了学习中“习”的重要性，即动手实践、动脑思考，包括预习、自习、练习、复习、温习等。有意义、高效率的学习过程本质上是自学过程。请记住，书山有路勤为径，只有通过日常的勤“习”才能掌握知识规律、提高能力。

四是与孺子牛、老黄牛、拓荒牛式的老师们共享校园生活的美好。老师是知识、学习的先行者，他的经验可以让你少走弯路。北化附中有一支特别优秀的教师队伍，近几年取得了优异的高考成绩。这也得益于咱们的老师讲奉献爱心育人、讲科学真抓实干、讲实效创新改革。与这样牛的老师们在一起的校园生活是幸运、美好的。

特别希望同学们和老师一起共享学习时光的美好，天天有进步，积小步成大步，阔步前进。践行北化附中“美的教育，美好人生”的办学思想，应该与“牛”为伍，牛气冲天，不断超越自我，为将来参与新时代的祖国建设、实现美好的人生梦想而努力奋斗！

（2021 年 2 月，在春季开学典礼上的讲话）

寄语 2022 届高三毕业生

仿佛还是昨天，
一张张稚嫩的笑脸。
一转眼很快三年，
同学们长大成人，
昂首中展翅飞向蓝天。
乘风破浪，
别忘了父母的期待，
还记得老师的目光？

大学色彩斑斓，
一天天演绎着希望，
学习中寻求真理，
交友中体验情感，
拼搏中锻炼坚强意志。
应该懂得，
目标靠步伐追逐，
大事需细节积攒。

开创人生未来，
一步步走向社会，
专业中培养兴趣，
成长中追求梦想，
挫折中抵达成功彼岸。
不忘初心，
事业将关乎祖国，
复兴必有你荣光。

（2022 年 7 月 9 日在高三毕业典礼上的讲话，2022 年 7 月 10 日《朝阳教育报》刊发）

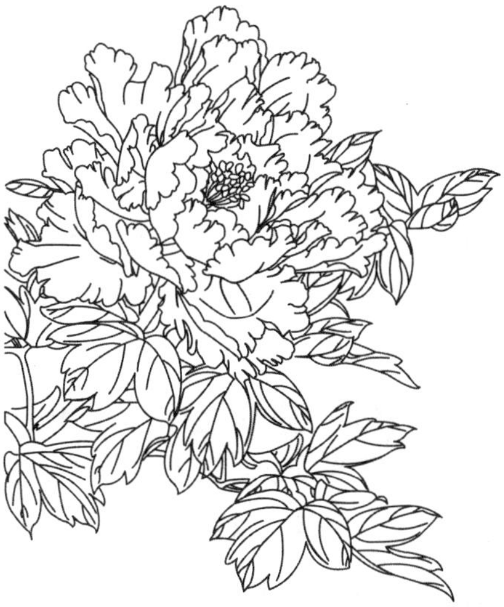

第2章 教师会议讲话

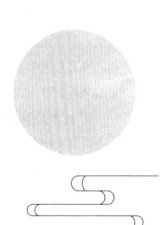

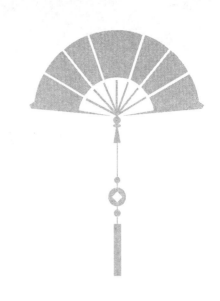

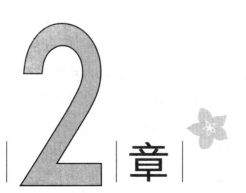

关于教育事业与教师职业的几点思考

这两天白天学习收获不少，可以说是精神大餐。晚上天冷又睡不着觉，想得比较多。刘忠毅校助和程木昌主任又交代任务要我讲几句。下面我尝试着把两天的所学所想融合在一起，谈谈对教育和教师的一些想法，供大家参考。

一、关于教育

1. 教育本质是什么？教育这个行业比较容易起哄，因而比较热闹。因为事关每个家庭、每个人的利益，带有浓厚感情色彩，所以每个人都可以发表带有感情、个性化的观点。但是，我想所说的是，在看似热闹的氛围中，我们如何保持清醒，教育的本质规律是什么，显得尤为重要。我个人认为，教育无外乎就是培养学生良好兴趣、方法和习惯的过程，并且在这个过程中，养成学生健康的人格。社会上再怎么喧哗，校园都应该安静，静下心来教书育人，我们才能把握好教育的本质。

2. 教育工作者如何保持一份理性？随着经济全球化、教育及文化国际化的进程，再加上互联网技术的发展，新的教育理论、教育观点、教育政策层出不穷、多如牛毛。一些甚至未经实践检验和科学验证的东西也会轻易地构建出体系，这貌似是一种创新，但是也可能是一种社会文化中的浮躁心理的表现。我们的责任和义务是：保持理性，学会甄别，有选择性地吸收新理论、新观点。当然，对于政府的政策就应该有一种积极的应对思考与对策。昨天张校长专门谈到了北京市的学区化改革、中高考政策的调整、招生上“就近入学”等；考试中门类变多，难度降低，重视文化价值观、实践创新能力，常态优质和减负提质等。我们怎么办？各校区管理层、各位教师要专门研究与思考。譬如，如何吸引学生的兴趣，培养学生的学习方法与习惯？如何践行“三施教文化”，真正做到常态优质和减负提质？

3. 爱心育人如何把握爱的方式与度？爱，是因为某种原因，对人或事有着深挚的感情，比如喜爱、爱情。教育的本质乃至原则是“爱心育人”。我想说的是：这种爱首先是爱上教师这个职业，并在职业生涯中爱上您的学生，正如张渝鸿老师昨天所讲的。但我还想说的是：“浅浅的爱”或者说“喜爱”会比较好一些，因为浅浅的喜爱及对每个学生的善意，比较有利于培养、进一步发展与提升。如果爱得太深太专一，并且跟切身利益联系在一起，发生变故，就容易受到伤害、情绪失控。譬如爱情，可能因为太深太专一，或因为爱情受挫而导致发生变故，那您的情绪就控制不了了。又譬如，有的班主任因为班上某些学生调皮惹事扣分而大发雷霆，有的教师摔手机、用语言伤害侮辱学生，事后您觉得对吗？

张校长昨天讲，要将生命成长融入课程改革。我认为具体表现为，要将“善与爱”融合在课程、课堂教学。咱们心中要有学生，要换位思考。我还想再次强调张校长提出的“常态优质”和“减负提质”问题。据家长和学生反馈，集团内不同学段，少数教师布置的作业太多。昨天，王苹老师也说这种现象是存在的。我想说的是，过多的作业在提高分数上到底有多大的效果，你布置作业事先做过一遍吗？你让学生做作业到晚上十一点，更没有时间做别的科目作业，这是爱吗？爱的方式对头吗？爱的度把握恰当吗？

4. 教育行业及其提供的服务有什么特点？我认为教育这个行业是农业，而非工业。学校、教师要为学生提供阳光、雨露、土壤、水分等。换句话说，就是要提供丰富的课程体系和活动体系。学生不是工业生产线上被当作标准件加工的原材料，他是活生生的有个性的人。品性不同，所以培养的方法应有差异，也就是践行张校长提出的“因材施教、科学施教”。张校长昨天再次强调了学生发展的核心是个性发展。咱们每个分校、每个教师都要考虑的是：如何供给丰富多彩的课程，让不同品性的学生能有选择地学。我还想说的是，只有提供个性化的服务、培养个性化学生的过程，才能成就个性化教师。我认为，个性化是教师专业发展的重要内涵。这两年习近平总书记经常提到两个词，一个叫“供给侧结构性改革”，另一个叫“精准扶贫”。我们只有在培植丰富的学校课程资源、改革课程结构的基础上，才可能引导个性化学生进行精准选择，然后才会有更加精准的教学。

在丰富课程内容与结构的过程中，各校可在活动课程和家长资源上下功夫。上次被区教委派去部分学校进行“廉政建设”检查的过程中，我就发现有些学校的校长特别聪明。这个学校有不少家长被聘为学校兼职老师，甚至管理的志愿者，进驻校园。家长也有想表现自己的愿望，让他当志愿者，他很高兴很卖力；孩子也高兴得意。家长进校园后，又关注了放心不下的孩子，又看到教师工作的辛勤与智慧。你尊重了他，他们出校门后一定会说这个学校的好话，这就是口碑。我看“人生远足”这种活动，都可以让有经济能力、有兴趣的家长一起参加，共同管理，何乐而不为呢？

二、关于教师

1. 如何在教师职业创造和享受乐趣呢？教师这个职业，既是一份谋生的工作，更是一种传递知识、智慧和情感的工作。仅从知识传递的角度讲，教师只是春天的播种者，只能是“只问耕耘，不问收获”。当学生长大后，偶尔给您电话、书信或来看您时，这才是您收获的季节。当然，这时收获的是情感，是过去浅浅的爱与善的传递。所以我认为，教师职业与其他职业相比，最大的特点与优势是：因为工作中倾注了感情，几十年后又进入了感情的回馈与收获季节。

为什么要提这个话题？不是自我安慰。昨天国防大学周教授的报告，讲了中国目前处于国际环境中的危机与困难。怎么办？知足常乐，自得其乐。在教师职业生涯中，在日常生活基本得到保障的情况下，多在教学改革与探索中寻找成功的快乐。譬如，昨天获奖的这 100 多名骨干教师会很快乐；多在关爱学生的过程中，从学生的眼睛中感受情感交流的快乐。后者天天都有机会，应该更常态、更重要。

自得其乐表现为另一个重要方面。昨天中午和高金英老师吃饭的过程中，她说学校有这么多的女教师，她很想讲一个话题：怎么做女人。这个话题关乎每个女教师本人，关乎她的家庭，关乎她在单位的快乐与幸福。怎么教育小孩儿，夫妻怎么相处，怎么在家庭和谐中带着开心去上班，也就是自得其乐。我看这一讲得筹备，请冯主席、木昌主任筹备，让高老师给咱们女教师上一堂课，也欢迎男教师参加，家和万事兴呀！

知足常乐还有重要一点，就是不要跟另外职业、另外的人比。比方说，隔壁那个中学今天也在培训，他们学校只有 100 多位教师、几百名学生，而我们学校有近 700 位教师、7000 多名学生，但其校长的工资与张校长差不多，您说张校长能去比吗？一比就不开心了。

2. 如何把握教育教学过程中的科学性、艺术性与效益？教育教学过程，既要讲究科学，也要讲究艺术。科学就是求真，侧重客观逻辑、实验与验证；艺术侧重审美，偏重主观感觉、特色与差异。所以说“教学有法、教无定法”。但我想说的是，求真、审美的过程只有在求善的道德追求中才能实现统一，“爱心育人”才是教育的本质。而“爱心育人”，首先是心中要有学生。分析每个学生知识基础、家庭背景、心理个性差异，才能因材施教，我觉得这是学校和教师可能存在的最大探究空间。只有了解学生的个性差异，才能真正做到“因材施教、科学施教”。

“爱心育人”还强调教与学的效率与效益。我认为，教学的成败在于两端：一端在教，一端在学。善学者的标准是有兴趣、懂方法、成习惯，在学习中获得成功与快乐；而善教者就在于激发学生，启发学生的思维，促成学生的习惯与人格养成。教的效率直接或间接表现为学的效率。当咱们布置作业时，一定要有“精准”的意识，而不是在重复、量大上做文章！无论有多少新的教育观点、教育政策，“精讲精练”才是真正的爱心育人，这才是我们永无止境的探索。

3. 怎样避免教育过程中的形式主义？有三种方式的教育比较有效果：一是熏陶与感染，譬如成人仪式；二是启发式讲解，这是我们用得最多的；还有一种是活动中的体验与感悟。今天张鸿渝老师的课与昨天就明显不同。不同的主要点，多了听课者的互动参与，活动或活动过程的感悟，这是中国传统教学中的短板，也是西方教育教学方式的强项。我希望各校、各位教师都多进行一些活动教学的探索与体系构建。在活动中让学生感悟，发现问题与规律，甚至提出问题，还有可能直接影响学生的情感、态度、价值观变化。我认为这是未来课程改革的重要方面，也可能是教育的最高境界。

但是，我不愿看到但又常看到的是：我们的公开课中也有“活动”，但讲课教师更多关注的是听课教师的眼球，而忽视了学生内心的求知、情感体验过程。这就是有点儿形式主义，有点作秀了。因为您关注的对象错了，真正应该关注的是学生。可以视听课的专家、领导不存在，这样才是原生态，您才能教态、心态自然。

我在这里还特别谈谈各种形式、层次的教科研活动，应注意什么？我们许多教科研、校本培训活动过多注重形式上的规范、层次、热闹，反而对内容、参与者的感悟体验、后续阶段如何进一步深化研究以及具体实施等不了了之。形式主义多了一些。上次帝景分校、嘉铭分校承办“全国知名特级教师论坛”后，我就跟雪梅校长、升华校长讲，不能这个活动结束就完了，这应该是新的开始，要组织引导教师反复研究，当天同课异构特级教师是怎么上的，为什么这么上，通过对比分析找差异与特色，在反思中不断提升自己。

昨天王苹老师讲她的特级工作室，14 位教师选择课题，9 次反复审稿、修改的过程。这一反复修改的过程，我认为才是真正静下心来做科研、做学问，体验和感悟最深，是能影响一生的思维方式，乃至专业迅速提升的过程，特此推荐。共产党员讲究实事求是，这就是践行的最好例子，踏踏实实做学问，各部门和老师们值得学习。

我想强调两点：第一，这次校本培训结束了，但恰是新学年课改和科研的起点，希望各分校、各位教师围绕几位专家的报告、张校长讲话，特别是高老师和张老师的报告，结合学校实际进一步展开讨论、反思、研究。第二，这次活动恰逢历史上罕见的冷冻天气，安排上为节省时间，将“党员活动、校本培训、十大新闻发布会”三合一了。校办张彦薇主任、党办李荻主任、科研室程木昌主任等一批工作人员会前、会中都付出了辛勤劳动。但 700 人规模不容易。譬如自助餐菜供应不上来，譬如房间特别冷，我在这里代表学校表示歉意。我们不少老师以己度人、换位思考，修养不错。譬如自助餐一时缺菜，就静静等待。工人也不容易呀，尊重普通工人，是经纶教师素质的表现。又譬如我们的主持人基本上误餐，所以我建议咱们以热烈掌声感谢各位辛苦的工作人员。

最后，代表学校、张校长和我本人祝各位新年快乐、家庭幸福、吉祥如意。也请您转达学校对各位父母的问候和祝福。

（2016 年 1 月 20 日，在陈经纶中学校本培训上的讲话）

内强素质，外树形象，做有精气神的化附人

一、目前的形势：招生不乐观

朝阳区又进行了新的一轮学校合并潮，一些普通校又挂上了名校的牌子。这些对北化附中各学年段招生都是不利的。我们多年来老说年年攀升，其实有点自话自说、自我安慰的味道。事实上随着“引进校”的不断增加、区内其他“名校”的不断扩张，咱们的日子有点“王小二过年”的味道。

怎么办呢？为了咱们的生存、尊严，我们需要同舟共济。面对应试的压力、招生的压力、堵车的压力、雾霾的压力等，我们更应该不抱怨、不懈怠、不折腾、不放弃。我们更要有忧患意识、奋斗精神，要有教育的自信、专业的自觉。

二、为什么说是为了生存与尊严

去年去化工大学宣传“化大子弟班”小学招生，博士们提了一个问题：你们老师的子女也在自己的学校读吗？言下之意：要是自己子女都不选择自己学校读书，说明对自己与同事都不相信哟？那么你们怎么去宣传，让别人把孩子送到你们学校来读书？这个提问打了我的脸。我不知道怎么回答，严重伤害自尊。

去年一位教师去外校应聘，还没试讲呢，对方直接在他的材料上贴上标签“B 类”，也伤自尊呀！

有口碑就能吸引生源。昨天下午有个好消息，去年有大学教师的两个孩子，想办法去了离咱近的引进名校的分校。昨天下午家长通过该大学工会主席找我，说作业测试多孩子怕了不愿去上学，要求都转到北化附中小关校区一年级的“化大子弟班”来。今年化大教授子弟有 12 人报名来“化大子弟班”。以前他们可是想尽办法去其他名校的，如今却愿意来“化大子弟班”。我在这里要特别感谢小关校区何莹莹等老师，是你们的爱心、勤奋、智慧为学校赢得了声誉。

我们应该相信自己。其实，北化附中曾经辉煌过。以前，初中每年都有十几个学生考到北京五中、四中的，高中也有考入清华北大的。教师队伍基本还是原班人马呢。近几年，生源不怎么样，但各学年段统考、中高考成绩都不错。上学期综合督导优课率达九成，这也不比市级示范校低。但上周高中教学督导，A 课率仅三成。我认为与其说是听课人与评课标准有变化，还不如说是咱们重视、准备不足呀！昨天有些老师知道结果后不高

兴，找季校长理论。我觉得这是件好事，至少说明咱们老师有上进心，不服气。

“二八”定律也叫帕累托法则。意思是说一个企业或社会群体中，只有 20%的少数人最重要，20%的人创造了 80%的财富，多数人在这个群体中终究是平庸度过的。这个法则也适合学校的孩子成长现象。优质学校集中了最优秀的生源，但考到最顶尖学校的也就是那 20%的人，其他大部分是陪读了，少部分还因为成绩落后缺乏自信而形成恶性循环。

“宁做鸡头，不做凤尾”有道理。你的孩子不是顶尖的人，是中等偏上，还不如选择普通校，在前十名受到老师的关注、同学的羡慕，自信心爆棚，学习的自觉性、学习力会良性循环。所以，选择合适的学校是最明智的。

名校的教师群体也有“二八”现象。考虑到名校招聘上的优势，夸大些充其量是“四六”现象，甚至还有 20%左右的老师水平偏低。每个班的老师是配不齐的。你的孩子进去了普通班，还不如在化附的重点班。上一周我在安苑小学部对六年级的京籍生家长就是这样解释，也说了“宁做鸡头，不做凤尾”的道理。结果不少家长觉得有道理，愿意继续在初中读。咱们初中每年还有校额到校 2 人指标，今年去 80 中。也就是说在自己的初中读，再去市重点高中读机会更大。

做个不合适的小结：在普通校工作，也许因为生源因素，外界社会对“办学质量”有误会，也影响到咱们的招生、绩效工资、奖金，甚至影响到自己孩子的读书选择。这不是影响到咱们的生存、尊严吗？为此，我们必须内强素质，外树形象，为生存和尊严而奋斗。

以下主要围绕“内强素质”说几点想法，提到的一些现象只是为了说明问题，请不要对号入座。

三、明确“幸福是靠奋斗出来的”

习近平主席说：幸福是靠奋斗出来的。这是基于历史、事实的判断，是真理。

学校的发展需要同舟共济。不仅靠校长、管理层，更要依靠全体教师同舟共济、努力奋斗。复兴化附，从我做起，从工作小事做起。想清闲、混日子过，则是“温水青蛙”，办学质量与声誉就会进一步下降且恶性循环。“沉舟侧畔千帆过，病树前头万木春。”学校这十多年的经历也证明了这一点。学校的衰落有外在的原因，难道我们自身就没有责任？我看还是有，比如管理松散、教学质量下降、奋斗精神退化等。

十多年前陈经纶中学的状态听说还不如化附呢，在张德庆校长带领下奋斗了“九年三段”，才成为“首都名校”。嘉铭分校才办三年就开始火了，靠的也是奋斗精神。不信，你们去了解一下他们工作的紧张状态。不想受累，还想得到地位、幸福、尊严，这可能吗？

四、全面提升教师综合素养

名校的优秀教师与普通校教师的主要的差距是精神上向上的追求。同样是大学本科毕业，智力、专业基本功的差距并不大。进入不同层次的学校后，精神上向上的追求、教学实践与学术上向上的追求就渐渐拉开距离了。譬如说在教育视野、教学上的精益求精，名校的名师确实技高一筹。这里主要讲两个差异，一个是教育科研，一个是信息技术运用。

教学实践与教育科研是相辅相成的。咱有的老师说“就”不会写论文时，似乎语气中透着自豪感。不会写论文不等于你上课水平高呀！搞科研写论文也是教师专业素养的一个重要组成部分。这种教学反思与总结的能力，能够促进你的教学实践能力提高。它们是相辅相成的，不是时间与精力上的冲突，更不是“偷懒”的借口。今年学校组织提交的 60 篇教学设计、论文准备出版，竟然有 22 篇论文“查重”后发现与别人发表的论文重复或雷同。有些老师可能还不以为意。这其实涉嫌抄袭，涉及师德问题，有些汗颜呀。

教师应该有更高的“名利”追求。有些老师时常为了点儿课时费、加班费与行政干部争来争去。说句不该说的：与其为了一点点加班费斤斤计较，有精力不如提高教学业绩和教科研水平去申请市区骨干教师。因为骨干教师的津贴今年又增加了 50%，譬如市骨原来每年津贴 2 万，现在是 3 万。咱们学校 2005 年还被评为“北京市科研先进”啊，有实力呀！今年只有牛月梅一人评上市骨干教师。咱为什么不去争取？说白了就是没有进取心，精神层次低了，水平和能力不够，眼睛只会盯住小钱。

结合学校实际选择科研课题。譬如：我们提出了“美的教育”，更需要大家共同探索。使人感到愉悦的事物、行为就是美。那么，学校教育教学活动中，有哪些活动、内容、行为能使学生、教师感到愉悦？这就需要我们共同来观察、实践、反思和总结。这也是我们教育改革、教育科研的一个切入点。

“双主体互动”是学校的长期课题。但是，我们的教学设计与教案，普遍着眼的都是教师的思考、教师的活动，有多少人首先考虑的是学生的活动，然后才是教师支持学生学习的活动？我看到的教学设计和教案，最多的内容还是教师的活动，分析学情及对策、学生活动的预设明显偏少，这说明“心中有学生”是假的，那么发挥学生的主体性也是空话。

“逆向式”备课值得推广。前一段时间我在微信群里讲过，这是区高三“一模”分析会上有关领导介绍的经验。具体操作方法是：老师在备课时首先要想到的是让学生学到什么，用什么样的方式，比如测试等来评估学生是否掌握，用什么学与教的方式及资源让学生尽快、准确掌握，这才是备课的有效思路。过去我们备课更多的是考虑课标的要求，站在学生的角度思考和设计确实比较少。

教改试验也是教育科研的切入点。“1＋3”实验班办了快两年了，初高中课程衔接是个极佳的教学与课题切入点，可惜目前还没有看到相关老师有类似成果出来。

课程与信息技术的整合是未来教育改革的主要方向。当代信息及互联网、人工智能技术对工作、生活、教育的变革影响是巨大的。影响不仅仅是技术层面，更多的是观念层面。二十多年前，谁能想象购物付款不要纸币？谁能想象可与远隔千里的亲人视频通话？而教育工作者要考虑的是：如何运用信息技术等来获取教学资源？如何应用大数据来分析学生的学习状态与问题？如何运用信息技术来实现资源共享、集体备课与教研？如何应用信息技术来促进教学方式的改变，乃至学生学习方式的改变？这都是未来教育改革的重要方向。

运用信息技术可以让教学从经验、粗放型走向科学、精耕细作。教育界对信息技术的应用总体上是落后于企业与社会的。谁走在前面，谁就能出成果。很遗憾，咱们的信息技术运用基本上停留在电子教案、出试卷、制作课件 ppt 等。已建成的数字化办公系统基本没有用，比陈经纶中学落后十年。这个方向应该成为化附教育改革的切入点。

向本校的优秀教师学习也许更实惠。向学校以外的同行优秀者学习的同时，别忘了近水楼台先得月啊！同一校区内，有些班级的班级文化、学生评语、班级管理及班上的成绩就特别好，值得模仿和借鉴。有的科任老师的课就是受学生欢迎，教的班的成绩也特别好，他的教学方式就值得我们学习。身边的榜样更有说服力。

譬如，这次高三“二模”，高三（1）班赫荣涛老师教的数学、高晓阳教的生物、甘小念教的英语，还有高三（3）吴晓辉教的政治，这四个学科无论是平均分还是单科上重点线人数，都明显高出一截。他们的教学一定有独到之处。甘小念的班主任工作方法、班会课、班级日志、班级文化布置都值得学习。他们就是身边值得学习的好榜样。

五、提升专业自信与行为规范

教育的自信、专业的自觉是教师应有职业操守与规范。比如语言的规范，板书的规范，教学设计的规划，命题的规范，作业批改的规范，监考的规范，考试分析的规范，科研的规范，写作的规范。优秀教师不但是用嘴、用手教学，更是要用脑、用智慧。只有进入“用心”境界时，才会把职业当成事业做，才会有成就感，才不会感觉到累。所以，有教育情怀、化附情怀、忧患情怀的老师，才能做到心态不老、语言不老、技术不老、身体不老、情感不老。

优秀的教师首先表现为职业行为的专业与规则意识。个别教师不经教务处同意擅自调课，个别监考不经过教务处同意擅自换监考，不按要求站位监考或看手机，上自习课看手机，这是不遵守起码的规则。有的同志不服从工作安排，无故不参加区教研活动、学校会议、校本培训等。设想一下，如果你管理的学生也是这个类似态度，你会怎么想？不会有好印象吧。

在家长眼里，自己的孩子是世界上最优秀的。所以，尽量不要无故斥责、辱骂学生。我发现，极个别老师偶尔还因故大声、愤怒地责骂学生。有必要吗？孩子犯错是成长过程中必然出现的现象，愤怒无助于问题的解决。动不动责骂甚至体罚学生，或者叫家长来学校受教育，家长心里肯定不痛快。他就可能会在不同的时机和场合讲学校的坏话。关爱教育孩子要讲究艺术。特别是小学低年级，学校主要是营造活动与课程，让孩子们养成读书、写字、吃饭、运动的好习惯，能做到这一点就很不错了。在学到东西的同时又开心，孩子们开心了家长就开心，就可以讲学校的好话，学校就有好的口碑。

评优评先最终的裁决权归校务会。考虑到过去评优评选活动存在一定程度上的“平衡”现象，以后各校区只有推荐权，当然是经过民主推选的渠道。若年终反馈、统计出来有的老师不遵守规则，校务会可以否决。因为老师在投票的过程中有人情因素，也不了解你的实际情况。年终剩余的钱过去就平分的，这个规则看来要修改，服从学校安排、遵守规则、没有师德问题、工作态度好、教学业绩显著的老师要适当奖励。大锅饭不合适了，“做老好人”“搞平衡”实际上是对优秀教师的否定，是破坏平衡，不利于学校的发展。这也是从严治校的一个举措。

六、工作中扎实履职

后进生教育中，教师投入的精力更多。后进生与优生的差距，固然有智商遗传的差异；但更主要的差距是情商，是家长素质和家庭教育环境。孩子的教育依靠家长、依靠家委会固然很重要；更主要的是要靠老师的紧盯逼人，抓过程与细节。清明节，高三布置的作业只有两天的量，但绝大部分同学没有完成。高三尚且如此，其他年级学生更谈不上学习上的自觉，也不能幻想家长能帮忙呀，还得靠咱们老师去盯！

教育的本质就是唤醒学生。我发现有一种现象：有的老师上课很精彩，但任教班成绩不突出；有些老师上课偏平淡，但所教班成绩出乎意料。原因之一是作业恰当与紧盯逼人抓学生，促进了学习主体性的发挥。好的学生也需要经常唤醒，好学生也会有沉睡的时候。后进生则更需要经常、及时地提醒与监督。

骨干教师要扎实履职。不称职则不应该享受每月的津贴。比方说常态的认真备课、上课水平、任教班成绩（在区同类校排名），公开课、教科研与论文，参与区教研活动等。今天想特别强调一点，咱们申报区级市级课题的人少，申报校级的也不多。这一条很虚，那怎么评价呢？我想：证明你是否真正参与，就看有没有与课题相关的结题报告或论文。成功与其说是奋斗出来的，不如说是逼出来的。

岗位续聘是双向选择。聘期到了是否续聘，学校不需要理由，在法律上没任何瑕疵。因为教师可以无理由不续聘，学校当然也可以无理由，法律对个人及用人单位的权利都应该是保护的。当然，学校不会主动地砸你的饭碗，除非你给学校的工作、声誉带来了麻烦。比如说师德问题，学生投诉你，上课不认真，任教班教学质量不高。备课不认真，你就是对学生、家长不尊重，学校就没必要尊重你。或者你的个人生活影响到学校声誉，学校也没理由续聘。

工作是为了生活，努力工作是为了更好地生活。因此，我不太赞成带病工作、加班加点，那种家庭生活都顾不了的工作状态。天天加班，说明你的工作能力与效率不高。教师的活儿虽多但也不是无限，而且我们的班额偏小，作业批改量就这么大。要反思的是：是不是要改变观念、改变思维、改进工作作风。也许是年龄大了反应慢了，但也有可能是备课方法不对，批改作业时精力不集中。

身体健康很重要。自己病了该看病就去看病，家人病了该去照顾就得照顾。否则，你辜负了自己，也辜负家人，最终还是影响了工作。我跟几个主管校长讲，凡是因为生活原因想调去离家近的学校一律鼓励放行。因为工作是为了生活，离家近有利身体健康与工作。

习近平主席提出的“四有”教师是我们的追求。我理解的是：有理想信念就是指不忘初心，不仅把教育当成职业，谋生手段，还要把教育当成事业，是回报社会、贡献国家的方式。有仁爱之心和道德情操，就是要从心底热爱自己的学生，从而赢得学生的热爱。教师职业和其他职业相比的最大优势，就是师生间无法用金钱衡量的情感联系。有扎实学识，是在工作中要挤出时间看书，除专业前沿书、教育理论书，还有人文杂书。读书少的人一开口就会让人感觉层次不高。读书才能让教师有儒雅之风。

我在这里增加一个“有”：有研究的兴趣和好玩的心态。用研究的视角、好玩的兴趣，去对待工作，才不会感觉到累，还有成功感。有恒心耐力，专心做一件事，专心搞一项科研，就要持之以恒地坚持下去，就一定会出成果。出成果的优秀教师跟普通教师最大的区别，就是专心与恒心。只有坚持不忘本来，吸收外来，面向未来，在继承中转化，在学习中创新，才能超越自我，赢得成功和尊严。

教师应善于从现代生活中吸收新观念、新方法。中央电视台最近的“诗词大会”“中国故事”，北京电视台的“传承中国”等节目质量不错，比过去的那些“歌手秀”节目更有思想文化的高度，值得大家抽空去看一看，并学习借鉴。一是将中国优秀的传统文化融入娱乐性节目，让普通观众喜闻乐见，并被传统优秀文化潜移默化。二是注重参与性，普通百姓、台上台下可以参与、互动，甚至抽奖。这种组织形式对教学方式很有启发。上次我转发的“新高中课程标准”国家级培训三期视频的网站和密码，就是希望大家抽空去看。咱们要及时接受吸收新事物、新思想、新方法，比如核心素养、关键能力等，否则会被时代淘汰了。

教育工作者应该是追梦的行者。教师不但要有思想的高度，还要有教育的温度，优选切入的角度。光聪明不行，还要勤奋；光勤奋不行，还要有智慧，善于提高工作效率；有智慧还不行，还要有近似宗教的仁爱之心，爱心会化解你的烦恼，带来愉悦。

七、同舟共济，砥砺前行

学校的发展不仅靠校长、管理层，更要依靠全体教师同舟共济，努力奋斗。我们一起来做追梦的行者，不满足现状，锐意进取，才能超越自我，自立自强。

每个校长都有自己的优势与不足。通常还表现在工作方式、风格上有差异。我可能工作重点抓两头多一些。一个是抓最大的事，比如办学思想的引导、办学方向的定位、课程结构的设计、学校文化的构建等。另一个就是抓最小的事，抓细节，抓干部的落实情况，看服务教师、学生的结果。放手让主管行政、中层干部去当行政领导，去创造性地执行与落实。

干部的工作标准越来越高。一年来，对干部的标准要求可能会高一些、抓落实紧一些。所以，干部若工作计划性、主动性不够，也许会感觉累。但是，这对你管理能力的提升有帮助，主动适应后能力和水平就会提高。

微信是个好东西。教学工作虽繁杂但是细活儿，所以少开会有利于静心工作。微信挺好，不用开会，我把看到的其他学校新动态、好做法或想法发到微信群，就是提醒大家去看一看，结合学校和自身实际学习与借鉴。这些信息虽是碎片化的，但有新意、有启发，不妨挤时间浏览一下。

简单说说外树形象的问题。要下大力气加强宣传，改变形象，改善生源。宣传组开学以来的工作努力，业绩突出，微信公众号影响力三次挤进前十名，这也说明努力就有成果。招生宣传是近期除备考外的工作重点之一，大家都要为学校发声造势。

“理工特长、贯通培养”的人才培养通道规划已成形。我们规划的小学的“化大子弟班”、初中拟办的“理化特长班”、高中未来的“侯德榜科技实验班”，与化大的侯德榜工程师学院、英国的拉夫堡大学对接。我们已经构建的“12＋4”这样一种基于“理工特长、贯通培养”的人才培养通道，有特色、有出路，应该可以吸收到一部分优秀学生。昨天拉夫堡大学驻北京办事处的刘东权先生来学校谈具体的合作事宜，现在他正在高中部讲英国文化和拉夫堡教育。

招生远景趋好更要提升教育质量。今年，化大洋博士们的 12 个孩子都选择了“化大子弟班”，比去年翻番；去年没来的两个又折回头来了化附，九年后高中的生源人数就有了一定的保障。小学六年级 30 个左右孩子估计绝大部分会留在初中“理化特长班”，三年后的高中生源也会好起来。明年如果市教委同意我们办“侯德榜科技实验班”，那么明年的生源就会明显改善，生存应该没有什么问题。听说明年名校提前招特长生、住宿生的政策会取消，这让普通校至少在招生上有公平的机会。但是我更想说，即便是生源质量提高了，关键也是靠我们自身素养过硬，创新驱动，提升教育质量赢得口碑。小学是腿、初中是腰、高中是头，三个学年段质量都上去了，咱们说话就有底气，腰杆就直了，就有精气神。

一个人衰老的标志，绝不是年龄而是他的心态。一个女人衰老的标志，绝不是容颜而是不爱美的心态。以此类推，一个教师落后的标志是不愿意接受新观念、新技术、新方法的心态。

只有我们不断地奋斗，不断地创新，专业素养变得更强了，才能在同行中赢得尊重，才能赢得学生、家长、社会的认可与尊重，才能享受到工作的成功感与尊严感，才更有精气神。

谢谢各位。

（2018 年 5 月 18 日，在全体教师会上的讲话）

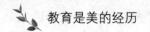

奋发图强，同舟共济，乘胜前进

各位干部，老师们：

大家好！

看到各位脸带笑容地回到校园，非常高兴。谨代表个人和全体干部，祝福大家接下来的日子平安、健康、快乐。

特别表扬以王静、刘永玲为代表的一批高三、初三老师，以季校长、赵主任、张建疆等一批干部、员工，为了学生、学校，这个假期基本都在忙碌。几个主任说，一些老师不重视校本培训，三天前校本培训挑选出来发言要表扬，他们是张继东、李萌、吕培、李威、刘延军、张悦、吴莹莹、丁潇菡老师。

不让我们进校园，但阻挡不了我们思考与发展。下面结合新学年工作，把近期的一些思考分享给大家，与各位共勉。

一、四年奋发图强，招生逆势上涨

近四年招生形势的不利局面：

1. 周边名校小学、初中、高中招生规模扩大。比如人朝、嘉铭的小一、初一都扩展到 16 到 18 个班，咱们的生源空间越来越小。

2. 高中排名靠后的两所学校，被名校吞并了，后面的学校越来越少。

欣慰的是，咱们扛过来了，四年来招生形式逆势上涨。

记得初到化附，那是 2016 年，小一招 92 人，其中京籍 30 人；初一大概招 64 人，其中京籍 9 人；高一最低录取分 496 分，区排名 4154，学校排位第 18 位，三组校 8 个学校中排名靠后。特别是初中校园，奥体中心附近，多好的位置。可惜教室空荡荡，没什么人气，放学时门可罗雀。当时我内心拨凉拨凉的！冷静下来想：怎么改变这种局面呢？

高兴的是，近四年生源逐年改善，逆势上涨。仅以 2020 年为例：小一招生 131 人，其中京籍 94 人（结构性变化）；初一招生 128 人，其中京籍 48 人；高一最低录取分 507 分（去年招 47 人，今年招 153 人），学生区排名 5096，校排位 14，三组八校中可以说名次并列第一。咱们学校是扩招到 153 人，去年只招 47 人。前两年分数提升应该有“1＋3”的因素招生人数少，我最担心今年的招生分数下降。但是，总算是扛过来了，至少近几年不用担心被整合了！说明学校的办学声誉在学生、家长、政府、社会各类群体中明显提高了。

昨晚10点钟，汪校长打电话说招生办派来14个转学名单。我就主动打电话给领导了。“为什么转这么多人到我这里？质量怎么提升啊?”领导说：“这些人都是要去人大附朝阳学校的，那边没学位了才转到你那里。”我问：“这成绩到时候怎么算啊?”领导说：“到时候再沟通。”我说：“家长相信的人大附不是化大附，家长都愿意来吗?”他说：“来多少算多少吧，成绩以后再协调。”这段对话也说明领导和部分家长也开始信任化大附了。

为什么招生形式逆势上涨？这得益于全体干部、老师、学生的共同努力，使教育教学能力与水平、办学思想与特色、教学质量与声誉都有明显提高。在此一并表示感谢。借此机会，我要特别表扬四年来高三、初三老师和小学统测年级的任课老师、班主任的拼搏态度、智慧教学、奉献精神。也得益于区教委、化工大学在各方面的支持，还得益于这几年的宣传工作，借机表扬一下宣传组的干部和老师。也自我表扬一下哈，我恐怕是目前北京市唯一做了三次直播的校长，应该说对招生还是有帮助的。

目前朝阳区20多所高中的结构与布局，受引进名校的冲击，最难受的应该是原先那几所市级示范校，所有市级示范校高中的生源素质都整体下降。这次中考录取分520分到540分层次的学校（排名2000名以后），将来也只是在本科率上下功夫了。因为朝阳区高考上重点的人数大概就是1500人。他们跟我们的关系也就是“五十步笑百步”而已。这句话的意思不是贬低兄弟校，而是希望咱们从今以后要昂首挺胸，昂扬士气！咱们不比他们弱，咱们有自己的特色与强项。比如：小关每次区统测成绩都明显高于区平均，被评为区优秀贡献大，安苑去年也超了。初中中考及统测成绩从前四年的区第80多位，提高到区第60—70位，拿了进步奖，可惜这两年在60—70位徘徊不前；高中这几年高考成绩最为突出，拿了“优秀校”“教学优秀”各两次。小学的民乐、合唱、舞蹈、曲棍球，高中的跆拳道、健美操，特别是男女足球、理化、科技、创客都在市区比赛中拿大奖，不容易！说明咱们有实力。咱们得挺直腰板，相信自己，充满自信！

其次我想说的是，有了生源肯定比没有生源日子好过。教室人挤人比空荡荡好。有了生源学校就有了生机与活力，更意味着更大的责任，要对信任你的学生和家长负责。我们的职责是教书育人，那就要对学生的未来成长负责。有了成绩与质量，才能招到更多更好的生源，才能生存和可持续发展。

我心中的质量期待是，高中的高考成绩，在三组八校中居领先地位，我们应该努力使本科升学率接近百分之百，并且想办法培养出30多个重点生；初中中考成绩在近90所学校中能进入前50名，小学低部统测明显成绩高于区平均分，小学高部统测成绩不低于区平均分。

有了生源又会面临新的困难，比如教室拥挤、生源质量参差不齐、排课问题、班额不同的课时津贴等，这些暂时性问题都希望在发展中逐步解决。有老师说：“学生多了，咱们要下功夫研究怎么保障质量。”这话充满了正能量与自信自强，让人感动。我们应该有信心去解决发展中的质量问题。因为在全区所有中小学中，或者说在三组八校中，我们这几年积累了一定的优势。

比如，我们有以“美的教育，美好人生”“习与智长，化与心成”为主线的办学思想体系，有“博美课程”“臻美德育”“偲美社团”（六美）“海棠文化”学校课程与文化体系，有“雅美教师”“尚美学生”等师生发展与评价体系，有“理想教育”“主体教育”“靶向思维”等教学改革尝试，在教委近几年投入支持下，各校区的环境与硬件、饭堂、校园文化的发展和提升，有化大支持下的选修课程与学生社团。以上虽然不能说最好，但至少有些体系和特色，肯定也不落后。期待未来三年能形成经验、成为品牌。

二、新形势面临新的困难

教委的许多政策也在发生变化，对我们这类的普通校明显不利。

一是工资发放。教师工资由“基本工资＋绩效工资”两部分组成，而绩效工资跟学生人数、教学改革项目挂钩。说白了就是要拉开普通校与优质校的差距。过去学生人数少也照发工资、“混日子”享受国家福利、平均主义吃“大锅饭”的时代一去不复返了。去年区财政、区教委出台“班主任津贴”就有这个明确导向，听说以后逐年再进一步拉大差距。

企业生产不出优质产品、产品没人买就该倒闭，哪里还有工资发？这也是“适者生存，优胜劣汰”的社会规则。个别老师喜欢打听其他学校的收入，建议今后莫打听了，影响情绪啊！改变不了现实。

二是教师核编。所有超编学校一律不许招新教师。因为朝阳区总体来讲严重超编。今天我们好不容易争取了两个博士指标结果，想招两个数学老师。结果有一个博士没来成，这个指标就被“统筹”了。学校缺什么老师，要自己内部调整。

今天上午看了一下高一入学教育，体育馆人头攒动，相当于过去全校开会，心里有些激动。学校是教人育人的殿堂，有了人就有了活力，招生人数增加才能解决教师超编问题。

三是援疆支教。这是一个非常光荣，也确保安全的政治任务。现在教委决定主要由超编的学校承担这个光荣的政治任务。在这里，我要特别表扬和感谢赵永行、秦建智、吴莹莹、丁萧涵4位年轻教师，他们没有任何推脱。分别去新疆支教两年，或者去内蒙古支教1—6个月，他们都表现出在大局面前不计个人得失、勇于担当、乐于奉献的精神，去完成这几项光荣的政治任务。此外，凌林、王士银、王静、卢一兵主任、季梅校长也明确提出了不带任何附加条件的支教申请，在此一并致以敬意。

昨天看到“援蒙支教”部署会的通知，这次派人最多学校达11人。

四是教育经费。教委财务科上次开会通知：9月20日之前，没有开支完的经费，要上交区教委统筹。中央及各级政府都号召要过“紧日子”，原因是不言自明的。

上面讲的这几种形势是严峻逼人的，可能我们极少数老师还没有认识到问题的严重性、紧迫性，还有过清闲日子甚至“混日子”的想法。在工作分配上挑三拣四，日常教学中又简单应付，是时候清醒了。

三、积极心态应对，美人过程成人

什么叫“积极心态”？就是提倡用一种积极的心态，来对待社会中人与人之间的许多问题，从而激发人自身内在的积极力量和优秀品质；并利用这些积极力量和优秀品质来帮助他人，从而挖掘自身的潜力，并获得幸福。

什么叫“美人过程”？教书育人，帮助学生健康成长，为学生的美好人生奠基，就是成人之美的“美人过程”。

关于成人的概念，最早是孔子回答子路的提问。子路问成人，子曰：“若臧武仲之知，公绰之不欲，卞庄子之勇，冉求之艺；文之以礼乐，可以成人矣！今之成人何必然，见利思义，见危授命，久要不忘平生之言，也可以成人矣。”

我不是学中文的，只能用自己的理解来解释，请语文老师批评指正。子路问：“怎样才是一个完美的人？”孔子回答的是：“一个人如果像某某那样，有知识与智慧、廉洁少私欲、勇挑重担、多才多艺有修养，就可以成为完美的人了！今天讲成人是什么意思呢？见利思义，困难面前勇挑重担，不忘初心与诺言，也可以算是完美的人。”这句话对于目前北化附中的老师和干部都有启示。

（一）教书育人成就他人

咱们教师的使命就是教书育人、成就他人，不能忘记咱们选择从事教师职业时，我们的初心与诺言。教师这个职业很光荣，性质很复杂，工作难度也大。虽然我也不赞成“安贫乐道”中的“安贫”，但我赞成“乐道”。为自尊的生存，为自我的证明，不断提升自身的知识、技能、才艺等各方面修养，提高专业化水平，享受工作中的成功与快乐，适应时代发展的需要，在利益面前更多地考虑责任与道义，这是必须的。

客观而言，我们教师这个职业能做到“心中有学生”，则几乎是全天候的。敬业的老师为了孩子的成长，经常会加班加点备课、改作业，实话实说，不容易。幸好还有寒暑假可以歇口气。当今社会哪个行业不是优胜劣汰的竞争环境？大家也可以横向比较其他行业，生存也不容易呀！

（二）爱岗敬业需挑重担

班主任安排上，个别老师甚至是较年轻的都总是强调自己的困难，不服从安排。咱们几个校区的主管领导与人为善，在工作安排上会听听你的意见、了解你的困难，然后从全局角度、有利于工作的角度做出安排。这个时候，我希望老师们服从安排。虽然每个人、每个家庭都有一本难念的经，各有各的困难，绝大多数老师能积极想办法克服困难，比如带孩子的请保姆，放学安排“课后班”之类，但也有个别人只想自己的利益。咱们不能有学生班级没有班主任呀！咱不能只想自己的利益，还是要想办法克服困难，服从安排，做好教师职业应该做的事情，这也是职业操守。学校领导有领导的难处，领导与人为善体谅你时，你也应该换位思考、多点理解与合作吧？

当班主任确实辛苦，现在杂活儿也多，但它是教师本职工作分内之事。国家政策对班主任工作也没有任何年龄限制的。作为学校管理，人选安排首先是为学生服务，能力是首选，兼顾身体健康、家庭状况等因素。当班主任是件光荣也有意义的事。学生参加工作后通常会与班主任保持几十年的联系，老师不当班主任有点可惜。区政府去年较大幅度提高了班主任津贴，就是肯定班主任的辛勤劳动与重要性。

我借机表扬几位看上去年轻、实际年龄不详但勇挑重担的老班主任，比如高中的许春英、范少卫、吴敏、赫荣涛，初中的刘永玲、陈奕、王树东，小学的王军霞、张照云、陆颖、沈翠清、赵慧玲、刘艳娇等老师。

我诚恳地提醒：学校不是福利院。今天你工作不努力，明天你努力找工作。这是被迫无奈的，因为你对自己的职业不尊重，是你自己的选择。许多制度的产生都是因极个别人的事，苦口婆心做思想工作没用，只能按政策处理了。只有制度规则才能抑制人的弱点。但是我不愿意看到有第一个“吃螃蟹”的人。

（三）积极心态应对困难

说到底呀，还是一个对工作、生活的积极态度问题，在困难面前用积极的心态去应对，所有的困难都可以解决。你用消极的心态去看问题，那都是阴暗面，直接影响到你的情绪，那你就可能畏缩不前。我比较赞成“我积极、我健康、我幸福”这样一种工作、生活态度。乐观的人经常把事情的成败归因于自己可以控制的努力、勤奋、意志程度。悲观的人经常把事情的成败归因于他人、周边环境，反而不会从自身找原因。

美国学者彼德森通过研究认为：积极的人具有六大美德，即智慧、勇气、仁爱、公正、节制、卓越。塞利格曼通过研究认为一个人是否幸福、快乐的条件有：（1）有关系良好的朋友和亲密的家人；（2）有一份稳定的工作和收入；（3）身体健康；（4）有自己喜爱的文体活动；（5）喜欢迎接未来、敢于挑战困难；（6）乐于助人，善于宽恕，拥有同情心及感恩。

今年去送中考，早上6:40到达朝外，见到86岁高龄的郝校长坐在轮椅上，气色比我更好，满脸笑容地招呼考生。我当时心想，一心一意扑在工作中，忙碌而充实，比起闲来无事，是不是有利于身心健康、延年益寿呢？我个人认为，每个人的工作都是为自己，生活收入养家糊口，不是为校长、为学生。这样想，再累心里也会平衡点儿，多干活儿累不死人，但抱怨者心累不值哟。反正活儿都得干，如果你用积极的心态，你把它当成事业追求，恐怕就累中有乐，乐此不疲了。那就像郝校长那样健康长寿，进入享受职业劳动与成功的境界了。

咱们同吃一锅饭，就是一家人，应该共同愉快地工作和生活。团结合作好，斤斤计较惹烦恼。师生之间、干群之间、同事之间多一些换位思考，相互之间多一些理解支持。不少历史积累的问题、现实中又产生了新问题，目前的环境、政策等确实不易解决，容我们寻找机会与办法。有的问题可能站在你的角度有道理，但站在他人的角色则未必。社会中的公平、自由、民主都是相对的，妥协各退一步海天开阔。

（四）发现美好善待家人

我们外出旅游，对偶尔经过的名山、大川、草原、沙漠、大海，会有令人惊奇的审美体验，兴奋地掏出手机就拍照。可是咱们想一想，当地居民司空见惯，还会有这种审美体验吗？这就是所谓的“距离产生美”。偶尔路过、初次见面，没有深入的生活体验，看到的都是优点，深入生活体验一段时间后，就会发现大自然之间、同事之间、夫妻之间都会出现类似情况。俗话说“七年之痒”。什么是爱情？男女之间只有出现急不可待地想与对方在一起，这种情感才叫爱情。结婚生子长期在一起生活，慢慢就转为亲情了。如果十几年、几十年后，你的爱人还会经常夸你、哄你开心，那么恭喜你！你的爱人是个伟大的演员，懂得夫妻相处的艺术。审美是主观感受，情人眼里才能有西施。再延伸一下说：同事之间也不要斤斤计较，过去的事就让它过去吧，不要有历史包袱，应该一切“翻篇”向前看。

我希望大家一定要珍惜身边的家人、同事。有人喜欢说那个学校如何如何好，其实你不在其中，不知其也有不如意的地方，距离才能产生美啊。所以多一些相互理解、换位思考好。和睦相处有快乐，教书育人有成功。这也就是我提出“和美校园”的主观意愿。

我在这里还想特别提个话题。你工作上拈轻怕重不负责任，任教班的成绩不行，工作中教书育人做得不好，你辜负了家长的期待、影响了学生的前途，教师这个称谓在你身上合适吗？另外得不到学生和家长的尊重，没有工作的成功感，也得不到领导、同事的尊重，你的心情肯定是不愉快的，这种情绪和心理必然会在家庭中有所体现。那么新问题又来了。

年轻教师或家有小孩儿的老师，特别要注意避免因工作与情绪带来的家庭问题。斯卡尔等学者研究认为，孩子不仅在长相上与父母相似，而且在做事风格、做人原则、性格脾气等方面也与父母有很多相似之处。这就是家庭环境中言传身教、耳濡目染的结果。根据我三十多年来对家长、同事的观察，父母亲在工作单位不努力、不开心，必然会在家里有所反应。对小孩儿成长上的负面影响是一个大概率事件。我真心不希望这种事情发生在我的同事之中。

（五）积极心态笑对生活

我们面对不同性格、天赋的学生，一定要有包容心态去打交道。负面心理情绪多，还可能表现在工作中对待学生的态度。各级政府反复下文要求，教育教学活动中，对待个别特殊的学生，禁止有变相体罚、侮辱人格的言语。千万要注意克制。出了问题被投诉处理很麻烦，什么样的家长都有，人家不会说原谅你脾气、情绪不好，直接说师德问题。当然，平时也要提升个人修养。

有位哲人说过："任何一个人的精神世界总是和他的语言世界相连接、相吻合的。"经常给自己积极的心理暗示，如"我能干""我重要""我快乐""我美好"，可以给自己温暖和力量。教师职业，应该是善于发现并赞美生活的人，平凡中能发现点滴美好，并善于传递给身边的人。这样的话，笑对生活，生活也回报你微笑。

最后我想说，收拾好内心的状态，才能以更好的面貌面对学生。需要大家做好以下准备工作：第一，接受学生当前的状态，教学进度不可操之过急，避免"满灌式"，帮助学生度过开学的适应期才是关键。第二，做好家校沟通，应该多倾听家长的描述，多用开放式的提问了解学生的具体情况。第三，积极做好学生的心理疏导工作，注意观察学生的状态，多点理解，多点关爱。第四，反思上个学期"遗憾的事情"。这几天需静下心来回忆一下过去，想一想上个学期工作中一些令自己遗憾的事情。反思遗憾的时候，给自己列一个问题清单，然后顺着问题清单逐一检查原因。看似是找问题的清单，最后得到的一定是解决这些问题的答案和方法，这样新学期的工作思路自然就豁然开朗了。希望各位老师，除了重视学校工作外，也要重视自己的身体。新的学期，奋发图强，同舟共济，乘胜前进。

关于学校新学期发展的思路与具体安排，我已经在干部会上说了，我相信各个校区都会讲，我就不在这里重复。希望我们全体教师以积极的心态，去应对工作、生活中的困难，在提升教育教学质量、促进学生发展获得成功的同时，赢得一个愉快的心态、健康的身体、幸福的家庭。

（2020 年 9 月 3 日，在秋季开学全体教师会上的讲话）

一起向未来，明天会更好

各位干部，老师们：

大家好！

刚才，牛书记代表学校党支部，向大家解读了北化附中“加强师德师风建设”专项工作方案；季校长又代表学校行政，解读了北化附中“教学质量年”行动计划。这是 2022 年的两项重要工作，请各位干部、老师认真执行抓落实。

2021 年，经过全体教职工的共同努力，学校各方面的工作取得了长足的进步。

比如：高中在“1＋3”生源不利的情况下，高考仍取得比较理想的成绩，初中部的中考成绩也前进到了区 60 多位；特别值得表扬的是小学部的统测成绩进入全区优秀学校的行列，应该是引以为荣的。

又比如，小学、初中共有 60 多幅“迎冬奥”学生绘画作品被奥运博物馆收藏，小学部的曲棍球队、高中部的足球队参加市级比赛取得了骄人的成绩。另外，“双减”大背景下，初中部的首届物理、化学、生物技能大赛，小学部的“家长大讲堂”都进行了有益的尝试与探索。高中部的“合作对话”教学改革与“成人礼“仪式都取得了令人满意的成效。由于时间关系，今天就不一一列举。

在取得成绩的同时，仍然存在不容忽视的问题。比如。区综合督导中仅取得良好的成绩，不是优秀。又比如教学指导工作中初中校区 A 课率只有 15%，全区平均是 40%，差距太大。

有的老师认识比较局限，或者说墨守成规，几年、十几年、几十年都不愿意反思改进。一节课从头到尾都是灌输式地讲，而且还自我感觉良好。灌输式地讲只传授知识，不考虑学情学法，应该是最简单省事的，也可能是效果最低的。老师应该反思的是：

1. 学生愿意听你讲吗？

2. 学生自主学习能学会吗？

3. 哪些内容学生会有思维障碍需要讲解点拨？你与学生有良好的互动吗？

4. 哪些内容需要组织学生活动，或者讨论对话，才能更加深入地学习？

5. 一堂课下来，学生学会了什么？怎么评价测量呢？

6. 作业布置前，你先做了一遍吗？有思维的设计吗？

7. 大概从早上 8 点到下午 5 点，学生都在听讲，容易吗？有效果吗？

8. 你是否对每一堂课都有兴奋与激情？

另外，刚刚公示的区学带、骨干评选结果，汪烨、牛月梅被评为区学科带头人，刘伟、王静、吴敏、刘延军、裴煜、王雷、张继东被评为区骨干教师，张海青被评为优秀青年教师。在此，对他们表示热烈祝贺，也借此机会对积极申报的教师予以表扬。

遗憾的是，全校的市区骨干比例不足7%，全区平均是30%；骨干班主任为零。这两个指标都可能是全区倒数。这首先是我有责任，或者说工作有失误，至少在组织发动上重视不够。

教师专业发展的水平太低，严重影响了教书育人的常态履职，也制约了学校的发展。前天区教委会议决定，“十四五”期间全区的骨干教师比例要达到50%。评上了每年有几千块、上万块的津贴，跟其他区或非同行甚至同行内相比，实际上就是一种体现“优劳多得”的加工资的新方式。我希望所有老师，无论年龄、职称，都主动争取。

老师们，市场经济、竞争社会的环境下，“我不想争先进，不想评骨干，我不想跟别人争”已经不是什么优点，也不值得提倡。这可能是一种阿Q精神，一种无奈甚至无能的自我安慰。

怎么办？学校希望所有符合条件的老师，都通过评骨干提高专业能力，提高工资待遇，会想方设法为老师们创造机会与平台，更希望老师们积极、踊跃参与。譬如去年又争取化大支持，将部分优秀老师的论文结集出版。刚才季校长又解释了2022年教育改革与科研的新举措。但是，我更想说的是，作为教师自身您应该考虑：

1. 我有改变提升自我的动力吗？

2. 我有哪些科研项目与成果？

3. 我参加了哪些优质课、教学设计、教学论文评比？

4. 我有教学反思与总结吗？我的论文适合投稿到哪个刊物？

5. 我与教研员平时有联系、有沟通吗？我在教研工作群吗？我与外校同行有交流吗？

6. 教研员欣赏我吗？我主动申请了兼职教研员吗？主动申请了上公开课吗？主动申请了编写“目标检测”吗？争取区教研活动主讲教材分析吗？

7. 最近，我申请了“北京市的开放型教学辅导计划”吗？（高中只有刘伟、王静、吴敏、李缤纷4位老师申请并获得成功。）

8. 我的教学能力与业绩，在全区同行中排在什么位置？

9. 我感觉工作比较累，其他行业比如公务员、企业上班累吗？其他学校的老师累吗？

我个人的观点是：没有必要去质疑社会的公平，包括各种评比的规则及公平性。除非你有能力利用现有的规则获得成功，最终还进入高层才能有权力去制定规则。坐井观天、怨天尤人没有用，不如反思自己的问题，不如改变自己，从现在开始立即行动。接受自己无力改变的东西，努力去改变自己可能改变的东西。这才是积极乐观的人生态度与行为方式。

这事关每个人的生存、自尊与荣誉，请大家高度重视。这几年好不容易有学生愿意报名上咱们学校，学生生源及教师超编问题得到缓解。如果因教师专业水平及教学质量下降，成绩上不去，则有可能重蹈覆辙，被学生与家长、时代和社会抛弃，非常危险。今天不努力工作，明天可能努力找工作。希望全体干部、党员、老教师带个头儿，一起面向未来，砥砺前行，奋发图强，再创人生经历上的一个小高潮。

2022 年怎么办？刚才牛书记和季校长都从两个方面提出了具体的工作布置，请各校区、各位老师认真领会，狠抓落实。下面我结合最近召开的全国教育工作会议，朝阳区教委“寒假工作”“校长教师轮岗”等工作会的会议精神，再强调三件事情。

一是认清“两个大局”，适应时代发展的需要。

新时代两个大局是什么：一是中华民族伟大复兴的战略全局，二是世界百年未有之大变局。2022 年 1 月 16 日，全国教育工作会议上，怀进鹏部长讲话中指出：这两个大局给教育带来了前所未有的外部挑战，教育自身也面临着突出的矛盾与问题。必须通过教育改革来凸显教育的先导地位，满足经济转型发展，以及人民群众对教育的迫切要求。

习近平总书记在对新时代人才培养上提出了六个“下功夫”，即坚定理想信念、厚植爱国情怀、加强品德修养、培养奋斗精神、增长知识见识、增强综合素质。换句话说，这也是对新时代教师提的高要求。每个老师要做坚定的爱国者，坚定理想信念，不断地提高自身的知识见识，提高综合素质和品德修养。

刚才牛书记讲了师德作风专项工作的方案，我不重复。但我想在这里再强调师德作风的严肃性，几条红线不能踩。

1. 不能有任何损害党中央、中华民族的错误言行；
2. 不散布没有证据的不良信息、负面信息、虚假信息；
3. 不能有歧视、侮辱、体罚学生的言行；
4. 不敷衍教学，不擅自调课甚至擅自离岗；
5. 不组织、推荐、诱导学生进行有偿补课；
6. 不收受家长、学生的礼品；
7. 不乱用、滥用教辅资料增加学生负担；
8. 不剽窃、抄袭他人学术成果。

以上几条红线千万别踩，出了问题谁也保不了你。

二是实践“两个途径”，提高专业能力成为自觉追求。

现代社会科学技术日新月异，作为传道授业的教师，必须追逐科技的步伐，掌握最新科技，才能真正地实现“学高为师，德高为范”。自觉提高自身专业素养就是师德作风的重要内容之一。换句话说：你是不是好教师，不仅仅表现为表面上的工作态度，更多的表现是有没有能力工作，工作的成效如何。

“双减”的目的是要求学校回归教育的本质规律，重塑可持续发展的教育生态，促进学生的健康成长与全面发展，落实立德树人的根本任务。不但要减轻过重的学业负担，更要提高教育教学质量。

那么，对于学校而言，对于教师而言，途径与方法是什么？我认为就是运用两个途径：一是科研引领，偏重教育教学学术研究；第二是科技赋能，偏重信息技术应用于课程教学。特别是线上线下教学交替进行，信息技术应用能力很重要。

刚才季校长在“教育质量年”行动计划中提到 10 个项目，前 5 个是区教委的全局性的，后 5 个是结合学校实际的：

1. 单元整体教学设计；

2. 教学目标制定；

3. 教学情境创设与分层任务活动设计；

4. 学习目标达成与评价反馈；

5. 学生主体参与与学习方法指导；

6. 合作式对话式教学；

7. 教科研论文撰写；

8. 作业设计与命题能力；

9. 解题能力；

10. 微型课题研究。

上述各项也是教师的基本功，是围绕着“科技＋科研”两个方面进行的一些具体教育教学研究，目的就是提升教师自身的专业能力。十个项目是一个系统全年都思考，当然每个月有所侧重。希望各校区教科研主任、每一个教研组各位老师逐月认真去落实。

我想特别强调一点，这不是学校给你的新任务，而是新时代每一位老师专业能力提升的自觉追求。为什么我们学校一些老师在职称评定、骨干教师评选过程中处于劣势？因为你没有科研项目，也没有参加市区的研究课，没有论文获奖与发表，没有参加市区课程建设与教材分析、在线辅导。任何一项缺失，都可能是落选的原因。

到目前为止，有的老师都还不明白这个道理，认为自己各方面都还行。他还不知道跟其他学校优秀老师相比的差距在哪里。坦率地说，我们承担不起能力低下误人子弟的责任，不及时反思并与时俱进，就面临着被时代抛弃的危险。

春节假期一个月比较长，希望大家好好休息调整，家庭幸福和睦。刚才季校长也布置了，希望大家抽时间梳理一下过往的教学经验，对某一单元进行单元备课设计，包括课时设计、作业与测试设计。备课组人多的不要重复，届时分享也减轻负担。请各教研组会后布置抓紧落实。开春后开学初，各校区进行交流、讨论与评比、颁奖，也是为开学上课提前准备，让春节生活更充实。

教师应该是个文化人。利用假期休整提升专业能力的同时，我主张看一些文史哲的书，增长知识见识，丰富文化底蕴，了解多种观点。因为，见识多、知识渊博的人不会固执已见，也不会夜郎自大，会表现出较高的修养与眼界、胸怀，从而受到学生、同行的尊重，工作与生活的幸福指数会提高。最后，祝大家身体健康，家庭幸福，春节愉快，吉祥如意！愿北化附中蒸蒸日上，和谐发展。

（2022 年 1 月 21 日，在全体教工会上的讲话）

第3章

学校工作汇报

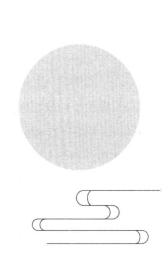

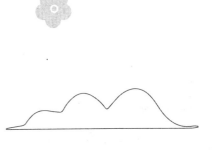

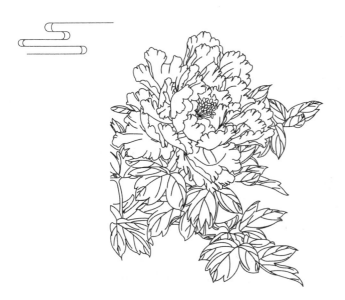

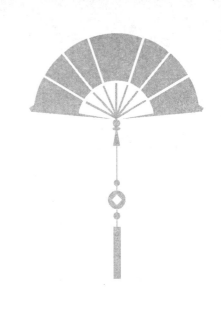

着力构建“经纶”党建，推进“首都名校”建设

一、“经纶”党建的背景

北京市陈经纶中学是首批北京市示范性高中。经过近百年的历史积淀，特别是近十多年来的快速发展，这所学校已经成为朝阳区历史最悠久、规模最大、办学质量最高、最受政府和百姓关注的办学集团。目前形成一校十址（崇实学校尚在接管之中）的办学格局，从小学到初中、高中十二年一贯制，下设 7 个分校，拥有学生 6000 余人。学校计有教职工 625 人，其中党员 290 人，占教职工总数的 47%。党总支下设本部高中、本部初中、行政、嘉铭东、嘉铭西、帝景、保利等 7 个支部。学校中层干部 69 人，其中党员 57 人，占 87%。

党的十八大以来，学校面临新时期的新任务。学校党总支在思考讨论如何真正发挥基层党组织的政治核心与战斗堡垒作用时，首先考虑的是学校党组织要服务于学校的改革发展，服务于学校教育教学这项中心工作。通过提升办学质量达到服务群众（教师、学生、家长）的根本目的。所以，党员干部要带头学习新时期的中央精神和教育教学理论，要带头在课程改革及管理实践中改革创新，要在师德作风、专业发展、质量提升方面起先锋示范作用。只有这样，才能真正落实党中央对基层党组织的“服务型”“学习型”“创新型”的三个要求，才能真正发挥政治引领和组织保障作用，从而引领和推动学校的改革与发展，办好人民满意的教育。

二、“经纶”党建的内涵

“经”字，指的是古代织布机上的纵线，竖纱。“纶”字，指的是古代官印上系印的青丝带。“经纶”两字指的是理出丝线、编织成绳，引喻为筹划治理国家大事。以此延伸，陈经纶中学党总支与全体党员要做一件什么大事呢？我们将“经纶”党建定义为：陈经纶中学党总支发挥政治核心与战斗堡垒作用，全体党员在工作岗位上发挥先锋模范作用，实施全人教育，践行立德树人，为党和国家培养未来的栋梁之材。

之所以这么讲，因为我们是学校，我们是教师。我们的培养服务对象是学生。学生是未来国家和民族复兴的建设者。我们是党员，党的事业就是为了国家强大、民族复兴、人民富裕。我们是优质校，就应该培养未来的栋梁之材。为落实立德树人的根本任务，就必须全面贯彻党的教育方针，学校党总支就必须发挥战斗堡垒与政治引领作用。帝景分校党

员侯海英老师在党员论坛发言道："我作为一名党员，在工作中就应处处走在群众前面，在新学期一定发挥先锋引领作用，使学生的学习热情更加高涨。"她的发言代表了全体"经纶"党员的心声。虽然我们的工作岗位很平凡、很普通，但是我们理直气壮，我们干的是大事。为党和国家培养栋梁之材就是我们要干的事关党和国家的大事。

陈经纶中学党总支及全体党员是最优秀的党员群体之一，其重要特质就是具有使命与担当意识。学校党总支经常组织"首都名校"建设大讨论，让全体党员特别是干部要明白"首都名校"的标准是什么，明确学校还有哪些差距，通过哪些具体的改革创新才能达到标准，党员在改革创新中应该发挥什么作用。在民主、热烈的讨论中，党员的使命与担当意识被激活了，党的政治核心作用发挥出来了。所以，就有了党员示范岗、党员示范课等一系列彰显先锋模范作用的活动，让普通老师看到了不仅仅是责任与担当，也看到了党组织的正能量与专业示范。

三、"经纶"党建的建构过程与做法

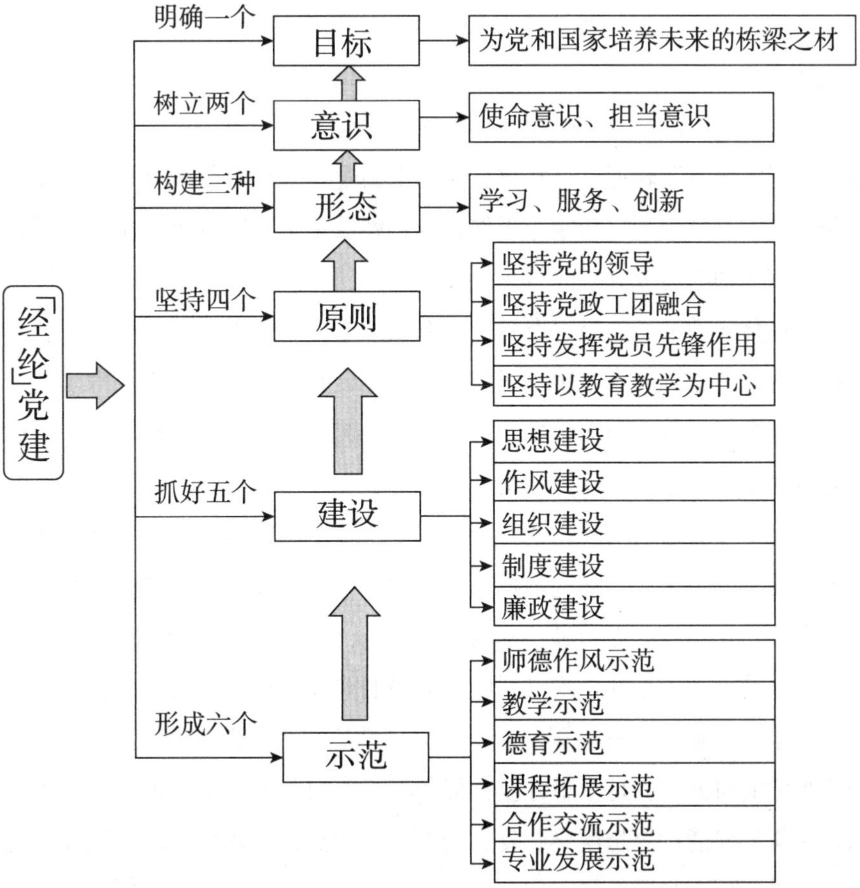

图 1

"经纶"党建是一个不断提高认识、提高标准、提高能力的过程，也是一个不断丰富与完善的过程。如图1所示，可归纳为一个目标、两个意识、三种形态、四个原则、五个制度、六种示范。

首先，全体党员要明确树立“为党和国家培养未来的栋梁之才”的远大目标，其次是党员和干部要牢固树立使命与担当意识，同时还必须提升工作能力和工作标准。

要干好“培养未来栋梁之才”这件大事，学校党组织必须努力向“服务型”“学习型”“创新型”转型。

学校党总支高度重视党员干部的学习，努力构建学习型基层党组织。主要的学习形式和内容有：一是理论学习中心组学习，班子理论学习中心组学习十八大以来的中央文件、习近平同志系列重要讲话精神、《中国共产党纪律处分条例》等相关的政策法规，市、区两级党委与区教工委的文件等。二是全体党员的政治学习，总支书记或外请专家给全体党员上党课，传达中央文件精神，知晓国际国内形势等。三是中层以上干部学习培训，即每个学期初组织中层以上干部进行学习培训，开展诸如“明确标准，提升干部执行力”“加强廉政建设，改进工作作风”等一系列的主题培训。四是党总支、各支部、各党小组开展民主生活会，结合工作实际开展批评与自我批评。特别是党的群众路线教育实践活动中，结合教育教学实践中的干部作风、师德作风、专业提升等进行批评与自我批评。

在服务方面，强调的是干部的行政管理应从观念与行为上由过去“大包大揽”的管理型向“提供更好的服务”转型。一是党总支与工会一道，精心组织好每年一度的教职工代表大会，就学校的办学规划、新学年工作计划、绩效工资方案等事关学校发展、教工利益的重大事项听取老师的意见。二是开展诸如“职工之家”、“每天活动半小时”、教师文化社团、慰问离退休老教师、党员志愿者等一系列活动。关心教职工的生活、身体、心理需求，及时把党的温暖送到群众之中。三是支持、配合教科研室，推进名师工作室、骨干教师梳理、全国知名特级教师高端论坛、青年教师研究会等一系列活动，为不同教龄、不同需求教师的专业发展不遗余力地提供支持与服务。

党总支高度重视党建活动向创新转型。如借用互联网技术构建“党建园地”网页、进行舆论宣传；建立网上论坛，让党员超越时空就“作风建设”提出建议；利用网络视频技术召开党员大会，让分校的党员减少旅途奔波；以支部为单位开展“群众路线”知识竞赛，寓学习于竞技之中；等等，均受到广大党员的欢迎。在党总支“一校一品”的总体框架下，各支部根据实际，提出与探索了一系列创新研究与实践项目。譬如，“党建工作与提升教师幸福感的研究”就是帝景分校支部着眼于如何改善当前老师工作、生活中面临的过重负担，探索如何通过思想境界、凝心聚力、专业提升、体育锻炼等途径，提升教师的幸福指数，促进学校的和谐发展。

要干好“培养未来栋梁之材”这件大事，学校党组织坚持把党的领导放在首位，坚持党政工团的工作融合，坚持以教育教学工作为中心，坚持发挥党员的先锋带头作用。通过这四个原则，既体现党的意志，又有利于党政和谐。具体落实上有分工也有合作，分工不分家，从而确保教育教学中心工作得到强化而不是弱化。

要干好“培养未来栋梁之材”这件大事，学校党组织就必须全面创新“思想建设”等五个建设，构建系统的保障机制。譬如：1. 思想建设方面，党总支始终坚持定期召开全体党员大会，及时宣讲中央新的精神。2. 作风建设方面，张德庆校长多次在干部培训会上要求干部们练就“实操、实做、实效”的“三实”作风，反对官僚主义、形式主义、浮夸之风；张校长要求全体教师首先要做到“匠心、爱心、责任心”，并向“思想深邃、学识宽阔、教学创新、人格高尚”的“经纶”师德标准看齐。3. 组织建设方面，制定了《干部职数规定》《干部选拔任用考核办法》等，抓好干部队伍建设；又通过“双培养”（把骨干培养成党员，把党员培养成骨干）工程提升党员队伍的整体素质。2014 年，陈经纶中学有 4 人被评选为北京市特级教师，其中 3 人是党员；市级学代与骨干教师 13 人中，党员占七成。4. 制度建设方面，相继出台了“三重一大”议事决策制度、财务内部监管制度、民主生活会制度等，确保重大决策民主、公开、不失误。5. 廉政建设方面，继出台了《关于立项、合同、发票等管理办法》、廉政建设责任考核制度、廉政谈话制度等，筑起了反腐倡廉的大堤，从而努力做到领导干部若有问题，能够早发现、早教育、早预防。

要干好“培养未来栋梁之材”这件大事，党员必须发挥先锋模范作用。经过多年的探索与努力，“六个示范”逐渐成为“经纶”党建的特色，即师德作风示范——党员师德故事会、教学示范——党员示范课、德育示范——党员班主任工作示范、课程拓展示范——面向学生的党员午间论坛、合作交流示范——依托网络技术的新论坛，专业发展示范——党员骨干教师专业发展的梳理与示范。例如，嘉铭分校党员率先探索“课堂教学优化模式”，在系列示范课研究中形成了“三三三”的评价标准。又譬如本部初中语文组六位党员教师全都上示范课，在磨课、研课、评课过程中形成了良好氛围，并带动了其他教研组。学校党总支要求“党员教师不仅要是教学的能手，更要是师德的表率、育人的模范”。通过开展“党员示范岗”系列活动，增强党员意识，提高党员的专业能力，彰显党员的先进性与示范性，从而服务于学校改革发展、质量提升，达到服务于学生与家长的最终目的。

四、“经纶”党建的成效与影响

多年来，在党总支和张校长的带领下，陈经纶中学办学成绩得到了社会、政府的广泛认可，中高考连年取得优异成绩。2015 年，学校高考不仅一本重点录取率达到 97%，高考文科状元也再次花落陈经纶中学；各分校的中考成绩也一直稳居朝阳区第一质量平台，兴办仅六年的帝景分校连续四年获得了全区中考第一；嘉铭分校、本部初中、保利分校紧随其后，均名列区第一质量平台。小学统测中，帝景分校、嘉铭分校2015年也分别名列全区第2名、第5名。2015年，学校科技、体育、艺术教育各方面也捷报频传，硕果累累。校高中男、女篮球队在区“阳光杯”比赛中双双夺冠，校田径队荣获朝阳区运动会总分第一名的好成绩，校健美操队荣获北京市比赛一等奖。“经纶之声”合唱团应邀赴德唱响德国科隆大教堂；在北京市科技创新大赛中，3名同学获得金奖，12名同学获得银奖。

在2015年底的第三方调查中，学校及各个分校的满意度都在90%以上，在区同类校中名列前茅。2015年底，《北京晨报》组织的社会调查评估中，学校进入引领北京教育改革发展“品牌学校”前十名。学校近年来获得了“全国文明单位”等十多项国家级、市级荣誉。党总支也连续多年被评为朝外街道“和谐共建先进党组织”和“先进基层党组织”。2014年10月11日，国家副主席到校调研少先队、团委工作，对学校师生良好的精神面貌和表现给予高度的评价与肯定。

综上所述，经纶学子的学业、个性都得到了健康发展，“经纶”党建基本实现了“培养未来栋梁之材”的承诺，每年向更高一级的优质校输送了大批优秀学生。这些业绩的背后，一方面是广大党员的无私奉献，是党总支和党员引领全校教师的共同努力；另一方面，是学校党组织服务于学校改革发展的方向对路，措施得力，成效显著。

又譬如，2014年5月学区化改革中，按照教工委的部署，学校整合了安慧北里中学、安慧北里一小、二小。党组织的主要作用是发挥政治引领、组织保障作用，凝聚人心，激活正能量，和谐促发展。一是党员干部统一思想认识。党总支通过干部会、党员会，引导党员干部认识到“学区化改革是政府回应百姓对优质教育的强烈诉求”，是区教工委布置的政治任务。干部党员特别是原本部的，不要有被“稀释”的感觉，更关键的是要讲政治、顾大局、不抱怨、敢担当。二是高要求统一办学标准。在全体党员中极力宣传“一个学校、一个标准、一体管理、一体打造”的办学策略。特别是被整合学校，不能自行降低标准，而是要努力向更高的标准看齐。三是推进人力资源共享。即总支策划，进行适度干部、教师的交流，将更先进的办学理念与管理方式逐步扩散、融合。四是推动“软性资源”的共享。即各分校间在校本培训、常态的教研组活动、考试统一命题与评卷等，实现集团内共享、互助。

两年过去了，有四组数据大体能说明“经纶”党建的成效与影响力。一是被整合的三所学校，至今没有一位教师要求调离。二是2015年中考，原安慧北里中学平均分跃升至同类60多所学校的第13名。三是原安慧北里中学初一入学180人，仅6人为京籍（2013年），占3.3%；而2015年初一入学京籍与借读生各占50%。四是合并前，三校周边房价每平方米3.5万元，现在是5万元，涨幅达43%。这足以证明经纶教育的影响力，是朝阳百姓与学子对经纶教育是否满意的最好回答。

五、“经纶”党建的深化构想

在取得成绩的同时，学校党支部也清醒地看到，未来几年，社会、政府最关注，学校备感压力的问题是优生培养问题。即怎样能吸引更多的优质学生来到陈经纶中学，而陈经纶中学又如何能将这批学生培养得更加优秀，进入更理想的大学，最终成为党和国家建设的栋梁之材。党总支在解决这些问题上，仍然显得工作力度、创新方式、实效性均不够，与真正的品牌标准、内涵、价值还有相当大的距离。以下问题还明显存在：

1. 个别支部工作落实不够。一方面是个别支部书记兼任行政干部，事务繁忙，一些党小组长教学任务重。另一方面还是党建的意识不够强，重视不够。

2. 党建活动形式单一。表现在党员活动主要是开会、学习或听课、交流，缺乏党员喜闻乐见的形式。主要是缺乏创新意识与思维，创新方法与载体不够，因而党员活动的效果也打折扣。

3. 深入群众、关心民生不够。客观原因可能是会议、培训、检查、督导多，忙于应付。主观原因还是群众意识不够浓，特别是“从群众中来，到群众中去”，如何“急群众之所需”仍有很多需努力改进的地方。譬如如何构建新的有利于优生成长的课程体系、满足群众的优秀期盼等。

党总支将围绕陈经纶中学未来的可持续发展（特别是优生培养），结合党建工作的实际，继续进行如下实践与研究。

1. 激活基层党小组的工作。即如何积极推进“党小组长、教研组长、工会小组长”三位一体的基层管理机制的改革探索，让党建工作深入到教学一线，接地气，落到实处。

2. 引领党员率先课程改革。新的高考、中考政策出台后，学校进行了课程开发和课程建设，如义务教育阶段的综合实践活动等。党组织如何引领党员率先投入改革探索与课程建设，进而促进学校发展等是个新课题。

3. 在“优生培养”上发挥党的作用。即党建工作如何能切入教育教学，引领教师在优生培养上做出新的探索与贡献，为学校新的“优质高中”目标再立新功。

路漫漫其修远兮，我们将“经纶”党建品牌的创建当成自身提升标准与能力的过程，并进行永无止境的追求与奋斗。

（2016年6月23日，申请市级党建示范校汇报稿，与于亚萍副校长合作完成）

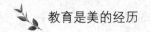

“美的教育，美好人生”的实践与反思

尊敬的各位督学、专家：

早上好！

欢迎各位的到来。请允许我代表北京化工大学附属中学，向各位汇报办学情况。

一、学校概况

北京化工大学附属中学创办于1983年。现一校四址，是个十二年一贯制的完全中学。在籍教职员工179人，其中45岁以上占40%，35岁以下仅占17%，年龄结构偏大。

在籍学生有1104人，其中高中有294人、初中有263人、小学有547人。学生绝大部分来自普通家庭。其中父母来自机关事业单位的，高中仅占20%，初中、小学不足15%。初中、小学中20%的学生来自中低收入的外来务工家庭。

二、怎么办

教育是人类社会最应具博爱精神的职业。因此，我们既仰望星空、怀揣着教育情怀，又尊重教育规律、脚踏实地，在继承传统的基础上努力创新发展。

面对这样的生源实际，我们不气馁，也不好高骛远盲目追求高大上；而是着眼于“让百姓子女体会到成长的美好”，通过“美的教育”的实施，为孩子们的美好人生做好奠基工作。

尽管学生的家庭背景、知识基础不尽如人意，但在我们眼里，他们就是活生生的人，应该平等地享受高质量的教育，应该体验到教育的美好与成长的快乐，进而憧憬美好的生活。对于学生目前而言，学校生活的美好是第一位的，成绩是第二位的。

北化附中曾经辉煌过：初中部20世纪末曾经大批量地输送优秀生到北京五中等名牌学校；高中部曾经也是朝阳北片区的优质学校，去年还创造了20%的一本率；近几年小学部也连续获区教学优质奖。

我校1995届初中毕业生周冬梅，现在是国家领导人随行翻译。我想，她能够比较典型地体现北化附中立德树人的成果。客观而言，北化附中的师资水平、管理水平、教学质量都不错。

因为时间关系，我主要汇报近一年来的工作。这一年来，一是制订规划，形成共识；二是党政工团，齐心协力；三是四个校区实现目标、制度、标准和待遇统一；四是各校区在管理、人事、过程与特色创建上完全自主。

具体汇报之前，我还想强调的是“五无一保证”，我们都做到了。即无重大责任事故、无随意增减课时、教工无品行不良、无体罚学生、无重点班，保证每天体育锻炼一小时。另外，安校长、周校长写的“综督”“专督”报告，我也不打算照着念，包括制度建设、组织建设、干部队伍建设、廉政建设、校园文化等。我主要想从办学的角度，讲讲我们已经做、正在做、还想做的工作思路。

因为这么多专家来了，欢迎来“督”，更希望得到“导”！五年一次，机会难得。

我想用讲故事的形式，讲我们的做法与理论反思。

三、“美的教育”内涵是什么

“美”有善、好的意思，可以作为形容词、动词，可以理解为让人们感到美感、愉悦的事物与过程。我们认为“美的教育”，就是“通过教育促进人性的完美”（康德）。因此，“美的教育”的过程，应该就是让学生体验到成长的快乐与美感的过程！

如图 1 所示，我们试图在教育实践中，探索与构建“美的教育”的价值与理念、结构与功能、方式与途径、标准与规则、效果及评价、实践与案例等。

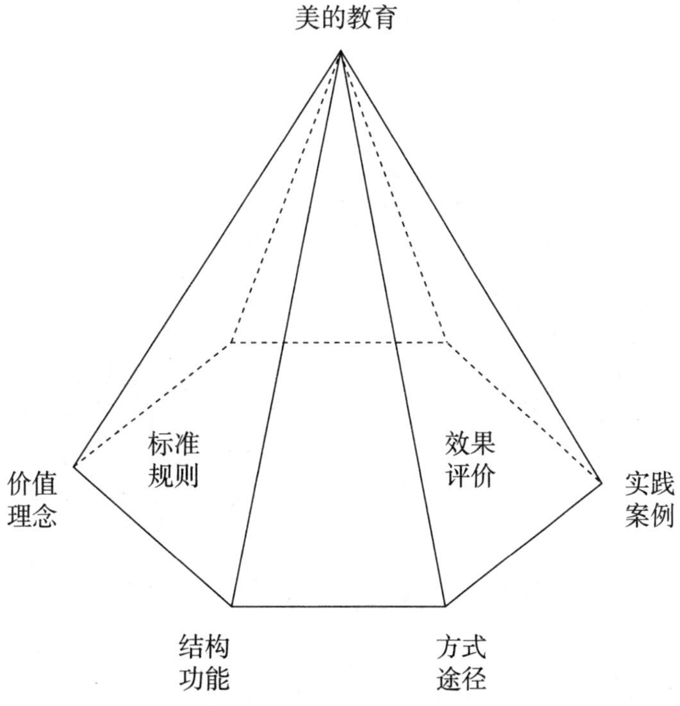

图 1

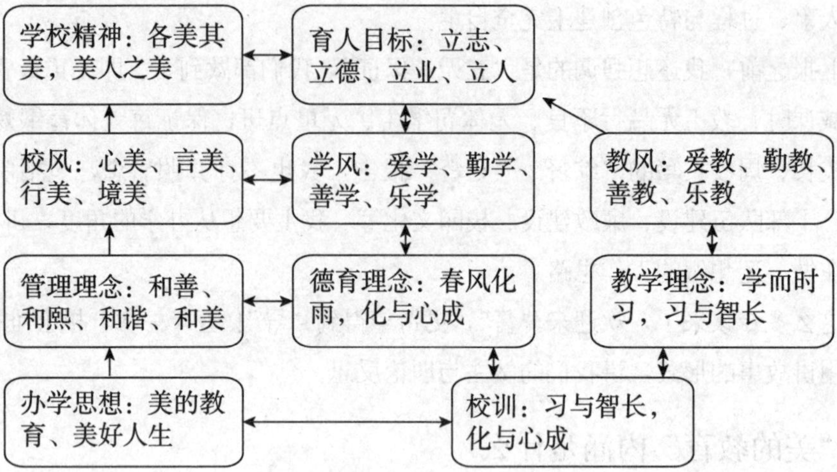

图 2

图 2 是教代会讨论通过的“美的教育”的思想体系。应该讲，这个思想体系比较符合教育规律，也比较有逻辑性。它有助于实现“立志、立德、立业、立人”的“立德树人”目标，也与北化附中“各美其美，美人之美”的学校精神是一致的。

四、“美好人生”途径有哪些

如图 3 所示，一个椭圆，两个焦点，师生互动，主动绕两个焦点转，共同形成北化附中“美的教育”体系。

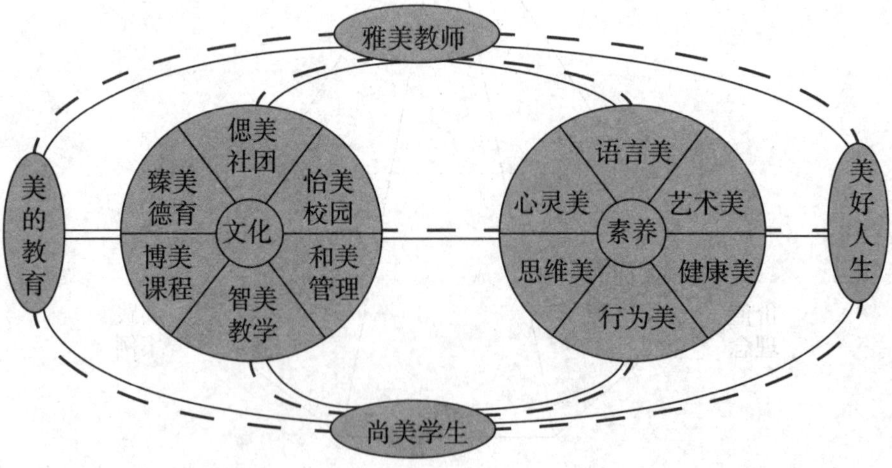

图 3

其中一个焦点是学校文化。它由“臻美德育”“博美课程”“智美教学”“偲美社团”“和美管理”“怡美校园”六个模块组成。当然，它们之间也是相互联系、不可分割的。

另一个焦点是基于课程的核心素养。它们分别由“心灵美（品德与价值观）”“思维美（科学与技术）”“语言美（语言与文学）”“艺术美（审美与艺术）”“健康美（体育与健康）”“行为美（综合与实践）”六个模块组成。它与国家课程的六个模块基本一致，进而培养全面发展的人。

我们的校训是“习与智长，化与心成”。这句话最早是西汉贾谊所言，宋代的大教育家朱熹又有过进一步的阐述。“学而时习之”是《论语》首篇首句，足见孔子将“习”摆在何等重要的位置。成语“春风化雨”中的“化”字，也是我国德育工作中经常强调的概念。

图中虚线线条，表示“习”的过程，黑色线条表示“化”的过程。“习表化里”，揭示了教育的过程以及变化。

这 12 个“美”是我们实践“美的教育”、培养“尚美学生”的基本途径，也是我们自我修炼成为“雅美教师”的基本途径。在“教学相长”“教育共生”中奠基学生的美好人生的同时，实现教师自我的美好人生。

（一）博美课程

北化附中正在创建和完善“博美课程”，其中“博”强调了课程的丰富性、多样性和选择性。如图 4 所示，落实国家课程，抓好“双基”，是化附课程建设的核心任务。关于国家课程的校本化，我们的做法与同类学校也相似。今天因为时间关系，不多做阐述。

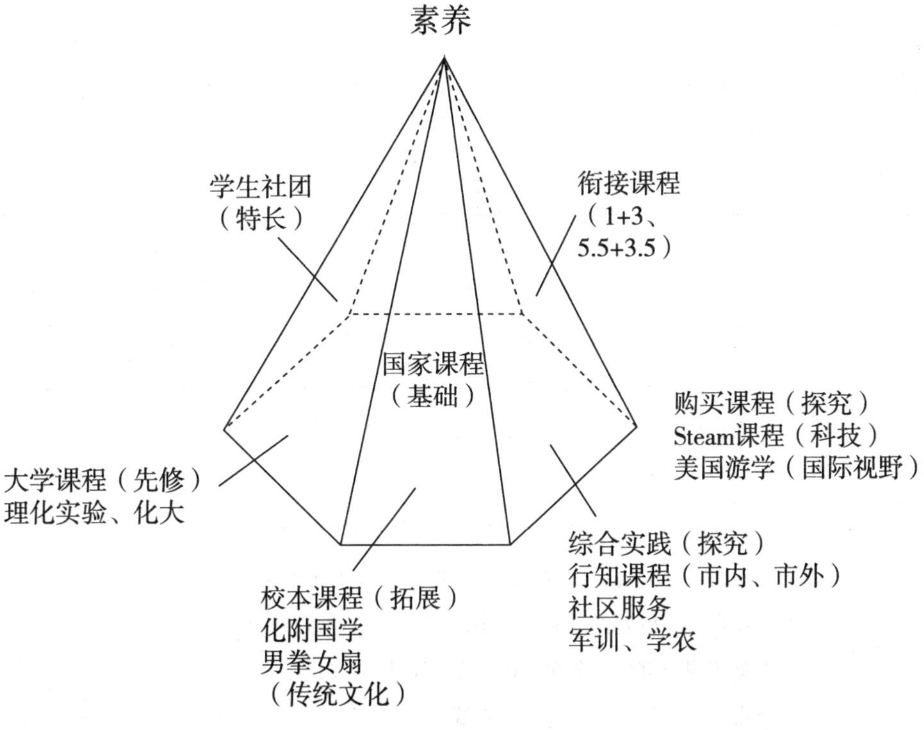

图 4

围绕着“博”字，我们还做了有化附特色的校本课程建设：一是开设了以拓展知识、弘扬传统文化为主的校本课程，例如化附国学、君子淑女、男拳女扇课程，其目的是积累人文底蕴。二是通过购买课程服务，开设了以科技为主线的 Steam 课程和美国游学课程，目的是开阔学生的国际视野，培养学生的创新实践能力。三是借助化工大学的优势，聘请化大教授开设了以物理、化学实验为主的大学先修课程，突出了人才培养的科学素养与理科特色。四是组织了以探究学习为主的综合实践活动，例如军训、学农、社区服务以及市内、市外的行知课程，目的是让学生了解自然与社会，提高学生的社会参与度和责任担当能力。五是创设了“1+3”实验班的初高中衔接课程、小学与初中的“5.5+3.5”衔接课程。六是筹创了多样的学生社团等业余课程。

经过我们半年多的努力，老师们自主编写了校本读物《化附国学》《君子淑女》，共计十册，涵盖了小学、初中、高中的各个年级，从小学一年级到高中三年共十二个学段的全部教材。这套读本以人物及故事为主线，将传统文化和社会主义核心价值观教育融为一体，又渗透了理想信念、修身律己、为人处世、行为规范教育，创新了一条“立德树人”的有效特色途径。

现在化附的整个课程体系，既强调了国家课程的基础性，也凸显了校本课程的丰富性、多样性，从而满足了不同学生的兴趣与选择。这个六方锥图形表示：它们之间有机融合，并呈螺旋上升之势，最终转化为个人素养。这是“美的教育”的途径，也是美的人生的必由之路。因为我们相信有兴趣的选择，可以给学生带来成长、成功的愉悦与美感。

（二）臻美德育

“臻”有促进人性趋善、完善的意思。北化附中的德育具有“主体德育、活动体验、化与心成、立德树人”的特点。

表 1

9 月	规则教育	四	1. 利用“开学第一课（主题班会）”，重温《小学生守则》《小学生口常行为规范》和校规，制定或完善班规和班级目标；2. 指导学生完成小学生综合素质评价手册》相关内容的填写，明确个人成长目标；3. 进行学习习惯、行为习惯的训练，遵纪守法习惯的培养	1. 知行合一健康成长（校训解读）；2. 遵规守纪，从我做起；3. 学习是我的正业，学习是我的主业；4. 不以规矩，不成方圆：外显有规，内涵有德
	规则意识教育	五	1. 制订新学期班主（少先队）工作计划、德育课题研究计划等；2. 召开新学期第一次主题班会，重点进行规则意识教育，明确要求、标准，并把落实规则贯穿于全学期；3. 做好班集体建设工作：布置班级环境、推选小干部等	
	养成教育	六	1. 进行行为习惯养成教育，树立身边榜样；2. 开展做优秀毕业生活动，针对学生的思想特点，开展有针对性的励志教育	

续表

10 月	思想信念教育	四	1. 借助国庆节、建队日契机，对学生进行爱集体、爱学校、爱祖国教育，学习英雄模范和身边榜样；2. 进行班队委的改选工作，做好班队委的培养工作	1. 放假；2. 严于律己，宽以待人；3. 天下大事，必作于细；天下难事，必作于易；4. 做一个堂堂正正的人
	理想信念教育	五	1. 开展社会人课堂活动，指导学生填好《小学生综合素质评价手册》；2. 综合建队日，进行理想信念教育	
	理想教育	六	结合学性，适时指导，开展理想教育活动	
11 月	爱科学教育	四	1. 根据班级情况，开展科学阅读、小制作、手抄报等活动；2. 班级进行爱科学主题班会活动，评选爱科学活动小标兵	1. 节粮节水节电，低碳环保生活；2. “我有一双灵巧手”制作比赛动员令；3. 找火灾隐患，保家庭平安；4. 虚心接受批评，学会合作共处
	科技教育	五	利用学校“科技节”，采取科技主题班会、参观、论坛等多种形式对学生进行科技教育，培养学生的科技创新意识	
	心理健康教育	六	开展六年级学生青春期心理辅导活动	
12 月	法治教育	四	1. 在宪法日开展法治教育，并指导学会基本自护自救知识；2. 组织学习身边榜样，过文明新年活动	1. 提高防范意识，增强法治观念；2. 成功就是在正确的时间做正确的事；3. 过好课间十分钟；4. “习”比“学”更重要

表 1 所示是小学安苑校区上学期部分德育活动的安排，有计划、有主题、有活动，包括理想信念教育、养成教育、规则教育，科技教育、艺术教育、心理健康教育等等。这个计划强调了活动中的体验、感悟和自我教育，从而立志、立德、立业、立人，落实“立德树人”。

（三）偲美社团

“偲”有多才的意思。北化附中的学生社团主要是为了培养学生的兴趣和特长。譬如艺术类的民乐、茶艺、汉服、书法、摄影等偏重传统文化，又譬如科技类“科技之光”实验社、“百趣”物理社、“壮志凌云”航模社、天文社、机器人社团，还有体育类的跆拳道队、健美操队、舞狮舞龙队、武术队、象棋社等。

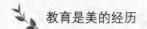

因为有兴趣，学生才愿意训练，并通过训练形成特长。这种立足于“扬长”的学生社团，既有自主学习、自我教育，也有团队合作，更能让学生真正体验到成长的快乐、人生的美好。

我想特别说的是跆拳道队、健美操队。这两个队的张梦、孙合教练是运动健将、化大教师。所以，健美操队、跆拳道队参加北京市比赛都是拿一等奖的。

（四）智美教学

对于教学而言，“智”强调了遵循认知规律、教学规律的聪明。我们的“双主体教学”强调了教师的主导作用、充分激活学生的学习主体性；我们的“学案导学”既突出了教师的引导，也突出了学生的练习，在“习”过程中主动思考、提升能力、习与智长。

我们还请化大教授开设理化实验为主线的大学先修课程，以此培养学生的动手实践、小组合作、创新思维能力。我们引进了“道尔顿实验”的西方教学方式，在吸收、消化、实践中创新了自己的教学模式。

这里介绍一下化工大学张丽丹教授。她是国家级实验室的负责人。她热心于北化附中的化学实验教学，已经带领她的研究生团队创新性地开发出大学与中学衔接的化学实验数十项，并依此编写出了两本教材。

（五）怡美校园

“怡”有让人心神感官愉悦的意思。我们校园虽然狭小，改造空间不大，但一年来，我们栽培了海棠、月季、牡丹、葡萄藤等少量树木。教室走廊和教室、办公室也摆放了绿植。陈旧的初中部教室新粉刷了漂亮的蓝色环保漆。高中教师办公室撤掉了杂乱的午休床，配了大方美观的三人沙发。这些做法的目的是尽可能让校园环境优美一些，让师生的心情愉悦一些。

照片中，学生读书的专注神情，铲“广告垃圾”时不怕脏与累的身影，早晨进校时的互相问好，吃饭时的排队有序，上课起立时整齐的站姿，运动中的矫健身姿，以及新校服的模特步，都体现了北化附中学生的心灵美、语言美、行为美和形象美。

值得一说的是新校服，是专门请北京服装学院的专家设计的，它融合了“化”字形象与理念。此款是经由家长委员会的成员组成的评委投票选出的，经过三个生产厂家的投标，最后由京城大名鼎鼎的铜牛集团制作而成。应该讲，服装的设计、布料与款式非常好，学生爱穿，家长满意。

（六）和美管理

“和”是相安与协调，家和万事兴。学校管理的本质是让老师开开心心工作。因为教师是直接面对学生的教育者，教师心情好了，就会用心工作，教育能力与质量就会提高。

一方面，我们从物质层面改善教师办公室的环境，改善教师饭堂菜的数量、品种、质量。另一方面就是从精神方面聘请专家进行校本培训，购买图书鼓励教师专业发展，组织策划骨干教师教学特色梳理。请退休老校长梳理校史及过去的辉煌业绩，重塑教师的自信。给满 30 年教龄的教职工颁奖、感恩等。核心就一条：和衷共济、专业提升、协力发展。

说一下阎冬梅老师的例子。北化附中的老师不少是 20 世纪 90 年代大学毕业的，敬业精神、智力与专业水平、教学业绩都很不错。但普通校的生源，让他们没有自信于“名师”“名家”。阎老师找了很多理由推脱“骨干教师”梳理的任务，最终“被迫”硬着头皮经历了这个反思、提升的过程。事后，她自己也认为进步很大。

这个学期，高中部已经有十多个老师自荐，要求学校组织专家进行梳理，有了专业提升成名成家的愿望。

（七）雅美教师

“雅”的含义是正规、高尚、美好。北化附中重视教师队伍建设，打造高水平的专业队伍。教师们努力争当习近平总书记提出的“四有”教师，追求做高雅、美丽的教师。党员宣誓表明有理想信念，高三年级组长赫荣涛教坛坚守 20 年也是基于一种信念。

小关校区的陆颖老师，发现自己班上的孩子病了，不顾自己没吃午餐、天寒地冻没穿外套，冒着严寒把孩子送到医院去治病。家长感动之余送来了锦旗。她是有道德情操的典范。这样的老师北化附中还有很多。

高中班主任甘小念、冯昕炜、冯天林等学识扎实，在实践中的理论思考已结集并取名《对话》，由中国林业出版社出版、发行。

区教委工会微信公众号，专篇介绍有仁爱之心的许春英老师。

北化附中教师群体“爱教、勤教、善教、乐教”的教风已经形成，并且在追求自身生活的形体美、形象美、生活美。小关校区的女教师们工作之余练扇舞，季梅副校长带头示范美容，是另一种方式努力在做雅美教师。

（八）尚美学生

“尚”有尊崇、注重的意味。化附学子尽管大多数来自普通家庭，但人人都有“四有”追求，都向往美好生活。

争做少先队员、共青团员是一种有理想的表现。外出整齐的队伍是一种有纪律的表现。安苑小学部六（3）班的高健等三位同学经常帮助孤寡老人，被老人们称赞为有道德的青少年。

杨樾、张名竹两名毕业生分别擅长京剧与书法，又考上了北京五中、衡水中学等名校，堪称有文化。健美操队的郎志瑶与八名女队员，高三备考和体育锻炼两不误，不仅身材美、动作美，还拿到了北京市一等奖。她们都考上了理想的大学。

可以自豪地说，化附的孩子虽然起点不高，但他们爱学、勤学，善学、乐学，在不断进步、增强信心、超越自我的过程中体验着成长的美好！

五、价值观教育

我们是共产党领导下的公办学校，非常重视社会主义核心价值观教育。学校党总支全面落实“两学一做”学习教育，抓实“三会一课”，密切联系群众，转变干部作风。

学校通过校园橱窗、班级板报等，宣传社会主义核心价值观和中国梦，通过校园文化建设弘扬正能量。

学校还专门组织力量，新建学校网站，开通微信公众号、加大“化附通讯”的正面宣传。

各校区通过主题班会、主题活动、升旗仪式的主题讲话等，在体验中实现情感、价值观的转化，从而化与心成，立德树人。

仅从个人层面来说，升旗礼过程中的庄重就是一种爱国表现；南京考察回来高铁上的认真学习就是一种敬业表现；拾金不昧的田佳宇表现出的就是一种诚信；“世界科普日”中“1+3”班志愿者的三天服务，对小学生的耐心解释引导，表现出的就是友善。

学校还高度重视孝顺父母、热爱学校、国防教育、集体主义教育等。初中黄燕飞的《团结就是力量》一文，还发表在《语文周报》上。

六、科技教育

学校高度重视科技教育，通过动手实操培养学生的创新实践能力。一是通过购买服务，所有学年段都开设了 Steam 课程；二是课外活动；三是学生社团。科技活动的内容涵盖了物理、化学、生物、地理、信息技术、通用技术六个学科。

通过组织学生参加科学技术类的竞赛，我们发现，虽然我校学生知识基础没有优势，但学生的创新潜力却是不可估量的。

譬如，我们首届“1+3”实验班张世博等三位同学参加全国“科技与艺术”大赛，获一等奖，刘雨辰等三名同学，参加全国趣味物理竞赛获一等奖；高一马准、王浩祺、蔡天豪等八名同学参加全国奥林匹克物理、化学比赛，分获二、三等奖；初中郭雯文等参加全国地理知识大赛，获一等奖。这一类竞赛的获奖，极大地激发了学生的科学好奇心、学习积极性与自信心。

参加区统考的高中各学年段，物理、化学、生物三个学科的成绩远远超出高中入口的区排名。上述现象在以前是不可想象的！北化附中的理科特长优势开始凸显，这与重视科技教育是分不开的。

七、困惑与追求

各位领导和专家，虽然我们是普通校，但我们仍然怀揣着教育的理想，孜孜不倦地进行着追求与探索。

一年多来，区教委领导、北京化工大学领导对北化附中的工作鼎力支持。区教委王世元主任、刘丽彬副书记、王彪副主任，北京化工大学王芳书记、李显杨副校长、王同奇副书记、贾梦秋主席均多次莅临学校，出席合作理事会会议，为化附的发展献策出力。

一年多来，北化附中老师在体力、智力、心力上的付出，毫不逊色于市级示范校。客观上也取得了不少成绩。今年我们三个学年段，近几年首次“连中三元”，都获得了区教委的教学优秀奖。

高考一本率超额完成50%，二本率超额完成48%。中考32人参加，虽然有两名长期不上学的同学拉低了平均分，但平均分仍接近500分，杨樾等6名同学考入八十中以上的京城名校，尖子生特别突出。小学三、六年级抽测成绩也高出了区平均分。

2017年严重雾霾期间，王宁副市长莅临我校视察，充分肯定了“停课不停学”的做法；4月20日，“北京市高校支持中小学办学”现场会在我校召开；5月19日，朝阳区“1+3”创新人才模式研讨会也在我校召开。

路漫漫其修远兮，我们在努力探索，我们有很多困惑与迷茫。借此机会，我向各位专家请教。

一是“美的教育”的结构如何构建才符合教育规律？其衡量的标准是什么？怎么进行评价？如表2中课堂教学的审美标准合适吗？

表2

目标	明确、适度、层次	认知规律之美
内容	科学、丰富、生活	知识规律之美
方法	启发、动脑、互动	发现思维之美
过程	主动、交互、生成	人性关怀之美
艺术	节奏、色彩、呼应	情感体验之美
效益	高效、成长、成功	发展成长之美

二是“美的教育”如何在实践中接地气，如何与传统教育、国际教育有机结合起来，使之既符合国情与校情，又自成体系并有特色？

三是“习表化里”如何落实？双主体教学如何落实“习”？主体化德育如何落实“化”？

譬如，课堂教学的审美标准，应该怎么拟定？我们从目标、内容、方法、过程、艺术、效益在六个方面拟定，合不合适？

特别期待每一位专家在今天或以后，经常来我们学校指导。谢谢聆听，请批评指导！

（2018 年 11 月 12 日，向区教委“综合督导”组汇报稿）

重塑校魂凝聚人心，美的教育内涵发展

北京化工大学附属中学创办于1983年。现一校四址，十二年一贯制。学校占地总面积40393平方米，建筑面积20614平方米。20世纪90年代曾经是朝阳区北部名校。2019年，在籍员工180人，其中45岁以上占50%，35岁以下仅17%；在籍学生1198人，其中高中291人，初中276人（含“1+3”），小学631人。其中父母来自机关事业单位的学生占20%，初中70%、小学40%生源来源于非京籍。2015年7月开始与北京化工大学深度合作。

学校重视师资队伍建设，狠抓集体备课与教育科研，教学管理能力与水平不断提高，2017年区教育综合督导中优质课（A课）比例达90%。专业教师队伍中高级教师占37%，其中28人分别获全国模范教师、北京市特级教师、北京市骨干教师、北京市紫荆杯优秀班主任、朝阳区骨干教师等荣誉称号。一支“爱教、勤教、善教、乐教”的优秀教师队伍业已形成。

近几年，增值力提升，高考成绩屡创新高，连续六年获朝阳区“高考优秀奖”。2016年以来被评为“京城最具加工力学校”“年度教育黑马”“最具增值力学校”。2017年4月，区政府教育综合、专题督导被评为优秀，科技测试成绩平均97.5分，列和平街学区第一。2018年高考再创历史新高，其中一本率39%，超额完成任务的288%；本科率97.5%，超额完成任务57.7%。继2018年后，2019年再获区“高考优秀学校奖”。

理科特色渐显，学科竞赛屡创佳绩。国家级赛事一等奖四项，市级比赛二等奖30人次，三等奖以上49人次。

一、校训及诠释

北化附中以办学思想“美的教育、美好人生”为主线，以“习与智长，化与心成”为校训，努力实现学校“立志、立德、立业、立人”这一育人目标。

西汉贾谊在《新书·保傅》中提到：“习与智长，故切而不愧；化与心成，故中道若性。”朱熹在《小学》中提出“习与智长、化与心成”。通常的释义：智慧与心智的成长，需要环境的影响与引导，更需要践习的行为与态度。也可以理解为：学习增长智慧，教化培育心灵。

二、校训的形成及修改过程

校训是学校办学的历史沉淀，是学校办学实践特色的浓缩，也是学校未来发展的精神指针。2016 年前，一校四址三校训分别是“厚德、勤奋、强体”“牢记责任、享受学习”“勤奋、文明、求实、创新”。显然，有必要重新整合、统一认识。经学校领导认真研究，听取骨干教师的意见，得到相关教育专家的指导，教代会讨论通过，将学校的校训重塑为“习与智长，化与心成”。

学校通过学生、家长、教师代表座谈会，广泛地征集意见。结合学校办学理念和发展方向，达成共同初步愿景，最后经由校务会初审，形成“习与智长，化与心成”的校训和校训内涵诠释的初稿。

随后召开了教代会、全体会，对校训和释义初稿进行了共同研讨，在汇集教师的意见后，再一次对校训的内容和释义进行完善。再由德育处总牵头，通过讲座、宣讲等方式对校训的内涵进行全校性宣传，力求达到人人皆知、人人认同，内化于心、外化于形的目的。

三、校训重塑工作的体会

校训是广大师生共同遵守的基本行为准则与道德规范。它既是一所学校办学理念、治校精神的反映，也是校园文化建设的重要内容。它是一所学校教风、学风、校风的集中表现，体现学校文化精神的核心内容。具体体会和效果如下。

（一）校训是一所学校的灵魂

1. 校训是办学理念的集中体现

学校的办学思想是“美的教育，美好人生”。在校训重塑过程中，围绕办学理念，深挖校训内涵，追溯学校在发展的过程中，把办学理思想和学生的终身发展相结合。

办学思想主要侧重宏观思想层面。校训更侧重具体操作层面，用于规范师生的行为。学校以“习与智长，化与心成”为校训，不断改革探索国家课程学科间、学段间的融合方式与内容，努力实现国家课程校本化，积极推进适合学生主动学习、个性发展的校本课程建设。逐步构建“习与智长”教育理念、“双主体”教学模式，让师生在教学互动过程中感受到关怀与愉悦之美、发现与觉悟之美、创新与成功之美的同时，更好地促进教学质量提高。积极探索并构建以“化”为主线的德育模式，以张扬人的生命主体成长为价值导向，创设学生自主发展、自主管理平台，在活动体验中起到教化、感化、转化等作用，内化情感、态度、价值观，从而形成“爱学、勤学、善学、乐学”的良好学风与习惯。结合现代社会发展多途径开展中国传统文化教育，从而奠定扎实的文化基础与国家认同意识，引导学生追求高尚的精神世界，使之成为有理想、有道德、有文化、有纪律的人。

学校以社会主义核心价值观教育为先导，坚持立德树人，在办学实践中，将发展规划与行动路径融为一体，提炼出“美的教育美好人生”的办学思想，“习与智长，化与心成”的校训，以及“立志、立德、立业、立人”的育人目标，构建了较有逻辑与特色的办学理念体系。

以国家课程体系为基础，学校创新性地构建“心灵美（品德与价值观）”“思维美（科学与技术）”“语言美（语言与文学）”“艺术美（审美与艺术）”“健康美（体育与健康）”“行为美（综合与实践）”六个模块的课程体系。在实践这个课程体系时，要求教师结合学科课程的实际内容，以审美融入为导向，落实社会主义核心价值观培养。构建了以“臻美德育”“博美课程”“智美教学”“偲美社团”“怡美校园”“和美管理”六个模块组成的学校文化体系。课程体系与文化体系有机融合，将美的教育与社会主义核心价值观融合，从而落实价值观的培养。通过“尚美学生”（孝心美、学习美、助人美、劳动美、运动美、才艺美等）的评比，引导学生在日常生活中践行社会主义核心价值观。

2. 校训是育人目标的深刻反映

学校确立“美的教育，美好人生”办学思想，明确以“立志、立德、立业、立人”为育人目标和“各美其美、美人之美”的学校精神，着力构建“美的教育”课程体系、以“习”为主线的有效教学模式、以“化”为主线的有效德育模式，坚持优质、内涵、特色发展，办让百姓子女体验到成长美好的优质校。

学校围绕社会主义核心价值观、养成教育行动指南，结合学校校训，确立以培养“四立”——“立志（找回自我、初心、良知）”“立德（与他人、自然、社会的关系）”“立业（学业、职业、事业）”“立人（品德、能力、业绩）”为育人目标。将德育与学校文化、与学生习惯培养、教学活动有机结合，以价值观教育为主线，融入教育教学全过程，培育尚美学生，打造“臻美德育”。

在校训重塑的过程中，以打造“美好人生”为愿景，育“尚美学生”为目标。让走进北化附中的每一名学生，体悟人性关怀之美，发现科学真理之美，觉悟社会规则之美、能力提升的成功之美、师生互动的情感愉悦之美，进而促进学生的人格发展、人性完美。

（二）校训重塑是学校工作的途径

1. 加强学校思想工作的重要途径

校训重塑的过程中，抓住德育教育主线，坚持以“学校教育，育人为本，德智体美，立德为先”为准则，落实社会主义核心价值观。

学校围绕“臻美德育”，落实育人目标，以培育尚美学生为工作重点，构建了德育队伍、德育课程、德育科研（以“班主任工作室”为引领，组织班主任开展“主体化德育研究”）“三位一体”的德育工作体系，在培养、体验、自主管理等的德育体系中，循序渐进、潜移默化地让学生成为尚美学生。

2. 创新学校治理体系的主要途径

校训重塑过程中，创设“以人为本、和谐统一”治理体系。强调教师们认真做好本职工作就是追求“美”的目标，严格遵守学校行动纲领和充分兼顾他人利益就是追求“善”，认同学校办学理念与价值观念就是追求“真”。任何时候都不要做伤害学校利益的事。同时，进一步落实党建工作责任制，以制度为抓手，加强干部党员队伍建设，打造一支有凝聚力和战斗力的团队。

四、校训建设与学校的发展

（一）校训建设和文明校园相结合

校园环境是一种“隐性课程”。它育人于无形，对学生起着潜移默化的作用。

文明校园建设是为了更好地推进素质教育，适应现在教育的发展，为每个孩子的成长创造最大的空间。通过校训建设，重建文明校园的思路，把常规和思想教育相结合，把主题教育和学生的综合素养相结合，更好地提升了学生的核心素养。

尝试探索与构建校园“海棠文化”系列。借助“海棠”的美好寓意，进一步开展与探索“海棠听语”“海棠诗会”“海棠书苑”“海棠文学社”等一系列正能量的文化活动，让学生在文化活动中体验到成长与成功的愉悦与美好。进而逐步形成正确的价值观、思维方式、行为习惯，真正实现以文化人、以美育人、立德树人，构建“理想教育”文化。

把学校橱窗作为校园文化建设重要阵地，努力使其成为学校校务公开、大型活动、课堂教学改革、家校沟通等内容的宣传平台。班级板报与学校每月的主题契合，展示学生风采，让小小的橱窗板报闪烁教育美丽的光芒。

走廊文化——集思广益创造美，异彩纷呈传递美。主题化设计廊道文化，各校区每楼层一主题。例如：小关校区一层以习惯养成教育为主题；二层以学校办学理念和文化思想为主题，突出校区特色文化“四 JING”；三层以社会主义核心价值观与传统文化为主题。在注重文化内涵的同时选择学生喜爱的图文并茂的形式，可谓是学校一道亮丽的风景。

（二）校训建设和环境建设相结合

学校努力构建具有学校特点的育人环境（建筑、标识、橱窗、墙画、板报等），利用校园文化，注重文化底蕴和环境育人功能有机结合，注重教师、学生群体在日常言行中表现出的价值观、思维方式、行为习惯的导向，营造社会主义核心价值观学习氛围。

学校为了更好地体现地域特色和学校文化特色，在环境建设过程中，注重构建时空维度，打造形式多样、立体的特色文化。

学校校徽的基础色调为蓝色，加以蓝色渐变增加美观度，蓝色清新淡雅富有理性，符合我校理化办学特色，同时淡雅的色彩也符合我校培养翩翩君子之风的办学理念，与人才培养目标契合。

校徽中的圆环是基于玉佩的造型进行艺术设计，其上以浮雕的形式用篆书体刻上学校校训。既用玉来比喻教师的人格魅力，又将学生比喻成未雕琢的玉。同时，以此玉佩配合校训浮雕的形式，寓意经过学校的培养，将学生培养成理性务实温文尔雅的人才目标，突出体现我校具有加工能力的办学亮点。中心的大雁寓意化附学子展翅高飞。

文字以圆环形式围绕一周，校名中“北京化工大学”字体选用和化大同样的江泽民题字，“附属中学”为标准雅黑字体，用以表明我校与化大的合作共建关系。下部英文字体体现我校国际视野。

（三）校训建设与课程建设相结合

1. 德育校本课程，育人注重实效

学校带领教师深入学习和落实《学科德育指导纲要》，联合教学部门，结合现代社会发展，多途径开展中国传统文化教育。开设化附国学，以“四立”为主线，从《论语》《大学》《诗经》《弟子规》《唐诗》《宋词》等传统文化名著中选择历史上的优秀人物及故事、文章为主线，将优秀传统文化与社会主义核心价值观教育融为一体。选材编写具有化附特色的“君子”“淑女”校本课程，渗透理想信念、修身律己、为人处世、行为规范教育。以日常行为规范、校本课程教学、学生社团、“一十百千”项目等为载体，以诵读、书法、戏剧表演等丰富多彩的活动形式加以实施。全员普及的“男拳女扇”课程，塑造形体之美，彰显精神之美，使学生精神正直、心灵纯洁、情感和信念端正。校本课程的开发，使学校创新了一条“立德树人”的有效特色途径。

2.“审美融入”理念，促进课程建设

广义的课程是指学校安排的学科学习，及其他学习活动的总和。课程建设通常是指学校的课程规划、设计、实施、评价过程。

学校的校本课程“君子淑女”“化附国学”，以历史上的优秀人物及故事、文章为主线，将中华优秀传统文化与社会主义核心价值观教育融为一体，以诵读、书法、戏剧表演等丰富多彩的活动加以实施。比如 6 月 12 日我们推出的《尚美学生公约》绘本，从学校提出初步稿，发动师生、家长讨论，到最后形成定稿，又组织学生按每个主题绘画创作、评比，最后排版印刷，前后历时一年。应该讲，这个公约的出台过程，体现了尊重、民主、责任、科学的理念。公约 120 条内容，考虑了十二个学龄段学生的心智特点、国家要求、学校特色，也是将《中小学生守则》更加细化具体的养成教育。

例如：梨园新芽，传承国粹展新颜。京剧艺术是我们的国粹，也是世界非物质文化遗产。它蕴含着中国传统文化、民族审美情趣，也是世界上唯一含有“唱、念、做、打”的综合艺术。小关校区（小学低部）在著名京剧表演艺术家吕昕老师的支持下成立了“吕昕京剧艺术工作室”，学校希望京剧艺术从小培养接班人。短短两个月，孩子们就上央视三套录制节目。从这些老艺术家身上，我们看到了传统文化、民族精神；而从孩子们身上，可以看到通过感知和感悟，进而融入人的情感。这是一个加强文化自信的典型案例。文化传承“从娃娃抓起”，值得全社会，特别是教育界借鉴。

3. 德育活动课程，成长水到渠成

结合学科课程拓展需要，系统开展研究性学习及丰富多彩的实践活动及志愿者活动。立足于丰富学生经验，密切联系学生的生活与社会实际，彰显学生的主体作用，培养学生综合运用知识解决问题的能力，促进对自然与社会的了解，提升其对国家、政治的价值认同，提升其道德判断力与实践力，以及社会责任感。

“臻美德育”强调的是德育主题活动中，将“真、善、美”“养成”等价值观教育融为一体。学生在活动中成长。结合学生实际、各学科课程标准以及现有教育资源，积极构建德育活动课程。

（1）主题教育

重视开学典礼、毕业典礼、升旗礼、成人仪式、离队建团仪式、读书节、艺术节、科技节、运动会、全校师生同唱校歌、“四个一”、“三节”、“三爱”等活动的仪式感和实效性，激发学生的热情和爱国、爱校、爱生活的情怀，树立奋发向上的自信心。

例如：小学低部“与茶相伴，书写美好人生”。深化学校特色茶文化活动，依托“听泉茶社”，结合“感受非遗文化，传承文化经典”项目，学校开展丰富多彩的茶文化纵深活动。

茶文化研学活动。开展市内的老舍茶馆的茶馆文化及老北京文化一日研学活动；市外的武夷山、厦门茶山行，绍兴、杭州茶文化之旅，并形成两本成果集，深受学生家长喜爱。孩子们不仅在活动中增长了知识，更加具有自理和独立的精神，很多家长还主动写下了自己的感受。

校园茶文化与各个节日融合的茶会活动。如教师节“敬师茶”活动，母亲节“茶香寄语、茶暖寄情”感恩茶会。参加各种学校大型活动进行展示，如学校艺术节茶艺表演、学校大型活动的迎宾等等。

小关校区的孩子们连续六年，每年参加北京国际茶博会“万名小茶人逛大茶展”活动。在活动中品鉴课堂中讲授的六大类茶，感受不同产区、不同品种乃至国外的茶品，充分利用这个不可多得的机会和资源，补充课堂中欠缺的那部分，体验每年一次的茶文化饕餮盛宴。

小关校区学生同时参加同期举办的“全国青少年茶文化创意大赛”。几年来，我校已有上百人参赛并获奖，学校也连续多年获得优秀组织奖。全国市区级茶文化大赛中我们的学生也是收获满满，取得丰硕的果实。

（2）综合实践活动

结合学科课程拓展需要，系统开展市内与市外的研究性学习等丰富多彩的实践活动及志愿者活动，立足于丰富学生经验，密切联系学生的生活与社会实际，彰显学生的主体作用，培养学生综合运用知识解决问题的能力，促进对自然与社会的了解，提升其对国家、政治的价值认同，提高其道德判断力与实践力以及社会责任感。

4. “主体化德育”实施

教育教学联手，高度关注学生行为和学习习惯培养，严抓养成教育。放手让学生自主管理，通过各种评比、值周班制度、小干部上岗制、积分、发放表扬卡、评选“美德少年”“尚美学生”等方式，加强日常行为规范的自主管理，培养自主发展的核心素养；促进校风、学风形成。将社会主义核心价值观、养成教育践行在过程中。

（四）校训建设与家社教育相结合

学生的成长环境除了学校，还包括家庭和社会。协同教育，共同育人。在校训建设的过程中，我们积极寻求家长和社会力量丰富我们的校训内涵，将家长和社会的期望融入我们的教育教学政策。与家长与社会资源共同孕育我们的学生健康成长，让家长参与学校相关工作的决策，以期获得更大的成效。2017 年 8 月，教育部发布了《中小学德育工作指南》，明确指出要积极争取家庭社会共同参与和支持学校德育工作。我校结合实际，将“活动进课堂”落实到学校教育教学和管理服务各环节，形成课堂教学、社会实践、校园文化多位一体的育人平台，引导广大家庭和社会各方面主动配合学校教育，努力形成家庭、社会与学校携手育人的强大合力。

1. 搭建家长＋学校合作平台，共同育人

学校引导家长注重家庭，注重家教，注重家风，营造积极向上的良好社会氛围。学校主动搭建家校沟通的平台，建立家长委员会，加强家庭教育，指导开发家庭教育课程，让家长参与到学校教育中来，形成家校互相配合、互相支持的常态互动机制，构建教师、家长学生共同成长的现代教育生态，让家校合作有正确的打开方式。为了进一步加强学校与家庭、教师与家长之间的密切联系，增进每一位家长对学校工作的了解，同时更全面地了解自己的孩子在校的学习情况，真正达到家校携手共同培养孩子的目标，每次家长会，学校领导和教师都十分重视，精心准备各项工作。同时安排开放日活动，在营养餐公司的选择、校服设计制作公司的选择、社会实践活动相关安排的确定等工作中都有家长委员会成员参与。通过家长教师协会运转、家长学校培训、家校公众号、家长会、亲子活动、大型展示活动、家长志愿者等方式，实现家校协同育人，实现共育共赢。

2. 搭建学校＋街道合作平台，共同育人

与社区、街道沟通，了解周围的可利用资源及可利用场所，整合安排，获得支持。组织参观中国现代文学馆开展志愿者活动等。同时得到小关街道的大力支持，改造校园周边环境，整体规划，文化氛围浓厚，成为社区一景。

3. 搭建高校＋附中合作平台，借力发展

依托北京化工大学构建“理工特长”的课程体系。根据学校实际，因材施教，科学施教，优化实施“国家必修课程”。依托北京化工大学的课程、师资、资金、实验室等资源优势，在原有探索物理、化学的高中、大学实验教学衔接的“大学先修实验课程”基础上，开拓生物实验教学新领域。让北化附中的学子在理工科的科学兴趣、创新思维、动手实践能力上与同类学生相比有优势与特长，同时提高了我校的教师专业水平。

综上所述，校训建设工作进一步深挖了我校深厚的文化底蕴，也为我校可持续发展提供了保障。校训建设工作的开展让师生们深刻体会到，校训是学校文化、精神的浓缩，不仅反映一所学校的办学宗旨，也砥砺着一代代莘莘学子的人格品行。对内可以引导师生的行为举止，起到无言的熏陶作用，引领学校的办学方向，形成学校的办学特色；对外可以凸显学校的形象，提升学校的办学品位。重塑校训让全体师生达成了共识，凝聚了人心，提升了品质，形成了特色；为学生成长指明了方向，为教师成长确定了路径，为学校内涵发展提供了动力。

（2019 年 11 月，校训重塑工作汇报稿，与汪烨副校长合作完成，汪烨执笔）

砥砺前行，奋发图强

2020 年初以来，学校的工作面临着一系列困难，但全体师生砥砺前行，奋发图强。有些数据能够说明一些变化。

一、数据变化，见证我们的进步

1. 招生与统考

五年来，全校所有师生在有愿景、共努力的奋斗中收获了社会的认可。

2021 年，小学一年级招生 86 人，其中京籍 53 人，占 61.6%。2016 年，小学一年级招生 92 人，其中京籍 30 人，占 32.6%。

2021 年，小学三、六年级统测成绩均超出区平均 2 分，进入全区优质名校行列。2016 年仅小关的三年级统测成绩超区平均。

2021 学年度在籍新初三 97 人。2016 学年度在籍新初三仅 33 人。2021 年中考的平均分为 571.6 分，区排位第 61 位，“一分二率”排名为近 5 年最佳。2016 年的中考平均分区排位在 80 名之后。

2021 年，新高一年级招生 180 人，录取最低分 579 分，居“三类校”第二。2016 年，新高一招生 80 人，录取最低分 496 分，居“三类校”倒数第二。2021 年高考本科、重点本科分别完成任务的 132%、175%。

2. 学生获奖

2019 年 9 月以来，四个校区有 560 人次（其中小学 390 人次）在市、区各种科技、体育、艺术比赛中获奖。其中，初中部王小芸等 5 位同学、高中部徐天鸿等 7 位同学获北京市“三好学生”光荣称号。另外，初中和小学有 60 幅美术作品被奥运博物馆收藏。

2020 年，高中女子足球获区冠军、市第 3 名，男子足球获区亚军、市第 7 名。小学曲棍球队分获北京市亚军及第 3 名。小学民乐队、合唱团获朝阳区比赛银奖。初中计算机编程获全国三等奖。

2019 年 9 月以来，高中三个年级的区统测和高考成绩中，数理化生的平均分区排名分别比入口前进 2—4 位。全国高中力学竞赛，一等奖 2 人，二等奖 1 人，三等奖 4 人；全国高中化学竞赛，一等奖 1 人，二等奖 7 人，三等奖 5 人。上述说明高中“理工特色”基本形成。

3. 教师及学校获奖

2019 年 9 月以来，四个校区的教师在各种市、区的论文、说课、教学设计等比赛中获奖198人次。其中赫荣涛、吴敏、王亚菲获“京城榜样教师”光荣称号。

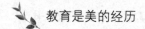

学校2019年获京城“百所名校”奖（教改创新领军中学），2020年获京城“百所名校”奖（课程建设领军中学）。

以上数据在一定程度上说明，北京化工大学附属中学的办学能力、质量、声誉和生源已经进入良性循环的轨道。

二、向美为动力，合力推动学校发展

（一）以习近平新时代中国特色社会主义思想为指导，全面贯彻党的教育方针

学校党总支坚持用习近平新时代中国特色社会主义思想武装头脑，全面贯彻党的教育方针，落实《关于加强北京市中小学校党的建设工作的意见》。学校党总支加强精细管理，制定《月工作安排表》《组织党员开展学习情况目录》，同时发挥好《党支部工作手册》工作台账和纪实的作用。在学校党总支领导下，四校区党支部常态落实“三会一课”“主题党日”等制度，坚持学习、实践相统一，加强全体党员、干部、教职工的思想政治教育，党员、干部带头严格执行各项规章制度，把习近平总书记重要讲话精神、社会主义核心价值观、党史学习教育等内容融入教育教学工作，落实立德树人根本任务，努力培养德智体美劳全面发展的社会主义建设者和接班人，进一步充分发挥党组织的政治核心和战斗堡垒作用。

学校制定《宣传管理工作制度》，学校微信公众号、校报宣传稿等由专人负责审核把关。利用微信公众号、校报、校园网、橱窗、电子屏、板报等宣传资源，树立学校良好的社会形象。学校党总支领导制订《学校教师宣讲工作方案》，围绕学校中心工作，做好正面宣传，弘扬正能量。2020年8月，赫荣涛、裴晶晶老师的宣讲稿结集于教委《2020年朝阳区教育系统百姓宣讲作品集》。2021年5月，纪楠老师被推选为区教育系统四位“优秀双拥宣讲员”之一。学校制定《意识形态工作管理制度》，将意识形态工作责任纳入班子成员全面从严治党主体责任清单，确保意识形态领域安全，杜绝负面舆情发生。

学校建立健全党政联席会、支委会、党员大会、“三重一大”决策、党务公开制度、校务公开等一系列制度并严格落实。学校完善《三重一大实施细则》，严格按制度、按规范、按程序落实“三重一大”工作。同时做好《党政沟通工作记录》，落实党政领导的沟通协调机制。党总支书记作为内审组长，领导内审小组定期组织开展内审，并对内审中发现的问题，与校长、校区主管、相关负责人沟通，进一步加强整改落实，努力保障校长责任制落实。

（二）以“美的教育”为切入点，落实立德树人的根本任务

学校以“美的教育，美好人生”办学思想为切入点，构建以“美”为核心的校园文化体系，即臻美德育、博美课程、智美教学、偲美社团、和美管理、怡美校园，着眼于培养

学生的自主发展、社会责任、创新精神、实践能力的核心素养，注重弘扬社会主义核心价值观和中华优秀传统文化。让学生浸润在美的教育中，快乐成长，人性更加完美，为学生的美好人生奠定基础。

学校在“十三五”规划的基础上又制订了“十四五”规划，依法修订了学校章程，完善了学校内部质量调控机制，认真落实教职工代表大会制度，积极发挥家长及社会相关方面协同育人的作用，积极与公安、交通、社区等加强校外安全管理。

学校依法办学，没有违规补课，没有设重点班，没有校园欺凌，无体罚和变相体罚现象，无安全隐患，无重大责任事故发生。

（三）以“雅美教师”为切入点，努力提升教师队伍专业素养

学校注重发挥党员和干部的先锋模范的作用，讨论制定了北化附中“雅美教师”公约，以“师德评优”“雅美教师”评比为切入点，注重建立师德师风建设的长效机制，注重教师的理想信念、职业操守教育，严格遵守《中小学教师职业道德规范》。通过校本培训、教研组活动、骨干教师梳理、限时论文及说课比赛等，推动教师自主学习与线上学习相结合，鼓励教师提升专业素质，逐步形成骨干教师梯队及“发展共同体”。

（四）以“尚美学生”为切入点，促进学生全面发展、个性张扬

学校依据《中小学德育工作指南》，积极开展社会主义核心价值观教育，统筹各种资源，注重养成教育和文化育人，努力在“礼”“节”“社”“会”上落实立德树人的根本任务，实现全方位育人的德育工作格局。

学校制定了《北京化工大学附属中学培养和践行社会主义核心价值观德育工作指导意见》，发动学生、教师、家长广泛讨论；制定了 12 个学年段的《尚美学生公约》，并以此落实日常行为规范教育，推动多元评价和综合素质评价。通过鼓励与扬长，引导学生努力营造美好的校园生活。

与国家必修课程相配套，学校又系统构建由各种典礼、节日、社团、会议等组成的活动体系，比如成人礼、主题班会、艺术节会演、汉服社、跆拳道社等组成的学生活动体系，通过活动创造育人的氛围，努力通过感化、教化、潜移默化等实现春风化雨，化与心成，立德树人。

学校注重培养学生的体育锻炼习惯与健康意识，确保每天锻炼时间不少于 1 小时。积极开展疾病预防、心理辅导等，促进学生形成健康的身体与积极的心理品质。按国家标准开设艺术类课程，通过学生艺术社团培养学生艺术特长；通过推进学校公区卫生保洁及学生参与家务劳动，强化劳动观念形成。

学校系统构建并开展“海棠文学社”“海棠听语”（校刊）“海棠诗会”“海棠书苑”“海棠民乐”等系列文化活动，让学生体验到文学美、人性美，从而实现以文化人、以美育人。

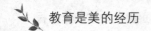

（五）以“审美融入”为切入点，努力实现国家课程校本化、优质化

学校结合学生实际和“美的教育”办学思想，以“审美融入”为切入点，优化国家课程的校本化过程，构建以“心灵美（品德与价值观）”“语言美（语言与文学）”“思维美（科学与技术）”“行为美（综合与实践）”“艺术美（音乐与美术）”“健康美（体育与健康）”六大模块组成的课程体系。通过审美融入课程及课堂教学过程，让学生体验到情境美、语言美、情感美、思维美、人格美等，进而提升课程的品质，让课程焕发出生命的活力，又进而提升学生的人格品质。

常态教学中注重发挥学生的主体作用，引导学生自觉地预习、自习、研习、复习，在积极的自主学习中实现“习与智长”，享受学习成功的快乐。

学校依托北京化工大学的课程与师资优势，构建“大学先修实验课程”为载体的特色课程体系，探索“理工特长”的人才培养模式。高中部各年级的物理、化学、数学、生物区统测成绩排名始终比入口进步明显，物理、化学及创客大赛也屡创佳绩。

高中部积极参加区教委的“理想教育文化”改革实验，将理想教育文化的“追求幸福生活”（目标）、“尊重、民主、责任、科学”（最佳公民标准）、“扰启、内省、质疑、实践”（教育教学方法论）与学校的“美的教育”“雅美教师”“尚美学生”“靶思维”等有机融合。关注学生差异与教学公平，推进教学方式改革，切实减轻学生的课业负担，扎实提高课堂教学质量。

学校积极开发和落实国家规定的综合实践课程，注重课程内容与社会生活有机融合，注重学科内及学科之间有机整合，注重动手实践和探究合作的学习方式。下大力气落实科技教育活动和“四个一”的教育实践活动、校内外结合的科技教育活动等，培养学生的动手实践能力、创新思维能力。

学校注重发掘家长及家委会的功能与作用，鼓励、支持家长参与学校课程建设和学校管理工作。小学部化大子弟的家长发起、开设的“家长大课堂”深受孩子们的欢迎，呈星火燎原之势。家校合力是北化附中家校共育中一道亮丽的风景线。

四、困难与问题

1. 教师队伍老化、超编

由于教师、干部队伍老化，在推进教学改革、教育科研、市区骨干教师队伍建设等方面缺乏动力，做得不够。譬如教师满足于上好常规课，对于教育科研没有兴趣的老师比较多，干部的思想保守，缺乏创新改革精神。未来两年，将有 20 多位老师退休，结构性缺编的问题将严重制约学校的常态发展。

2. 校本课程的开发是短板

包括校本课程的类型、内容的多样性和丰富性，都有待于进一步加强。

3. 教育教学改革难有起色

学校的办学思想、文化、课程与活动体系很不容易构建成型，而实践中不断发展与丰富又远远不够，期待今后一个时期会有起色。譬如，高中部化学科组在区教委“理想教育文化”的改革实践上有进步、有成果，但是要向全校各学年段、各学科组全面推广，很有难度。

4. 招生问题困扰学校发展

近几年北化附中的办学水平、质量、声誉明显提升，生源质量也明显提高。但去年小学、初中招生的“弃单选多”政策、周边名校的“无节制扩招”等，很有可能把刚有的起色、火花、信心、希望、动力等浇灭了。

（2021 年 10 月 12 日，向区教委“综合督导”组汇报稿）

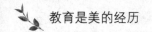

“三个入手”抓教改，努力实现减负提质

客观而言，北化附中在作业负担方面问题多一点，校外培训负担相对少一些；除“双减”必做动作外，拟借“双减”工作来倒逼课堂教学和教育管理的改革。

一、从“单元备课”“合作对话”入手，解决课堂质量问题

“双减”的主阵地应该是课堂。因为教学方法不科学、效果不太好，所以通过大量作业来弥补不足，学生和家长也不信任学校而去找课外培训机构。

存在的不足可能有：老师备课还是传统的课时备课，而没有大立意、大格局的单元整体备课；以备教材、备教法为主，很少思考学情、学法、作业；教学设计的目标仍然是三维目标，没有与核心素养、作业落实融合；课堂教学多是“满堂灌”式地讲，信心不足就多布置作业。

后期做法是：1. 以区教委的诊断式督导“理想教育文化”改革为抓手，各校区各学年段推广“单元备课”与“合作对话”。尝试分类逐步推进，先靶子课再反思研讨。希望半年后，有部分教师备课有整体思维的习惯，上课讲的时间控制在三分之一左右，学生自主学习、合作学习、当堂训练等成为主流现象。2. 备课的思路由“课时”变“单元”，课堂也从“教”逐渐转换为“学”的逻辑。上课由过去老师揣着知识告诉学生，未来变成老师带着学生探寻知识。通过课堂改革，从源头上解决作业负担问题。3. 适时召开教科研会议，以“教学质量年”为主题宣传动员，推动教学方式的改革。适时举办教师的教学设计、作业设计比赛，公开课比赛，通过竞赛评比推动改革。

二、从“老师先做”“调查问卷”入手，解决作业负担问题

过去作业布置多是老师凭经验，让课代表写在黑板上，或者粘贴后印刷，欠精准。

后期做法是：教学处不定期检查“老师先做”是否落实，适时就作业数量、质量、批改等进行问卷调查，督促存在问题者整改。从数量控制入手解决作业的质量问题，争取小学不带作业回家做；初中的理科作业在课后服务中完成，少量文科的作业为家庭作业。

三、从“社会资源”“家长参与”入手，解决课后服务的丰富性及质量问题

不少干部、老师的课后课服务观停留在作业辅导上。

后期做法是：1. 发掘、引进社会资源，特别是鼓励家长参与，从课程的丰富性入手

提高质量。两个小学部在依托家长资源开设“家长讲堂”校本课程的基础上，进一步创新路径和方法，用好政策引进社会资源，依托家长丰富课程、参与管理。2. 下大力气丰富面向全体的劳动、体育、音乐、美术、科技课程，以及立足于班级之间，个人之间的劳动、体育、艺术、科技的比赛性活动。同时，把原有的社团活动转为个性化的课程。

（2021 年 11 月 29 日，向区教委汇报“双减”工作发言稿）

原国家教委副主任、国家总督学柳斌先生莅临北化附中指导工作

9 月 20 日上午 9：20，天空湛蓝，空气清新。原国家教委副主任、国家总督学柳斌先生等一行二人莅临北京化工大学附属中学指导工作。

下车伊始，柳先生兴致勃勃地观看了初中部的跑操训练。他高兴地说："现在的生活水平真的提高了，初中的孩子都长得这么高，也说明学校关注学生身体素质的培养!"

走进初中部教学楼，他对教学楼的文化走廊看得很仔细，边走边问："文化走廊的内容以中国优秀的传统文化为主线，有特色。是请别人设计的，还是咱们自己设计的?"陪同的全疆发校长回答说："内容都是咱们学校老师自己设计的。""嗯！学校老师自己设计的比公司设计的更好，更符合教育方针、教育需要。"

他饶有兴趣地观看着"和美班级"栏目中学生的作业展示，翻看着"书吧"中展示的"化附国学"读本、"青春岁月"学生作文集等，边看边对初中部的周振霞副校长说："通过校本课程进行传统文化教育，根植爱国主义，是时代发展的需要。""让学生的优秀作品发表，学生会很自豪，家长会很高兴！学生会很自信，对他一生都是有利的。好!"

柳斌先生为学校题字

10：20，柳斌先生来到了小学部。他看着一年级孩子的"祖国 70 周年月团圆"的手抄报，高兴地说："一年级的孩子能画出这么美丽的图画，色彩也不错，还有文字的排版。说明孩子们的潜力是可以开发的，学校及教师有责任去开发。"当看到日常行为规范的提示板时，他称赞道："这个好，接地气、做得到，有利于养成教育。"

他径直走入了刚做完眼保健操的一（1）班，孩子们兴奋了。"爷爷好！客人们好!"并站立齐声朗读了《长歌行》《七步诗》。柳先生带头为孩子们鼓掌，并鼓励孩子们："今天你们的表现非常棒！希望你们好好学习，天天向上，学好本领，将来为祖国做贡献。"

两位二年级的小同学向柳爷爷介绍了自己及其他同学创作的绘画作品。当听到"姥爷不

要乱扔烟头”“妈妈开车不要看手机”时，他会心地笑着问小学部的安文革副校长：“这些话题在家里有没有跟长辈说呀？”“这是家校共育的作业，孩子们与长辈们的对话还有视频呢！”“小手拉大手，这是一个创新。教育反哺社会，有助于交通安全、社区文明建设。挺好！”

在品味了茶艺社小朋友现场泡的茶，柳斌先生脱口而出：“清香，甘甜。谢谢！”三（1）班的孩子们齐声朗诵《少年中国说》时，他拍着节拍微笑点头。三（1）王韵涵同学提出：“爷爷可以帮我们写几个字吗？鼓励我们学习。”他爽快地答应了，现场挥毫写下了“少成若天性，习惯如自然”十个大字，鼓励孩子们茁壮成长。

茶艺社的同学向柳斌先生敬茶

11:20，来到高中部后，柳斌先生看到走廊两侧的文、理分科的学科发展史，驻足细看后若有所思地对高中部季梅副校长说：“科学与人文素养，这是孩子们发展的两只翅膀。这种校园文化的布置可以起到熏陶、潜移默化作用。不错。”

迈着轻捷的步伐，柳斌先生走进了化学实验室，耐心观摩2018级“1+3”实验班的化学实验课。胆大的赵悦同学怀着忐忑的心情要求拥抱，还希望爷爷说几句。柳斌先生殷切地叮嘱同学们：“同学们在学校接受教育，是为了适应与创造未来。当今社会的发展带来了就业的压力。考上理想的大学，为将来就业创造了有利条件。所以，希望同学们努力学习，掌握过硬的本领，为自己人生的美好事业，为国家建设和社会的发展做出应有的贡献。”同学们用掌声感谢柳斌先生的鼓励。

安文革副校长向柳斌先生汇报学生饮食情况

之后，柳斌先生和学校领导一起进行了交流。他对北化附中的办学思想“美的教育，美好人生”、校训“习与智长，化与心成”、育人目标“立志、立德、立业、立人”等表示认同。他说：“孔子在《论语》中的第一句，‘学而时习之，不亦说乎’，说明了‘习’在学习过程中的重要性。比如自习、预习、练习、温习、复习等，都是学习过程中的重要环节。这一点，你们抓得很准。”

欣逢新中国成立 70 周年，柳斌先生回忆改革开放 40 年中国基础教育的发展历程。他深情地说：“中国曾经是封建落后的是人口大国，不识字的文盲比例特别高。新中国成立以后，特别是改革开放 40 年来，党和政府在普及九年义务教育等方面做了艰苦卓绝的努力，取得了举世瞩目的成绩，这是世界公认的。在国家教委工作期间，我大概走访了四千多所中小学，目睹了边远落后山区小学的简陋，也见证了我国基础的发展历程以及取得的成就。应该讲当今中国制造业与科技创新的发展的成就，与基础教育的发展是密切关联的。现在有些个别所谓的社会学专家，对我国基础教育的发展一味抹黑，没有任何事实依据和科学论证。”“今天上午在你们学校走了一圈，最深的印象是育人环境好。教育的根本任务就是立德树人。你们做得很全面、很扎实。希望你们持之以恒，继续努力。”

准备返程时，曾经是“柳粉”的陈磊书记要求跟柳斌先生合影。理由是：她 26 岁还是小姑娘当老师时，柳斌主任曾经去过她们学校听课，记忆深刻。柳斌先生开怀大笑：“好啊，照吧。别忘了把相片也发一份给我！”在一片祝福声中，柳斌先生缓步上车，微笑着与我们挥手告别。

（2019 年 9 月 22 日，《朝阳教育报》）

第4章

教育论坛发言

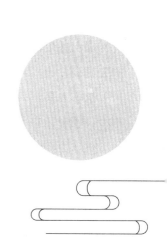

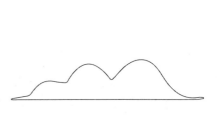

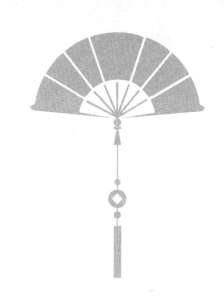

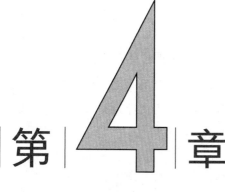

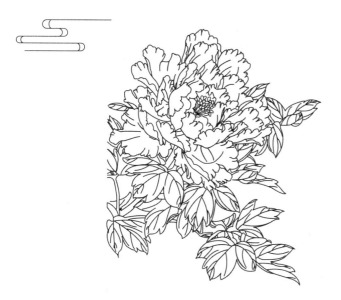

核心素养下的课程体系建设

一、对核心素养的理解

“核心”是指事物起决定作用的主要部分，与“关键”一词的含义基本相同。素养指的是一个人在道德、知识、能力诸方面的修养。因此，综合起来看，我理解的核心素养应该是指一个人的道德、品格、价值观。

北京师范大学牵头组织了一批专家对“核心素养”建构了一个框架，包括一个概念（全面发展），三个方面（文化基础、自主发展、社会担当），六个维度（文化底蕴，科学精神、学会学习、健康生活、责任担当、实践创新）。教育部又组织一大批学科专家，研究构建出各个学科的核心素养，一个学科至少提出 4 个关键词，又衍变发展出 40 个左右的关键词。

这样一来，一个中学生要在将近 40 个维度都全面发展，精神负担和学业负担还真是不少，哪里还有“负担减轻”之说。这会不会是烦琐哲学呢？

俗话说得好：“学习不好是次品，身体不好是废品，思想不好是危险品。”所以，能不能简而概之？作为基层中学，培养中学生的核心素养，主要是指从人的思想、道德、价值观方面培养中国特色社会主义新时代建设的接班人。

二、培养核心素养的关键是课程体系的构建与落实

核心素养的培养不能是空中楼阁，而是要接地气、抓落实。学校不同，学生基础、教师观念、校长办学思想也不同。但万变不离其宗，都必须落实国家课程体系的基础知识、基本能力、基本思想与方法、基本活动体验。当然，在具体执行时，各个学校可以根据实际创造性地实践并形成特色。

广义的课程是指学生在学校安排的学科学习与其他学习活动的总和。有的是显性课程，譬如常见的十二个学科每周若干课时的课程，和一些学生社团活动、主题班会、综合实践活动等。有的是隐性的课程，譬如说校园文化。

北化附中从“美的教育，美好人生”的办学思想出发，以国家课程体系为基础，创新性地构建了与之对应的“心灵美（品德与价值观）”“思维美（科学与技术）”“语言美（语言与文学）”“艺术美（审美与艺术）”“健康美（体育与健康）”“行为美（综合与实践）”六个模块的课程体系，以美为导向，实现了国家课程校本化。

同时，还构建了以瑧美德育、博美课程、智美教学、偲美社团、怡美校园和美管理六个模块组成的学校文化。两者有机融合，将核心素养的培养，落实在课程建设与实施过程中。

三、将审美元素融合于课程建设有助于培养核心素养

前苏联著名教育家苏霍姆林斯基说："美是一种心灵体操，它使我们的精神正直、心灵纯洁、情感和信念端正。"我国著名教育家蔡元培先生说："美育者，应用美之理论于教育者，以培养感情为目的；美育与智育相辅而行，以图德育之完成者。"国学大师王国维认为："美育者，一方面使之感情发达，以达成完美之域；一方面为德育与智育之手段。"古希腊哲学家柏拉图说："美具有引人向善的作用和力量。"德国哲学家康德认为："凡是具有深厚文化教养，具有丰富审美判断力的人，在道德和功利的两难选择中，往往能牺牲功利而选择道德行为。"他还认为教育就是促进人性的完美。

我想特别说明的是，北化附中目前构建的"美的教育"课程体系，不是加强对音乐、美术教学的狭隘理解，而是所有学科教学、学生活动都要有机融合审美元素。

譬如在学科课程设计与课堂教学过程中，就要考虑"节奏与韵律、对称与均衡、主从与重点、比例与尺度、稳定与技巧、过渡与呼应、比拟与联想、统一与变化"等审美原则，让学生体验到课程与教学的趣味、成长、成功、快乐的美感。

又譬如在德育主题活动中，将"真、善、美"融为一体让学生在活动体验中认识美、感受美、欣赏美和创造美，从而培养审美意识、审美情趣和审美能力。

再譬如化附的校本课程"君子""淑女"，以历史上的优秀人物及故事为主线，将优秀传统文化与社会主义核心价值观教育融为一体，渗透了理想信念、修身律己、为人处世、行为规范教育等，创新出一条"立德树人"的有效有特色途径。

（2018 年 1 月 12 日，《现代教育报》论坛）

高校支持中小学办学项目带来的变化

为深化高校优质教育资源与基础教育学校的合作，促进基础教育均衡优质发展，依据北京市教委与高校合作工作要求，自 2014 年 7 月 14 日起，北京化工大学附属中学启动了与北京化工大学合作项目。我校与北京化工大学积极合作，工作扎实稳步推进，为教师的专业化发展提供了平台和机会，为学校高品质的特色发展提供了有利条件与支撑。我校的教师培训、校本课程开发、社团活动、实践课程的实施在化大教师学生的指导下有较大提升，教师的授课思想和观念在化大教授们的指导下不断提高。首先受益的是学生，同时教师的专业化水平也得到发展。学校近几年稳步提升，积极的影响辐射到社会。

合作伊始，两校领导召开理事会，主要从教师队伍建设、课程发展和设计、体艺科教师支持、素质教育基地建设、解决化大子女入学问题多方面进行研讨，确定工作方向，明确工作内容。确定了合作意向和北化附中‘一校一策’特色发展工作方案，为后期深入开展合作打下了坚实的基础。双方领导还多次研讨，进行顶层设计，讨论修改完善我校的特色课程设置，抓好小学的养成教育、初中的提升教育、高中的特色教育。为学生终身发展进行战略性的思考构想，逐步落实推进工作。

学校把合作重心放在了“理化实验基地建设”“健美操教育基地”“教师队伍建设”“教学内容改革”等方面。合作实施三年来，学校各方面工作都取得了不小的进步，教师和学生发生了很大的变化。

一、教师发生了转变

（一）精神状态的变化

我校属于朝阳区的二类校，从区域层面看，周边名校林立，且招生数额扩大，学校生源质量下滑。老师们工作辛苦，成效却不明显。自从和化大合作，有了强有力的支持，在招生宣传的时候有了明显的亮点。借助与化大合作的平台，我们搞了一系列的活动和培训，唤醒了全体学生和教职员工的归属感、自豪感和自信心，形成稳定良好的心态、高远的目光以及脚踏实地的执行力与团队战斗力。我们看到了希望，精神状态发生了巨大的变化。教师们积极性有了很大的提高，为了学校的发展，愿意想办法、提建议，盼望学校不断发展。

（二）教育观念的变化

通过专业化的培训，以及化大教师深入课堂示范指导实验课等方式，提升我校教师专业化水平，提高教师实验及研发实验课程的能力，使教师能够在教育的发展变革中学习先进的教学方法。通过改进实验教学提高学生的实验能力，培养学生的创新能力，将优秀的教学经验和成果落实到课堂教学中。我校教师原先对待实验，给学生动手的机会不多。现在非常注重实践动手创新能力的培养，把课上学习、活动的权利还给学生，充分发挥学生的能动性。特别注意激发学生参与的意识，创造学生参与的机会，教给学生参与的方法，激励学生表现自我。让学生主动、大胆地展现自己的个性，创设发展个性的舞台。

（三）思维方式的变化

化大许多学科教师，利用平时和每学期的放假，就当今的前沿知识、热门话题、高考改革形势、课堂教学研究等组织我校全体教职员工进行校本培训，使老师们开阔了眼界，提高了认识，促使他们的思维方式发生了转变。教学中注重教、学、思、研、训一体。敢于去尝试新的挑战，一部分老师敢于接受重任，不仅埋头苦干，更注重开阔视野，了解形势，跟上时代，超越自我。我校化学组王桂香和王静老师参加了北京市化学实验创新大赛，获得北京市一等奖。

（四）行为方式的变化

我校教师年龄偏大，一方面表现为教师观念陈旧，缺乏竞争和变革意识，专业发展缺乏活力和激情；另一方面，近年来教师队伍稳定，心态和行动求稳求安逸，职业成就感逐年下降，自我要求低，职业倦怠现象严重，在行为上也不是很积极。

但是，跟化大合作以来，视野开阔了，有新知识进入，有新方法展现，一池水被搅动了，所有人都动了起来。尤其是化学和物理两个学科的老师，以实验室建设为依托，一起研发适应学生做的实验，并编写出校本教材。研发出来的实验很适合学生，实用性很强。经过有针对性的培训和学习，我们的教师都在实验的动手能力和深入理解上有所提高，对教学有很大的指导意义。同时，在培训过程中，化大和附中的教师还在一起深入研讨，一起会诊，看我校的短板在哪儿，原因是什么，要采取什么措施提升并实践，对我校的工作有较大的促进作用。2016 年 5 月和 10 月，化大教师分别带领我校两位物理教师赴重庆、湖北进行学习调研，收获很大。原来有可能不愿意参加他们培训活动，现在周六都在加班，跟学生一起在化大教师的指导下学习。学习和研究氛围逐渐浓厚，提高了全体教师的科研参与度。

二、学生也发生了转变

（一）学习兴趣的变化

学校采取有效措施对学生实施创新能力培养。积极探索与化工大学合作培养模式，开设实验班，通过通用技术、信息技术、体育、艺术、科技、综合实践活动等课程平台，引导学生在实验设计操作、课题研究、科技创新等活动中动手、动脑，使学生具有一定的创新精神与实践能力。构筑起一个生动活泼、富有激情、思维灵动的课堂能量场。学生不再是被动地参加，而是主动地参与。我校学生参加全国科学与艺术大赛，表现出浓厚的兴趣，为了更好地完成自己的任务，自己设计实验方案，不成功就改换了一个又一个。为了模拟胃液对方便面和普通面条的消化效果，收集唾液来做实验，不怕苦不怕累，直到自己对实验效果满意为止，亲自编辑演示视频，废寝忘食。

（二）学习观念的变化

化大的专家和学生不仅给学生知识上的指导，更是在做人上、学习方法上、生涯规划上进行引领。学校组织学生参观化大校园，与化大学生近距离接触，以化大学生为榜样，从而使学生明确学习的目的，确定更高的目标，在学习观念上有较好的转变，学习更主动积极，也收到好的学习效果。

（三）学习方式的变化

原先我们视野也不够开阔，组织学生学习的方式比较单一。活泼多样的活动、设计严谨的学习项目，使学生通过观察实验，激发自己的思考，促使自己发现问题、提出问题，培养独立思考的能力。给学生布置任务，学生为了完成共同的任务，有明确的责任分工的互助性学习，培养学生的合作意识、团队精神、集体荣誉感、归属感。通过一次次活动，学生之间加强了了解，结下深厚的友谊，在学习上更能互帮互学。

（四）学习成果的变化

我校充分利用与高校合作的契机，依托化工大学优秀师资，与文法学院交流合作，开展了丰富多彩的社团和文体活动。学生参加活动的状态包括水平也在变化，越来越多的学生在活动中提高了综合素质，培养了自信心，敢于向更高更难挑战。我校学生刘彭在清华大学实验室设计制作排雷机器人，在遇到难以解决的问题时，多方查找资料，实验近 40 次，使机器人具有复位功能，稳稳地越过障碍，顺利完成排雷任务。清华大学的教授大家称赞说许多市级重点中学的学生无法解决的问题被一所普通中学的学生攻破了，并授予刘鹏最佳设计奖。在全国力学大赛中我校学生获得二等奖，在全国“科学与艺术”大赛中我校学生获得一等奖，同时在健美操比赛、跆拳道比赛中也获得市级一等奖。这样的成果鼓舞了学生的士气，使他们敢于去超越自己，迎接新的挑战。

学校进入了新的历史时期，有了新的机遇和内涵。无论是办学思想、教育理念，还是办学者与师生的观念、思维、行动，都有了彻底改变和不断更新。我们将在化大的大力支持下，将创新思维的火花化为思考与行动，推动学校前进和成功。未来的北京化工大学附属中学，一定是一所积极向上、文化活跃、特色鲜明、学风严谨的学校，是一所师生自豪、家长欣慰、政府肯定、百姓称道的学校。

（2017 年 4 月 19 日，北京市“高校支持中小学办学”现场会发言稿，
与卢一兵主任合作完成，卢一兵执笔）

核心素养下的“审美+科技”特色课程建设

一、对“核心素养”的理解

“核心”是指事物起决定作用的主要部分，与“关键”一词的含义基本相同。2016 年以来，各个层面、各个学科的专家通过研究提出了高中各个学科的核心素养。每个学科至少提出 4 个关键词，进而衍生发展出 50 多个关键词及其发展目标。我认为这有点“简单问题复杂化”的烦琐走向。我比较倾向于认为：素养就是指一个人在价值观、思维方式、行为习惯诸方面的修养；具体到不同学科课程的实施中，当然会有所差异和特色，但在本质上是基本一致的。

价值观是人们对人、事物、现象的认知、判断的价值取向，对人的认知、思维、行为有较稳定的导向作用。作为中国共产党领导下的学校，必须旗帜鲜明地培育和树立马克思主义的价值观。思维方式是指人们看待事物的角度、方式、方法。它影响着人的情绪、言论和行为，也是文化差异的重要原因。学校课程实施过程，毫无疑问在培育和树立科学的思维方式。行为习惯是指人们长期形成的潜意识、自动化的习惯性言行。它源于价值与思维判断，是一个人素养的外在表现。学校课程实施过程中，着力培养作为一个合格公民应承担责任、义务和权利的能力是关键。

二、“审美融入”课程建设

广义的课程是指学校安排的学科学习及其他学习活动的总和。课程建设通常是指学校的课程规划、设计、实施、评价过程。北化附中以办学思想“美的教育，美好人生”为主线，以“立志、立德、立业、立人”为育人目标，以国家课程体系为基础，通过“审美融入”，创新性地构建了与之相对应的“心灵美（品德与价值观）”“思维美（科学与技术）”“语言美（语言与文学）”“艺术美（审美与艺术）”“健康美（体育与健康）”“行为美（综合与实践）”等六个模块的课程体系。在探索和实践这个课程体系的过程中，教师们结合学科课程的实际内容，通过审美融入落实社会主义核心价值观培养。譬如，语文教学中让学生体悟到情景美、语言美、情感美、人格美等，进而加深对诚信、友善、文明、和谐等社会主义核心价值观的理解。

同时，北化附中还构建了以臻美德育、博美课程、智美教学、偲美社团、和美管理、怡美校园等六个模块组成的学校文化体系。通过学校文化体系与课程体系有机整合，引导学生在日常生活中践行社会主义核心价值观，并逐步转化为思维方式和行为习惯。需强调的是，所谓审美融入，不是仅仅加强音乐美术教学的狭义理解，而是各学科教学、社团活动等教育教学活动过程中，要体现人性关怀之美、发现科学真理之美、觉悟社会规则之美、感受能力提升的成功之美、获得师生互动的情感愉悦之美，进而促进学生的人格发展、人性完美。

譬如，学校的校本课程“君子”“淑女”“化附国学”，以历史上的优秀人物及故事、文章为主线，将中华优秀传统文化与社会主义核心价值观教育融为一体，以诵读、书法、戏剧表演等丰富多彩的活动加以实施。比如 6 月 12 日我们推出的《尚美学生公约》绘本，从学校提出初步稿，发动师生、家长讨论，到最后形成定稿，又组织学生按每个主题绘画创作、评比，最后排版印刷，前后历时一年。应该讲，这个公约的出台过程，体现了尊重、民主、责任、科学这样一种理念。《公约》的 120 条内容，考虑了 12 个学龄段学生的心智特点、国家要求、学校特色，也是将《中小学生守则》更加细化具体的养成教育。

为什么要“审美融入”呢？因为美是人类对事物的一种愉悦感，美具有引人向善的作用和力量。审美是一种带有直觉性、情感性、愉悦性的主观心理活动，能提升人的境界，促进人的发展。审美的情感体验过程，不仅能丰富人的生活，更是人的精神洗礼过程。这对于当下“应试教育”愈演愈烈的社会环境、教师和学生心理压力越来越大的学校环境能起到一定的缓冲作用。

比如，我们依托中华女子学院“高参小”项目的资金、师资、课程优势，在安苑校区实施了零基础、普及性的音乐、美术、体育课程。葫芦丝、版画、武术、男拳女扇、篮球等课程由 365 名学生全员参与。5 月 30 日在北京剧院汇报演出 12 个节目内容丰富，水平较高，受到了家长、嘉宾的高度评价。其中将近 80 人的民乐团、仅学 4 个月的京剧团、全场学生的葫芦丝演奏等令我们感到很惊讶。学生的潜能是如此之大！教育的本质就是激活学生的潜能，促进人性的完善啊！孩子们登上舞台，显得如此可爱、自信，这就是以美育人、以体健人、以文化人、立德树人的过程。

三、强化科技，理工见长

新时代的中国，正在由制造业大国向制造业强国，由经济大国向经济强国迈进。基础教育毫无疑问具有培养“科技后备人才”历史担当。北化附中依托北京化工大学强大的课程、师资、实验室等资源优势，以北京市教委“1+3”改革项目为平台，以“大学先修实验课程”（物理、化学）为主线，正创新性地探索“理工特长”的贯通式人才培养模式。

譬如，北京化工大学的教授直接参与设计、建设国内领先的高端物理、化学实验室，北京化工大学的教授与北化附中的教师共同探索、研究、构建高校与高中教学的课程、教学、评价相衔接的创新性、贯通式人才培养模式。更难得的是，北京化工大学的教授，利用周末时间，给“1＋3”项目的学生进行了常态的、连续性授课。大学教授开设的常态实验课程，让北化附中孩子开阔了视野、培养了科学兴趣、动手实践能力、科学创新精神等。

除此以外，学校还依托社会资源开设了 Steam 课程、清华大学的“机器人排雷”设计制作课程、远赴美国哈佛大学的生物实验室。与国际顶尖的教授学习生物实验，拓宽了国际视野，增强了学习的兴趣与自信。上述课程从某种意义上讲也是潜移默化的生涯规划过程。

客观而言，北化附中“1＋3”项目的学生人数并不多，起点也不高，但近两年他们参加全国性、北京市的各种物理、化学、创客比赛，获北京市三等奖以上 49 人次。其中获得的全国科技与艺术大赛一等奖（2 人）、北京中美科技创客大赛工业 4.0 组一等奖（4 人）、北京市通用技术服装大赛一等奖（4 人）都是朝阳区获得的唯一最高等级。从近两年高考及朝阳区统测成绩来看，北化附中的理科成绩要比中考入口前进 2－3 位。这不仅仅是说明“理工特长”的优势开始显现。更主要的是，对于起点并不算高的学生来讲，在创造成绩的同时，激发了他们的潜能与自信，逐步培养了科学兴趣、科学思维、动手实践的行为习惯，这正是教育的意义所在。

四、提升教师的素养是关键

教师是学校教育教学活动的先行组织者、设计者、实施者。教师在文化与科学知识传播过程中的言传身教，都直接和间接影响到学生的价值观、思维方式、行为习惯。从这个意义上来讲，教师素养的高低，直接影响到学校课程建设和学生核心素养的培养。

学校近几年依托北京化工大学和其他社会资源，加大了教育科研和校本培训的力度。譬如北京化工大学的教授参与备课、听课并指导教学，聘请到全国著名教育家魏书生、程红兵、吴正宪来校进行师资培训，组织教师去陕西师大学习，结合教学实践进行“主体教育”课题研究，尝试“限时论文”写作，以区教委诊断式督导“理想学校文化建设”课题为抓手全面推进课堂文化改革与建设等。在提升教师专业精神、专业知识、专业能力三个维度都取得了明显的成效。

学校还及时推出了“雅美教师”十条，并进行了评选活动。学校聘请专家指导老师的语言、摄影、舞蹈、日常淡妆等，组织教师观摩高雅艺术，鼓励师生同台文艺演出、展示才艺，鼓励和提倡教师们追求大方的服饰美、得体的语言美、端庄的行为美、留住青春美、丰富教学美、增添教育美，从而践行“美的教育，美好人生”。

（2019 年 7 月 11 日，《中国教育在线》论坛发言）

美的教育，美好人生

北京化工大学附属中学设计了独特的办学思想和文化体系，并在实践中不断完善。

从课程领域去构建美，包含了六个方面，分别是语言美、心灵美、艺术美、健康美、思维美和行为美，是跟国家必修课程那几个板块连在一起的。例如语言美包括了语文、英语等课程，而思维美则包括了数理化等课程。

从文化领域去构建美，同样分为六个方面，分别是博美课程、智美教学、和美管理、怡美校园、偲美社团、臻美德育。

学校初步实践与体会

第一，“审美融入”国家必修课程，提升课堂教学效益。

首先，课堂的教学设计和课堂的结构，一定要把一些审美原则融进去。围绕着知识点不断地变换教学模式、教学方法，使课堂有节奏感，有新鲜感，激发学生的兴趣。其次，重点把握课堂的节奏和韵律，老师们在教学设计和课堂实施的过程中，一定要把审美的原理融进去，同时，老师要富有讲课时的激情，以“情”来感染学生。

第二，“海棠文化”系列活动培养学生审美情趣与能力。

学校以“海棠”为名举办了海棠书苑、海棠文学社、“海棠听雨”校报、海棠诗会等，以此来激发学生对文学、艺术的兴趣，在活动中创作并体验到文学和艺术的美。

第三，《雅美教师公约》引领教师“各美其美，美人之美”。

美育的关键在教师队伍建设。学校注重对老师的审美水平的提升，提出了“雅美教师”的概念，并且制定了公约。“雅美教师”要求老师要有对美的追求，学校通过活动注重培养老师的审美的方法和技能，包括摄影、书法、插花等等。

第四，《尚美学生公约》引领学生张扬个性，体验生命的美好。

美育落实的主体是学生。学校组织发动学生、家长，讨论制定了《尚美学生公约》，并通过丰富多彩的“尚美学生”评比，譬如尊老美、劳动美、学习美、助人美等，引导学生学习美、创造美、张扬美、体验美。

第五，“礼节社会”中创造美、体验美，落实立德树人。

在“礼节社会”中，“礼”指的是各种典礼，例如成人礼、开学典礼；“节”指的是各种体育节、艺术节；“社”指的是学生社团；“会”指的是学生主题班会、集会等。在“礼节社会”中，譬如学生社团、艺术节的民乐、全员葫芦丝的排练与表演，让学生去创造美、体验美，丰富学生的情感世界。

我认为，教育中的审美教育很重要。审美素养高的人，他的道德、情操等方面都会进入更高的水平。所以我们要尽全力开展美的教育，成就学生的美好人生。

（2020 年 10 月，《教育头条》论坛发言）

生涯规划教育的实践与思考

一、新时代的三个特征

一是社会主义事业的承前启后、继往开来。

二是全面建成小康社会、富民强国、民族复兴。

三是中国走近世界舞台中央。

二、学校人才培养三个新要求

一是差异发展。根据学校办学优势与学生特点，因人而异，扬长补短。比如我们确定了“理工特长”人才培养的发展特色。

二是教育前移。比如我校承担的市教委“1+3”改革实验、依托化工大学开发的“大学选修实验课”，就是想通过教育内容与方式的前移，实现初高中教育、高中与大学教育衔接，探索人才培养的贯通方式。

三是优质发展。学校努力提供特色课程和优质教育，让每一个学生扬长补短，潜能得到最大限度的开发，在个性发展的基础上实现优质发展。

三、生涯规划的三原则

一是兴趣。只有做自己有兴趣的才有内驱力，在困难面前也不放弃。有毅力，有创新力才有可能成功。

二是擅长。做自己擅长的事才能更好地发挥主观能动性，才能做得比别人好，才能扬长避短，在竞争中胜出获得成功。

三是价值。认为事情重要值得做，投入劳动会产生合理回报，才有动力、耐力去做，把职业变成事业做，实现个人可持续地发展。

四、生涯规划教育内容的三规划

主要是通过课程与活动来实现，包括各种专家讲座、班会、研学、企业参观、社区服务、体验活动、各种综合实践活动等。高中三个学年段各有侧重，依次分别是：

一是认识自我，规划学习。比如高一时通过定向的问卷调查，了解个人的兴趣与长处，进行自我认识的引导教育，从而制定扬长补短、切实可行的学习目标与规划。

二是认识社会，规划职业。通过综合实践活动、志愿者活动、企业参观与社会调查的等，了解社会的方方面面，大体知道自己的职业倾向。

三是认识专业，规划未来。比如高考志愿的填报，根据分数与兴趣选择高校及专业，就是对专业的再认识，对职业规划的再确定。

五、生涯规划教育实践的三体验

一是工作体验。通过参与劳动、志愿者活动，帮助学生形成不同职业的自我认知，同时了解自我个性特征。初步了解专业、职业及职业环境，帮助学生寻找与个人才能相适应的生涯规划和职业生涯目标，激发自我发展的内驱力和拼搏精神。

二是服务体验。生涯教育我们认为是心理教育的一种外延，在注重生涯规划知识与职业体验相结合的基础上，如何更好地融入心理体验也是我们正在探索的。跳出自我职业环境和自我职业体验，从一个服务者角度去审视自己的生涯和职业规划，换位思考、换位体验，能够提供给学生一个全新的角度，更加全方位对生涯规划进行思考。

三是招聘体验。通过模拟活动、角色扮演、游戏活动等，体验不同职业的特点与困难。这种有情感体验的活动，有助于加深对未来职业的理解，从而调整自己的生涯规划。

（2021 年 5 月 27 日，《现代教育报》论坛发言）

“双减”背景下学校的减负提质策略

各位观众，各位同行：

大家好！

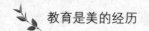

今天我主讲的题目是《“双减”背景下学校的减负提质策略》。

一、“双减”的概念及其提出的背景

2021年7月，中共中央办公厅、国务院办公厅颁布了《关于进一步减轻义务教育阶段学生作业负担和校外培训负担的意见》这一重要文件。文件中提到的“双减”指的是减轻学生过重的作业负担和校外培训的负担。

很明显，我们发现这个文件要治理两个负担，既包括学校层面提高教育质量问题，也包括培训机构的治理。其中校外培训负担我理解：既包括学生层面在时间上、精力上的，也包括家长层面的经济负担。

因此，它不仅是一个学校内部管理问题，也是个社会管理问题。当然，我们今天谈的话题，主要是学校内部管理如何改进。

二、学校可能存在什么问题

学校作为教育的主体，尽管一直在不断地推进教育教学改革，提高教育就是质量。但是，客观存在的事实是：社会层面实际存在的应试教育氛围，学校管理层面追求升学率，教师层面教学观念比较陈旧落后等原因，课堂上“灌输式”教学，课后通过“题海战术”来提高成绩的现象依然严重。

带来的结果：一是作业时间过长，而且形式单一，作业质量不高；二是学生的学习兴趣不高，学习效率也不高，考试压力大；三是学生的学习生活极其单调乏味，学生的个性化发展的需要也得不到满足；四是学生的身心健康状况也出现了一些问题，比方说近视率、肥胖率提高，有心理疾病的同学数量也不断增加。

三、“双减”的目的是什么

“双减”的目的是回归教育的本质规律，落实立德树人的根本任务，促进学生的健康成长和全面发展，回应家长负担减轻的关切，重塑绿色可持续发展的教育生态。

为什么又特别强调“义务教育阶段”，是对义务教育公益性、公平性的再次确认和坚定维护。既不能让各种资本肆意横行、违法违规，在教育事业中追逐暴利，同时也是尊重和保护未成年人的健康权利。同时，教育界自身要纠正智育第一、片面追求升学率的错误观念，特别是在作业的设计和管理中，要减少作业过量、重复、低效等问题。

四、学校怎么办

学校作为办学的主体，应该切实履行主体责任，全面贯彻党的教育方针，坚持全面发展与个性发展相结合，坚持科学施教与因材施教相结合，结合学校实际优化并高质量实施国家必修课程育人体系，构建有利于学生身心健康发展的课后服务体系，为社会主义事业培养合格的接班人和建设者。具体的做法，主要表现在以下四个方面。

一是要优化课堂教学模式，课堂教学中要突出学生的主体地位，发挥学生积极主动学习的主体作用。第二是要优化作业设计管理，提高作业的质量。第三是要优化课后服务。比方说，课后服务系统化设计，覆盖所有学生，个性化服务等。第四是优化家庭、学校、社区、协同教育的机制，通过协同取得最大的教育效果。

五、从哪些方面入手

我个人认为，还是围绕着学生的学习兴趣、学习的深度、学习的宽度、学习的效度几个方面下功夫。

第一是诊断。即通过诊断发现并培养学生的兴趣、爱好和特长。每一个同学的天赋、家庭背景不一样，因此他的学习兴趣和特长也是千差万别的。按照美国教育家、心理学家加德纳的多元智能理论，每一个人的智能是多元的，常见的有八种，包括人的语言智能、数理逻辑智能、音乐智能、空间智能、身体智能、社会交往智能、自我认知智能、认识自然智能等。但这八项智能并不是平均分配的，比如有的人语言智能可能强，但数理逻辑智能可能弱，作为学校或者家庭，在孩子的培养问题上就要因材施教了，提供合适、有利于他的语言智能发展的课程体系，扬长补短，在个性发展的基础上实现全面发展。我们小学部的做法是：课后服务课程菜单尽可能丰富多彩，尽可能涵盖八项智能，并让学生自主选择。

第二是改革。即改变传统的以“老师讲述为主，学生被动听”的课堂教学模式。搞课程改革、讲素质教育、强调学生的学习主体作用等等，都讲了近 40 年了，但客观上来讲，我们仍然有不少教师，课堂上依然是讲授式，甚至是“满堂灌”式教学。结果老师讲得多且累，学生听得累且烦，后者哪里还有学习兴趣、效果呢？

有老师写论文时“心中有学生”，但实际备课、教学过程中，只有课程标准和教材要求，没有很深入细致地去研究学生的知识基础、学习兴趣、学习方法、思维障碍，更没有想用什么教学方式去满足学生的学习兴趣，去破解学生的思维障碍。

我们高中化学科组参与的朝阳区诊断式督导“理想教育文化”——“合作对话”范式的改革实验，取得了初步的经验。

具体的做法是：教师首先要树立正确的学习观。真正意义上的学习就是自学。学习应该是学生与教材之间、学生与教师之间、学生与学生之间的一种交流对话的过程。有意识地去构建师生之间合作对话共同成长的教学氛围，有利于提高教学质量。因此，备课时依据课程标准明确这堂课“合作对话”的主题和次主题，并将相关的内容转换成学案，即成为学生自主学习的工具。教学实施中，通过提问的“扰启”，引导学生自主学习的“实践”与“内省”，合作对话中的“质疑、解惑”，不断地增加学习的广度、深度与效度，实现了由传授知识到培育素养的转变。学生在课堂上学得有兴趣，教师也从课堂上的讲解灌输压力中解放了。

第三是营造。就是营造“五育并举”课程体系和教育氛围，进而培养孩子们的体育锻炼、音乐美术的创作与欣赏，劳动与卫生的爱好和习惯。比如我们在设计课后三点半的服务课程时，就有意识地将学校卫生大扫除、科技体育艺术的学生社团活动，以及各班之间的体育艺术的锻炼与竞赛评比活动融为一体、整体设计、交替进行。

第四是延展。就是将课堂内容外延，将综合社会实践融入课程教学，培养孩子们的认识社会、沟通交友、志愿服务等的学习与生活的方式、习惯。比如我们利用北京的资源优势，指导家长有计划地安排学生去科技馆、博物馆、图书馆、名人故居、青少年活动中心参观学习，去敬老院做志愿者，让学生在精神文明实践中长知识、长能力。

六、具体到操作层面

1. 要优化课堂教学模式，提升课堂教学质量

“双减”的主阵地在课堂。课堂教学的关键在于老师。老师要有所改变，特别是教育观念、师生关系、备课方式、教学方法上要有所改变。比方说新教育理念强调在教学设计和实施中一定要突出核心素养。很遗憾，我看到的很多教师备课时，还提的是传统的三维目标，根本没有核心素养的意识。再比如我们反复强调，心中要有学生，要研究学情和学习方法。很遗憾，我们看到的很多教师上课时“满堂讲”主导了课堂的氛围。教师主导了，学生只能被动听，哪里还能发挥学习的主体作用？有的教师对课堂教学效果没有信心，就把希望转移到大体量的作业布置上。

所以，备课、课堂教学方式的改革，要长期抓、反复抓、抓反复，才能逐步地改变老师们一些不良的教学观念和教学习惯。当学生的自主、探究、合作学习成为习惯时，“双减”才会有希望。

第二是在教学设计中的系统思考。学案、教案、作业要一体化思考。比如我们现在倡导备课首先要单元备课，设计整体的教学思路，然后才是课时备课。很遗憾，我们看到的不少老师基本上还是局限于课时，备课没有体现出宽度与深度的整体思维，抓不住重点和主题。我们反复强调，在备课时需要考虑作业的设计，课后作业的设计要与学案、课堂练习一体化设计，有层次，有重点，尽可能地减少过量重复。

很遗憾，我们仍然有不少教师在作业布置的随意性比较强，往往是某本教辅资料的某几题，自己也没有做一遍，没有深度体验，也谈不上深度思考，更谈不上科学化、系统化的设计。

第三是突出学生的学习主体地位。引导学生的自主学习、合作对话，甚至当小老师。教学过程不应该是教师的单一讲解，而是在学生自主学习基础上师生之间、生生之间的合作对话。在这一点上，我特别有体会，有一段时间我担任行政干部，会议多、工作忙，担心影响学生的成绩。我尝试如何引导学生自主学习，发挥学生的学习主体作用。

具体做法是：让学生分组，每组在众多学习任务中选择、领取学习任务。每个组的学生经过自主学习、合作备课，推选组长当小老师跟全体学生讲。我在两个方面进行引导：一是指导备课。跟他们建立一个微信群，指导他们怎么备课，包括如何确定教学的重难点、如何设计提问、如何设计作业、如何设计板图、如何构建思维导图。只有备课达到了我的要求时才允许他们上课；二是课堂上我负责随时点拨、点评，维护和营造良好的教学秩序。我感觉很意外的是，教学效果非常好。学生们通过备课和讲课，领悟了学习方法，在掌握这种学习方法以后，有了学习兴趣，学习能力提升很快，还迁移到其他学科。

第四是落实德智体美劳全面发展的全面评价、等级评价和过程评价，不搞分数排队和结果性排队。比方说，我们小学部和高中部推行的“尚美学生”评比，它就具有多样化、覆盖面广的特点。我们发动全体师生，家长讨论制定出了 12 个学年段的“尚美学生公约”，每个学年段有 10 条，总共 120 条，涵盖了理想信念、道德品质、学习思维、阅读、责任、艺术审美、体育锻炼、劳动、卫生等方面。

学生在任何时候都可以根据自己的表现申请奖励，然后学校认定符合事实就给颁奖。比如说，有一个同学认为他在家里孝顺父母，有给父母洗脚的行为，申请“孝顺美”的奖状。学校与父母沟通核实后，就在升旗仪式上颁奖。任何一个学生都有他的闪光点，我们不断地把他的闪光点放大的时候，就在引导向积极的人生方向发展，何乐不为呢？这是值得推广的一种办法。

2. 优化作业设计与管理，实现高效作业

这里要首先树立正确的作业观念。北化附中的校训是“习与智长，化与心成”。其中“习”字就含有作业和训练的意思。我认为作业是通过练习消化知识，内化概念，强化学习效果，以及学习诊断的一种活动。因此，所有的设计应该和备课、检测题的设计一体化进行整体思考，这样才有更强的针对性，减少不必要的重复。其实我特别赞成布置作业之前，老师要先做一遍的先行实践，这种先做一遍作业，不仅仅是预估学生做作业的时间，还可以发现作业设计布置中可能存在的不足和缺陷。很遗憾，我们不少老师在布置作业时，基本上是根据已有的经验判断，然后告诉同学们，在教辅资料第多少页做第几题，显得经验性强、科学性弱。

不仅如此，我们要求教师在布置作业时，必须公示在黑板的右上角，明确哪些是必须做的，哪些是可以选择做的，哪些是用笔答的，哪些是动手操作实践的。这样就是让作业的类型丰富一遍，选择性强一点。这体现了因材施教和科学施教，让有的学生吃饱了，有的学生吃得好，还有的学生吃得了，满足了个性发展的需要，又比如我们安苑校区设计的“玩转语数英”作业中，要求学生根据主题进行小组合作，通过自主学习解决主题中提出的问题，并通过分工合作，以手抄报的形式展现合作学习结果。还设计有专门栏目来展示优秀的作业优秀者。有些学生可以获得“免做作业”的特权，还可以在年终兑现奖品。

3. 优化课后服务内容，提高课后服务质量

课后服务并不是一个新话题，只是现在更加强调时间、人员、课程的全覆盖而已。因此，学校层面顶层设计上，就应该包括从周一到周五，下午 3：30 到 5：30，面向全体学生，覆盖所有课程的全覆盖。而且必须树立课后服务的新观念，不是仅仅围绕着作业辅导、提高成绩，而是德智体美劳全面发展的统筹规划。

在具体操作中更不能甩手下放到各年级组、班主任去安排。因为年级组长、班主任，他们没有那么高的政治站位，也没有那么宽广的视野、丰富的课程资源。

因此，我们在具体设计与管理中既包括面向不同层次学生、不同学科的学习辅导，也包括面向不同兴趣、特长的科技、体育、文学、艺术的学生社团活动，还包括全校性的劳动卫生活动，以及班级之间的体育、艺术、劳动、科技竞赛活动。总而言之就是，让课后服务的内容形式丰富多彩，让校园弦歌不辍、让学生在运动场龙腾虎跃。最终的结果是学生的个性发展得到张扬，学生的学校生活丰富多彩，学生的德智体美劳得到全面发展，学生的身心健康得到发展。换句话说就是重塑校园，营造绿色、可持续发展的生态环境。让校园成为学生获得成长与成功，感到愉悦与快乐的地方。为其美好的人生奠定良好的基础。这就是北化附中“美的教育，美好人生”办学思想的具体体现。

4. 如何优化家庭、学校、社区协同教育的机制

在这里，我们可以重新温习一下习近平总书记对家庭教育的一些重要讲话精神。习近平总书记强调说，家庭是孩子的第一个课堂，父母是孩子的第一任老师。孩子们从牙牙学语起就开始接受家教，有什么样的家长就有什么样的人。教育发端于家庭之中，父母是教育的第一责任人。家庭要扣好孩子人生第一粒扣子，也是为美好的人生奠定良好基础。不论时代发生多大变化，不论生活格局发生多大变化，我们都要重视家庭建设，注重家庭，注重家教，注重家风，紧密结合培育和弘扬社会主义核心价值观，发扬光大中华民族传统家庭美德，使千万个家庭成为国家发展、民族进步、社会和谐的重要基点。

家庭教育涉及很多方面，但最重要的是品德教育，是如何做人的教育。家风是影响社会风气的重要源头。家风好，能够家道兴盛、和顺美满。家庭是社会的细胞，家庭也是国家的根基，家是最小国，国是千万家。家风正不正不仅关系到家族荣誉兴衰家庭幸福与否，还关系到公民文明素养和社会文明程度。

培养什么样的人、如何培养人、为谁培养人是教育的核心和根本，其中“为谁培养人”是家庭教育中一个方向性问题，我们要坚持家庭教育与国家教育的有机统一，为社会主义事业培养接班人和建设者。

北京化工大学附属中学非常重视家庭教育在学生成长中的基础地位与作用，特别重视创新家长委员会、家长学校、家长群的功能与作用。积极聘请有兴趣有能力的家长参与学校的课程规划、课后服务、学生管理，组织优秀的家长梳理典型的家庭教育经验，树立榜样向全体家长进行宣传和传播，组织读书、家务劳动、文体艺术各方面的亲子活动与成果交流。

比如说，我们的小学部就组织发动化大子弟班的家长在下午开设“家长大讲坛”，目前已经有 40 多节课，内容涉及化学科普、北京历史、文体活动等方方面面，开课以来深受孩子们的欢迎。这个家长主体承担的活动，不但丰富了学校的教师队伍、课程体系，也让相关家长的孩子感到了自豪感、自信心，并带动了其他家长积极参与学校的课程建设、课后服务与学生管理。

家庭、社区、学校的协同教育，都要树立“一切为了孩子的发展”的观念。应该讲家庭教育是基础，学校教育是主体，社区教育是补充和延展。我们一方面积极与社区合作，组织学生参观社区里的中国现代文学馆，学生民乐团参与社区的表演活动，志愿服务参与敬老院活动、社区清洁卫生劳动等。另一方面，我们最近在与朝阳社区学院合作，在学生社团建设与管理上充分利用社区学院的政策、师资、课程资源，为学生发展服务。

最后，“减负提质”的成效怎么衡量、评价。

我认为主要是看作业、课外培训的时间是否减少了？学业成绩是否稳中有升？德劳体美是否多元发展了？学生、家长的心理压力是否变小了？

陶行知先生曾说，学生的大脑、双眼、双手、嘴，学生的时间和空间是否解放了？是否有利于学生的健康发展和可持续发展？期待这一天早一些到来。

我今天就讲到这里。谢谢各位。

（2022 年 1 月 12 日，《校长智库》公益课程讲课稿）

“合作对话”的粗浅理解

1. 人类社会的发展过程有竞争也有合作，但合作是主流。合作推动的不同国家、不同民族、不同文化之间的交流与融合，促进了共同发展。

2. 当今世界的经济、文化发展，不同国家虽然历史、文化、种族、信仰、习俗、利益有差异，但实现共同发展的唯一途径只有合作。合作的前提就是对话。通过对话才能够相互理解和支持。成人世界如此，基于未成年人的基础教育更应如此。

3. 人类对话的结果形成了文化。教育活动是文化传承。教育过程的本质，就是师生、学生之间的对话。譬如苏格拉底的“产婆术”、孔子的《论语》。

4. 教育教学过程中的对话，表现为相互尊重、自我发展、促进理解与深化学习、转变观念与思维的过程，同时也表现为有效的教育原理，或者说是必须遵循的教学原则。

5. 对话创造了自由、民主的教学氛围，有利于培养“理想公民”的“尊重、民主”等基本素养，也是落实“民主、自由、平等、公正”等社会主义核心价值观的必由途径。

6. “对话”的前提是“合作”而不是“对抗”。因为教育教学过程中的“对话”是基于师生共同成长，所以“平等、民主、自由”的合作态度、氛围是必须的。

7. “合作对话”要有温度。作为教师首先是爱心育人，尊重每一位学生的人格、个性、知识基础，耐心提供资源、工具、技术支持；特别是对“弱势”学生，哪怕是一个鼓励的眼神、语气、点拨，都有助于“对话”的延续与深入；从而构建真诚、温暖、和谐发展共同体。

8. “合作对话”要有高度。应该站在立德树人的高度而不仅仅是传授知识。比如单元备课时需深入钻研课程标准、全面熟悉学年教材及单元划分，分析知识模块之间的内在逻辑与思维结构，特别是挖掘隐含的文化、审美、育人内涵；从而真正实现以文化人、以美育人、立德树人。

9. “合作对话”要有深度。应该着眼于兴趣、关联、整体、递进，在兴趣点、悬疑点、联系点、关键点提问以扰启，引发学生的内省，点拨学生的质疑，指导学生的实践，使“合作对话”更加深入、提升思维品质。

10. “合作对话”要有宽度。应该允许、鼓励学生对话及答问时，与教师备课时的预设不对路、不一致；机智地处理好这种“突发”有利发现和解决思维障碍，是教学过程的亮点与精彩所在，有助于培养学生的独立思考、批判性思维能力。这恰恰是传统教学中短板。

（2022 年 11 月，《中国教师报》座谈会发言提纲）

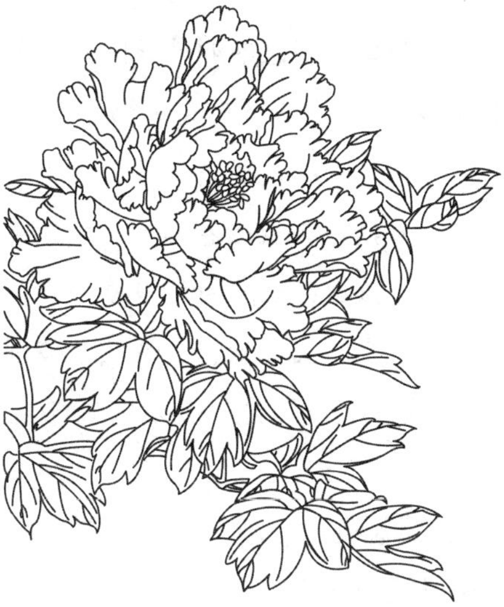

第5章 线上直播发言

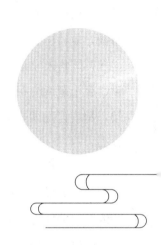

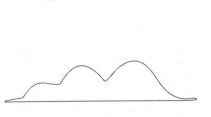

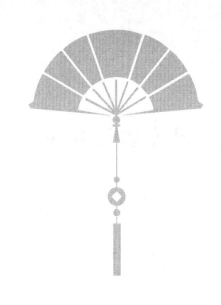

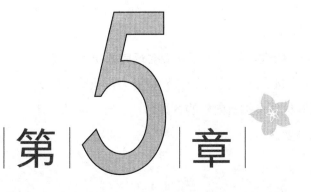

改变农村儿童的命运，应该从改变农村教师开始

萍聚君：您当初怎么接触并加入萍聚京城？

全疆发：记不起什么具体时间了，我大概是从看到萍聚京城志愿者搞活动的微信公众号就开始关注。后来，易教授打电话说有萍聚京城培训活动的 20 多位乡村教师在北师大培训，希望我们学校安排一次活动。我觉得挺好，就很乐意地接受了。

萍聚君：您工作任务重，时间那么忙，为什么坚持在萍聚京城做志愿者？

全疆发：这可能与我的成长经历有关。我是从芦溪县（以前叫芦溪区）一所普通乡镇中学宣风中学高中毕业的。当时不知道读书的重要性，读书下功夫不够。1979 年参加高考离录取线还差 7 分。因为家里兄妹多，家庭经济非常困难，我是长子理所当然外出做工赚钱，复读再参加高考的事想都不敢想。突然有一天，我的政治老师——宣风中学教务处主任韩国华来家访。他做我父母亲的工作，认为我应该是读书的料，复读一年可能考上大学，至于复读的费用，考虑到家庭因素，学校可以不收。父母亲想，既然学校都这么看得起，那就让我读一年试试。我艰苦复读了一年，考了个较高分，被录取到江西师范大学读书。

从事教育工作 30 多年来，我一直是怀着一颗感恩的心，感恩宣风中学，感恩韩国华老师等。如果没有他们援手相助，我的人生道路可能与现在完全不同。正因为如此，为社会的弱势群体提供力所能及的帮助，我认为是理所应当的。

回过头来想，当时给我们上课的老师，大都是下放到乡下中学的。他们的智商、家庭背景及所受的教育都明显高于普通人。我记得教数学的易乃健、李镇逸老师，教语文的方锡柔、郭有涵老师，教物理的刘俊凡、陈光墅老师，教化学的陈伯云、王子钧老师，教政治的韩国华老师，他们都敬业有爱心，教学能力极强，教学艺术精湛，比现在省重点中学的学科带头人毫不逊色。后来他们因能力与业绩出色，陆陆续续调入了城里的重点中学。宣风中学的教学质量也就没有了保障，后来被转型为农村职业高中。这也让我认识到：师资队伍的水平决定了一个学校的人才培养能力和办学质量，所以我乐意为萍聚京城的教师培训服务。

1984 年参加工作后，我被分配到萍乡中学任教，后调入萍乡市教育局教研室任地理教研员。1993 年南下广东，在佛山一中工作了 14 年。一方面因为勤奋努力，业绩比较突出，在中学地理界有一定的名气；另一方面有机会参加省内外的各种培训、研讨活动，开阔了眼界，也体会到培训对教师专业发展的重要性。

后来担任佛山一中副校长、桂城中学校长兼党委书记等，有机会认识一些佛山商界的萍乡籍精英。以吴桂周会长为首的萍乡商会，富裕不忘“智力扶贫”，帮助家乡的贫困儿童，2013 年以来就坚持与萍乡市妇联合作，资助失去父母的儿童上学读书的公益活动。我很愿意参加这种公益活动，从此就走入了志愿者的行列。连续几年来，每年都有一次与被资助儿童的见面与对话活动。我总是把孩子们当成 30 多年前的自己，毫不掩饰地把自己的成长经历告诉孩子们：穷不丧志、穷则弥坚。刻苦读书、意志坚强才能改变命运。

萍聚君：加入萍聚京城后，印象中记忆最深的事情或者有意思的事情是什么？

全疆发：印象最深的是 2018 年暑假，萍聚京城参加完培训的乡村教师，返萍前头一晚安排的联欢活动。我临时有事未能参加，但事后看完了他们的视频。不仅仅是老师们的多才多艺让我感到惊讶，更重要的是从老师们的笑脸上看到了他们精神面貌的变化。我还特别欣赏易丽丽教授、青年笛子演奏家郑文萍自始至终的热情周到服务，感受到平凡志愿者的不平凡奉献精神。

自从加入这个志愿者群体后，我就非常关注这个群体的活动。有两个做法，我觉得挺有意义，非常欣赏。一是被选拔的被培训者回萍乡以后，又以培训师的身份去培训他人。这一过程不仅仅是把学到的知识和技能传播给他人，更重要的是又弘扬了志愿者的精神。二是微信群每两周一次的教育话题讨论，话题是民主过程产生的，又以各抒己见民主方式发表意见，然后编辑成集。这有点类似于头脑风暴，是相互启发相互教育的过程，也可以直抵心灵，改变人的价值判断。这两件事对于当今形势下行政体系主导教师培训很有启发。后者强调有学术地位的权威学者的学术报告，学员只是被动地听，少了互动过程。很容易出现学而不用的现象。

萍聚君：您如何看待中国农村教育？它面临着什么困难？与城市的教育最大的差距在哪里？

全疆发：中国农村教育目前面临的困难特别大。一是一大批青壮年夫妻远离家乡去外地务工，留下的是一批缺少父母亲情关爱的留守儿童。这种原本天性、情感领域的爱的缺失，靠学校、靠教师却因角色不同几乎是无法弥补的。二是城市社会经济发展、工资待遇的吸引力等，相对优秀的教师、干部都想办法调进城市，农村教师队伍水平与能力下降是不争的事实。这种困境目前没有找到解决的根本办法。更潜在的危险是若干年后，数以亿计的留守儿童成为社会公民后，与城市出生的同龄人在价值观、思维方式和行为习惯相差甚远。在城市化加速的历史必然进程中，他们必将融入城市生活，如何去适应新的城市社会生活？

目前农村教育跟城市教育的差距越来越大是不争的事实。不要比较清华、北大的生源的城乡结构，只要比较一下考入“985”高校学生的城乡结构就一目了然。30 多年前，还有许多农村寒门的孩子因为智商较高，加上“学生苦学、教师苦教、家长苦帮”的氛围，能考出高分进入水平较高的高校。但 40 多年来，高水平高校中来自农村的孩子越来越少，已成为公开的秘密。

最大的差距在哪里？在因环境而形成的视野。山地不仅仅是有形的物质阻挡环境，更是无形的信息阻隔环境。尽管有互联网，可以实现全球任何角落的信息沟通，但是山区与城市、小、中城市与大城市的交通、经济、社会、公共服务、医疗、教育等各方面的差距是巨大的，而且越来越大。上述各种要素都是影响学校教育环境、能力、质量的因素。

回到教师群体这个话题，不用怀疑，农村教师中有一批敬业奉献、爱心育人、教学水平与能力极高的教师，有许许多多感人的事例，培养了一批又一批优秀学子。譬如，我的中学同学，宣风镇中心学校的李学战老师，30 多年如一日潜心实践与研究小学的科技教育，到街上拣易拉罐等饮料瓶制作教具，带领学生制作学具，通过创新设计活动，培养了一批又一批热爱科技的孩子。很多年后才被有关媒体陆续报道出来，然后才引起各级教育行政部门的关注、省内外学校的教师去参观学习。2019 年他被逐级推选，荣获“全国模范教师”光荣称号。说实话，我从内心很敬佩他，30 多年如一日，这种奉献精神、坚强意志值得我学习。

不用讳言，从教师群体的普遍现象来看，由于所处的条件、环境、氛围的制约，在视野与教育观、知识面与科技应用等方面还是有一定差距的，特别是对世界未来发展的判断，以及教育应该如何培养适应与创造未来的人诸方面的思考、行动等存在着滞后的现象。所以，我特别赞成萍聚京城公益活动中的教师培训。它抓住了改变乡村教育落后中教师队伍这一核心因素。从改变、提升教师队伍的素养这个突破口出发，就有机会改变乡村教育落后的局面。

萍聚君：萍聚京城公益未来能给乡村教育带来什么变化？您希望我们这个公益未来做成什么样？如果做十年的计划，您觉得做些什么？怎么做得更好？

全疆发：非常高兴、惊奇地看到，萍聚京城公益已经给乡村教育带来了很大的变化。这表现在这批参加过萍聚京城活动的教师群体：一是他们的教育观念发生了明显改变，具体表现在微信群中讨论的观点并不比城市教师的观点落伍；二是他们的言行，在发扬志愿者精神做公益培训与传播的同时，他们的日常教学思维与行为方式也发生了变化。比方说将尊重、民主、科学的意识渗透在常态教育教学过程之中，还有小组合作学习、探究式学习的教学方式尝试、运用等。这在他们的讨论、交流中也有所体现，但我更期待若干年后这种变化是发生在曾经的学生身上。

未来萍聚京城公益能做成怎样，我不敢预言和期待。这里有一个难题不好解决，就是常态的经费支持与可持续发展问题。民间的公益活动不缺志愿者，志愿者队伍应该会越来越大。如果没有类似基金会的常态支持，那就只能是走一步完善一步，包括逐步完善培训的方式、内容、师资、评价机制，也包括经费的来源、使用、监管机制等。

不敢对未来十年规划发表什么意见。因为我不是这项公益活动具体的组织者，在这方面没有用心思考过。如果说希望在哪一方面可以做得更好，倒是有一个想法。有没有可能，对参加过培训活动的老师做一个中长期的跟踪调查？如果说参加萍聚京城公益活动是个自变量，那么三五年后，教师的教育观念、教学行为、教学效果以及学生成长等因变量发生了什么变化？进而研究自变量和因变量之间有什么内在的逻辑联系？从而进一步改进、提升萍聚京城公益活动的方式、内容、效益等。

参加过萍聚京城公益活动的老师，也可以把教育教学中已发现的问题，作为今后结合教育实践的教育科研实践课题来做。当然，咱们不必像当今的教育硕士、博士那样做那些貌似严谨的理论研究，而是基于实践做行动改进与理论反思。纸上得来终觉浅，绝知此事要躬行。教育科学是实践科学，一线教师的创新实践与反思改进是最有价值，最有生命力的。前苏联的教育家苏霍姆林斯基、马卡连柯是我们的榜样。最后，我期待着咱们萍乡这批乡村教师中涌现。

（2020 年 2 月 20 日，接受“萍聚京城”采访）

路遥先生的《平凡的世界》推荐语

各位同学好！

我向大家特别推荐路遥先生的文学巨著《平凡的世界》。陈忠实先生曾这样评价："它是茅盾文学奖皇冠上的明珠，激励千万青年的不朽经典，是最受老师和学生喜爱的新课标必读书。"

每一个追求梦想的人，都应该品读这本好书。每一次阅读都会给读者带来共鸣与感悟。

为什么会引起共鸣和感悟呢？平凡而伟大，艰苦而奋斗，是书中始终洋溢的主题！而书中描写的少安、少平等人物，就像我们身边的普通人，甚至就是你和我。

譬如，书中的少安和少平两兄弟，虽然出生于农村的贫困家庭，但不向困境低头，爱读书、有追求、敢闯世界、面对挫折不放弃。小学毕业的少安回到村里务农后，因为肯干有头脑，被选为生产队队长，为发展生产，率先村民分组搞承包，后来承包砖厂赚了钱，还重修了双水村小学。经历了许多挫折与痛苦，但受到广大村民的拥护与爱戴。正所谓"生活永远是美好的，人的痛苦却时时发生""什么是人生，人生就是永不休止地奋斗"。

又譬如，少平努力在和命运斗争，甚至下井巷做挖煤工人。他敢于保护曾经有过感情、但又犯错的红梅；与天真烂漫、善良淳朴的晓霞志同道合，曾有一份单纯而美好的爱情时光；最终因为责任与担当回到惠英的身边一起生活。这说明"无论精神多么独立，感情却总是在寻找一种依附，寻找一种归宿""只要有人的地方，世界就不是冰冷的"。

除少安、少平外，其他几个年轻人都用各自的方式，在努力地改变自己的生活，经历了不少磨难、挫折与痛苦，更凸显出自尊、自立、自强与自信的人生追求。平凡人、小人物并不代表平庸，也可以活出不平凡与精彩。这也说明"平凡的人，也要为他那个世界的存在而战斗""任何一个在生命海洋中努力奋斗的人，都会激起属于自己的浪花"。

这本书我通读过两遍，偶尔有空还会翻阅，有的部分读的时候会眼含着泪水。它深刻地影响着我的人生态度与价值观。所以我特别推荐它。

（2020 年 5 月 13 日，《朝阳有线》直播）

高考招生政策变化及志愿填报建议

2020 年是北京高考 3+3 考试的第一年，在志愿填报方面有很多新的政策。有哪些是尤其需要考生注意的？先请全校长为我们解答一下。

1. 提前批的变化：

提前批艺术类由 ABC 变为 AB，按顺序，A 是二个志愿，指的是教育部审批设立设置的本科艺术院校等；B 是其他艺术院校。

提前批普通类由 ABC 变为 AB，A 是二个顺序志愿，含体、军、武、安、航、飞等；B 是 20 个平行志愿，含“双培”“外培”“农培”等。

2. 普通批的变化：

普通批志愿个数变为 30 个，每个志愿含 6 个志愿专业、是否服从调剂。

高考填报志愿增加了专业组设置、一个志愿只能填报以一个院校专业组。

符合某个院校的多个专业组要求都想填报，则需要占用多个志愿（对于不同组可以当作不同学校来理解）。

不同院校专业组间可以交叉填报。每个院校的专业组各有一条分数线，分数线不同。

3. 专科普通批有 20 个平行志愿（一校一专业）。

4. 特殊类型招生中的“自主招生”变为“强基计划”并移出，变为单独报名。

建议：

1. 各批次志愿都填报。前面批次的志愿未被录取不影响后续批次志愿的录取。浪费可惜。若重点放在“普通批”，则“提前批”可尝试适当“冲高”。

2. “顺序志愿”重视第一志愿，“分数优先”。顺序志愿按 1∶1.2 投档，是“志愿优先”基础上的“分数优先”，从高分到低分录取；同校同专业第一志愿未录满则顺延第二志愿。

3. “平行志愿”分数最重要。30 个院校专业组都被视为“一个志愿”，对所有考生按分数排队，第一志愿未满则顺延第二志愿；总分相同则按单科语、数、英排队。若进入第二志愿可能分数会“高”。不服从“调剂”可能会被退档。对于所有考生而言，应该重点用心求稳填好第一志愿。前后志愿之间最好有点“分数梯度”，填“服从调剂”来保底，避免退档风险。

4. 知兴趣、知社会，知分数、知排位。对自己的职业规划很重要，只有做自己感兴趣的事，且与社会发展大势基本一致时，才容易获得成功与愉悦，得到社会认可。所以“专业选择第一”。《三年录取统计》（电子版）与高校官方网站可查询近三年的录取分数线与全市排名，就知道该选择什么院校了。建议尽可能在与自己分数及市排位相当的院校中去选择，明显偏高或偏低的院校材料可以忽略，省得分散精力。难在过去是分文理科与今年不好对比。往年文、理考生数大致在1：2和1：3之间摇摆，但理科录取率始终高出5个百分点，这些仅供参考。

5．“SWOT”分析法。考生也可以尝试一下，就是分析自身的优势、劣势与外部的机遇与风险，尽可能趋利避害，减少风险。有的考生偏重学校影响力与校园文化，也可以在专业方面妥协。有的考生选择一本“不如意”专业，也有选择二本“好专业”，还有“复读”计的，因人而异吧。

6．若外省有机会上“985”“211”也可考虑。好男儿志在四方，体验不同地域的文化有利于提高综合素质，返京就业应该不受影响。

今年，志愿填报让很多家长和考生都非常困惑，在高中是不是有相应的指导呢？全校长，咱们学校是怎么做的？

一是抓好培训。北化附中本着对考生的高度负责精神，高三主管给高三年级学生及家长进行开一场《2020年北化附中志愿填报培训会》，对志愿填报政策、报名的具体查询分数时间、报名的时间和操作步骤，进行逐一细致的讲解。帮助考生了解政策，懂得操作。也讲清楚一些今年填报志愿方面的新变化。还请高校的招办负责人，给学生和家长宣讲相关政策，解答疑问。

二是模拟训练。配合北京市、朝阳区招生办，安排了填报志愿模拟训练过程，使家长和学生提前了解流程，了解获得正规信息的渠道，提前发现问题，及时答疑解惑。

三是随时指导，在填报志愿期间，教务处、班主任老师随时利用线上和电话方式对学生和家长进行填报志愿方面的服务。

四是全程跟进。在志愿填报期间，高三主管、教务员、班主任会对学生和家长进行填报志愿方面的全程跟进、指导、督促，保证考生在30日前完成志愿填报。

填报志愿，如何用好高校的招生简章？这个问题全校长应该也非常有经验，咱们学校是如何对学生进行指导的？

一是个性化辅导。北化附中重视考生的个性差异，根据市考试院下发《招生专业目录》《2017年—2019年高招相关统计》，年级组织班主任进行有针对性的“一对一”个性化进行辅导，并提醒考生与家长需从北京市考试院网上自行下载。

二是技术性点拨。譬如如何看懂招生章程、专业目录；看高校情况、加分政策；看专业录取的身体条件和其他要求；看专业目录前言标记含义代码含义；看特色专业（涉及服从分配）、重点学科（博士点、硕士点）、就业前景等。

（2020年7月5日，《教育头条》直播）

课堂教学评价的重点应该指向学生及学习活动

感谢萍聚京城发起人易丽丽教授，本次论坛主持人朱红梅老师给我这个发言机会。我发言的题目是：课堂教学评价的重点应该指向学生及学习活动。

我是一个很偶然的机会，加入这样一个民间的、自发的、自觉的教育教学研究、乡村教师培训组织，受益很多。大家在一起相互学习与交流，不断地提高自身的专业素养，也给了我不少鼓励和支持。这是一个不忘初心、自我激励的过程，也是一个优秀教师必备的素养提升过程。

我在群里经常看到朱红梅老师组织各种教师培训和课题研讨的活动。她是我学习的榜样。萍乡市这几年的教育科研课题立项数量、科研成果获奖数量与等级都是在全省名列前茅的，这与朱红梅老师的积极组织与热心指导是分不开的，很了不起！萍乡市教育局教研室的教学研究与教育科研是有传统的。原国家教委副主任，现 80 岁高龄的柳斌先生，40 年前就是语文教研员、教研室主任。20 世纪 80 年代他任国家教委副主任时，最早提出了素质教育的概念。他是真正的教育家！

今天我想借此机会，和大家交流“课堂教学评价”的话题。因为我最近发现这个领域我们可能出了问题，走了弯路。为什么这么讲呢？大家想一想：各级教育行政部门，各类学校都可能有一个课堂教学评价标准。大体的评价内容无非是这么几项：一是教学目标是否明确、恰当；二是教学内容是否重点突出、结构完整；三是教学方法是否灵活多样、科学有效；四是学生是否积极参与，教学氛围好；五是是否有教学特色。

请大家注意：所有这些评价的内容，基本上都是指向老师的教，也就是说，评价的重点是教师教的水平与能力。即便是评价学生积极参与的学习活动，也是为了“以学评教”，是服务于评价教师的教。那么问题就来了：课堂教学应该包括老师教和学生学两个方面，为什么我们的课堂教学评价标准会忽略学生的学呢？我们文章上写的、口头上讲的，都强调尊重学生的主体地位，发挥学生的主体作用。我们口是心非、言行不一致呀！朱老师可以把这个意见反馈给黄萍主任，我期待萍乡市教研室出台新的课堂教学评价标准，而且是比较多地关注、评价学生学习过程与效果的。

为什么提出这个疑问呢？因为课堂不仅仅是教师表演的时空，更多的是教师与学生教学互动的时空；不仅仅是教师传授知识的时空，更主要是学生探究知识的时空；不仅仅是教师对学生进行训练的时空，更主要是教师促进学生发展思维与情感的时空。那我们的课堂教学评价，为什么只指向教师的教，而不指向学生的学呢？显然评价的标准已经偏了，出了问题。骨子里、灵魂深处还是传道授业，教师主导的、传统的保守思维。如果这样的话，学生是学校的主人，学生是学习的主体，恐怕也就是口头禅而已。

所以我有一个不成熟的想法，是未来即将探究的新课题，看看能不能创新出一种指向学生学习活动的课堂教学评价标准，包括评价的目的、内容、指标体系、质量标准。我设想以后咱们听课，不是坐在课堂的后面观察教师的活动，而是坐在课堂的前面，或者走进学生中观察学生的学习活动。比如有多少学生抬头在认真听课？有多少学生参与相互讨论？有多少学生边听边做笔记？有多少学生提出问题？有多少学生在规定的时间内完成课堂限时训练？做对题目的学生有多少？因为学生才是学习的主体，教学的目的是促进学生的发展。所以，评价的眼睛必须是瞄着学生才对。

那么新的问题又来了，教师备课应该更主要是考虑什么？是课程标准的要求？还是教材内容的取舍？或者是题例与作业的精选？我觉得应该换一种思维来考虑了！比如这么多学生，从早晨 8：00 一直到下午 4：00 都要上课，他们有兴趣听你讲吗？如果答案是否定的，需不需要调整备课重点？比如哪些内容学生自主学习能学懂，老师可以不讲。有哪些可能是思维障碍的，需要老师点拨地讲。哪些内容可以由学生自己讲，讨论中相互学。一节课下来学生应该学会什么，怎么测。换句话说，备课除了备内容要求，更多地是分析学情、设计学习活动，这样才能更有效地提高学习效率。所以我们要花费更多的精力和心思去研究学生，研究学生的生活方式、生活状态、思维方式、心理状态等。一个读懂学生的老师，一定是个优秀的教师。

今天的话题我抛砖引玉，与大家分享，共同探讨。说得不对的地方请大家批评指正。最后，祝大家虎年吉祥，身体健康，家庭幸福，工作顺利！谢谢！

（2022 年 2 月 12 日，萍聚京城论坛发言）

从“解放”的视角，谈“双减”下的提质

一、“双减”的概念及其提出的背景

2021 年 7 月，中共中央办公厅、国务院办公厅颁布了《关于进一步减轻义务教育阶段学生作业负担和校外培训负担的意见》这一重要文件。文件中提到的“双减”指的是：减轻学生过重的作业负担和校外培训的负担。

为什么要提出“双减”呢？一方面学校教育中存在学生作业时间过长、形式比较单一、作业质量不高，学生的学习兴趣不高、考试压力大、身心健康状况不尽人意，学生的学习生活极其单调乏味，学生的个性化发展的需要得不到满足等一系列问题。另一方面，校外培训机构乱象丛生，各种资本肆意横行，违法违规在教育事业中追逐暴利，给部分学生造成了时间上、精力上的负担，也给部分家长带来了一定的经济负担。

两个负担出现的原因，都可能直接或间接与学校教育质量有关。这意味着：一方面学校内部要通过教学及管理的改革来提高教育质量，另一方面教育行政部门要加强对培训机构的治理。以此推理，学校的教育教学及学校管理的改革是“双减”成败的关键。

“双减”的目的应该是：回归教育的本质规律，重塑绿色、可持续发展的教育生态，促进学生的健康成长和全面发展，从而落实立德树人的根本任务，并回应家长负担减轻的关切。

为什么又特别强调“义务教育阶段”。这是对义务教育公益性、公平性的再次确认和坚定维护，也是尊重和保护未成年人的健康权利的具体体现。从而确保基础教育中不偏离公益性，少一点铜臭味儿，从而全面贯彻落实党的教育方针，为社会主义事业培养合格的建设者和接班人。

二、“解放”学生的减负提质策略

笔者联想到 90 年以前，伟大的教育家陶行知提出的“六个解放”，似乎与当前“双减”形势下的许多观点不谋而合、异曲同工。即解放学生的大脑、眼睛、双手，从只会看书做作业，到更多地关注自然、社会，爱劳动、锻炼，会科技制作、文艺表演；解放学生的嘴，从课堂上被动地听到敢于提问、质疑和主动表达；解放学生的时间与空间，从被迫作业、培训，转向大自然、全社会的全方位、积极主动学习，将课堂作为引向自然、社会大课堂的桥梁与纽带。

学校作为办学的主体，应该切实履行主体责任，把学生从“灌输式”教学中的被动听

课、"题海战术"中的作业负担等束缚中解放出来，得到自由、个性、健康地发展。一是全面贯彻党的教育方针，坚持全面发展与个性发展相结合，坚持科学施教与因材施教相结合，结合学校实际优化实施国家必修课程育人体系。二是纠正"智育第一"、片面追求"升学率"的错误观念，在教学改革过程中发挥学生的学习主体作用，提高课堂教学质量，提升作业的设计和管理的科学性、有效性。三是构建有利于学生身心健康发展的课后服务体系及家校共育体系。从根本上，就是要解决学生学习的兴趣度、自主度，以及自主学习的宽度与深度问题。

（一）优化课堂教学，解放学生的五官，提升课堂质量

"双减"的主阵地在课堂。课堂教学的关键在于老师。老师要有所改变，特别是教育观念、师生关系、备课方式、教学方法上要有所改变。即改变传统的以"老师讲述为主，学生被动听"的课堂教学模式，积极尝试发挥学生的学习主体作用，创造条件促进学生用自己的眼、嘴、耳去积极地自主学习、探究学习、合作学习。我校化学科组参与朝阳区诊断式督导"理想教育文化"——"合作对话"范式的改革实验，尝到了不少甜头，具体做法如下。

真正意义上的学习就是自学。学习应该是学生与教材之间、学生与教师之间、学生与学生之间的一种交流对话的过程。其次，备课时应依据课程标准，明确这堂课中"合作对话"的主题和次主题，并将相关的内容转换成学案，即成为学生自主学习的工具。备课既考虑课程标准和教材要求，更要去研究学生的知识基础、学习兴趣、学习方法、思维障碍，并设计破解之法。具体到教学实施时，通过提问"扰启"，引导学生自主学习的"实践"与"内省"，合作对话中的"质疑、解惑"，不断地提高学习的广度、深度与效度，实现了由传授知识到培育素养的转变。

"合作对话"的课堂教学从"教"逐渐转换为"学"的逻辑。上课由过去老师揣着知识告诉学生，变成了老师带着学生探究知识。学生从被动学习中解放出来，用自己的双眼去主动观察、阅读，用自己的嘴去表达与交流，用自己的耳朵去倾听，在逐渐形成了主动学生的兴趣、方法、能力与习惯的同时，更伴随着是收获、交流、尊重、成功、喜悦等等的情感体验。学习不再是负担而是乐趣。换个角色看，教师也从课堂上的费力讲解、灌输压力中解放了。

（二）优化作业管理，解放学生的时间，提升作业质量

北化附中的校训是"习与智长，化与心成"。其中"习"字就含有作业和训练的意思。作业就是：通过练习，消化知识，内化概念，强化学习效果，以及学习诊断的一种活动。因此，所有的设计应该和备课、检测题的设计一体化进行整体思考，这样才有更强的针对性、科学性，减少不必要的重复。布置作业之前，老师要先做一遍的先行实践，这种先做一遍作业，不仅仅是预估学生做作业的时间，还可以避免重复，发现可能存在的不足和缺陷，并通过修正来提升作业效益。

我们要求：布置作业必须公示在黑板的右上角，明确哪些是必须做的，哪些是可以选

择做的，哪些是用笔答的，哪些是动手操作实践的，一目了然。适时对学生进行问卷调查，了解各科作业的数量与质量、全批全改情况。目的是让作业的数量适度一点、类型丰富一点、选择性强一点。这体现了因材施教和科学施教，让有的学生吃饱了，有的学生吃得好，还有的学生吃得了，满足了个性发展的需要。

譬如：安苑校区设计的“玩转语数英”作业中，要求学生根据主题进行小组合作，通过自主学习解决主题中提出的问题，并通过分工合作，以手抄报的形式展现合作学习结果。还设计有专门栏目来展示优秀的作业优秀者，优秀者可以获得“免做作业”的特权，还可以在年终兑现奖品。初中部安排了自由选择的弹性非纸质作业，譬如结合“非物质文化遗产”——风筝课程，以学习、制作、展示风筝为主题举办文化节，进行传统文化教育，深受学生欢迎。

减少作业数量，丰富作业类型，作业的分类与分层，不局限于纸笔作业，增加与学习成绩无关的动手实践。目的就是解放学生的时间，让学生从大量繁重的重复解题的束缚中解放出来，劳逸结合、动静交替，多一些学生喜闻乐见、动手实践、主动挑战的作业。多一些学生自由思考、放松闲暇的时间，也许就是学生顿悟，或者创新思维活跃的时刻。

（三）优化课后服务，解放学生的思想，提升服务质量

课后服务的新观念，不仅仅围绕着作业辅导、提高成绩，而是德智体美劳全面发展的统筹规划。强调时间、人员、课程的全覆盖，即包括从周一到周五，下午3：30—5：30，面向全体学生，覆盖所有课程的全覆盖。其中下午3：30—4：30作业辅导与体育活动交替进行。原则上小学不带作业回家，初中在学校要完成理科作业。

具体设计与管理中，既包括作业的辅导，包括面向不同层次学生、不同学科的学习辅导，更应该包括面向不同兴趣、特长的科技、体育、文学、艺术的类似于社团的活动课程，还包括全校性的劳动卫生活动，以及班级之间的体育、艺术、劳动、科技竞赛活动。同时，以“尚美学生公约”为标准，全面推行自荐与他荐相结合的“尚美学生”多元评价机制，适时在各种集会中表扬与展示。活动与评价的多样化，可以让学生在作业压力的舒缓一口气，或者说劳逸结合，在发展兴趣与特长、竞技比赛中释放天性、解放人性，获得成长与成功的审美体验。

课后服务的内容形式丰富多彩，让校园欢歌笑语、让学生在运动场龙腾虎跃。学生的学校生活丰富多彩，学生的个性发展得到张扬并扬长补短，学生的德智体美劳才可能得到全面发展。从本质上讲是解放学生的思想，让学生明白读书与成绩不是学校生活的唯一，诸如体育、音乐、美术、文学、科技活动都是学校生活的重要组成部分，是每个人个性发展与全面发展融合的必由之路，也从活动育人、以美育人走向了文化育人、立德树人。换句话说，就是重塑校园的绿色、可持续发展的教育生态，从而解放了学生的天性与个性。让校园成为学生获得成长与成功，感到愉悦、快乐、美好的地方，为学生的美好人生奠定

良好的基础。从而践行与丰富北化附中“美的教育，美好人生”的办学思想。

(四) 优化家校合作，解放学生的空间，提升协同质量

习近平总书记曾经强调，家庭是孩子的第一个课堂，父母是孩子的第一任老师。孩子们从牙牙学语起就开始接受家教，教育发端于家庭之中，父母是教育的第一责任人。不论时代发生多大变化，不论生活格局发生多大变化，我们都要重视家庭建设。注重家庭、注重家教、注重家风，紧密结合培育和弘扬社会主义核心价值观，发扬光大中华民族传统家庭美德，使千万个家庭成为国家发展、民族进步、社会和谐的重要基点。家风正不正不仅关系到家族荣誉兴衰家庭幸福与否，还直接关系到公民文明素养和社会文明程度。

家庭、学校的协同教育，要树立“一切为了孩子的发展”的观念。北化附中非常重视家庭教育在学生成长中的基础地位与作用，特别重视创新家长委员会、家长学校、家长群的功能与作用。譬如，积极聘请有兴趣、有能力的家长参与学校的课程规划、课后服务、学生管理，积极组织优秀的家长梳理典型的家庭教育经验，树立榜样向全体家长进行宣传和传播，组织读书、家务劳动、文体艺术各方面的亲子活动与成果交流。因为是否送孩子去课外培训的主动权掌握在家长手中。所以，只有家长与学校在培养孩子的理念、目标取得一致时，学生才有彻底解放的机会。

譬如，小学部就组织发动化大子弟班的家长，在下午开设“家长大讲坛”，目前已经有 40 多节课，内容涉及化学科普、北京历史、文体活动等方方面面，开课以来深受孩子们的欢迎。这个家长主体承担的活动，不但丰富了学校的教师队伍、课程体系，也让相关家长的孩子感到了自豪感、自信心，并带动了其他家长积极参与学校的课程建设、课后服务与学生管理。

学校还通过家长会中的“共育计划”解读，鼓励家长带领孩子去博物馆、科技馆、少年宫、名人故居、企业或农场等参观学习、动手实践体验等，并动手制作出相应的电子作品向同学们展示学习成果。家校齐心协力共育，让家长履行了教育的责任与义务，更主要是打通了家庭与学校之间因为距离造成的空间隔离及情感隔阂，也解放了孩子们的学习空间，走出了家门与校门，走进了大自然和复杂社会。

全社会，学生与家长都关心的话题是：“减负提质”的成效怎么衡量与评价？笔者认为：主要是看作业、课外培训的时间是否减少了，学业成绩是否稳中有升，德劳体美是否多元发展了，学生、家长的心理压力是否变小了。也可以回到 90 年前陶行知先生所说的：学生的大脑、眼嘴等五官，学生的时间和空间是否解放了？是否有利于学生的健康发展和可持续发展。相信并期待这一天会很快到来。

(2021 年 11 月 17 日，《现代教育报》论坛发言)

2022 年高考填报志愿建议

各位考生、各位家长：

大家好！

前天出高考成绩，很多人在忙于查资料、准备填高校志愿。为了精准填报志愿，同时避免受机构忽悠，特提出以下建议，仅供参考。

第一，明白一个道理。

分数为王，全市考生排名是填报唯一依据。

第二，懂得两个概念。

一是“顺序志愿”。

按照“志愿优先，从高分到低分”的原则进行投档，第一志愿录取结束后，若高校招生计划未完成，再对未完成计划进行第二志愿投档录取。

二是“平行志愿”。

按照“分数优先，遵循志愿，一次性投档”的原则，对分数线上未被录取的考生按录取总成绩从高分到低分排序进行投档。每个考生投档时，根据考生所填报平行志愿的志愿顺序，投档到排序在前且有计划余额的志愿

第三，知道三个关键点。

一是知道分数在全市的排位。

这样就容易查找近两年全市录取排名对应的高校。你也可以上下浮动 3 分左右，对应的学校多一些。其他无关学校可以不去查看，免得浪费时间与精力。

二是知道相关的大学和专业。

比方说你的分数和排位于历年来北京工业大学的相当，那你就可以了解北京工业大学有哪些专业？品牌专业、就业率情况？读研、收费的情况。

三是知道自己的兴趣点。

读大学要考虑未来的职业、收入，更要考虑自己的兴趣，有兴趣干工作才不累，容易成功。所以选择了大学后就要花心思选专业。

第四，是四个注意。

一是多听班主任意见。避免与机构打交道。

二是为专业而妥协。比如刚上 211 线，但不太好选学校和专业，可以退而求其次，妥协选普通本科院校的合适学校的好专业。

三是必要时考虑出京。北京的学校你选择有困难，但京外有中意的学校。建议选择京外读，返京就业无障碍。

四是关注北京市属高校，比如北京工业大学、首都医科大学、首都师范大学、北京建筑大学等。因为招生人数多、机会大。

（2022 年 6 月 27 日，“人民日报”客户端）

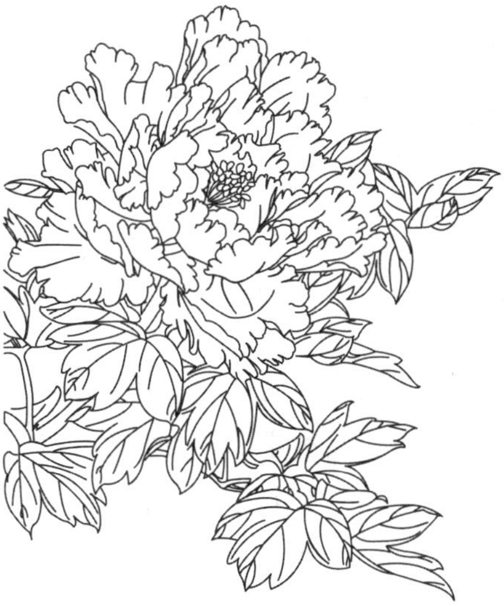

第6章

接受媒体采访

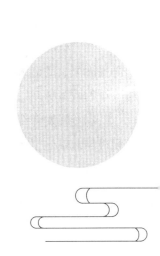

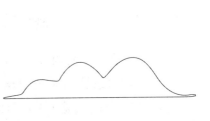

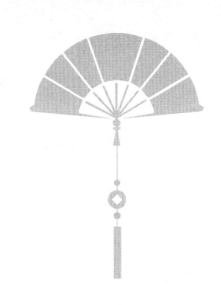

打造以理工学科为特色的优质中学

一、借力北京市 1+3 项目依托大学优势打造优质中学

“北京化工大学附属中学创办于 1983 年，是一所十二年一贯制、一校三部四址的公办学校，现有教职工 180 人，在校学生 1500 人左右。学校全面贯彻党‘以教学为中心，立德树人’的教育方针；以‘美的教育、美好人生’为办学思想，秉承‘习与智长、化与心成’校训，以‘立志、立德、立业、立人’为育人目标，意在让百姓子女体验到成长的美好，为孩子的美好人生奠基。”北京化工大学附属中学校长全疆发介绍说。目前，北京化工大学附属中学正通过借力北京市教委 1+3 改革项目，依托北京市化工大学优势构建以理工为特长的贯通培养模式。在全疆发看来，该模式非常符合当今国家经济发展的要求，满足国家由制造大国走向制造强国对理工科人才的需求。其次，该模式符合北京市中高考改革的政策导向。

据全疆发介绍，为了实现构建以理工为特长的贯通培养模式，北京化工大学附属中学积极与北京化工大学合作。北京化工大学也分别从实验室的建设、课程的设置、教师的配备、教师体育室等方面也给予附中强有力的支持。比如，附中会在周末邀请大学教授到附中开设的大学先修课程里亲自为高一的学生进行指导。“由于开设了这些课程，两年来，附中共有 49 位同学参加北京市或全国的各种理化生创客竞赛并取得了优异的成绩。”全疆发欣慰地说。

“当然，一支充满活力的教师队伍更是办好学校最核心的因素。一个学校办学质量的好坏取决于学校的师资力量。所以学校在近几年一直致力打造一支高水平的教师队伍。”全疆发认为，首先，一支高水平的教师队伍要有较高的工作积极性；其次，要能够及时更新教育观念、创新教学方法，进而提升教学质量。

二、十二年一贯制培养让育人通道优势更加明显

“北京化工大学附属中学作为一所十二年一贯制的学校，是按照国家的相关要求，根据不同的学龄段设置不同的课程，进而安排相应的教师来完成教学。我们首先可以确保国家必修课程优质地完成，其次是资源优势，我们可以依托北京化工大学创建的理工特色人才贯通培养模式。”全疆发进一步介绍说，“在小学阶段，学校在 2017 年开办的北京化工大学子弟班，已经有非常好的口碑。在中学阶段，初中设置了理化兴趣班，高中设置了 1+3 理化实验班。未来大学阶段，学生还可以对应北京化工大学的侯德榜工程师学院，也

可以通过北京化工大学与英国拉夫堡大学的合作项目去英国留学。通过这种贯通培养模式，让那些对理化有兴趣的孩子可以发挥他们的优势、张扬他们的个性。”

“毕竟基础教育阶段需要全面育人，要求学生全面发展。因此，学校在强调理工特长贯通培养的同时，也非常注重人文素养的培养。”全疆发补充道，“比如为了培养学生的家国情怀，学校开设了以‘国学’为主要内容的校本课程。同时，为了拓宽学生们的国际视野，学校还会组织优秀的学生用两周的时间去美国的加州理工、麻省理工，以及韩国的一些大学，到这些大学的实验室去交流学习，使孩子们能够全面发展。”

全疆发校长到京任职之前一直在广东、江西等地的高中任职。因此，对于接手一所十二年一贯制学校，对于长期负责高中教学的全疆发来说，既有压力也有挑战。但是，随着与这所十二年一贯制学校接触的时间越长，全疆发觉得年龄越小的孩子天性越本真，越能够让他体验到教育的本质和意义。

用全疆发的话讲，管理一所十二年一贯制学校，他可以站在更高的位置去看待小学、初中的教育问题。这或许会比其他单纯做小学、初中的校长看待问题时的视野会更宽广一些、更全面一些。在他看来，小学阶段最重要的任务就是培养孩子拥有良好的习惯。其中学习、生活和锻炼的习惯是最核心的。

三、面对中高考改革学校应“积极应对特色发展”

“面对中高考改革，学校首先应该主动地积极应对，其次是寻找特色发展之路。具体到北京化工大学附属中学，除了要积极应对，我们的特色发展之路就是侧重理化特长。”全疆发介绍说，“因为除了数学以外，理化课程是中小学课程里最容易培养学生思维能力、最能考核学生思维水平的学科。从目前中高考改革导向来说，选考理化的学生可以选择更好的大学、更好的专业。所以，我们要依托北京化工大学的资源优势，积极地走好理化特色发展之路。”

目前，很多学校为了培养学生的选择能力，应对中高考，实行了走班制教学。在全疆发看来，学校应根据自己的生源情况、学校的规模等因素选择适当的走班制教学模式。“所以，北京化工大学附属中学采取的是‘套餐制’。即学校会根据学校师资的优势和学生的兴趣特长，同时考虑到学生对于生涯规划能力有限，学校引导式地推出了五至六种套餐制供学生们选择。对于个别学生的需求，我们也会制定新的选课满足这部分孩子的学习需求。”全疆发还对师资力量和学校规模相对薄弱一点的学校实行走班教学提出了自己的建议。他建议可以将特色班主任与行政班制度跟选课与个性化发展制度相融合，给学生提供最优的个性化选择。

四、教师应在激发学生学习主动性方面发挥作用

对于学校应如何激发学生学习主动性方面，全疆发认为，这个的关键在于学校的教

师。“中国的传统教学讲授式较多，我们虽然提出要发挥学生的主动性，但是课堂上讲授多了就又变成了教师是主导。如此，学生的主动性就会慢慢消失。”全疆发对此提出建议，认为教师应从三个方面转变原有的教育观念。

首先，教师要站在哲学的高度去思考师生关系。学生是学的主体，教师是教的主体。教师教的主体性体现在如何调动学生的积极性，培养学生的学习方法和学习习惯。当学生拥有了学的主体性，教师教的主体性才能发挥。

其次，教师要从科学的角度更新教育观念。比如，现在提出的先学后教。这就要求教师们设计学案的时候考虑如何引导孩子自主学习，然后发现孩子在知识方面和思维方面的缺陷。再比如，课上提问是否有启发性，是否可以通过启发性的问题去引导学生积极思维。

再次，教师还应站在艺术的角度思考问题。为了说明这个问题，全疆发举了一个非常生动的例子。“一首歌曲三五分钟，为什么孩子会喜欢听，因为一首歌包含前奏，中间的主旋律和尾声。前后的内容都是围绕主旋律来变化。这就好像教师在课堂上讲课，正确的教学方法要借鉴这种艺术的特点，一节课要有一个主题，围绕这个主题教师要不断变换教学形式和教学手段，不断刺激学生的感官，学生对这样的课程才有兴趣，记忆才深刻。老师作为学生学习的伴奏者，要随时根据学生的变化变换自己的节奏，这样这个学生才能更加高昂、更加投入地演唱这首歌。”

五、用互联网打破教室的边界教师要与时俱进

未来已来，教育已改。在互联网技术、人工智能迅速发展的当下，学校该何去何从，教育又该如何改变？全疆发表示，未来的教育将是“教室＋互联网”的方式。“学生们在教室里可以使用手机等终端设备借助互联网通过碎片化学习到很多知识。未来的教育也将完全打破传统教育中学校或者教室的边界。”全疆发认为，这从某种意义上说将是个挑战。

同时，全疆发指出，虽然有人提出未来的教育可以不要学校、不要教室。但是从学生受教育的过程讲，教师与学生之间还包含着因材施教和情感交流的过程，这是互联网教育所不能取代的。所以，在面对未来的教育时，在这个互联网时代或者全球化日益加剧的时代，学校、教师都要及时改变观念，并且要不断的更新教育观念，去吸取世界各国的先进文化，特别是先进的教育理念、掌握新的教育技术。

“如今，互联网已经彻底改变了人的生活、工作和学习方式，我们教师要不断的否定自我，否定过去的经验，在否定自己的过程中才能进步。通过不断掌握的新理念、新技术来提高自身的教学水平，教学水平的不断提升才能引领学生不断地发展。”全疆发如是说。

（2018 年 7 月 13 日，接受中国教育在线采访）

人工智能的本质就是创新能力的培养

全疆发认为，人工智能无非就是把人的技术能力通过机器来延伸。大胆的想象和创新能力就是人工智能的本质。所以，我们的教育要思考如何能够培育发展孩子们的创新能力。

“从广东调任到北京，从陈经纶中学做书记到目前的化工大学附属中学，让我认识到创新能力就是知识、见识、胆识的三识合一，缺一不可。”全疆发表示，学生要想有创新能力，教师就要先有才行。因此如何将教师的这三个“识”培养出来，创新能力也就有了，自然他们就可以在人工智能时代游刃有余了，也就自然会培养出学生的创新能力了。

“具体来说，首先是共同规划学校的发展愿景，让老师对学校和自己的未来有信心。为了让老师们有发展的内驱力，我用了半年的时间，与大家一起讨论交流，弄出一个5年发展规划。当看到老师们对此都很积极，提出各种建议、意见，我心里踏实了。因为这说明他关心这个。学校还提出美的教育，美好人生的办学思想体系，也是要告诉学校里的每位老师，即便是我们是普通学校、生源质量也一般，但是作为学校，我们有责任与义务，让学生在学校的学习生活中感受到愉悦和美好。在这个过程中，我们就是先要让老师感到自己的人生是美好的，就是要激活老师的内心中潜在的对美好生活的追求，把他自信心调动起来，激活起来。比如在学校的青年教师座谈会上，我就提出名师、名校长不是培养出来的，一定是他们自身有发展的内驱力，通过才不断地学习，不断地进步成就的。

第二个举措就是为老师搭建平台，让老师们有机会扬名。这里面包括校本培训，我会请魏书生等国内有名的老师、校长，给我们的老师做报告及交流，用榜样的力量激励大家。还有一种方式就是骨干教师梳理，邀请北京市有名的特级教师，尤其是那种学术水平比较高的到我们学校去听课，帮助我们的一些老师梳理他们的教学特色。这些老师代表形成典型后，再带动其他老师一起做。这期间，我们还会帮助一些比较不错的佼佼者出书，出专著。”

“至于培养学生创新能力方面，学校主要是充分利用了北京市‘1+3’政策和北京化工大学两个优势。”全疆发介绍说，“学校通过‘1+3’政策，在北京化工大学的帮助下，设计的一套符合学生生源特点、实现高中与大学衔接的课程体系，我们称之为大学先修课程。具体来说，只要学生在化工大学附属中学学习一年先修课程，以后报考北京化工大学，就可以有三分的大学学分。这样一来，不仅化工大附中招收到优质生源提供了帮助，更重要的是学生在物理化学实验课，在培养学生的创新能力，动手能力方面都起到了积极的作用，把学生的创新能力激活了。”

此外，学校还利用周末的时间，邀请化工大学的教授给学生们上课。请站位更高、视野更开阔的化大教授，带领学生做物理、化学、生物的实验，进行项目式学习、小课题研究。让学生在这些学科上站得更高，见识更广，视野更开阔。这在一定程度上也可以激发学生们的创新能力。

据介绍，两年来，北化附中这些起点并不高的学生，参加了全国、北京市的中学生物理、化学、生物、创客、通用技术大赛等，获三等奖以上 49 人次。其中刘禹辰、张世博获“全国科学与艺术大赛”一等奖，李昊锟、张易轩、桂伯彰、朱梓坤获“北京市中美创客大赛”工业 4.0 组一等奖，刘佳柔、王莹、桂伯彰、姜洁瑜获北京市通用技术大赛服装设计一等奖。这些是朝阳区的学校中获得的最高奖，来之不易。另外，张佳琦等 11 位同学因为参加 2018 年高中化学竞赛（北京赛区）一、二等奖，并已取得重点大学自主招生资格。刘彭、范亦臣还入选美国英特尔国际科学与工程大奖赛的资格，这也是北化附中近几年首次。

前后提到的一些促进教师与学生发展的做法及成效，最本质、最关键的一点就是创造机会与平台，激活老师及同学们潜在的胆识，从而丰富其知识与见识，使其潜在的兴趣、能力、创新意识得到更充分的发挥，进而体验到工作与学习中的成长、成功与美好。这也正是教育的本质所在。

（2018 年 9 月 29 日，接受《中国教育在线》采访）

京剧社团推荐词

我从事教育工作35年，今天感觉到惊讶、振奋！因为在他们身上，我看到了过去没看到的，儿童有着巨大的潜在能力。这值得所有教育工作者、家长去反思和改进我们的教育。因为孩子们刚刚接触京剧艺术不到50天，训练的次数也不过十余次。他们今天的表演，在我这个外行的眼里，有模有样、有板有眼。

京剧艺术是我们的国粹，也是世界非物质文化遗产。它蕴含着中国传统文化、民族审美情趣，也是世界上唯一含有“唱、念、做、打”的综合艺术。在信息化时代的今天，西方文化影响力不断扩散的今天。如何传承、弘扬传统文化、民族精神，一个亟待研究的大课题。但从他们身上，我看到了传统文化、民族精神可以从培养兴趣、能力开始，通过感知和感悟，进而融入人的情感。他们的训练和今天的表演，是一个重塑“文化自信”的典型案例。文化传承“从娃娃抓起”，值得全社会，特别是教育界借鉴。

我还要特别感谢吕昕等几位德艺双馨的表演艺术家。这一个月来天寒地冻，但他们为了传承民族文化，不辞辛劳、不计报酬。言传身教，令人感动。正是因为他们无私奉献的精神、高超的教学艺术，才促成了孩子们的快速成长。在他们身上，我看到了艺术风范、民族精神。

所以，我坚决地推荐他们，为他们喝彩、加油！

（2019年2月27日，中央电视台三频道录制节目接受采访）

“尚美学生公约”发布会致辞

尊敬的各位领导、嘉宾，亲爱的同学们：

下午好！

首先，请允许我代表北化附中1400多名师生，欢迎大家的光临。

其次，我也想借此机会说说北化附中“尚美学生公约”的由来。

2013年12月，中共中央发布了“关于培育和践行社会主义核心价值观的意见”的重要文件。2014年5月4日，习近平总书记在北京大学师生座谈会上强调：“社会主义核心价值观，其实就是一种德，既是个人的德，也是一种大德，就是国家的德、社会的德。国无德不兴，人无德不立。”

2016年12月，习近平总书记在“全国高校思想政治工作会议”上，提出了教育“培养什么样的人？如何培养人？为谁培养人?”的重大课题，在全国教育界引起了强烈的反响。

正是在这样一种时代背景下，2018年6月，北化附中结合自身的德育工作实践，开启了“尚美学生公约”的思路，作为学校德育工作一条重要主线来抓。

我们认为：教育的本质就是促进人性的完美，所以提出了“美的教育、美好人生”的办学理念。一方面努力构建心灵美、语言美、思维美、行为美、艺术美、健康美的课程体系，从而实现国家课程校本化。另一方面也在努力构建臻美德育、博美课程、智美教学、偲美社团、和美管理、怡美校园的学校文化。

发现美、欣赏美、创造美，既可以是一种心态存在于当下，而追求完美应该是作为一个人的理想而存在。教育就是要善于抓住每一个人在某个瞬间的好想法、好行为，在发现中肯定，在肯定中激励，在激励中传播。在审美过程中激活向善和求真，从而实现人格的完善。这就是以美育人、以文化人、立德树人的过程。

从学校提出初稿，发动师生、家长讨论，到形成定稿后组织学生按每个主题绘画创作，然后北京化工大学资助排版印刷，前后历时一年。应该讲，这个公约的出台，体现了尊重、民主、责任、科学这样一种工作理念。公约的内容，考虑了12个学龄段学生的心智特点、国家要求、学校特色。一方面将培育和践行社会主义核心价值观落到实处，另一方面从养成教育入手，将“中小学生守则”更加细化、具体化。探索怎么培养人的具体方法与途径。每个学龄段各有10条并且有所侧重，高低学龄段之间也呈现一定的逻辑、递进关系。

譬如小学1—3年级“学之美”中，从学会听讲发言到学会思考，再到学会预习。小学4—6年级“德之美”中，从学习传统文化到学习伟人英雄，再到关心国家大事。初中3个年级中，从有梦到追梦，再到筑梦的层层递进。高中3个年级中的“趣之美”中，从关心时事到学习文化艺术，再到研究历史。

令人欣喜的是：这一过程中还出现了“小手拉大手”，儿童们把在学校学到的一些行为规范，回到家里提醒爷爷、奶奶、爸爸、妈妈“不要随地吐痰”“不要在家里抽烟”“不要闯红灯”“不要插队”“不要乱接电线插座”等，促进了社区、社会文明的发展。当然，还有许多值得改进，逐步完善的地方。与之相配套的，我们还有“雅美教师公约”30条，今天因为时间关系不做展示。

履行公约是我们每一个学生的责任，也让我们每一个同学迈向正确的人生旅途。希望同学们从研读公约开始，在践行公约中逐步形成正确的人生观、价值观，并具体表现为爱党爱国、孝顺父母、尊敬老师、同学友爱、爱学习、爱劳动、言行举止文明、有君子淑女范等。

学校将继续秉承“习与智长、化与心成”的校训，围绕“尚美学生公约”开展一系列的活动，丰富其内涵，完善其评价，提高其效益。从而真正地实现以美育人、以文化人、立德树人。为新时代中国特色的社会主义事业培养建设者和接班人。

谢谢各位。

（2019年6月12日，“尚美学生公约”发布会讲话）

美的教育，美好人生

一、您认为美的内涵是什么

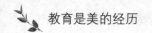

美可以是诗人笔下的月光，也可以是普通人眼中的江南春色，还可以是人与人交往中的善意言行。

但美首先应该是感性的而非理性的，是潜在于人类情感领域的。当人类的审美情趣遇到恰当的客观事物、环境时，引起了情感上的愉悦、快乐、欣赏，美就产生了。

广义上的美，可以理解为人类对事物的一种愉悦感。或者说是人在客观世界的社会实践过程中，通过自由自觉的创造，呈现出人的内在本质力量，以及对人的本质力量的积极肯定。这与艺术领域的狭义的美应该有所区别，后者比较注重形式上的艺术美。

教育美的内涵，更多地表现为师生在教育教学过程中引人向善、求真的一种潜在、无形的力量与追求。具体还表现为教育教学师生互动过程中的人性关怀之美，发现与觉悟规律、真理之美，师生共同成长与成功之美。这与仅仅是加强音乐、美术教学是有区别的。

二、北化附中在教育教学过程中如何实现“美的教育”

首先，我们是以“审美融入”为切入点，实现国家必修课程校本化。

譬如，将国家规定必修的12门课程，重新划分为语言美、心灵美、思维美、行为美、艺术美、健康美等六大类课程，通过“审美融入”实现校本化。比如语言美就包括语文和英语两门国家必修课程，在课程设计与实施过程中，通过“审美融入”，让学生体悟到情境美、语言美、情感美、人格美等。

具体操作来说，就是把“主从与重点”“节奏与韵律”“对称与均衡”“过渡与呼应”“比拟与联想”“统一与变化”这些审美原则融合在教学内容、方法、过程评价的设计与实践之中。学生感觉到每节课有主题，围绕着主题不断的变换教学形式，而不是刷题训练。围绕学习主旋律，不断变换学习形式，从而激活学生的兴趣和注意力，强化思维能力的培养，提升学习效益。一堂高效的课堂，一定是特别讲究教学艺术的，一定是有审美情感体验的课堂。

其次，我们以“审美融入”融入为抓手，努力构建以“审美”为理想的学校文化体系。

譬如，北化附中正在努力构建以臻美德育、博美课程、智美教学、偲美社团、怡美校园、和美管理等六个模块组成的学校文化体系。以“臻美德育”为例，将审美融入学校各种主题活动之中，包括开学典礼、毕业典礼、升旗礼、成人礼以及读书节、科技节、体艺节等，让学生在各种德育主题活动中认识美、感受美、欣赏美和创造美，从而培养审美意识、审美情趣和审美能力。德育活动中，学生只有在审美的情感领域有所感动与感悟，才有可能在价值观、人生观方面有所觉悟。

比如高中成人礼仪式中，家长和学生首次当场交换信件阅读受到感动时，泪流满面与父母相拥的学生，才知道父母的生活艰辛与爱心付出，才会产生感恩之心，才会有高三最后阶段的奋发努力。

又譬如，通过“尚美学生公约”的讨论、颁布、践行，以及丰富多元的“尚美学生”（孝心美、学习美、助人美、劳动美、运动美、才艺美）评比活动，将社会主义核心价值观、优秀传统文化，习惯养成教育落在实处，实现了美与善的统一。高品位、高质量的德育活动，一定是有审美意义的。

三、教师队伍建设过程中，如何实现“各美其美，美人之美”

教师应该是文化人，喜欢读书，有较高的文化底蕴。教师还应该是热爱生活、人性丰满、心灵丰富的人，只有这样，教师才能够用贴近人性、启迪心灵的方式去引导学生。教书育人是一种高贵的职业，审美是不可或缺的。

我们做法是：第一，是通过组织相关的学习活动让老师们逐步形成对“审美融入”的思想认识。比如寒暑假期，我们邀请魏书生、程红兵、吴正宪、王苹等教育名家来学校举行教育讲座、示范教学。这些教育名家的讲座不仅仅是体现了丰富的教育理论，更主要是一言一行都反映了他们对教育美的追求，让老师们有所觉悟并学习借鉴。

第二，是学校为每一位教师购买了《中国著名特级教师思想录》《教育美学十讲》等教育、美学书籍，主办读书沙龙等，提升老师们对教育学的再认识与深化理解，在一定程度上也普及了美学的知识。

第三，是学校有意识地聘请一些专家，指导老师们的日常淡妆、语言艺术、摄影艺术、舞蹈艺术、插花艺术等。鼓励师生同台文艺演出展示才艺美，提倡老师们追求大方的服饰美、端庄的行为美、得体的语言美。通过一年一度的“雅美教师”评比活动，激活老师们潜在的对美的生活的向往与追求。并在工作中通过“审美融入”教学美践，用气质美丰富教学美、增添教育美、留住青春美。

这些活动的过程中，逐步提升了老师们对美好生活与工作的追求及信心，进而提升了教师的审美情趣、能力及素养，实现了“各美其美”。

更重要的是，老师们逐步“审美融入”课程及教学之中，爱心育人、科学施教。让学生们体验到老师关爱的愉悦、学习成长的快乐、学习成功激活了学生的潜能与自信，从而实现了“美人之美”。教育的最高境界应该是审美。优秀的老师一定是有审美情趣的。

四、在“理科教学”中如何体现美

首先，科学领域中对自然规律的探索是不带主观色彩的理性活动。审美则是充满着激情、灵感、主观的情感活动。审美又是人在创造活动中，对人自身力量的积极肯定。譬如对自己的才能、创造、成功感到惊奇，自豪与快乐。从这个意义上来讲，学生在理科学习中的发现、成长、成功也就是一个自我价值实现及审美愉悦的过程。把审美和理科学习割裂出来，显然是幼稚的、不对的。

其次，自然科学中的内容、结构、逻辑充满着美感。比如数学中的“黄金分割”是何等的美妙，数学的逻辑和图形的美，简洁、统一、和谐。又比如植物茎上的叶子、花瓣的排列规律是何等的美妙。化学的原子结构图、物理中力学的受力分析图都充满着美感。学生在学习理科的过程中，必然感觉到自然界的结构美、规律美，逻辑推理过程中的思维之美。换句话说，在过去、现在、将来都是美的，那就是真理。所以，学生学习、觉悟自然的过程，或者说发现真理的过程，本身就是审美愉悦的过程。

再次，物理、化学、生物等学科具有实验科学的特点。学生在教师指导下，通过动手实验探究，在培养科学兴趣与创新实践能力的同时，养成科学思维的习惯，形成探寻真理的价值取向与追求。这个理性活动的思维过程，就伴随着对真理追求的一种崇高的情感体验，在觉悟、智慧中追求快乐也就是追求美的过程，同时也是自我修养提升、人格自我完美的过程。

北化附中依靠北京化工大学的师资与课程资源，基于高中与大学的教学衔接，创新性地开设了“大学先修实验课”，应该讲在探索真理和审美愉悦上，实现了完美的统一。

五、提倡“美的教育”，对学生的成长有哪些促进作用

应该讲，对学生的成长的促进作用是全方位的。

一是激活学生对学习、对知识、对科学的兴趣。就课堂教学而言，“审美融入”就是强调讲究教学艺术，刺激学生的注意力，提高学习兴趣。兴趣是最好的老师。有了兴趣就有了学习动力，

二是提升学生的审美情趣和审美能力。打一个不恰当的比喻：吃饭相当于解决温饱与生存问题；喝酒相当于生活上交往朋友，当然生活质量也稍高一点，追求情感与热闹才有可能；喝茶更多的是安静环境下的自省、反思与品位，追求的是高质量的人生。普通百姓的子女也应该有对高品质生活的追求，这才可能有学习与生活的动力。提高审美情趣和审美能力就相当于喝茶。

三是逐步引导学生对美好生活的向往，形成正确的人生观、价值观。学校生活如果仅仅是为了升学而进行“刷题训练”，一部分学生很容易产生挫败感，那么产生厌学的悲观情绪是很自然的。然而，每个人的个性和特长是有差异的，不能因为学习成绩差异而一票否定部分学生的发展权。构建多元的“尚美学生”评价体系，就是尊重学生的发展差异、

个性与特长，就是因材施教、科学施教。让每个孩子在学校的发展都有闪光点，都有优点和长处，就是让学生感觉到生活的美好、未来的美好，从而产生对未来生活的自信与向往。这恰恰是我们教育的本质和意义。

六、对于学生教师、学生、学校发展，新学期有什么新的思路

一是全方位、全过程探索“美的教育”。以培育社会主义核心价值观为主线，通过教育教学过程中师生互动的情感愉悦之美，让学生体验到人性关怀之美、觉悟真理与规律之美、成长快乐之美，从而促进人格的完美，为百姓子女的美好人生、家庭的美满奠定基础。落实全国、全市、全区教育大会的精神，完成立德树人的根本任务，办好人民满意的教育。

二是进一步营造追求“雅美教师”的氛围。根据去年颁布的“雅美教师公约”，从机制和氛围上鼓励教师们爱党爱国、爱心育人，研究学生、学法、课标、教法，在教育教学活动中彰显高尚的师德情操。组织和发动教师们以“审美融入”为切入点，以“靶思维”为抓手，全方位、全学段推进区教委“理想教育”的改革实验与探索。在点燃激励、唤醒鼓舞中推进教学改革，提高课堂教学效益。在言传身教、“习与智长”中实现立德树人。

三是各校区、全学段落实“尚美学生公约”。根据去年颁布的“尚美学生公约”，从学生的日常行为规范入手，提高升旗仪式、主题班会、社团活动、劳动教育、读书节、艺术节、运动会、行知课程等的有效性。推进育人方式的改革，以“不同类型的美”的“尚美学生”多元评价体系为抓手，通过养成教育“化与心成”。以国庆 70 周年为契机开展爱国主义教育，厚植爱国情怀，培育社会主义核心价值观，落实育人目标。

四是依托化大构建“以文化人、以美育人、立德树人”的课程体系。根据学校实际，因材施教，科学施教，优化实施“国家必修课程”。依托北京化工大学的课程、师资、资金、实验室等资源优势，在原有探索物理、化学的高中、大学实验教学衔接的“大学先修实验课程”基础上，开拓生物实验教学新领域。让北化附中的学子在理工科的科学兴趣、创新思维、动手实践能力上与同类学生相比有优势与特长。

五是尝试探索与构建校园“海棠文化”系列。借助“海棠”的美好寓意，进一步开展与探索“海棠听语”“海棠诗会”“海棠书苑”“海棠文学社”等系列正能量的文化活动，让学生在文化活动中体验到成长与成功的愉悦与美好。进而逐步形成正确的价值观、思维方式、行为习惯，真正实现以文化人、以美育人、立德树人，构建“理想教育”文化。

（2019 年 9 月 16 日，答《教育头条》记者问）

“理想教育”引领学校文化　构建师生成长共同体

请您结合两年的“理想教育文化”改革实验，谈谈改革实验对办学思想、学校文化有什么影响？

“京湘教育论坛”这次讨论的话题是育人文化，重温职业的初心，回归到教育的本质，非常赞同。也很乐意向有湖湘文化底蕴的教育同行学习、交流。

北化附中从生源角度而言是一所一校四址、十二年一普通中学，但我们认为“有教无类”，让百姓子女在学校体验到成长的美好是我们的追求。

2018 年 2 月以来，北化附中经过申请得到区教委审批，参加了“理想教育文化”课题组。作为实验校，首先是高中部化学组参与实验，然后辐射到物理、生物组，初中的英语组。参与实验两年多来，我们努力实现“理想教育文化”与学校文化逐步相融合，并扎根于课堂教学实践中，师生共同成长初见成效。借此机会向各位汇报。

第一个问题：从四个方面尝试文化融合引领学校发展。

一是尝试“理想教育文化”与“美的教育”办学思想的融合。

北化附中立足于“以美育人、以文化人”的战略思考，构建了“美的教育，美好人生”的办学思想，与“理想教育文化”最佳公民的培养目标“追求幸福生活”、生命个体成长方法论的“养控、审美”不谋而合。学校从多方面入手，树典型、造氛围，引导师生追求高尚的精神世界，促进学生全面发展与人性完美。

二是尝试“最佳公民”理念与“雅美教师”公约的融合。

学校组织教师讨论、制定的“雅美教师”公约与“理想教育文化”最佳公民的标准“尊重、民主、责任、科学”相吻合，引导教师以尊重、平等的心态与言行对待学生，遵从学生的认知发展规律、生活经验及个体差异；因材施教，爱心育人，也体现了“各美其美，美人之美”的学校精神。

三是尝试“准最佳公民”理念与“尚美学生”公约的融合。

学校组织师生、家长讨论、制定的“尚美学生公约”与“准最佳公民”相融合。引导学生能够利用独立、追求、养控、审美个体成长方法论；并通过诸如劳动美、学习美、艺术美、劳动美、助人美等丰富多样的“尚美学生”的自荐与评比活动，促进学生形成正确的价值观及优良行为习惯，张扬个性、全面发展，努力实现以文化人、以美育人、立德树人。

四是尝试“理想教育教学”方法论与“靶思维”教学模式的融合。

学校将“理想教育”中“扰启、内省、质疑、实践”教育教学方法论运用到学校“靶思维”教学改革中，“打靶”的出发点是学生原有认知基础与生活经验，瞄准的“靶心”是学生解决问题的能力，“练靶”过程是不断扰启，引导学生积极实践，在实践中内省，最终提升解决问题的能力。

第二个问题：为什么教学中要“合作对话”？“合作对话”教学中要注意什么？

人类对话的结果形成了文化。教育活动是文化传承。教育过程的本质，就是师生、学生之间的对话。譬如苏格拉底的“产婆术”、孔子的《论语》。实验的第二个年头课题负责人王书记提出了以“合作对话”范式为抓手来推进改革实验。

建立成长共同体是进行“合作对话”的前提。合作又是对话的前提。教育教学过程中的对话，表现为相互尊重、自我发展、促进理解与深化学习、转变观念与思维的过程，同时也表现为有效的教育原理，或者说是必须遵循的教学原则。

为此，在专家们指导下，教师们在建立师生关系、创设教学情境、选取教学方式等方面不断进行探索并取得了成效。实践操作的主要体会有以下四点：

一是“合作对话”要有温度。

作为教师首先是爱心育人，尊重每一位学生的人格、个性、知识基础，耐心提供资源、工具、技术支持；特别是对“弱势”学生，哪怕是一个鼓励的眼神、语气、点拨，都有助于“对话”的延续与深入，从而构建真诚、温暖、和谐发展共同体。

二是“合作对话”设计要有“高度”。

譬如，化学老师上了一节“金属冶炼及工业流程”为主题的“靶子课”，由热点问题“中美贸易战”引入，学生一下就进入那种“要跟美国竞争”的状态。接下来，同学展开辩论赛相互评价不同冶炼方法的优缺点。学生说出很多化学老师都没想到的观点。这堂课的转变不仅仅局限于课堂设计的变化，而是教育理念的转变，由灌输式“传授知识”转向培养爱国情怀的“立德树人”。

三是“合作对话”要有深度。

应该着眼于兴趣、关联、整体、递进，在兴趣点、悬疑点、联系点、关键点提问以扰启。在“对话”主题下，像“剥洋葱”一样层层递进地展开次主题；引发学生的内省，点拨学生的质疑，指导学生的实践，使“合作对话”更加深入、提升思维品质。

四是“合作对话”要有宽度。

应该允许、鼓励学生对话及答问时，与教师备课时的预设不对路、不一致；机智地处理好这种“突发”有利发现和解决思维障碍，是教学过程的亮点与精彩所在，有助于培养学生的独立思考、发散性、批判性思维能力。这恰恰是传统教学中短板。

第三个问题：改革实验对学生、教师及学校发展还有什么影响？

北化附中是一所城市普通校，周边被诸多名校所包围，曾在一段时间内出现各学年段生源不足、教师严重超编且士气不足等生存问题。但这两年出现了可喜变化。

一是教师教科研能力得到提升。

在“理想教育文化”的引领下，老师们的教育教学思想、课堂教学行为在改变，反思能力在提升。十位教师中，王静等八位老师分别在《中国教师》《中国教师报》《现代教育报》等国家级、省市级报刊发表了关于实验的论文；刘伟等六位教师参加市级论文评比获一等奖；牛月梅等教师被评为市级骨干教师。

二是学生的学习潜能得到开发。

学生是教师成长与发展的最大受益。仅以高中为例，近两年高考及高一、高二年级化学学科在全区期末统考中，区排位均比入口排位上升 3－4 个位次。此外，学生参加 2019 年高中化学奥林匹克竞赛（北京赛区）有三名同学获一等奖。同时，化学和物理学科也成了学生最有兴趣、选课人数最多的高考科目。化学、物理、生物、数学四个理科的高考与统测成绩都进步明显，“理工特长”的办学特色初显。

三是学校办学质量与声誉得到提升。

比如，2017 年重点率、本科率分别是 11％、95％；2020 年重点率、本科率分别是 30％、97.5％，进步明显。学校先后获得“高考教学工作优秀学校”“京城最具加工力领军中学”等荣誉称号。有了成绩与质量，同时也赢得了家长与学生的口碑与信任。2020 年，北化附中各学段招生形式喜人。以高中为例，录取最低分 507 分，区排位 14，高中部招生生源质量变化显著。而 2016 年录取最低分 496 分，区排位 18。

学校是聚人、育人的殿堂，有了更多的学生，北化附中又重新焕发着生机与活力。在“理想教育文化”引领下，北化附中人会不忘教书育人的初心，牢记立德树人的使命，在教育改革的征程中更加坚定与自信！

（2020 年 11 月 29 日，“京湘教育论坛”发言稿，与刘伟主任合作完成，刘伟执笔）

北化附中办学解密

一、北化附中的办学思想是什么

黑格尔说“美是理念的感性显现”。一个美的校园亦如此。一个学校办学思想就是一种理念。校园“美”的生命力来源于这样的理念，因为办学思想向校园客观感性的事物灌注着活力，否则事物只能是空壳，没有内在的生命，没有活力，所以也就不可能是美。2017年初，北化附中提出了“美的教育，美好人生”的办学思想。希望孩子们在学校的生活不仅是求知的过程，更是求真、求善、求美的过程。力求让每一位学生能够感受到成长、成功和快乐，能够发展自信、兴趣和特长，形成正确的人生观、价值观，从而成为能适应社会、能创造未来美好人生的人。

第一个解密：促进人性的完美。德国哲学家康德曾经说过：教育的最大秘密是促进人性的完美。促进人性的完美是我们的出发点。我们认为，喜欢运动、身体健康有利于智力发展、学习进步、人格完美。学校按国家有关规定，不但开齐开足各类课程，而且一天一节体育课，学生社团众多，尤其是体育类突出，可谓文体活跃、动静分明。虽然在校生人数与许多名校比处于劣势，但运动氛围与竞技成绩特别出色。学校的健美操队、跆拳道队屡获北京市一等奖，女子、男子足球队多次获朝阳区中学生足球比赛冠、亚军。

二、北化附中近几年高考成绩如何

我校近几年高考成绩放在北京市范围看，是出乎意料的好，说明办学增值力超强。据报道，北京市近几年高考录取一本率大体在30%左右，本科率大概超过70%。北化附中四年前的高一录取新生排位过去属于靠后一批。理论上一本率可以忽略，本科率接近70%就不错了。但是，北化附中连续四年高考的一本人数在三分之一左右，本科率接近百分之百，仅是极个别学生上不了本科。孟婧、杨丹露、于睿同三位同学以中考500分出头进入北化附中，三年学习快速进步，2018年分别考上了清华大学、北京外国语大学和中国传媒大学。杨丹露的妈妈著名京剧表演艺术家——吕昕，因为女儿

获北京市通用技术服装设计大赛一等奖

考得好，还主动要求义务担任学校京剧社团的辅导工作。

第二个解密：老教师多、经验丰富。近四年北化附中的高考成绩很了不起，远远高出郊区县更好生源的优质校，以及市区同类生源校！这说明北化附中的教学水平、办学质量高，学生进步快、增值力超强。让普通的孩子变得更优秀，这才是优质校。

为什么学生来了北化附中，进步特别快、潜力大爆发？是因为有一支能洞察人性，善于引导，因材施教的老教师队伍。他们大都是20世纪八九十年代的大学毕业生。那个年代能考上大学可了不得！个个人中龙凤。他们的智商，加上敬业精神、专业素养、教学经验，和现在刚毕业的年轻博士生、硕士生比，有着丰富的育人经验的优势。赫荣涛、吴敏等老师获“京城榜样教师”荣誉称号。

北化附中的“雅美教师”公约与评选，鼓励着老师们有一种正能量的职业追求，树立了一批优秀教师榜样。“雅美”不是指年轻漂亮，而是德行美、专业素养高。老教师是个宝啊！他们能够针对每个学生的优缺点，进行学业、心理、生涯规划的辅导，对学生的成长帮助极大。每天中午都有“雅美”景观：教师办公室，学生们围着老师提问，老师们几年如一日的牺牲午休时间辅导学生。

优秀的高三教师团队

三、北化附中的课程改革有何特点

课程是立德树人的主渠道。根据学校教师队伍、学生群体的特征，因校制宜推进课程改革及课堂教学改革，即国家课程校本化、优质化，通过因材施教实现科学施教。

第三个解密：审美融入课程教学。也就是老师们按照“审美原理”去设计、规划、实施、优化国家必修课程体系。打个比方说，师生上课就像是一场交响乐的合奏过程，每一节课应该有一个主旋律（主题、重点），围绕着这个主旋律师生不断地变换不同的学习、练习方法与节奏，就像交响乐中的变奏一样，有铺垫、有高潮、有变奏、有尾声！节奏有快有慢有强有弱，但始终都是强化这个主题，让孩子们强化理解、记忆深刻。这样，就实现了课堂学习兴趣与效果的双提升。

四、北化附中的人才培养有何特点

北化附中近几年无论是高考成绩还是学科竞赛、各年级统测成绩，数理化生等理科统考成绩等方面都特别突出！以高考成绩为例，平均分在全区各校的排位比中考成绩的入口排位进步不少。近几年在中学生化学、物理竞赛中，新兴的创客大赛中数十人次获得全国、市级一等奖。应该说，“理工特长”的办学特色基本形成。客观而言，起点不高的学生群体，能取得这样的成绩来之不易。

第四个解密：化工大学的支持。北化附中与化工大学是一种合作办学的关系。化工大学利用高校的优势，对北化附中在办学思想、课程规划、实验室建设、教师培训、校本课程、学生社团辅导等方面给予了强有力的支持。目前，学校拥有国内领先的高端物理、化学、生物实验室。

王世元同志在实验班听课

大学教授坚持给中学生上课。大学教授坚持每周来给中学生上课的，在全国所有中学中为数很少吧，但北化附中乐享其成。每个周末，化大的张丽丹教授、朗海涛教授、刘长霞教授等，都会来附中亲自给中学生上课。每周二下午的学生社团活动，都是化工大学的老师和研究生来义务辅导。这可能是全国唯一的！其他中学有教授来做个报告、讲座之类，但讲完即走。为什么北化附中近几年无论是统考还是学科竞赛，理科成绩特别好？大学教授的视野、知识面、授课方式确实不一样，教授给中学生亲授物理、化学实验课，理工特色突显，没有不好的理由啊！

五、2021 年希望招到什么样的学生

2021 年继续扩招，计划招 180 人。继续扩招说明政府、社会对北化附中的办学水平、能力、质量的充分肯定与信赖。请大家注意招生代码是 205011。我特别希望有一部分在全区中考排位 2000 到 3000 名、公交出行一小时内的同学立志做领头羊，北化附中会努力给你创造一个个性张扬、潜力爆发的学习环境。

第五个解密：宁做鸡头，不做凤尾。你去排位靠前的学校，可能是班上倒数第几名？学得那么辛苦，做人的自信可能都没有了！还不如来北化附中，它以丰富多元的“尚美学生”评价体系为指引，营造丰富多彩的校园文化生活，让每一位同学都有机会成为各种不同类型的“鸡头”。当你成为个性张扬的领头雁，所有的老师同学都用欣赏的目光看着你，你天天生活在

师生同台葫芦丝表演

自信与快乐之中，你的学习自信、潜能，会得到大幅度的提升！

譬如，一年一度的科技节、运动会、读书节、元旦文艺汇演、“尚美学生”评比、庄重的成人礼，或者班级之间的篮球、足球、绘画、合唱比赛，或者汉服、健美操、跆拳道等学生社团，都是学生们最热衷的学校生活。操场上龙腾虎跃，校园里弦歌不断，极大地增强了学生的自信、个性与特长。还有远赴美国哈佛大学的国际游学，中赴鲁、豫、浙、苏的国内游学，近走京西古道或中国科学院专家带领的京内游学，都是深受学生期待的潜能开发课程。

小学民乐团的精彩演出

女子足球队获朝阳区第一名

又譬如，北化附中形成了以海棠文学社、海棠书苑、海棠诗会、《海棠听语》为系列的海棠文化。就是希望同学们学习传统文化，通过发表文字作品、进行文艺表演等形式，提升自己的综合素质，从而真正实现以文化人、以美育人、立德树人。

（2021 年 6 月 30 日，接受《现代教育报》采访）

第7章

学校发展规划

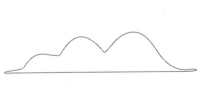

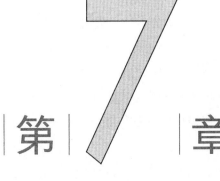

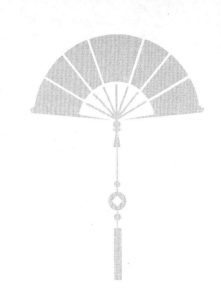

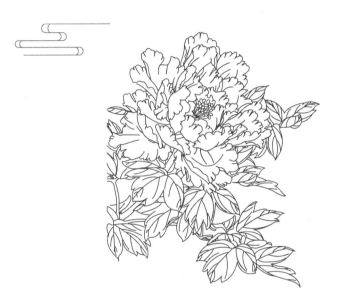

桂城中学“十二五”时期发展规划

教育对于全面建成小康社会、实现中华民族的复兴具有特别重要的意义，也是推动区域社会进步与经济发展的根本动力。在党的十七大精神及科学发展观的推动下，为把南海率先建设成为富裕小康的现代化城市提供人才保障和智力支持，也为南海经济发展创造有利的社会文化环境。根据《南海区教育事业“十一五”发展规划纲要》的基本精神，特制订本规划。

一、发展的基础与环境

桂城中学是广东省首批国家级示范性高中、首批省高中教学水平优秀学校、首批省一级学校、首批全国中小学现代教育技术实验学校、首批全国影视教育实验学校。桂城中学始建于1986年，位于当时南海市政府所在地的桂城南新一路，是市政府重点打造的窗口学校。建校二十多年来，办学成绩显著，高考本科、重点上线人数曾跻身于佛山大市前三甲，培养的周昱、陈宁、何珊等尖子生考入了清华大学，被誉为南海高中教育的“三驾马车”之一。

平洲高中创建于1992年，是当时平洲镇政府重点打造的镇属高中。建校十多年来办学水平不断提高，培养的陈乐平考进了清华大学，被评为省一级学校，办学业绩在原南海市镇属高中名列前茅。

2008年8月，南海区委、区政府决定将桂城中学与平洲高中合并，并在原平洲高中的校址上，投巨资3.5亿人民币重建新的桂城中学。现在的桂城中学位于桂城街道桂平路，毗邻广州市，紧靠佛山一环；校园占地面积142亩，建筑面积13.5万平方米；学校现拥有68个教学班，在校生3377人，教职工284人，其中高级教师91人、一级教师162人。新的桂城中学校园环境优美、建筑典雅大气、文化气息浓厚；学校教学设施齐全，信息化程度高，硬件设施基本现代化。

现代社会的国际竞争实际上是综合国力的竞争。教育和人才是决定综合国力与国际竞争力的关键因素。实施教育优先发展战略，建立学习型社会，加快人才培养是国家与区域发展的必经之路。党的十七大报告再次阐明了教育在我国现代化建设中的先导性、全局性作用。科教兴国、加快教育和人才的培养是实践科学发展观的重要举措。教育在培养创造先进生产力的知识分子群体和核心竞争人才及高素质的劳动者诸方面具有不可替代的地位。

南海历史悠久，文化底蕴深厚，“文康武鸿”是南海近现代史上的标志性人物。十一届三中全会以来，南海不仅在经济方面强势发展，成为广东经济“四小虎”之一，并跻身全国县城经济“百强”前列。南海教育尤其是基础教育在广东省及全国经济“百强县”都居领先地位。2000 年，南海率先普及高中阶段教育，2002 年，南海被评为广东省首批教育强市。近五年来，南海高考的各项指标均占佛山大市的 45%左右，甚至领先许多省内地级市。《南海区教育事业“十一五”发展规划纲要》围绕建设“五星级”南海，提出了适度超前发展南海教育的战略决策，并确定了率先基本实现南海教育现代化的近期目标。2008 年，省委、省政府作出了广佛同城化的战略部署，并将广东省高新金融开发区布局在县城经济实力领先国内的南海。毗邻广州最近的南海在教育上面对广州教育传统上的优势，既是挑战更是机遇。

桂城中学作为南海区高中教育的“三驾马车”之一，有义务也有责任成为南海教育的领头羊，主动去迎接机遇与挑战。诚然，桂城中学不仅要面临佛山境内传统名校如佛山一中、石门中学、南海中学的压力，而且区内的南海一中、九江中学、石中狮山校区、禅城区的佛山二中、佛山三中也是紧追不舍，再加上新增的广州华附、省实、执信、广雅等国内名校的更大压力，桂城中学的发展空间有变窄的可能。但是，对于桂城中学而言，生存就要发展，质量就是生命，发展是第一要务，发展是一定要有的新思路。因此，桂城中学如何利用两校合并、新校建成这一历史机遇，将学校发展阶段定位于合并后发展的创业阶段，找准目标，创新思路，先行先试，打造成一所具有南海文化、南海特色、南海精神的标杆式学校。在广佛教育圈独树一帜，树全面发展之优、示素质教育之范。桂城中学要力争在教育管理、课程建设、校园文化、人才培养诸方面出经验、成品牌，真正成为南海基础教育的领头羊。

二、规划的指导思想与基本目标

规划的指导思想是：

1. 以党的十七大精神及科学发展观，邓小平同志“三个面向”为指南。

2. 以《南海区教育事业“十一五”发展规划纲要》为指导。

3. 以珠江三角经济区为立足点，以发达国家的经济与教育发展为参照点，立足佛山，面向全国乃至全球。

4. 以高投入要创造高质量、高效益，高质量、高效益应体现在学生培养为导向，拓展新的增长点、外延与内涵发展相结合为基本走向。

规划的基本目标是：

桂城中学应建成高质量、有特色、现代化的省内一流、国内知名的寄宿制国家级示范性高中，成为南海人民子孙后代英才辈出的摇篮。办学特色与质量力争与南海在广东乃至全国的经济地位相适应，成为有南海文化、南海特色、南海精神的标杆学校。高考成绩在广佛教育圈同类学校（参照广州 B 类学校）确保进入前 3 名，力争第一并进入广州 A 类学校行列。在校园文化、国际教育、课程建设、学校管理诸方面形成特色，独树一帜。

桂城中学近五年尚处于整合后的创业阶段，要紧紧围绕“和谐与发展”这一主题，不断发扬为“自我的证明，为自尊的生存，奋发图强，意志坚定”的《在路上》精神。紧紧依靠上级党委与政府、社会各界的支持；在遵循国家法规的前提下，凡是有利于学生、教师、学校发展的事情要大胆地、创新地去做，先行先试，奋发有为。要在高考的现实压力与教育理想追求中寻找结合点、平衡点，办创新型学校，育国际化人才，走素质教育、特色发展之路。走全面、协调、可持续发展之路，培养适应并创造未来的人。

高质量、有特色、现代化的含义：

高质量的含义：桂城中学不仅仅是要培养一代代有理想、有道德、有文化、有纪律的合格公民，更主要是要向高等院校输送一批批综合素质高、可持续发展能力强，能适应未来社会发展的优秀学生，培养一批批能创造先进生产力的知识分子与核心竞争人才的后备生力军。具体而言，以中招生源水平以及2005—2009年高考桂城中学平均升学率为参考基准，以2008年为赶超基点，2010年高考重点上线率超过70%（以中招生源全区前1500名的桂中生源为统计基数），本科上线率超80%（以中招生源全区前6000名的桂中生源为统计基数），以后每年力争提高1至2个百分点；2015年力争重点上线率达74%，本科上线率达84%（分别以进入全区1500名、6000名的桂中生源统计），并着力多培养一批优秀学子进入国家“211”工程与“985”工程的知名高等院校。2012年起要争取再次突破向北大、清华输送尖子生。高考升学率各项指标争取进入广州A类学校行列．国际部不但要确保100%的学生能通过正常渠道考入国际正规大学，而且要力争30%的学生进入世界排名前100的国际知名高校，并确保每年有数名顶尖学生考入牛津、剑桥、哈佛、耶鲁等世界顶尖高校，力争办学规模与质量进入省内三强。

桂城中学的办学质量与效益不应该仅看升学率，而是更要看培养出来的桂中人的综合素养与持续发展能力是否强于同龄人。桂中要充分发挥地处南海政治、文化中心的位置优势及带来的信息与资源优势，要充分挖掘国际部带来的二元结构与外籍教师带来的西方教育观念的优势，融中西文化于一体，开拓创新，在知识、见识、胆识培养等方面下大功夫。养成“桂中人”的修养与气质，培养能“胸怀祖国、放眼世界”，能适应并创造未来的一代新人。“桂中人”的高素质应该表现在以下六点：

1. 拥有一颗孝心，百善以孝为先，当今感恩父母、老师，将来报效父母、祖国。

2. 理解两种文化，即骨子里是中国优秀的传统文化，了解并欣赏世界多元文化。

3. 正确的“三观”，即马克思主义的世界观、人生观、价值观。

4. 实在的“四爱”，即爱家、爱校、爱国、爱党。

5. 潜在五种意识，即民族意识、公民意识、民主意识、科学意识、国际意识。

6. 掌握六种能力，即独立生活能力、终身学习能力、动手实践能力、文化与科技的创新能力、多元文化与艺术的理解与鉴赏能力、国际合作与交流能力。

有特色的含义：桂城中学要立足于“省内受到关注，市内无可替代”，敢于先行先试，走特色发展之路。尤其在校园文化、国际教育、课程建设、学校管理等方面与同类学校相比特色鲜明并卓有成效。要发挥城市中心的位置、环境、文化、信息、资源的优势以及国际部外籍教师带来的西方文化观念优势，在中西方文化与教育的碰撞与交流中，探究并构建根植中国国情、符合国际潮流、彰显南海特色的课程体系与教育模式。让培养出的学生在外语、多元文化的理解以及国际视野方面更有见识和胆识，为其能适应并创造未来社会竞争奠定坚实的基础。同时，让一批教师在中西文化与教育的碰撞中，不断改革与创新，成就一批教有特色，教有所长，在省内外具知名度与影响力的名教师。

现代化的含义：桂城中学不但要在硬件设施上超过国家级示范性高中乃至国际一流高中的标准，成为硬件上的“标杆”；更主要的是要在软件建设上，诸如教育思想与观念、学校管理与体制、课程体系与教学、评价模式诸方面敢于创新，要出人才、出经验、出思想、成特色、成品牌、成示范；能引领同类学校，成为软件与硬件都树得起、过得硬的“标杆学校”。

三、和谐共进，重塑桂中的文化、精神、形象与品牌

尽管当今社会是以高考升学率来衡量学校的办学质量，但是学校教育的本质是文化的传递。一所拥有先进校园文化的学校，它的升学率也必定是比较高的。用文化凝聚人心，文化就是品牌。升学率可能是口碑，但校园文化是心碑，是贯穿在一代代毕业生的精神与灵魂。桂城中学拟从《在路上》精神、“正心成人”校训入手培育校园文化，并拟从校训、校徽、校旗、校歌、校刊、校服、作业本、办公用品、证书等入手构建学校文化识别系统。

《在路上》精神。桂中与平高办学历史都不长，之所以短时间内办学成绩比较突出，靠的就是一种发奋图强的精神。特别是近两年面临的社会环境与内部环境都不尽人意，但桂中人发扬了“为自我的证明，为自尊的生存，奋发图强，意志坚定”的《在路上》精神。“奋发图强”给桂中发展以精神支柱，使桂中 2009 年高考再创佳绩。《在路上》精神不但为桂中人所认同，也已为社会各界所认可欣赏。两校合并后，未来几年桂中仍处于创业阶段，仍需要奋发图强，意志坚定，才可能证明自我，自尊生存。这是每个桂中人的前进动力。《在路上》精神应该成为一代代桂中人奋发图强的精神与灵魂。

以人为本、和谐共进。以人为本一方面是强调尊重人的生命存在、人格尊严、个性特点，但另一方面更要以绝大多数人的长远利益为本。家和万事兴，校谐百业旺。校园和谐是桂中当今乃至未来发展的前提。由于各自的教育背景、教育环境、教育对象、教育经历以及校园文化的差异，两校合并后两个对等的教师群体在价值取向、思维与行为方式上存在差异是事实，在思想观念、经济利益方面存在冲突也难以避免。但是，只要全体教职员工能够识大体、顾大局、促稳定，多一些相互尊重、理解，进而相互学习、欣赏；少一些相互抱怨、指责，多一些忍让，少一些争端。那么，校园的人际氛围就会和谐起来，工作的心情就会愉悦起来。“和谐”是人人有饭吃，人人有话说，人人有贡献。“和谐”不是一

团和气，而是和衷共济。安定团结是桂中创业阶段保障教学质量的根本，“和谐共进”是桂中当今乃至未来的最大的以人为本。各美其美、美人之美、美美与共，才能复兴桂中。

正心成人。校训“正心成人”是经全体师生讨论，从《大学》和《论语》中提炼出来的。它强调的是纯正心灵，成为全面发展的人。随着经济、技术全球化的浪潮，良莠不齐的文化借助网络等现代技术蜂拥而至，当代人类社会的道德水平面临着严峻考验。面对复杂的社会环境及带来的各种诱惑与欲望，桂中的老师首先要纯正心灵，敬业爱岗，全面发展，教有所长；然后才有可能营造“正心成人”的学校环境，引导学生们纯正心灵，张扬个性与特长，成为全面发展、学有特长的人。“正心成人”既传承了中国传统的教育思想，也符合当今社会环境及国际教育潮流，应成为桂中人的行动指南。

南海精神与形象。“有为”精神是南海文化的核心。桂中人应该是“有为”精神的践行者，要敢为人先，奋发有为，要敢于先行先试，在激烈的竞争环境中闯出一条大道来。桂中人还要有海纳百川，视野开阔，兼容并蓄的“包容”精神，以宽阔的胸怀与气度，相互尊重、学习、营造和谐校园，并发扬团结一致、知难而进、奋勇争先的“龙狮”精神，才有可能克服眼前与未来的重重困难，走向繁荣与强盛，并从而彰显南海文化、南海特色、南海精神，成为政府认可、学生向往、人民满意的标杆学校。

四、调整结构、培育桂中新的增长点与动力源

合作举办国际教育。广佛同城不但是指经济，而且也波及教育。与传统名校相比，桂中缺乏历史积淀；与新兴学校相比，桂中因整合需要解决自身的矛盾似乎显得朝气不足，不确定性因素多。但桂中人有自身的优势，譬如《在路上》精神。桂中有政府的支持，譬如政府投巨资 3.5 亿新建了典雅、大气的桂中。桂中还有两校合并这一历史契机，走创新发展之路是桂中兴衰的关键。

中国近现代史上，许多影响中国命运的政治家、军事家、文学家、科学家、企业家都有着国际教育的背景，如康有为、邓小平、钱学森、詹天佑，又如新一代 IT 界风云人物张朝阳、马云等。南海近现代史上又有“出国留学、打工”的传统，香港政界许多重要人物都出自南海。改革开放以来，南海经济高速增长，藏富于民，再次激活了南海子民出国留学的梦想。

事物的结构决定事物的性质、特点。办学结构的调整影响到学校的办学方向与特点。在区委、区政府、区教育局的大力支持下，南海国际教育中心与桂城中学合作办学成功签约，这标志着桂城中学增添新的增长极，标志着桂城中学办学结构的二元化。这一“借壳上市”引入办学机构的办法，可以在较短时间内提升桂中的形象与品位。更为重要的是借助国际教育这一平台，利用传统教育与国际教育的矛盾与冲突，桂中要敢于创新，敢于探索，寻找一条符合教育规律，根植中国传统，融合国际潮流的育人强校之路。

南海国际教育中心落户桂中。桂中主要是提供硬件设施并协助管理，实际办学主体是

华南师大国际预科中心。华南师大国际预科中心是华南师范大学与英国剑桥大学考试委员会合作办学在中国广州的直接机构。自 2004 年创办以来，已开设 A-LEVEL 课程为主（相当于英国的高考课程），已毕业的三届学生，不仅全部进入英、美、加等国的大学就读，而且有相当一批进入牛津大学、剑桥大学、帝国理工大学、多伦多大学及香港大学等世界名校，仅 2009 年就有 8 名学生被牛津大学录取。南海国际教育中心与桂中国际部主要仍以开设 A-LEVEL 课程为主（核心课程有英语、数学、物理、化学、生物、经济学、会计、计算机等）。参照剑桥大学考试大纲选用的是全英文教材，配以英籍为主特别是 A-LEVEL 课程经验丰富的外籍教师授课，从而满足社会与市场出国留学的需求，让一批家庭条件具备、综合素质高的学生能直接考入国际知名大学，实现自己的理想与抱负。桂中国际部 2010 年拟立足南海，面向珠三角招收 100 名高一新生，在高二招 50 名左右的学生；并逐步扩展到初三招生，总规模达 500 人。国际部要确保 100%的学生考入国际学校，并力争 30%的学生考入世界排名前 100 位的知名高校。适时接收外籍学子来国际部就读。除此外，还将开设 AP 课程即美国的大学预科课程。

桂城中学国际部还将与德国亚琛应用科技大学、拟与日本京进教育文化有限公司合作，举办留学德国、日本的短期培训，为南海的学子提供更加丰富的留学渠道。桂中已与英国威尔士郡哈登伊斯学校签署合作协议，将通过师生互访，网络实时交流等方式进行国际教育的交流与合作。届时，桂中的国际教育是以 A-LEVEL 课程为主的综合性、多元化国际教育。

更重要的是，桂中要利用国际教育这一平台，充分发挥外籍教师在桂中的优势。通过“同课异构”专题研讨等多种方式，在中西文化与教育的碰撞与交流中，吸取精华，为我所用，大胆创新改革、探索教育全球化背景下高中教育的策略与方法，率先实现教育国际化，培养适应并创造未来的人。

创新行政管理体制。在原有行政体制与框架基础上进行整合，桂城中学设立课程开发中心、国际教育中心、教师服务中心、学生服务中心。形成原有行政体制不变，复合新设机构的二元行政体制，两块牌子一套人马，增名不增编。各中心的主任由副校长兼任，副主任由相关处室的主任兼任，人员由各处室整合兼顾，不单独设立办公室。

课程开发中心整合了教研处、教务处的部分功能。其主要职能是：着力研究国家课程标准、桂中办学理念的实施办法与途径，研究国内外课程改革的最新动向，为学校课程改革提供思路，并指导、评价、监督学校课程实施情况，组织开发有学校特色的校本课程，组织构建桂中校园文化建设。后二者是近期主要工作。

国际教育中心即国际部。一方面是配合南海国际教育中心做好招生、教务、后勤的辅助工作，负责协调校内各部门共同执行协议；负责外宾与外国学生接待与管理，负责桂中师生赴国外进行学习与学术交流，负责学校的外事宣传；另一方面是负责联系、磋商其他国际教育的方式，途径及国家等。

教师服务中心整合了工会、校办、总务等处室功能。其职能是关心教职工生活、学习与身心健康，积极开展教职工的文体活动，促进教职工的专业成长，积极开展送温暖活动，探望和慰问生病住院的教职工，关心离退休教师的生活，联系教职工直系亲属探亲的车辆接送，做好节假日福利、生活用品的发放，发挥干群的桥梁作用，沟通思想与感情，创建“和谐”校园。

学生服务中心整合了德育、团委、学生会、总务、教务处的功能。主要职能有指导组织学生社团的建设；接受学生对管理工作的投诉与建议，并及时反馈到各处室各部门改进工作；指导学生会及各学生社团、各班级搞好学生的自主管理、宿舍管理，清洁卫生管理等，为学生开具入读、转学证明，发放校服、校卡、协助饭票退订及失物招领公物报修等。

四个中心的成立不仅仅是名称的更改，机构的整合，更主要是观念的转变，工作方法的改进，工作动力的新源泉。全体教职工特别是行政要牢固树立为学生服务、为教师服务的观念，要有课程开发意识，要拓宽国际教育视野。通过开拓创新，先行先试，形成新的工作动力与管理机制。要特别强调管理就是服务的观念，强调尊重人、关心人、激励人、发展人是管理的出发点。要考虑教师作为知识分子这一特殊群体的人格特点，在实施物质激励的同时，更要重视精神激励。尽快整理并结集出版《桂城中学常规制度》，逐步规范教师行为习惯。要努力提高领导班子的管理水平，理顺盘根错节的复杂关系，形成强大的合力。行政与辅教人员要特别树立服务意识，积极营造“脸好看，门易进，话中听，事快办”的服务氛围，莫推诿、莫敷衍、莫拖延，营造和谐校园，为学校改革与发展保驾护航。

五、强推课改，构建现代课程体系

教学是学校的中心工作，是实现育人目标的基本途径。学校的一切工作都应为教学服务，并通过课程改革这一主渠道去落实。教学要树立以学生发展为本，学校的一切活动都是课程，只有学生学会了才是完成了教学任务等教育观念。桂城中学应该是先进课程理念的探索者、现代课程体系的构建者；应该凭借国际部的师资与观念优势，先行先试，大胆尝试；探索符合当今国际潮流的现代课程体系；应该继续探索和发展“精益教学、主体发展”的教学观念及具体操作模式。要体现新形势下的高中新课程的全面观、质量观、效益观，努力为学生创造自主学习、体验人生、提升智能、张扬个性、健全人格的课程空间，从而培养综合素质高，持续发展能力强，能适应并创造未来的人。

努力构建现代课程体系。要认真贯彻落实国家课程计划，积极参加新一轮课程改革实验，构建具有基础性、多样性、选择性、时代性特点的“国家必修＋国家选修＋校本选修”的学校课程体系。学校成立课程开发中心，讨论并制订新形势下桂城中学的课程计划，以及相应的选课制度、学分认定方案等。新的课程计划应以融合人类的优秀文化与科技为主线，以培养学生的创新精神与实践能力为核心，以开设校本课程发展学生的个性特长为导向，积极营造有利于学生主体发展、自主学习、探究学习，合作学习的课程结构与学习氛围。把课程的自主权还给学生，让课程充满了生命活力，让学生体验到学习过程中的责任感、成功感、幸福感。

教师应该是课程发展的先行组织者、开发者、促进者、倡导者，是师生交互、课程生成过程中平等对话的首席。教师教学不是授人以鱼，也不仅仅是授人以渔，而是为学生的发展营造一个广阔的渔场，营造一个让学生能够充分自主发展的课程空间。学生不仅是课程的学习者，也是课程生成过程中的主动参与者。要想方设法发掘学生的学习兴趣，培养学生良好的学习习惯与方法，让学生体验到从成功走向成功的快乐与幸福，从而享受学习过程中的生命意义。

践行“精益教育，主体发展”教学理念。“精益教学，主体发展”这一教育理念既是源自丰田“精益生产”模式的启发，也是桂中二十多年来的教学实践与提炼。它强调了充分发挥教学过程中学生作为学的主体、教师作为教的主体的人的主观能动性。它有一种教学设计“零缺陷”、教学过程“零事故”、教学任务“零库存”，减少一切形式的无效劳动，切实提高教学质量的追求；从而实现两个主体教学相长，共同发展的教育目标。两校合并后，教师观念与教学水平存在差异是事实，但桂中人可以通过强化集体备课、师徒结队、教育科研等探索新形势、新环境下“精益教学”的新方法、新途径、新模式。在教学实践中进一步丰富与发展“精益教学，主体发展”的内涵，并成为省内外知名的教学模式。

打造融合中西文化的校本特色课程。与国家课程体系相补充，积极开发有助于拓展学生思维，培养多元智力，体现学校特色的校本选修课。鼓励每位老师自主开发与国家课程体系相补充的一门选修课程。如自然科学类、社会科学类、艺术类、体育类、竞赛类、科技制作类等，语、数、英要有2门，其他学科至少1门选修课程应成为品牌课程。结合南海传统文化特点，校内教师与外聘教师相结合，开发具有南海传统文化特色的“国学经典”“粤剧”“粤菜”“陶艺”“剪纸”“茶艺”“舞狮”等特色校本课程，让传统文化在学生的实践学习中融入学生的思想深处。充分借助国际部外籍教师的优势，开设诸如“美国政治与政府”“英美文学”“西方近现代史”“西方艺术史”“西方经济学”“西方经典电影”等与国际接轨的选修课，让校本部的学生也能享受外籍教师的西方教育，了解西方文化。要充分发挥千人报告厅的得天独厚条件，周末开设经典电影课程，以英文原版电影为主，辅以国产大片，配以电影评论等课程，让学生在喜闻乐见的电影课程中了解多元文化，提升英语能力及批判性思维能力。适时开设德语、日语等第二外语选修，让外语教学成为桂中的优势与品牌。各年级开设各类选修课，每年不少于20科目，并将条件成熟的有桂中特色的自编教材，每年1—2门资助出版，分步推进并培育学校特色与品牌的校本课程。

课程改革始终与教育科研融为一体，课改中的难题就是课程中的课题。桂城中学要发挥自身科研力量比较强的优势，要站在时代改革的前沿，服务于教学，解决教学中的实际问题；要敢于创新，并始终围绕“精益教学，主体发展”这一主线展开研究。近几年，重点做好“德育课程化的实验研究”和“学教案一体化的实践研究”。近几年，信息技术广泛应用于教学之中，要高度重视信息技术对教学质量的实效性的研究，警惕信息技术对学生身心健康的不利影响。鼓励有兴趣、有能力的教师申报各级各类课题，争取每年有一项省级立项课题．要提倡从课堂中的教学难点找到小而实的研究切入点，解决教学实际问题的课题研究。设立科研特殊与奖励基金，对成效显著的科研成果、论文与专著等予以资助出版和其他形式的奖励。将《课程探索与教师发展》办成有桂中特色、省内知名的交流性学术刊物。

将音体美课程特色化。音乐、体育、美术等课程要努力避免因高考而边缘化的趋势。除国家必修课程外，体育要树立“健康第一”的观点，全面推行“阳光体育”，继续把“男拳女剑”的桂中特色树起来。要取得上级有关部门及省级运动队的支持，结合学校实际选准某项运动做强做大做成品牌。音乐对于提升学生的艺术修养有着不可估量的作用，要积极组建合唱、管乐、舞蹈等学生艺术团体的建设，在取得上级有关部门及省级艺术团体的支持下，打造一支“人无我有，人有我优”的品牌艺术团体。美术除根据高考实际开设美术专业外，要着力开设好陶艺、剪纸等南海传统文化课程，并让它成为桂中特色与品牌．力争音、体、美各有一个项目在省内知名。

六、德育为首，开创优质实效的德育新面

德育的成效如何，直接关系到人才培养的质量与国家的前途命运。德育必须是坚持党的领导、坚持社会主义方向、坚持弘扬主旋律。要努力避免德育“说起来重要，做起来次要”“抓智育硬，抓德育软”的不良倾向。要继续探索和发展桂中“笃志躬行、化雨成德”德育理念及其实际操作办法，探索新形势、新环境下的德育规律与工作艺术。要高度重视和警觉当今社会环境对德育存在的不利因素。齐抓共管，正心成人，浓厚“求知、求真、求精、求进”的桂中学风，着力培养一批有正确的价值观、人生观、世界观的时代新人。

德育为首，与时俱进。从爱家、爱校入手，把爱国主义教育落在实处。从日常行为规范入手，将道德规范与公民意识落到实处。从最新的国际动态与国家形势入手，将社会主义教育与时事政治教育落在实处。要特别重视新的历史阶段与社会环境下的孝心、爱心、诚信与劳动教育，要结合校园清洁卫生、绿化、美化等加大劳动教育的力度，并与德育课程化、综合实践活动、成长记录、学分认定等有机结合起来。

德育的主体是学生。德育的过程更多的是自我教育的过程，要充分发挥学生在德育中的主体地位与作用。学生社团、校园文化建设、大型文体活动要让学生积极参与组织等，创新更多让学生喜闻乐见的德育活动。学生社团、劳动清洁、宿舍管理、值周班管理等都要体现学生自主管理，从而培养集体主义精神、劳动意识与能力，培养学生领袖与组织能力。要发挥家长和社会力量的更大作用，把家长学校、青年党校、军校办成更有助于学生成长的校中校，将孝心教育、价值观教育、党性教育、国防教育等落在实处。要特别关注问题学生的家庭背景及存在问题，从改变家长观念、改变家庭教育环境入手，促进问题学

生的转化，把家长教育列为学校教育的重要环节。要着力研究新的社会环境下的心理健康教育的有效途径与方法，完善心理教育、心理咨询、问题学生心理指导制度。要与时俱进，不断改进德育工作方法与艺术，提高德育的实效性。

笃志躬行，化雨成德。要进一步探索与发展桂中"笃志躬行、化雨成德"的德育理念及具体操作方法。高中三年每个阶段的德育重点，班会主题等要分类推进，形成体系。德育的工作重点是绝大多数常态学生的励志教育、行为习惯养成。"笃志"是让绝大多数桂中人坚定崇高的志向与追求，即坚持正面教育为主，让桂中学子志存高远。"躬行"则要求德育脚踏实地，关注每一位学生日常学习生活中的小事。少一些套话、空话，多一些学生喜闻乐见的德育活动，让学生在身体力行中潜移默化，化雨成德。班主任是德育的主要组织者，但全体教职员工都是德育工作者，每一位老师的言行都是学生模仿对象，所以"笃志躬行"对师生而言是一致的。德育要讲究方法和艺术，多一些善意，多一些激情，多一些春风化雨，尤其是对于问题学生。要发挥班主任在德育中的主力军作用，完善优秀班主任、文明班集体的评比制度，培养区内、市内知名班主任各2—3名。

营造健康向上的校园文化。以培养"四有"新人为导向，以级组管理为主线，以班级文化为核心，以学生社团为多样化平台，努力创新并构建体现学生自主发展、锐意进取、健康向上的校园文化。加大力度支持学生电视台、广播站、文学社、电脑协会、艺术团体等学生社团的建设，将桂中电视台和校刊《在路上》《桂中人》培育成代表桂中文化形象的品牌，桂中电视台应成为国内知名的学生电视台。组织好每年一度的艺术节、科技节、运动会，让这些节日成为学生期待、展现自我、展示成果、健康向上、永生不忘的快乐节日。要高度重视扩招后一个年级1000多人相当于一个学校的现实，探索以年级自主管理为主的年级责任制，以及教育教学年级一手抓的新模式。要以"德育课程化的实验研究"为抓手将德育放在大课程的背景下研究德育中存在的问题及解决办法。

七、四轮驱动，促进教师专业发展

教师应该是先进生产力和先进文化的弘扬者与推动者，是青少年健康成长的指导者和引路人。"德为人师，行为世范"仍然是时代发展和民族复兴对当代教师的要求。教师的教育、教学、科研能力的三位一体是教师专业化发展的需要。打造一支志存高远、爱岗敬业，为人师表，理念先进，寻求教育幸福感与责任感的高素质教师队伍，是合并后新桂中创业发展阶段的艰巨任务，是政府高投入后新桂中能否产生高效益的重大课题，是新桂中能否在激烈的竞争中健康生存、迅速发展成为"标杆学校"的命脉所在。

两校合并后，新桂中拥有专职教师251人，其中高职教师91人，占教师总人数的36%；一级教师162人，占教师总人数的65%；45岁以上的中老年教师44人，占18%，35岁以下中青年教师126人，占50%，存在着中级教师比例过高，高级教师比例超过省定标准上限，应届毕业生五年基本未进严重缺乏的事实。再加上原有两校的教师体在价值观、行为方式上的差异，人员超编 40 余人，教师队伍的整合与优化是桂中发展面临的前所未有的重大难题。根据个人意愿、学校需要，动员部分老师转岗发展，争取政府支持分流部分富余教师。

师德为先，自主成长。教师的使命是文化传承，事关民族与国家命运。教师职业是人育人的工作，爱心是教育的前提。教师职业的劳动成效具有综合性、后发性特点，事关每位学生的前途与命运。教师职业是一份良心职业。敬业爱岗、爱心育人、为人师表是教师专业发展成功的前提。现代社会日新月异，文化与科技的发展突飞猛进，这就要求教师不断更新教育观念、知识与技术，从而跟上时代前进步伐，真正成为青少年成长的正确引路人。自求上进、锐意进取，自我发展是教师专业成长的发动机与原动力。中学教育能否取得成绩关键取决于教师的工作态度。自爱、自强、自尊、自信是相互依存的关系，而且前二者影响后二者。一个能超越用手、不满足于用脑、真正用心工作的老师必定业绩优秀，受到学生爱戴与同行欣赏。

依托高校，外聘专家讲学。一方面依托广州的高校，聘请大学教授来桂中就现代教育理论、技术、教育科研、名班主任工作与心理健康教育等方面进行培训。另一方面请国内中学一线知名教育专家、名师、名班主任结合自身的实践，介绍成功的经验与做法。适时组织骨干教师、班主任外出学习，通过请进来与走出去相结合的办法，拓宽教师的视野，更新教育观念。

师徒结队，推进校内教研共同体。组织以校内名师领衔，青年教师自主拜师、双向选择，组建校内教研共同体。以常规课堂为平台，以“同课异构”研究为主要方式，鼓励教师在做中研，研中做，教中研，研中教，积极尝试与反思相结合。在培养青年教师过好师德关、业务关、科研关的同时，形成一批具有反思能力与创造力的教师群体。教工会议要分批组织校内名教师、名班主任介绍经验、做法与观点。学校要在科研经费、教研活动、成果出版等方面创造条件，争取有 2%、5%、10%的教师分别在省内、市内、区内成名成家。

五校联动，推进五校教研联合体。近两年，桂城中学与同类同层次的广州真光中学、珠海二中、肇庆一中、阳春二中等实施高三联合教研与联考。借助外校优势，相互学习，取长补短，成效明显。适时将这种模式推广到高一和高二，借助同行与外力促进教师的专业发展、教研水平与教学质量的全面提升。

强化集体备课，推进学教案一体化。学科组是把好学科教学质量关的最重要基层组织。科组要强化集体学习、集体备课，构建学习型科组。学科组要下大力气抓好课程计划、公开课与研讨课，学科教育科研，青年教师培养，学科教学质量监控等工作。各备课组重在落实，抓学教案一体化，抓学教案与随堂练习，测验题、试卷编写。条件成熟时将桂中学教案一体化研究成果结集出版，推向市场，推广成果．课堂上各教师可根据班级实际和个人特点予以调整，因材施教，实现个性化教学。进一步推动优秀科组，科组长、优秀备课组与备课组长的评比工作。要力戒文人相轻、斤斤计较的陋习，逐步营造包容、合作、大气的工作氛围。

把教师培训与外出进修学习当成教师的一种福利。从工作安排与经费上大力支持教师的学历教育，教育科研成果出版。鼓励教师全面发展，教有特色，鼓励教师成名成家，培育2－4个由名教师领衔在市内具有强势竞争力的学科群（语、数、英至少一个）。积极响应区政府的名师引进政策，根据学校实际与学科发展需要适时再从国内引进一批省特级教师，全国优秀教师。广纳八方人才，营造教师发展平台，打造一支“敬业、勤业、精业、享业”的高素质教师群体。

八、完善校园建设，建成富有岭南文化的安全校园。

桂城中学现有校园占地面积142亩、规划总建筑面积13.5万平方米。2010年要争取区财政支持建设规划中的体育馆、游泳池。2010年正在施工的有理化生实验室，计划装修的有千人报告厅与国际部、音美教室。届时学校硬件设施的数量与质量可超过广东省国家级示范性高中评估指标体系规定的要求。学校建筑融岭南与徽派建筑元素于一体，典雅大气，文化气息浓厚，校功能分区合理。教学楼一楼架空，教室与宿舍的双走廊，连廊联通所有建筑等有利于学生活动与疏散，体现了人文关怀。

教学活动区。位于学校中心主体建筑群，含修远楼、致远楼、弘远楼、睦远楼、求真楼、尚美楼、博雅馆。其中修远楼、致远楼、弘远楼分别是各自独立的高一、高二、高三教学楼，每栋24个教室，总计拟容纳66个教学班，计3300人。求真楼为生物、化学实验楼。睦远楼2—4层为物理实验室。尚美楼1—4层为音乐与美术教室。博雅馆为6层闭合型的大型图书馆。

体育活动区。位于学校东南区域，含最新标准400米跑道与足球运动场各1个，篮球场6个，排球场1个，单双杆运动区1个。拟2010年再建内含3个篮球场的体育馆（行健馆）1座，25×50米的标准游泳池1个。运动场设主席台，能满足升旗、运动会、文艺汇演等大型集会的需要。

生活后勤区。位于学校西南区域，含学生公寓4栋，即蟾桂楼、毓桂楼、擢桂楼、新桂楼，计418个房间。每间双厕双卫住8人，共能容纳3340名学生入住。思源堂为4层结构的饭堂，其中1—3层为学生用膳区，第4层为教师与国际部学生用膳区。德馨楼为16层的教师公寓，其中6—16层为每人单间的教师公寓，2—5层为4人一间的国际部学生公寓，一层为4人一间的工友公寓。

行政区与国际部。德润楼1—4层为行政办公区。德润楼、睦远楼、尚美楼的5－6层均为国际部。与南海国际教育中心合作办学，设计规模为500名学生。和谦厅为300人座位的报告厅，能满足教师会议与中型学术会议的需要。鸣谦厅为1200人座位的影剧院，能满足大型学术会议、国际会议、文艺汇演、一个年级学生观看电影的需要。

建设信息化校园。校园基建项目及道路、供电、供水、空调系统与校园网络化工程、“家校通”工程、校园“一卡通”工程、校园电话系统、校园广播电视系统、高考监控系统、校园安全监控系统都应该同步规划、设计与施工，从而减少相关工程的费用，有利于系统的完整性、超前性、科学性与实用性。争取政府支持解决西面围墙的围闭问题，加强图书馆尤其是数字化图书室的建设，将图书馆建成学生向往的国内一流的知名中学图书馆。确保每个教室、办公室都能上网，为信息化教学、办公及数字化学习创造良好的硬件环境

建设人文化校园。以校训“正心成人”为核心营造校园文化。以南海三大名人为题构建“有为”“天佑”“飞鸿”三大广场，彰显地方传统历史文化，激励桂中学子以南海先贤为榜样而奋发努力。和谦厅东西两侧分别为孔苑与陶苑，彰显教育家孔子与陶行知的教育思想与事迹，激励桂中教师为教育事业而奋斗。组织师生积极参与校园文化建设，让更多的富有创造性的师生优秀作品动静结合布局在校园之中。建筑之间，走廊、架空层的校园文化布局要尽可能与建筑风格和谐协调。要让每座建筑、每个墙面都有隐性教育作用，赋予硬件环境以文化内涵，提升学生成长空间的文化内涵，真正实现环境育人。5 年内校园文化建设要在省内具有示范性．尽快完成校史组稿与布展工作。移置或复制原桂中与原平高的标志性雕塑，以示文脉之传承。

建设生态化校园。校园绿化、美化要体现泛生物园概念，与校园建筑风格、道路格局协调一致，分类布局、错落有致、相得益彰，体现岭南生态特色，营造有利于师生学习与生活的生态环境。移植原桂中与原平高部分名贵树种，以示生命之传承。校园植物大体分水生植物区、藤本植物区、岭南植物区、岭南农作区等，并适地适量种植各类桂花树，让桂花香飘校园，体现桂中特色。要争取财政支持，下大力气做好园林与校园文化建设，将岭南园林与岭南文化融为一体，特别是教学楼之间的三个庭院及其西侧的三个庭院要精心设计，使桂中有书院、书香、桂香气息。根据财力实际前提下整体规划，分步实施。

建设安全校园。要切实做好学校财务的宏观计划与具体监督，工程建设与采购过程要严格执行有关规定，接受上级与群众监督，公开招标并校务公开。参与工程建设的人员要洁身自好、廉洁自律，杜绝腐败，确保自身安全。要努力避免开支的随意性和不合理性，加强国有资产管理，防止国有资产流失。2009 年，新的桂城中学在边教学、边建设的过程中，由于全体师生员工的努力，确保了师生的人身安全。今后还要高度重视师生安全，以及饭堂、宿舍的卫生防疫、防火、防盗工作，强化安全保卫，杜绝恶性事故发生，构建文明安全校园环境。

（2008 年 10 月桂城中学教化会通过）

北京化工大学附属中学“十三五”发展规划与行动路径

一、规划背景

“十三五”时期是我国社会发展的重要时期，也是《国家中长期教育改革和发展规划纲要（2010—2020）》提出的系列目标的最终突破期，更是基层普通中学践行教育教学改革，实现优质发展的突破期。

本《发展规划与行动路径》依据《北京市“十三五”时期教育发展规划》和《朝阳区“十三五”时期教育发展规划》，坚持以法治校、创新驱动、内涵优质、特色发展的基本理念；将发展规划与行动路径融为一体，虚实结合，从文化、课程、学生、教师、保障五个维度的发展目标与行动路径提出了具体的策略与方法。既仰望星空，又脚踏实地。在广泛征求干部、教师的意见基础上，经教代会讨论通过后再执行。拟作为近5年学校发展的工作指南，从而达到全面深化学校教育改革，全面提升学校教育质量，办百姓满意的学校之目的。

（一）学校概况

北京化工大学附中创办于1983年，为十二年一贯制公办学校，现一校四址，分别位于朝阳区惠新里38号（高中部）、安苑北里7号（初中部）、安苑北里6号（小学2部）、小关北里205号（小学1部）。学校占地总面积40393.99平方米，建筑面积23614.12平方米。

学校在籍员工180人（其中专任教师165人），其中35岁以下占17%，36—45岁占43%，45岁以上占40%。在专任教师中，中学高级职称占37%，中级职称占39%，初级职称及以下占24%，小学高级职称占5%，中级职称占56%，初级职称以下占39%。

在籍学生1185人，其中高中生296人（13个班），初中生204人（含“1+3”实验班30人，计13个班），小学生685人（25个班）。

建校33年来，在朝阳区教工委、教委的正确领导下，在北京化工大学的鼎力支持下，全体教职员工敬业爱岗，奋发有为，学校发展较快。学校全面贯彻党的教育方针，积极探索教育教学改革，促进学生的健康成长与全面发展，取得了一系列的成绩。

推进课程改革，学生全面发展。学校以“主体教育”为主线推进课程改革，教学秩序良好，有一定教学特色。学校的茶艺、武术、跆拳道、健美操、摄影等社团比较活跃，在市区较有影响力。学校健美操队、跆拳道队多次获市区竞赛奖励。2004年学校被评为朝阳区普通高中示范校，2012年再次被评为朝阳区素质教育示范校。学校还多次获得区文明校、科研先进校等荣誉称号。

教育质量逐步回升。20世纪90年代，学校生源与教育质量居朝阳区中等行列。后因故导致生源质量下滑，但教师们奋力拼搏，极力稳定住了学校的教学质量。仅以2016年为例，在生源人口一般（中考454分）的情况下，高考取得了重点率达21%、本科率达97%的历史性突破，获区高考工作优秀奖；小学三、六年级参加区统测也双双获得教学质量优秀奖。2016年被《北京晨报》等评为“京城最具加工力领军中学”。

2016年9月《朝阳区中小学满意度调查报告》中的抽样调查结果表明，我校高中部、初中部的学校管理、师资队伍、德育工作、教学工作、学校环境、教育效果等各项指标的满意率均在90%以上，大体接近区平均水平。小学部的各项指标满意率均在92%以上，大部分高于区平均水平。

最大的优势：学校全体教职员工敬业爱岗、专业扎实，以及甘于奉献、勇于担当、永不言输的精神。教师的个人业务水平较高，单兵作战能力不弱。

主要机遇是：1. 纳入区“一校一策”重点扶持范围；2. 获市教委“1+3”招生政策支持；3. 化工大学在高中理化教学、教师培训、学生社团与学业指导上的大力支持。

（二）面临问题

1. 生源不容乐观

高中的生源仅从成绩的入口来讲，基本属于普通高中的最后一档。绝大部分学生来自普通百姓家庭。其基本素养、成绩与优质校相比，差距不仅仅在智商，更主要在情商。譬如，缺乏学习的信心与激情、自觉性与关注度、耐心与意志力等。这些与其禀赋、教育观念、家庭经济及成长环境密切相关。

据2016年9月《朝阳区中小学满意度调查报告》中的抽样调查结果显示，我校生源的家庭背景大部分为中低学历、中低收入的社会群体。仅以高中部为例，企业职工占27.2%，服务人员（如保安、餐馆宾馆等）占20.5%，个体经营者占9.1%；而机关或事业单位只占20.5%，专业技术人员仅占13.6%。家庭平均月收入结构分别是5001—8000元者占36.5%，2301—5000元者占29.5%，8001—15000元者占22.7%。家长学历结构中，高中或中专学历比例最高，占50%，其次是大学专科（20.5%）、大学本科（15.9%），硕士以上者仅少数几人。

初中部学生家庭背景更弱于高中部。个体经营者占30.8%，月均家庭收入2300元以下者占15.4%，说明外来务工、低收入家庭者更多。机关事业单位与专业技术人员合计仅15%左右。小学部生源的家庭背景结构与初中部基本相似。这与优质校生源的家庭背景形成极大反差。

客观上，北化附中所处的位置导致招生上处于劣势。朝阳区北片地区基础教育相对发达，名校最为集中。北京市第八十中学、陈经纶中学嘉铭分校、朝阳外国语学校、人大附朝阳分校、清华附朝阳分校、外经贸附中、三帆中学朝阳分校、和平街一中等市级示范校都集中在北片地区。上述各校都借学区化改革进行了办学空间与学生数量的扩张。其历史声誉在招生上的优势，对弱势学校挤压已成惯势。因此，北化附中在招生上明显处于劣势，且这种形势有愈加严重的可能。

2. 教师年龄结构偏大

北化附中教师群体敬业精神、专业素养、教育经验较强。但区级以上学科带头人、骨干教师偏少（11%）。年龄偏大者优势在于稳，劣势在于“求变”的主动性不够，特别是在教育观念与方法的创新、科研课题与论文写作方面积极性不够。学校教师除参加区教研中心、朝阳分院组织的业务进修、继续教育外，与市内、国内同类学校、学术团体的学术交流不多。

3. 校园周边环境恶劣

安苑校区初中部和小学部，南面都紧邻垃圾处理站，每逢夏半年高温季节，多吹偏南风，恶臭味便弥漫校园。校区的北面都紧邻北四环，车轮滚滚，噪声在 70 分贝以上，远超过国家标准居民区不高于 50 分贝的要求，严重影响了学生的身心健康、学习情绪及教育教学质量。高中部与安苑校区相似。其南侧也傍垃圾处理站，夏半年恶臭味与噪声更是严重影响师生身心健康及教学质量。

4. 校园信息化水平低

四校区教室中的电教多媒体平台、教师用电脑绝大部分到了核销年限，故障频繁，严重制约了课堂教学过程及效果。学校目前竟然没有数字化办公系统，学校网站的栏目结构简单且几乎没有内容更新。校园信息化水平明显落后于同类学校。

二、基本思路——让百姓子女体验到成长的美好

（一）指导思想

以毛泽东思想、邓小平理论、“三个代表”重要思想、科学发展观为指导，贯彻落实党的十八大以来的各项方针政策和习近平总书记系列重要讲话精神；坚持党的教育方针，坚持依法治校，坚持立德树人，遵循儿童和青少年成长规律和教育规律。

以社会主义核心价值观教育为先导，以先进的教育理念为引领，依靠全体教职员工同心协力，借助教育信息化的技术支撑，以课程改革为主线，以内涵优化与特色发展为重点，扎实推进教育改革，着力核心素养培育，全面提高教育教学质量与人才培养质量，办百姓满意的教育。

（二）基本原则

1. 坚持依法治校。把依法治校作为办学基本理念，将常规教育教学管理和办学活动纳入法治轨道，让师生参与学校管理，有发言权和监督权。运用法律手段规范、解决学校管理与发展中出现的新问题。

2. 坚持创新驱动。发挥全体干部、师生的创新意识、创新能力，在课程改革、学生活动、学校文化、教师发展、学校管理诸多方面创新内容与途径，从而促进学校的全面发展。

3. 坚持特色发展。结合学校师生实际，紧跟当今国内外教改潮流，与时俱进，找准特色建设项目，培育与强化特色。通过特色带动，实现特色立校、特色强校。

4. 坚持实事求是。即学校的发展定位要结合学校目前的生源、硬件、环境等客观实际，不去追求不切实际的“高大上”目标，而是要立足于现实，“跳起来，能摘桃”，锐意进取，稳步推进。

（三）发展目标

1. 办学目标

坚持优质、特色发展，全面提升教师和学生素养，全面提升办学能力与质量。办让百姓子女体验到成长美好的优质学校。在课程改革、人才培养诸方面取得经验，并能在市区同类校示范。

2. 办学规模与结构

在校学生 1600 人左右的 12 年一贯制学校。即 35（人）×4（班）×12（年级）＝1680 人。

3. 办学质量

走“轻负担、高质量”之路，实现高考、中考“低进高出”。高考、中考成绩，小学三、六年级统测成绩逐步进入区级示范校前列。

4. 特色发展

立足于市内受到关注，区内无可替代，创新北化附中的办学思想、课程体系、教师发展、人才培养模式，在部分领域进行改革实践并取得初步成果，形成特色，产生示范作用。

5. 办学思想

（1）构建“美的教育”课程体系。

（2）以“习”为主线的有效教学模式。

（3）以“化”为主线的有效德育模式。

6. 课程改革

（1）高初中衔接的“1＋3”实验班课程改革。

（2）小学初中衔接的“5.5＋3.5”课程改革。

（3）“化附国学”“君子”“淑女”系列课程的改革。

7. 教师发展

市区骨干教师比例提升，理化实验教学、国学教育方面产生市区级名师。

8. 学生发展

（1）以高中物理、化学实验的探究开发为平台，侧重“理化”人才培养。

（2）以“化附国学”“君子”“淑女”课程为载体，培养化附学生的“中国情怀”。

（3）以学生社团为平台，培养科技、体育、艺术的个性化人才。

（四）阶段划分

前三年重在实践、探索，重在提升质量；后两年侧重反思、总结，重在提升品质。

三、文化发展——让“各美其美，美人之美”浸润校园

（一）基本判断

校园文化不仅仅包括学校制度、建筑风格、教室布置、师生活动，更包括教师、学生群体在日常言行中表现出的价值观、思维方式、行为习惯。具体还表现在办学思想、育人目标、教育及其管理理念引导下形成的教风、学风、校风。北化附中立足于“文化立校、文化育人”的战略思考，将文化立校融合在具体的思想建设、组织建设、制度建设、课程建设、硬件建设之中。走文化立校、兴校、强校之路。

目前的北化附中由四所学校（校区）依次整合而成。由于历史原因，不同校区对各自的办学思想、育人目标、教育理念等有不同的表述，不同阶段又有不连贯性的补充，缺乏系统性、逻辑性思考与构建。因此，有必要重新整合，尽快提出并构建新的校园文化体系，经教师广泛讨论得到认同后，内化于心、外化为行。

（二）规划目标

围绕“美的教育、美好人生”的办学思想，以“习与智长、化与心成”校训为核心，从精神文化、课程文化、行为文化、制度文化、环境文化等多方面入手，从课程的内容、方法、标准、评价诸方面丰富“美的教育、美好人生”“习与智长、化与心成”的内涵，并初步构建其文化体系。打造文化特色品牌，促进学生全面发展与人性的完美。

有关办学思想体系的整体构想如下。

1. 办学思想

美的教育、美好人生

释义：德国哲学家康德认为“教育的最大秘密是促进人性的完美”。北化附中的办学，就是要通过学校教育过程中的人性关怀之美、发现科学真理之美、体验师生互动的情感愉

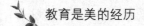

悦之美、发现或觉悟自然与社会的规律之美、知识与技能提升的成功之美，让师生在教学互动中体验到发现的愉悦、创造的快乐、成功的喜悦；进而促进各自人性人格的完善、完美。

2. 学校精神

各美其美、美人之美（费孝通——追求自我的美好，成就他人的美好）

3. 育人目标

立志（找回自我、初心、良知）、立德（与他人、自然、社会的关系）、立业（学业、职业、事业）、立人（品德、能力、业绩）

4. 校训

习与智长、化与心成

释义：朱熹在《小学》中提出“习与智长、化与心成”。大体是说智慧的增长来自于“习”。“习”既指学习的内容与过程，含有习文、习武、习礼的意思，也含有预习、练习、温习、复习、研习等含义；“习，鸟数飞也”强调的是反复练习、熟能生巧、养成习惯。最终成为人的“智”慧，包括做人、学习、与自然和谐相处、与人共处合作、生存与生活的智慧。“化与心成”中的“心”字指人的思想器官、思想状况与感情等，也可以理解为人格与品德。譬如爱心、信心、细心、专心、精心、耐心、静心等。物生谓之“化”意即事物由小到大的发展过程，强调了事物形态与性质的变化，也就是新生事物的产生过程。譬如净化、美化、教化、默化、感化、转化、优化、文化等，含有春风化雨、化育生成的意味。

5. 校风

心美、言美、行美、境美（环境、心境）

6. 教风

爱教（态度）、勤教（付出）、善教（方法）、乐教（享受）

7. 学风

爱学、勤学、善学、乐学

8. 教学理念

学而时习、习与智长

9. 德育理念

春风化雨、化与心成

10. 管理理念

和善（态度）、和熙（环境）、和谐（关系）、和美（效果）

校徽、校歌以原高中部的为准。

11. 校徽寓意

校徽的主体由三只展翅飞翔的和平鸽组成，似展翅翱翔的飞鸽，又似打开的书本，也似汉字中的“人”，寓意和平友好、积极进取、人人发展的美好愿景。校徽颜色采用的是博大与包容的蓝色，象征着德行、见识、胸怀之阔美。

（三）行动路径

1. 形成共识

发动师生讨论“美的教育、美好人生”的办学思想及“习与智长、化与心成”的校训，深化认识、挖掘内涵、统一思想、丰富途径、付诸行动。

2. 实践丰富

以课程、活动为载体，从理论与实践层面，结合不同学年段的学生特点、课程标准，不断地丰富和发展“美的教育、美好人生”“习与智长、化与心成”的标准、内容、方法、途径、评价等。让思想寓行动之中，接地气，出实效。

3. 活动促进

构建以追求“和”与“美”为主线的精神文化，通过“一训三风”等的宣传，唱校歌，读校史（组织退休人员编写校史），举行最受欢迎的老师、“君子”“淑女”评比、“化附之星”“化附榜样”评比，举办艺术节、科技节、读书节、校运会等。以评比树典型、造氛围、促辐射。通过思想引领、榜样示范、情感熏陶、潜移默化，引导师生追求高尚的精神世界。

4. 文化校园

整体规划校园环境及其文化设施，首先从“净、绿、美”化的角度逐步打造洁净、舒适的校园环境。柜窗布置等以蓝色为基调，内容以弘扬中华传统文化、突显学生作品为主。整体规划、布置走廊、教室、柜窗文化等，提升学校的文化氛围。校服、信笺、信封、笔记本、PPT 模板等学校文化用品的设计也应突出校徽及蓝色调，成为既有美感，也有特色的学校文化标识。

5. 完善制度

逐步完善学校的制度文化，让科学规范的制度促进学校发展与师生发展。

6. 广泛宣传

多途径宣传“美的教育、美好人生”“习与智长、化与心成”的办学思想体系，充分展示在此思想体系指导下学校的办学经验与成果，特别是优秀的学生、教师、干部、班级、教研组、年级组，为学校发展营造良好的校园及社会舆论氛围。

四、课程发展——构建“美的教育、美好人生”的课程体系

（一）基本判断

课程是学校为促进学生发展而预设的教育内容及其活动的总和。其中，国家必修课程与校本课程是主要组成部分。“美的教育、美好人生”的课程体系应该着眼于为学生的美好人生奠基，促进学生的发展，并让学生与教师都享受到发展过程中的成长、成功、快乐。努力构建“美的教育、美好人生”的课程体系；从课程的内容、方法、途径、评价等方面贯穿成长、成功的愉悦与美好，通过教育的美，为人生的美好奠基。

课程及教学是师生“双主体”互动的过程。教师是教的主体。教师是课程及教学的先行组织者，是课堂教学的组织者、引领者，学生学习活动的指导者、帮助者；学生是学的主体。在教师的指导下，学生自主、自觉、主动学习，才能实现自身知识与能力体系的建构，实现真正意义上的学习。在“双主体”中寻找一个平衡点是符合国情、校情的有效教学途径，也是“主体参与互动、获得快感与美感”的教育本质的需要。

学校目前有特色的校本课程较少，社团活动主要依靠化大教师和学生。在改进教学方法、提升教学效益、国家课程校本化诸方面仍有较大提升空间。

（二）规划目标

学校将依靠广大教师，尝试从整合、融合的角度，改革探索国家课程八个领域中的学科间、学段间的融合方式与内容，努力实现国家课程校本化。积极推进适合主动学习、个性发展的校本课程建设，建构适合不同学年段学生的个性与特点的新型校本课程体系。逐步构建并完善不同学年段的“美的教育、美好人生”的课程体系、“习与智长”的教育理念、“双主体”教学模式，让师生在教学的互动过程中感受到关怀与愉悦之美、发现与觉悟之美、创新与成功之美。

（三）行动路径

1. 国家课程校本化

严格执行国家课程计划。组织教师认真研究国家课程标准，并在精准分析不同学年段学生的认知动机、认知起点、认知能力、认知风格等的基础上，分析、梳理、拟定各学科、各学段及其各单元，乃至各课时的学习目标，探索适合学生认知、心理、能力、个性的学习资源、学习方法及相应的教学方式。以学定教，以学生需求为出发点，课程目标为参照点，科学配置、供给学习资源。以培养学生的良好学习兴趣、方法、能力、习惯为主线，充分发挥学生的主体作用，积极推进自主学习、探究学习、合作学习。将核心素养培养与彰显个性相结合，构建多元评价体系。

从课程目标、内容、方法、评价诸方面全方位开展改革探索。适时调整冬令、夏令时

的作息时间与课程表。适时在初三、高三结合中考、高考改革推行“走班制”“导师制”。适时在初中、小学探索“大小课”“长短课”。实现国家课程校本化与个性化。让国家课程在北化附中接地气，生根、发芽、结果，让学生在成长的过程有美的体验，结出美的果实。

2. “双主体”教学模式的改革

探索国情、校情下的“双主体”教学模式，寻求教育科学与艺术的融合。课程设计及课堂教学要注意创设教学环境的审美性，注意学习过程的审美体验，激发学生对美好生活的向往与努力，进而让师生在教学过程中都有美的体验。

组织教师学习孔子“有教无类”“因材施教”“学而时习”“温故知新”“循序渐进”“启发式”，以及朱熹“习与智长、化与心成”等教育思想，探究其在现代意义上的应用问题。在继承的基础上，推陈出新，让教师们树立文化自信与教育自信。

组织学习衡水中学、杜郎口中学、洋思中学等在课程改革经验中的有益成分，特别是以学定教，指导学生主动学习、自主学习的基本理念。结合学生在知识基础、认知风格与能力、自制力等心理因素、家庭环境因素，尝试探索符合校情，让教师教的主体作用充分体现在学生学的主体作用上的北化附中特色的“双主体”教学模式。

在实践中突出学生自主学习、自主发展的同时，要防止片面强调学生主体学习进而“放羊吃草”，甚至造成“不吃草或吃杂草，甚至吃毒草”的现象发生。重视启发式教学、导学案的编写，提升课堂主阵地的精准度与教学效益，力争让学生的学习“日事日毕、周事周清”。摒弃灌输式教学与题海战术，努力走“轻负担、高质量”之路。

3. 高中“1＋3”课程体系的探索

借助市教委“1＋3”实验班政策落户北化附中的契机，把此实验班作为学校创新人才培养模式、创新特色发展模式、提升办学质量与声誉的重要途径。已于2016年面向全区招收了初三新生30人，目前在高中校区授课。这个项目争取得到市教委招生政策的支持并逐年有所递增，使得“1＋3”实验班在课程设计和实施过程中要争取化工大学教授的全力支持。课程参照国家课程体系（初三、高一），主线是高初中各学科知识与能力的衔接，侧重于物理、化学的实验教学，动手实践与创新思维能力培养；增加“创客”（Steam）课程；辅以北京地域特色的自然环境、传统文化、名人故居、博物馆与科技馆考察以及国学经典阅读等。做到科技与人文并举，探索出普通高中为培养未来理化科技人才的创新培养模式与课程体系。

4. 义务教育“5.5＋3.5”课程体系的探索

安苑初中校区与小学校区尝试在小学六年级下学期，由初中与小学教师联合授课，实现小学初中教育教学的科学连接。授课内容以生活中自然、科技、社会、文化知识与技能为主，教材立足自编。如综合性的国学经典与传统文化、生活中的数学与科学、社交英语系列的校本教材等。教学及学习以自主、合作、探究为主要方式，培养学生的沟通与合作、问题解决、动手实践、创新与批判性思维等终身学习能力。授课地点在初中校区，从而利于稳定初中校区的生源。

5. 构建新型校本课程体系

从利于国家课程的衔接与拓展、利于学生的兴趣与特长发展两方面出发，加大校本课程的开发力度。重点打造弘扬中华传统文化的“化附国学”“君子”“淑女”“男拳女扇”“茶艺”“厨艺”“女红”等有中国传统文化特色、适合不同学年段的校本课程。高中重点探索与构建基于创新人才培养的物理、化学实验课程。科学与人文并举，力争将此两个校本课程体系打造成为特色与品牌。高三和初三要以“选考科目”为核心，结合学生的兴趣、基础实际，有效开设针对选考科目的校本课程。

适时就“美的教育、美好人生”的课程体系的目标、内容、方法、途径进行研讨。适时围绕“双主体”教学，以“习”为主线的教学模式进行研讨。不定期地与化工大学研讨“1＋3”实验班的课程调整问题。努力使国家课程、特色课程符合学生实际，促进学生全面发展、个性发展。

6. 重视体、艺、科技课程

高度重视体育、艺术、科技在培养学生的良好生活方式、生活技能与品质、价值取向与意志力诸方面的综合功能。全面落实国家规定的体育、艺术、计算机与通用技术课程。落实“一天一小时”的体育锻炼，开展阳光体育运动，引领学生养成一种体育锻炼的爱好与习惯。全员性推进“男拳女扇”体育活动。改进美术、音乐课程，提升学生审美情趣、审美能力。适时考虑高考“艺术生”（音乐、美术）的课程设置。以“必修＋社团”的方式推进音乐、美术课程及其社团，引领学生习得一种擅长的艺术表达方式；以“必修＋创客”社团的方式推进科技活动，培养学生的动手实践能力与创新精神，力争有部分学生作品和部分竞技体育项目获市区级奖励。

7. 创新“行知课程”

“行知课程”即综合实践活动，即学生在学校有计划的组织下，走出课堂、走进自然、走进社会，在行走中认知自然与社会。从空间地域划分，可以是北京市内的，也可以是北京市外，甚至是国外的。行知课程不局限于走一走，看一看，而要在用眼观察的同时，用脑去思考，还要用笔和嘴把所见所思表达出来。在知识与技能提高的同时，转化为“知情意行”。德育处要组织政史地生等各科教师结合教学需要和学生身心特征，活动前要设计出详细的课程计划，引导学生用探究的视角去观察自然与社会；活动中要指导学生如何进行观察、如何分析、记录、总结；活动后每个学生（或学习小组）要汇报、展示自己的学习成果，并将其纳入成长档案。

教师要主动成为“行知课程”的先行组织者、具体指导者，并以此为切入点，培养学生的自主发展、社会参与的核心素养。

8. 推进学科课程与信息技术的整合

高度重视以互联网为代表的现代信息技术对人类生活、工作、学习方式的颠覆式、革命性影响，更新观念、积极应对。加强学校网络、数字化办公系统、微信群、App的建设，构建信息化校园，争取成为区教委“智慧校园”项目校。

探索在现代信息技术环境下的课程体系、课程资源、教育教学内容、教学方法与技术、教学评价与管理的重新建构。明确课程是主体，技术是手段，目标是需求端（学生的实际获得），关键是供给侧端（教师的观念与方法更新）。各学科以研究课为载体，探索课程与信息技术的有效整合方式。学科教师与班主任应积极探索如何利用互联网“超越时空”的最大优势，在拓展学习方式与资源的同时，将“碎片化”学习转化为“整体性思考”。

9. 推进教育国际化进程

争取区教委支持，组织师生出国游学访问，或邀请外国师生进校交流，拓宽国际视野。组织教师学习国际教育中“认知主义”“建构主义”等教育理论，尝试教学实践中运用。吸收国际教育的有益成分，从改变观念入手改进教学方式。着手在项目主题式学习、合作学习、探究式学习等方面，培养实践与创新能力、沟通与合作能力、批判性思维能力，加大国际教育的学习与内化的力度。积极组织干部、教师参加区教委安排的国际教育培训。与国外2—3个优质校结成友好校，进行常规性互访。争取区教委支持获得“外事窗口校”资格。条件成熟时，推进“道尔顿教育计划”改革实验及“英语双师制”改革实验。

五、学生发展——在课程与活动中体验成长之美

（一）基本判断

学生是学校的主人、学习活动的主体。学生的发展是指通过学校教育教学活动，在品德、知识、智力、体能、技能诸方面得到与年龄段相匹配的发展。学生发展的关键是自主发展、个性发展、可持续发展。学校应该在课程设置、活动安排、教师指导与服务诸方面提供全方位的支持。学生应在学习过程中体验到教师关怀之美、发现真理之美、成长快乐之美。

普通生与优秀生的差距不仅仅在智商，更大的差距在情商。譬如在社会中低收入家庭成长背景下，自信心、良好的学习与行为习惯、耐力与意志、抗挫折力等偏低等。因此，其“学困生”问题多且易反复，德育工作的难度更大。学习兴趣、方法、习惯的养成更需要教师讲究方法、艺术和耐力。

有情感体验、有方法顿悟的活动课程才能深刻影响学生的心灵，才能转化其价值观与

思维方式。在此基础上，借助反复的练习活动才能形成其能力。开展丰富多彩的活动才有利于学生的主动发展、自主发展、个性发展。

（二）规划目标

以育人目标为出发点，以“习与智长，化与心成”校训为指导，构建学校丰富多彩的课程体系、活动体系，促进学生的自主发展、个性发展。探索和构建“习”为主线的学习模式、“化”为主线的德育模式。

结合现代社会发展多途径开展中国传统文化教育，开设“君子”“淑女”系列校本课程。通过学习让学生掌握“六个一”的“新六艺”，即写得一手规范汉字、习惯一种锻炼方式、擅长一种艺术表达方式、每年与父母有一次心灵对话、参加一次志愿者行动或慈善活动、有一次学习成果或科技作品展示。构建并逐步完善各学年段“六个一”的标准、实施、评估办法。

化附学子通过“立志、立德、立业、立人”的学校生活与过程，形成“爱学、勤学、善学、乐学”的良好学风与习惯，奠定扎实的文化基础与国家认同意识，走自主发展、可持续发展的成长道路。最终成为有理想、有道德、有文化、有纪律的人，进入社会后能够对自己负责、对家庭负责、对职业、社会与国家负责。

（三）行动路径

1. 探索并构建主体化德育体系

学校以张扬人的生命主体成长为价值导向，创设学生主动、自主发展、自主管理的平台、空间、活动等，在活动体验中起到教化、感化、转化、化育等作用，从而内化人的情感、态度、价值观。以构建班级文化为平台，探索班主任在育人过程中的主体性、有效性，以及全员育人的途径。

放手学生自主管理，通过比文明、比学习、比卫生、比纪律、比三操、比班风等形成良好的校风。通过值周班制度，加强日常行为规范的自主管理，逐步形成自主发展的成长体系。以团委、少先队组织为依托，开展学生社团活动，打造社团特色，促进学生个性化成长与沟通合作、共学共享能力的提升。

开展丰富多彩的综合实践活动（行知课程）及志愿者活动，促进学生对自然与社会的了解，提升其对国家、政治的价值认同，提升其道德判断力与实践力，以及社会责任感。

重视开学典礼、毕业典礼、升旗礼、成人仪式、离队建团仪式、读书节、艺术节、科技节、运动会等活动的仪式感和实效性，树立学生的激情和信心。构建全方位、多途径、彰显学生主体性的德育工作体系，最终达到完美人格的德育工作体系的形成。

德育处要以“主体化德育”为主线拟定年度工作计划。有计划、有组织、有系统地安排各学年段的主题活动、主题班会。制定班主任工作考核办法，优秀班级、优秀学生考核办法等。通过活动促进“主体化德育”的落实，培养“自主发展”的核心素养。通过评比总结经验、树立典型。适时召开“主体化德育”研讨会，围绕不同学年段“化”的目标、内容、途径、模式进行研讨。

2. 重视生涯规划与心理健康教育

以生存、生活、生命、生涯为主线，培养学生根据自身实际、社会发展等，追求真、善、美，规划自己的人生与梦想。班主任要从学生个体实际出发，借助化大教师的优秀学生，从立志与学业入手，做好高中生的学业与人生规划指导，设计美好人生目标。重点在学习阶段的近期、中期、远期努力目标、方法等。通过开展拓展和心理辅导活动培养其责任、耐力与抗挫折力。

班主任和科任教师要下大力气抓好学生的先学后听、课堂笔记、规范答题、学习反思等习惯，以良好习惯促成命运改变。

以培育健康心理，优化心理素质为导向，探索现代社会城市复杂环境下，独生子女特别是非京籍务工儿童的心理健康教育的新问题、新内容、新方法。通过多种途径培训提升教师特别是班主任的心理辅导能力。落实心理课程及心理咨询室的建设。创新途径向家长普及心理健康教育常识。树立全员、全方位、全过程育人观，将心理健康教育贯穿学校课程与活动全过程。

3. 创新“化附国学”与“君子”“淑女”课程

国学是指以先秦经典与诸子百家学说为根基，并涵盖各历史时期文化精髓的学术，也泛指中华传统文化。北化附中的国学教育应符合学生的知识、心理基础，目的是培养中国情怀与气质。

从《论语》、《大学》、《诗经》、《弟子规》、唐诗、宋词等传统文化名著中选材编写具有化附特色的“化附国学”教材，并通过校本课程、学生社团等载体，以及诵读、书法、戏剧表演等活动实施教学，传承并创新传统文化。在课程目标、内容、方式上注意小学、初中与高中的层次与衔接，使之成为螺旋上升的系统。

编写“君子”“淑女”校本教材并实施为校本课程。从界定现代“君子”“淑女”的标准入手，以日常行为规范为主，开展丰富多彩的活动为辅，再结合“化附国学”教育，培养具有仁（善良）、义（爱国）、礼（谦和）、智（博学）、信（诚信）、勇（担当、男）、雅（才艺、女）等中国情怀与气质的君子和淑女，将社会主义核心价值观教育落在实处。让大部分学生在日常学习、生活中，在人格、智慧、才艺诸方面，有现代意义的“君子范”“淑女范”，逐步形成“心美、言美、行美、境美”的校园风气与文化。

高度重视互联网技术影响下，经济、政治与文化全球化的迅猛之势对学生价值观的影响，提升学生抵制西方腐朽文化的防疫能力，树立中华文明的历史自信与文化自信。在丰富和更新德育内容、方式的同时，夯实“文化基础”的核心素养，弘扬中华传统文化。

4. 学生社团与个性人才培养

高度重视学生社团在自主发展、主动发展、个性发展、自主管理诸方面的功能与作用。鉴于目前学生人数较少的现状，学生社团要针对学生兴趣与特长、突出特色与重点、讲究实效，构建品牌。确保人人参与社团，但不搞全面开发。力争将武术、剪纸、摄影、跆拳道、健美操、打击乐、民乐等社团培育成品牌社团。外聘教师辅导的学生社团要注意有完整的课程计划，学校应配备相应的教师跟进学习与管理。逐步过渡为化附教师主动承担社团活动的辅导工作。

重视学业进步的同时，更要重视学生在体育、艺术、科技诸方面的发展，以利于学生全面发展与健全人格。除落实常规的体育、艺术、科技课程外，以学生兴趣小组、社团小组为载体，拓展学生的个性与特长。努力在艺术项目比赛、体育竞技、科技创新与制作、物理与化学竞赛中取得好成绩。

5. 有效开展综合实践活动

综合实践活动要立足于丰富学生经验，密切联系学生的生活与社会实际，彰显学生的主体作用，培养学生综合运用知识解决问题的能力。各学科结合课程拓展需要，开展研究性学习。团委和少先队要积极组织部分学生志愿者参与社区服务。

条件允许时，组织学生出国游学，开阔国际视野。组织部分优秀学生去中国科学院、清华大学的实验室、科研基地进行研究性学习及综合实践活动。

切实抓好行知课程，即综合实践活动。包括：①走进北京近郊的山地、河川，或天文台、气象站，观察、了解北京自然环境的形成演变与现状，以科学态度与方法、技术去预判未来；②走进北京的社区、胡同、名人故居、博物馆、科技馆、大学实验室、企业、工厂、养老院，考察、了解北京的历史、社会、生产、科技等，以利于形成各自的人生规划；③走出北京，远赴陕西、山东、江苏、安徽、云南等国内有代表性的地区，了解、考察其自然环境及历史、民居与文化的多样性特点等，从而了解祖国自然环境、文化与社会的丰富多彩。

让学生通过综合实践活动，了解北京、热爱北京；了解祖国、热爱祖国；了解自然、敬畏自然；了解社会、参与社会。

6. 构建学生发展的多元评价体系

德育处与年级组共同研究制定各学年段的学生发展目标体系，与之配套的主题活动、主题班会、优秀学生、个性化学生、优秀班集体评比办法等。有计划、有层次、有重点、成系列。将日常行为规范教育落在实处，从而促进学生的道德成长、习惯养成。依据“多元智能”理论，从“扬长教育”的导向出发，以兴趣小组、社团活动为载体，以多元评价体系（助人、守纪、学习、劳动、卫生、体育、艺术、科教、志愿者——各类“化附之星”“化附榜样”）为抓手，每年一次大型表彰活动，培养学生的个性与特长。通过扬长促补短，长善救失，带动学生的全面发展。

7. 重视公民及安全教育

重视公民道德教育与法治教育。加强校园食品、消防、安全教育、传染病预防教育。落实常态的防灾避灾安全演练，提高学生对突发事件的应变能力。

8. 发挥家长作用

重视家长在学生成长中的不可替代作用，有计划、有目的地开展家长学校的培训工作。引导家长在学生教育、学校管理中发挥正向作用。指导监护人在家庭调控学生学习的主体状态。引导家长与学生在家庭中共同阅读、共同锻炼、共做家务、共进晚餐等。适时聘请有意愿、有能力的家长参与学校的文化、课程、活动及其管理工作。构建学生、教师、家长与学校之间的和谐关系。构建“家校教育共同体”，让良好的家校合作促进学生与学校发展。

9. 学生自主宣传

发挥校园电视台、广播站、化附报等报刊、宣传栏的舆论宣传功能，树优秀典型，宣传正能量，营造和美校园氛围。学生走廊与柜窗文化要突出学生作品，特别是学习、作业、美术、摄影、手工、科技作品，彰显学生的创造性、艺术性与个性。

六、教师发展——让教师在学生成长中体验成功美的愉悦

（一）基本判断

教师是学校的主人、教学与管理工作的主体。教师群体素养的高低，直接关系到学校的教育教学质量，也影响着学生的成长与前途。教师发展指的是在专业精神、专业知识、专业能力诸方面不断提升、追求卓越的过程。教师发展主要依靠自身要求进步的内驱力。学校提供平台、机会、氛围等的支持也很重要。

教学过程不仅仅是学生对未知世界的认识及有意义的文化性构建过程，更是师生之间、学生之间关系、情感的社会性建构过程。教学不仅是知识的传递过程，更是文化与情感的再创造过程。教师劳动过程与学生的联系情感，以及学生的成长快乐是教师愉悦、美感之源。

普通校的教师与“优质校”的相比，在敬业精神、教学功底、经验积累等方面毫不逊色。只是因为生源素质偏低、中高考成绩的业绩观等，在优质校同行前略显不够自信，专业发展再进一步的兴趣和动力不足。又因耗时费力应对“学困生”辅导，却对教育科研关注不够；教育观念及教法创新方面可能偏于保守。“经验型”教师较多，追求“专家型”“学者型”梦想的教师不多。

（二）规划目标

学校树立全面发展、立德树人的教育观与业绩观。引领教师聚焦课程标准、聚焦学习

过程、聚焦高效课堂；研究并践行发挥学生主体作用的教学过程。让教师们在学生成长、成功的过程中，体验到自身的生命成长与成功，感受到美的愉悦。学校为教师的专业发展创造条件、机会、平台，帮助骨干教师梳理教育经验、教学模式，支持一批教师“成名”“成家”。从树立典型、榜样示范入手加强师德作风建设。立足校情推进教研与科研，全面提升教师群体的观念更新、资源整合、学情诊断、课堂驾驭、教育科研等能力。教师除胜任一门必修课及班主任工作外，应努力做到“六个一”，每年能开设一门选修课、指导一名青年教师、结对帮扶一名学生、承担一次公开课或研究课、参与一项教研课题、写一篇教研论文或总结。逐步形成“爱教、勤教、善教、乐教”的氛围，打造一支“有理想信念、有道德情操、有扎实学识、有仁爱之心”的优秀教师队伍。

（三）行动路径

1. 教师专业发展规划

在学校发展规划的基础上，各处室、各教研组需拟定相应的发展规划。教师们在此三者基础上树立信心和激情，结合自身实际，拟定个人专业发展规划。内容可涵盖任教课程计划、班主任工作、参与区级继续教育与校本教研、开设校本课程或指导学生社团、科研课题与论文撰写、参与各级教学设计、教案、公开课评比，指导学生或青年教师参加各种竞赛活动等。

全体教师要明确自身、教研组的发展标准，也要明确学生发展标准，课堂教学标准，并围绕这些标准拟定自身专业发展规划，并努力转化为自身追求。规划应按学年度拟定相应具体项目及目标，形成文本，便于核查是否达成规划目标，将压力变为动力。逐步推进教师自我评价与学生评教工作，构建有利于教师发展的多元评价体系。

2. 强化教研组的常态集体备课

教研组是围绕教学中心工作，保障与提升教育教学质量的学习型、学术型基层组织，也是教师专业发展的最好平台。要克服学校规模小、学科教师少，因上课或会多不易集中的困难，确保常态教研活动深入开展。每月应有一次主题性强的集中教研活动。每次教研组活动应该有主题、有主要发言人、有民主讨论、有基本一致的意见、有记录。借鉴医学“会诊”方式分析解决教学中遇到的问题。教研活动应围绕每个教学单元、研究课程标准要求的具体化、教材分析与教学资源的拓展、学生的认知水平与能力分析、知识点的梳理与重难点的突破办法、大体的教学过程与方法预设、典型的题例与作业设计而展开。主讲者要提供该单元的各课时的详细“导学案”，供大家讨论、分析与修改。

在集体备课、资源共享，解决“规定动作”的基础上，鼓励教师的“自选动作”，再思考、再创造、实现个性化教学。

教研组还应承担各类公开课、研究课、督导课、评比课以及各类试题、试卷的“研磨”与审核任务。教学处要拟定教研组常规工作考核办法，并进行年度工作考核。

依托市基础教育研究中心、区研究中心、区教育人才中心等单位，争取每年一次请相关的教研员、特级教师等学科专家来校听课、指导，浓厚教研氛围，提升课堂效益。与邻近优质校结成“教研共同体”，浓厚教研氛围，提升学术能力。

3. 做实校本培训

校本培训主要是围绕学校发展、教师发展、学生发展中存在的共性问题以及如何解决来设计并实施，核心是提升教师专业素养。拟借助北京化工大学、北京师范大学、首都师范大学、华师教育研究院、陕西师范大学等高校及学术机构，提供信息、资源、师资、平台，解决理论问题、观念问题、技术问题。依靠本校的优秀教师、聘请市内外的一线教师作现场示范课、研究课、说课、共同交流与探讨，解决教学中的实践操作问题。通过校本培训提升教师的资源整合能力、课堂教学能力与教育科研能力。

通过校本培训宣传学校办学思想、办学规划、办学策略等，从而改善心智模式、统一思想认识，形成共同愿景，构建学校文化。

4. 围绕“问题”抓科研

树立“科研兴校”意识，拟定教科研规划。鼓励教师结合实际，着眼于解决教育教学中存在的问题开展课题研究。教学问题即课题，科研课题着眼于小和实，避免大而空。在提升教育科研能力与理论素养的同时，促进教师创新、实践能力的再提升，进而由“自我实现”迈向“自我超越”。在培养一批“工匠型”教师的同时，创造条件支持“学者型”教师的冒尖。支持、资助教师申报各级各类以解决教育教学问题为导向的课题研究。鼓励教师关注信息技术促进教学、网络游戏理念（获得快感为目的，主体参与互动）引入教学的实践研究。用“福利观”支持鼓励教师外出参加各类正规学术组织的学术会议。支持资助教师反思、总结、提升教育教学经验并结集出版发行。支持教师参加各类优秀论文、课例、骨干评比。

5. 着手骨干教师梳理

学校组织力量，对工作有热情、有能力、有业绩、有一定理论素养的老师，从师德修养、教学特色、班主任工作特色、校本课程建设、人才培养模式、教育科研成果等进行梳理、总结、提升，从而搭建向高端进一步发展的平台。借助梳理过程，促进教师的理论素养、课程构建、导控课堂、科研反思、教育创新等能力的提升，鼓励教师成名成家。通过树典型，以点带面，通过榜样的引领带动一大批教师在专业精神、专业知识、专业能力的全面提升与习惯养成。力争有教师进入区教委“骨干教师精品课”“名师教育教学特色展示”行列。

6. 成立“教师读书会”和“学术委员会”

支持、鼓励教师养成常态闲暇的读书习惯，通过阅读提升人文素养和专业素养。利用“线上线下”组建“教师读书会”交流学习心得，共同研讨所学如何付诸实践，适时结集出版。引领教师将注意力放在如何提升课堂主阵地的效果、效率与效益上。组建“学术委员会”，不定期研究教育教学、教学管理的重大问题并提出解决方案，对教师的教育教学、科研成果进行初步评审并提出改进建议。“学术委员会”是骨干教师梳理活动的具体实施者。通过反思性实践，形成学习共同体，逐步构建“书香校园”。

7. 关心关爱教师成长

学校既要关心教师的工作与学习，也要关注教师的家庭与身心健康。干部和职员要树立为教育教学以及教师、学生服务的意识，实行坐班制。适时根据发展需要修订“教师教育教学工作绩效考核评估办法”。关注班主任以及全体教职员工本身的心理健康。组织培训提升教师的审美情趣与能力，将审美意识贯穿生活与工作之中，让全体教职工感受美、体验美、践行美，向往美好生活，进而提升精神境界。

鼓励教师把每个学生当成独特、有潜力的人，去发掘个性、去认真培养。在培养的过程中享受成功的快乐，从而减缓职业倦怠。

争取教委支持，招聘一批硕士以上的青年教师。悉心培养，打造后备新生力量，争取形成梯队结构。争取教委支持解决教师子女入学、住房困难等问题。

按照“多劳多得，绩效优先，兼顾公平”的原则，适时推进小学安苑与小关校区因整合后的绩效工资方案的调整与修订工作。等待时机对初中与高中的绩效工资方案进行适当调整。

七、发展保障——努力建设“和美”校园

（一）基本判断

学校管理的目的是充分调动教师、学生的积极性，形成和谐的校园氛围，从而促进学生、教师的共同发展。

教师职业面临的生活、工作压力特别大。重视教师工作的同时要高度重视教师的身心健康、生命成长；关心帮助教师减压，以良好的心态进行教学工作。在强调制度管理的同时，人文关怀是提升管理效益的重要途径。

学校要想方设法争取上级支持，建设干净、有文化、有美感的校园，营造和谐、和美的工作氛围，让老师有愉悦的心态开心工作，并享受工作成功与人际和谐的愉悦美。

（二）规划目标

以育人目标为价值取向，坚持以法治校，依据国家法规及上级文件逐步制定和完善学校管理制度。依托区教委的政策与资金支持逐步改善办学条件，力争校园的净化、美化。通过干部党员的带头示范作用促进优良校风的形成。干部要不断提升自我素养，打铁还需自身硬。教学和德育干部要做到每周听评一节课，参加一次教研活动，和一位老师有工作交流，与一名学生有教育对话，发现工作中的一个亮点及时表扬，发现工作中的一个问题

及时解决。依靠广大教师及教代会实现民主管理。建立一支“做老实人、说实在话、干实在事”的干部队伍。不遗余力培育“和善、和熙、和谐、和美”的工作氛围，为学生、教师、学校共享发展成果保驾护航。

（三）行动路径

1. 改进作风、提升标准、加强管理

改变管理观念，提升工作标准，向高标准要质量，不搞形式主义。面对学校发展中的困难及工作中的难题，干部之间、干群之间应不抱怨、不放弃、不推诿、不折腾。管理要“高站位决策、低重心运行、近距离服务”。干部要有为学校发展而努力的历史自觉与现实担当，“撸起袖子加油干”。“用心”和“用脑”并举，提高管理效益。参照区教委《校级干部考核办法》，适时推进《中层干部考核办法》。

以党建促发展，发挥党组织在学校工作中的政治核心与组织保障作用。干部与党员要讲政治、识大体、顾大局，促和谐；在工作中吃苦在前、真抓实干，模范带头。干部要走群众路线，要深入教学一线，了解师生需求，服务师生，民主管理。

党总支要加强思想建设、组织建设、作风建设、制度建设、廉政建设。党总支要切实履行“两个责任”；抓实“三重一大”议事规则及工程、财务的监督，切实遵循中央八项规定，确保依法治校，廉洁治校。

2. 逐步完善新的管理体系

构建并逐步完善课程发展（教学处、教研组、备课组）、学生发展（德育处、团委、少先队、年级组、班主任）、教师发展（教研处、教研组、备课组、党支部、工会）、行政服务（党总支、办公室、总务处、工会）四条管理主线，并关注细节抓落实，沟通协调并补位，突出发展与服务功能。时机成熟，得到上级许可时考虑调整行政管理设置与布局。

各校区、各处室、各教研组要依据本《发展规划与行动路径》拟定各自的发展规划、具体办法，并切实推进。

3. 优化学校环境与设施

校园的净化与美化。争取获得区教委及相关部门的资金与技术支持，尽快对小学安苑校区南面（垃圾处理站臭味）与北面（北四环噪声）进行隔臭隔音防护工作。同时，对高中校区南面（垃圾处理站臭味与噪声）进行隔臭隔音防护工作。在校园相对净化的基础上，规划对四个校区以线状、块状进行布局，种植带花带果的乔木（如牡丹、海棠、月季、蜡梅）与灌木（如银杏、柿树、玉兰、葡萄等）。绿化与美化校园，建“花园式”学校。

校园信息化网络的更新与改造。争取得到区教委及其下属设备中心、信息中心的资金与技术支持，对四个校区的校园网、数字化办公系统、网站、教室的多媒体平台、教师用手提电脑等进行更新换代。

完善高水准物理、化学实验室建设。依靠区教委及化工大学，进一步补充物理、化学实验室设备，加大教学应用研究，建成高水准的理化实验室，并使之高效使用。

新建高中部师生饭堂。争取得到区教委及其下属国资中心的政策、资金、技术支持，对高中校区西侧出租的湘菜馆，租期到期争取收回。将其改造为师生饭堂及“厨艺教室”，解决师生的用餐问题。“厨艺教室”拟作为学生的综合实践活动基地及劳动基地。

4. 提升物业、饭堂工作质量

与物业、用餐公司协商，培训员工、加强管理、提升服务质量，改善教职工的工作环境和用餐质量。对四校区饭堂及其快餐公司的卫生、品质检查、督促，共同商议用餐标准并对其检查和定时反馈，确保师生的用餐安全、营养、体面。适时推进初中部（安苑）师生自助餐的改革。适时改善小学（安苑、小关校区）教师用餐环境。教师用餐环境的布置要体现“美好工作、美好生活”的主旨，要能反映师生活动和成果的文化内涵。

5. 加强工会建设，关心教工生活

健全教代会制度，发挥教代会作用，促进民主管理。工会及妇委会要在政策许可范围内开展关心教师身心健康、提高生活品质、和谐校园文化的有益活动。做好老教协工作，关爱离退休教师。适时安排文体活动，活跃并愉悦教师生活。关心慰问因病，怀孕住院教职工，安排好常规体检，困难帮扶工作。尽快建立职工之家、母婴室。聘请专家对教职工进行“提升工作与生活品质”的技能培训。以“和”的理念为指导，尽力创造条件让教师能开心工作、快乐生活，让学校成为温馨校园。

6. 改进舆论宣传工作

跟上信息时代的步伐，以校园文化为引领，加强学校网站、微信、App、校报、学生广播站、电视台的舆论宣传工作，弘扬正能量。在宣传学校活动、成果的同时，多一些宣传优秀的学生、教师、干部、班级、年级组、教研组的内容。争取加入“朝阳教育传播联盟”。

（2017 年 11 月，北化附中教化会通过）

基于理工特长、贯通培养的“侯德榜试验班”创建方案

《国家中长期教育改革和发展规划纲要》《北京市“十三五”教育改革和发展规划》都强调：教育要为社会主义现代化服务，要积极推动普通高中多样化发展，探索新的教学内容与方法、创新人才培养模式，改进教育质量评价和人才评价制度，从而实现科教兴国、人才强国。

新时代的中国正在由制造业大国向制造业强国、由经济大国向经济强国迈进，制造业或者说理工领域更急需既善于技术开发、工程设计，又具备集成创新、经营管理能力的复合性、拔尖型人才。

2014年10月，北京化工大学创办了“侯德榜工程师学院”，立足于为我国化学工业领域培养具有在跨学科领域的系统思考、问题解决的高端领军人才，已取得预期成效。从高中阶段就能够培养对化工领域有兴趣的后备人才，也是化工大学特别是“侯德榜工程师学院”所期待的。

2014年6月，北京市“高校支持附属中小学发展”的政策开始实施，北京化工大学和朝阳区教委、北京化工大学附属中学联合成立了“合作办学理事会”。三年多来的真诚、务实合作取得了一系列的成绩。

2016年7月，在市区教委、化工大学的支持下，北化附中又进行了“1+3”培养模式的改革试点，对课程建设和人才培养模式进行了有益探索，积累了经验。2017年4月，北化附中承办了“北京市高校支持附属中小学科技教育”研讨会。在市教委新的政策支持下，北京化工大学和北京化工大学附属中学都有进一步深化合作办学的强烈愿望。

为了创新人才培养模式，服务于当代中国社会与经济发展对创新型人才的需求，依据《北京市“十三五”教育改革和发展规划》《北京考试招生制度改革方案》《北京市高等院校支持附属中学小学发展协作联盟计划书》等有关文件精神，拟创办“侯德榜试验班”，特拟定本方案。

一、创办“侯德榜试验班”的目的

1. 探索“理工特长”的复合型、创新性人才的培养模式，创新高校与中学贯通的人才培养方式。

2. 探索高校与高中的课程、教学衔接与贯通模式，创新“富有挑战性”的高中课程

内容与教学方式。

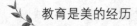

3. 探索适应北京市新高考“6 选 3”政策形势下的课程建设与个性化人才培养方式，创新高中生涯规划、综合素质评价等促进个性化人才成长的途径。

4. 探索非师范类高校直接支持、参与下的中学教师专业发展方式，创新教师专业成长途径。

5. 进一步探索、深化北京市“高校支持附属中小学发展”的合作办学途径，创新合作办学模式。

二、创办“侯德榜试验班”的有利条件和意义

（一）上级政策支撑

北京市教委有关“高校支持附属中小学发展”“中学科技试验班”的有关政策支持。有利于普通生源校解决发展中的不平衡、不充分问题，与当前高考改革方案遥相呼应，对实现教育高位均衡具有现实意义，取得实效则更具推广价值。

（二）合作办学成果支撑

北京化工大学创办于 1958 年，是教育部直属重点高校，以化学、化工为特色，拥有理学、工学、文学、法学、哲学、医学等多学科重点大学，是国家“211 工程”重点高校、国家“985 工程优势学科创新平台”重点高校、国家“双一流”世界一流学科建设重点高校。其中化学、化工、材料、生物等专业在全国名列前茅。

北京化工大学附属中学创办于 1983 年，现为一校四址十二年一贯制公办中学，是朝阳区普通高中示范校、素质教育示范校、北京市教育科研先进校，连续七年获区高考工作优秀奖，2016 年、2017 年被《北京晨报》等评为“京城最具加工力”“京城最具增值力”领军中学。

在市、区教育的大力支持下，北京化工大学与北京化工大学附属中学合作三年来，办学取得的长足进步与成功经验。

1. 办学思路更明确，教师专业水平提升快

在化大领导、教授、博士们的理论指导下，北化附中新构建的办学理念“美的教育、美好人生”、校训“习与智长、化与心成”、育人目标“立志、立德、立业、立人”的办学思想体系（如图 1 所示）以及相应的课程体系、文化体系（如图 2 所示）等。这个体系逻辑性较强，符合教育规律和当今国际教改潮流。目前已深入人心，引领学校发展，师生呈现昂扬向上的精神状态。

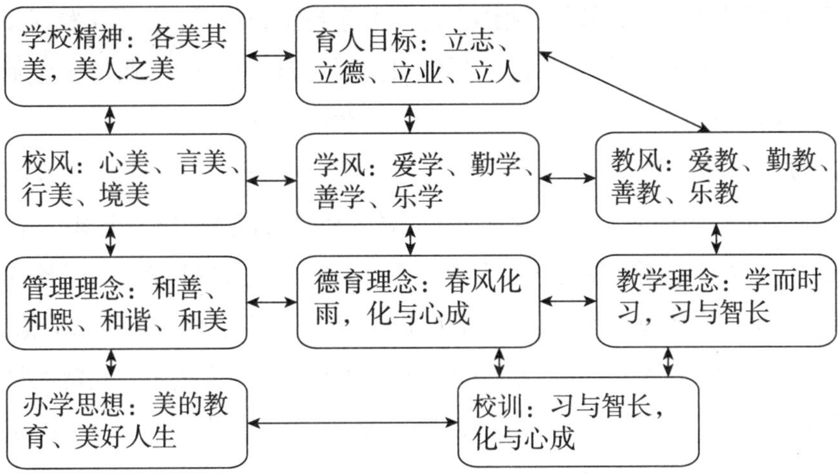

图 1　北化附中办学思想体系

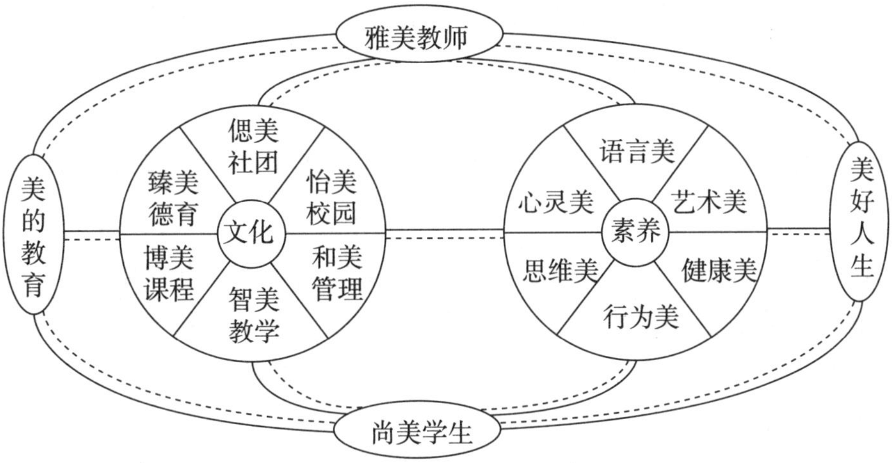

图 2　北化附中文化与课程体系（实线为“习”，虚线为“化”）

在化大教授的传帮带下，化附教师的专业化水平提升很快。2017 年，有 6 位教师参加了区教研室与学校共同组织的“骨干教师教学特色”梳理活动，他们的授课水平和教学特色受到全区同行的高度评价。牛月梅等被评为市级骨干教师，周阳老师参加“华师杯”小学语文课程整合教学研讨会授课比赛获一等奖。

2017 年，初中部首次获区教学进步奖，实现高、初、小三个学年段第一次同时获奖，全面开花，教学质量的提升得到了区教委的肯定，并两度被《北京晨报》评为京城“最具增值力”学校。

2017 年 11 月，区“教育综合督导”“科技专项督导”中，北化附中各项指标在和平街学区领先，其中优课率（A）达 90%，科学测试成绩第一名（平均 97.1 分），被评为优秀等级。

2. 理科特色凸显，统考及竞赛成绩喜人。

在朝阳区教委、北京化工大学的支持下，北化附中建立了高端的物理、化学实验室；

化大的教授定期深入附中培训教师、指导教学，并亲自执教物理、化学实验课程。化大的教授及研究生等还亲自指导附中的学生社团。化大教授们常态的专业指导与无私奉献精神，不但提升了附中的教学水平，更激励了附中师生的士气。

仅以2017年高中的情况为例：三个年级的物理、化学、生物统测（含高考）成绩，学校排位提升了4—6个位次，也为连续多年超额完成高考任务做出了突出贡献。

竞赛成绩：2人获全国科技与艺术大赛一等奖；6人获全国中学生力学趣味大赛二等奖；1人获全国中学生物理竞赛二等奖，3人获三等奖；3人获全国高中化学竞赛三等奖。这些进步与成绩，对于区排位4000左右的学生群体而言是巨大进步，在常人眼中是不敢想象的！但北化附中学子做到了。2016届“1+3”班刘澎、范逸辰通过选拔获得美国马萨诸塞州“国际科学工程节”（MSSEF）的参赛资格。

3. 理、化、生实验室硬件国内一流

2016年以来，朝阳区教委累计投入专项资金1000多万元在北化附中建立了高端的物理、化学、生物实验室，这为培养理工特长的学生奠定了物质基础。

4. 双方有着进一步深化合作的强烈愿望

朝阳区教委全力支持双方合作办学，为解决化大教师子女读书的后顾之忧，在朝阳区教委的支持下创办了“化大幼儿园”。2017年，朝阳区教委又全力支持北化附中创办了“化大子弟班”（小学部），这也为未来实现“幼小初高”十五年一贯制创造了条件。

北京化工大学与北化附中多次会商中都表现出深化合作的意愿。特别是北京化工大学的领导班子与各级干部、工会、教授群体对北化附中无私真诚的支持、求真务实的作风让北化附中得益匪浅。

北化附中曾经辉煌过，师资力量雄厚的优势尚在，而且现有领导班子和全体教师有着积极推进课程改革、创新人才培养模式，借高校之力复兴北化附中的强烈愿望。

三、“侯德榜试验班”的创办思路

1. 工作目标

深入研究国家、北京市课程改革与高考改革政策，在全面落实、优化国家必修课程的基础上，借助化大的课程与师资优势，创新性构建“大学先修课程”，从而培养学生对技术开发、工程设计，集成创新的学习兴趣、初步的知识与能力，为我国化工领域培养“理工特长”的工程领域的领军人才铺路、奠基。

2. 人才培养目标

基于学生核心素养的提升，通过高中课程的整合与优化，高效优质完成高中学业；通过修习“大学先修课程”与“校本课程”，开发学生“最近发展区”的潜能，培养具有理工兴趣与特长的高中毕业生。具体表现在通过因材施教、科学施教的过程，让学生成为

"一个优秀、二个素养、三个学会、四个体验"的理工特长生。

一个优秀：成为学业优秀的高中生是成为理工特长生的基础，也为进一步学习与深造奠定基础。

二个素养：一是表现为科学兴趣、科技方法、献身科学精神的科学素养；二是热爱传统文化、有社会责任、国际视野的人文素养。

三个学会：一是学会实验的设计、操作、变量控制、数据测量与统计分析，培养严谨治学的科学态度与方法；二是学会科技文献的检索与资料收集，并撰写科技论文；三是学会基本的英语口语对话、科技英文检索等，为将来的国际科技交流打下基础。

四个体验：有一次进入高校"国家级实验室"进行实验研究的体验，有一次参观"世界五百强"大型化工企业的体验，有一次主持或参与课题研究的体验，有一次创新性学习成果再获区级奖或展示的过程与体验。

3. 招生录取

在市、区招生目录中单列北京化工大学附属中学"侯德榜试验班"，面向全市招生26—50人，根据报名从高分到低分依次录取。

4. 课程规划

以教育部最新颁布的高中新课程计划为基础，全面落实核心素养的培养；融合"IB"课程"富有挑战性"的理念（国际文凭组织为高中十一、十二年级设计的大学预科证书课程，其教育哲学是注重学科综合与平衡、富有挑战性的评估）依靠化工大学的课程与师资优势，从科技兴趣培养入手，开发学生"最近发展区"的潜能，强化自然科学的动手实践及科技创新、国际理解能力；北化附中利用现有的校本课程基础，落实和深化传统文化教育，培养人文情怀、人生规划、社会担当能力。课程体系如下图3所示。

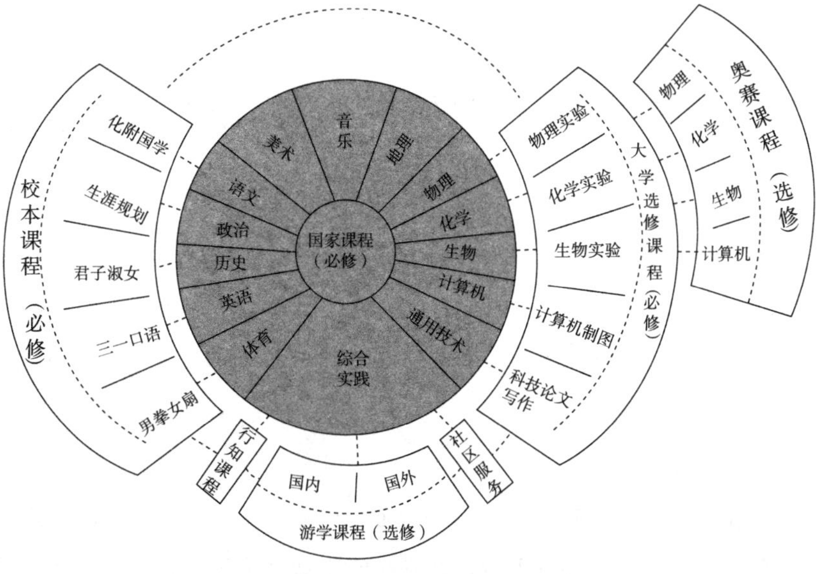

图3 "侯德榜试验班"课程规划

（1）国家必修课程

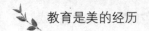

高中三个学年段，确保国家必修课程在课时、师资、教学质量诸方面的落实与优化。高三，除必考的语文、数学、外语，定向性地必选物理、化学、生物作为高考科目。

（2）大学先修课程

高一和高二，依靠化大的课程与教授资源，利用周六上午开设高校与中学衔接的“大学先修课程”。“大学先修课程”要着眼于理工特长，贯通培养。每门课程每周 2 节，每学期 12 周，则每门课程每学年 48 课时，计 1 个学分。累计一年约 144 课时 3 学分，两年合计总学分不超过 6 学分。考入北京化工大学后才能计为北京化工大学“校内选修课程”的课时与学分（须经化工大学教务处审核确认）。

高一开设物理实验、化学实验、生物实验（立足于高校与中学衔接教学的由化大教授主编的教材，正在出版。目的是培养学生的科学精神、动手实践与创新思维能力）。

高二开设计算机制图（工程制图）、项目试验与论文写作、三一口语，培养学生初步的电脑制图、项目研究、论文撰写、国际交流能力。

借助化大师资开设“三一口语”，培养国际理解与交流能力。口语能力差是我国中学生在国际理解与交流上的短板。“三一口语”有助于短板变长，从而提升学生国际理解与交流能力。

（3）校本课程

侧重于人文课程（必修）。高一，开发与语文、历史、思政、地理、体育等课程有机融合的“化附国学”“君子”“淑女”“男拳女扇”“生涯规划”“社区服务”“行知课程”等校本课程，培养学生对中国传统文化的理解，以及文化自信、人文素养、人生规划、健康生活、社会担当能力等，让“理工特长”的学生兼具人文情怀，成为全面发展的人。

开设奥赛课程（选修）。高一、高二利用课外活动、社团活动时间，开设物理奥赛、化学奥赛、生物奥赛等选修课程，培养少数对物理、化学、生物科学有兴趣与特长，为其成为理工特长的人才蓄势。

（4）国内外游学课程（选修）

利用寒暑假，开辟国内高校（清华大学、北京化工大学、天津大学等）、国外高校（哈佛、麻省理工、拉夫堡大学等）国内外游学课程（“1+3”实验班已尝试），参观高校的“国家级重点实验室”、参观“世界 500 强”的国内大型化工企业、进行项目式学习、Steam 课程等，拓宽国际视野。

5. 教学实施与评价

教学实施过程中拟“双师制”和“双导师制”，从而有利于实现贯通培养。“双师制”即化工大学的教授共同备课，相互听课，特别是附中教师要全程听化大教授的课，在观摩与实践中学习提高，加快专业化提升进程，走出一条高校支持附属中小学教师队伍建设的新路子。

“双导师制”即除常规的班主任、中学科任教师分担学生导师任务外，每位学生还通过双向选择配一位大学教师，共同指导学生的生涯规划、学业发展、人格健全等。

探索多样化的学与教的有效方式，注重动手实践学习、体验式学习、项目式学习、合作式学习与个性化学习。

以成长档案为抓手，在学业水平评价过程中探索核心素养与综合素质、过程性评价与终结性评价、全面发展与个性特长的有机融合的创新方式。重视文化自信、生涯规划教育与成长档案的建立，培养学生正确的人生观与价值观。

从读书兴趣、科技志趣、艺术修养、体质健康、合作交流、社会公益、综合实践、反思感悟等八个方面，全面、客观地记录学生在校内外活动中的成长记录，并进行数据分析与图形处理，从而引导学生关注自身发展的倾向与潜能，走自主、个性、健康发展之路。

6. 升学方向

“侯德榜科技实验班”的学生参加正常的高考。除自由选择国内的其他高校外，还有三条优惠升学渠道。

（1）化大自主招生

符合下列条件之一者可以参加北京化工大学自主招生（须经化工大学招生办审核确认）。

①高中阶段在中国数学奥林匹克竞赛、全国中学生物理竞赛、中国化学奥林匹克竞赛、全国中学生生物竞赛、全国青少年信息学奥林匹克竞赛中获得二等奖（北京赛区）以上者，或者同时获得两个不同学科三等奖（北京赛区）。

②高中阶段在全国青少年科技创新大赛（含全国青少年生物与环境科学实践活动、“明天小小科学家奖励活动”、全国中小学电脑制作活动、中国青少年机器人竞赛、全国奥斯卡创客竞赛有突出表现并获二等奖（北京赛区）以上者。

③高中阶段以第一或通讯作者在国家级科技类核心期刊公开发表论文者或以第一发明人身份获得国家授权发明专利者。

符合北京化工大学自主招生相关要求，政治思想品德合格、身心健康，具有高考报名资格且学科特长和创新潜质突出者，可以参加北京化工大学自主招生测试。测试通过，可以获得北京化工大学自主招生降分录取的优惠政策。

（2）留学直通

留学英国拉夫堡大学。（已初步达成合作意向。2018 年《泰晤士报》《卫报》英国大学综合排名分列第 7 名和第 6 名，以理工科见长；车辆制造、宇宙航空、建筑环境、医学应用，文化传媒、图书管理、体育管理等专业在英国乃至全球卓有声誉）条件是：高考上重点分数线，并参加英国拉夫堡大学自主招生（同等条件下专业上优先录取、享受学费优惠)。

7. 试验评估

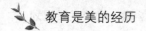

由区教育督导室组织专家评估组，以第三方身份指导、评估、监督试验进程（需与区教育督导室具体商定）。

入学后，在同类校或本校找到入口成绩相当的班级作为对比班，就学习的兴趣、态度、方法、习惯，基本知识、技能、活动体验、思想方法等设计问卷调查表，与试验班进行对比。拟将政策、家庭背景、课程、教授执教、活动等作为自变量，学生的学习兴趣、态度、体念、方法、能力、习惯、学业水平、职业取向、升学录取、思想变化等作为因变量。

三年分三次对试验班与平行班进行调查统计、运用“SPSS”软件进行数据对比分析，从而对本试验的成效、存在问题、有效做法、如何改进等及时总结与反思，确保试验过程符合教育规律，产生教育效益。

四、实施保障

1. 组织保障

从朝阳区教委、北京化工大学、北京化工大学附属中学共同组成的合作办学理事会中，推选产生“侯德榜试验班”的工作领导小组，负责本项目的组织、策划、领导。

北京化工大学教务处、侯德榜工程师学院、招生办，北化附中教务处共同组建工作实施小组，负责招生、课程、升学等具体实施工作。

2. 师资保障

北京化工大学提供由教授、博士、研究生等组成的专家队伍，共同研究课程计划，并负责“大学先修课程”的教学实施。北京化工大学研究制订相应的大学教师到中学任教的工作量与薪酬方案（北京化工大学的教师在北化附中兼课，每节课的课时工作量拟按 0.8 系数计，须经化工大学教务处审核确认）。

北京化工大学附属中学调配有经验的骨干教师及班主任，负责国家必修课程及校本选修课程的教学实施、班级管理等。

3. 经费保障

“大学先修课程”“国内外游学课程”争取市、区立项得到专项资金，从而保障经费来源。

4. 机制保障

拟从立项、运行、指导、服务、监督、激励等层面形成机制，从而保障项目的正常进行。

由朝阳区教委、北京化工大学、北京化工大学附属中学选派主要领导负责项目的计划、行政推进与协调各方。以“理工特长、贯通培养”为目标，研究解决本项目运行过程中的人力资源、经费等问题；并对各试验阶段工作创新、成绩出色的大学、中学的教师、管理人员等予以表彰。

由北京化工大学组织教授、专家团队既负责“大学先修课程”的设计、实施，还要对北京化工大学附属中学落实、优化高中“国家必修课程”，以及“国内外游学课程”“校本选修课程”予以具体指导。以“理工特长、贯通培养”为主线，在实践中研究解决人才培养中的课程开发、建设、实施等问题。

由区教育督导室组织专家评估组，以第三方身份对试验进程进行指导、评估、监督。以“理工特长、贯通培养”为评价标准，在观察、调研中解决课程建设与人才培养中的学术研究、专业引领等问题。

（本方案仅限于文稿，因政策变化没有上报申请）

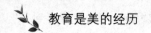

北京化工大学附属中学“十四五”发展规划

一、学校概况

北京化工大学附属中学（简称北化附中）创办于1983年，为十二年一贯制公办学校。现一校四址，分别位于朝阳区惠新里38号（高中部）、安苑北里7号（初中部）、安苑北里6号（小学高部）、小关北里205号（小学低部）。学校占地总面积40393.99平方米，建筑面积23614.12平方米。

学校在职员工170人（其中专任教师159人），35岁以下占16%，36—45岁占31%，45岁以上占53%。专任教师中，中学高级职称占39%，中级职称占38%，初级职称及以下占23%；小学高级职称占7%，中级职称占57%，初级职称以下占36%。

在籍学生1265人，其中高中生382人（12个班），初中生308人（10个班），小学生575人（23个班）。

二、“十三五”发展的成绩与不足

在区教工委、教委的正确领导下，全体教职员工的共同努力下，“十三五”期间拟定的目标与任务有近90%的目标达成度较高。

1. 思想成型

以“美的教育，美好人生”“习与智长，化与心成”为主线的办学思想、文化、课程体系基本形成。重视宣传工作使学校知名度提升，办学思想与特色等得到教师、学生、家长以及同行与社会的认同。

2. 课程多彩

在区教委支持下，与北京化工大学合作办学，以市教委“1+3”改革项目为平台，在初高中教学衔接、课程建设、学科竞赛（物理、化学、创客）、“理工特长”人才培养方式等方面取得初步成效，积累了经验。

3. 改革有效

“理想教育文化”“主体教育”“靶思维”改革实践有推进也有实效。高中化学科“理想教育文化”实验积极有成效，初中英语科有积极变化。高中化学、数学、物理、生物四科统测成绩的区排位进步明显。

4. 德育创新

十二年一体化的德育工作体系、“尚美学生”与“雅美教师”公约、“海棠诗会”、“海棠听语”等系列文化活动在实践中初见成效。小学部依托化工大学在“家校共育”方面有新尝试。

5. 社团活跃

学生社团活动活跃，张扬个性，五育并举，文体竞赛成绩突出。小学部依托中华女子学院等高校支持，着力于民乐、合唱、舞蹈、曲棍球、篮球、京剧、茶艺等社团建设，社团活跃，普及性广，效果良好。高中的男女足球、健美操、跆拳道，小学的曲棍球，初中的计算机编程等竞技成绩突出。

6. 成绩提高

高考连续三年重点率超 30%，本科率超 97%，实现低进高出，成绩喜人，来之不易。小学三、六年级始终保持良好水平。中考成绩在原全区最后梯队的不利因素下连续三年进步。

7. 生源改善

各学年段生源的数量和质量明显提升。2020 年，高一扩招后，录取最低分 507 分，区内最低录取分校排位比 2017 年还前进 4 位。小学一年级招生 129 人，其中京籍占 72%。初一招生 119 人，其中京籍上升为 43%，生源数量与构成均呈现可喜变化。三个学年段 2020 年招 428 人（2016 年仅 229 人）。2020 年在籍教职工 170 人（2016 年 180 人），扩大招生规模还缓解了教师超编现象。

8. 环境优化

办学环境与硬件配置得到改善和优化。其中安苑初中和小学的围墙、隔音工程，高中收回“鹏翔阁”改造为学生食堂的工程如期完工。高中部、初中部走廊文化建设有特色。高中、小学得到小关街道支持将外墙立面美化。四校区的电教多媒体平台得到更新。高中的物理、化学、生物实验室进行“高端化”改造。

对照“十三五”规划，也有部分工作未完成，或者说目标达成度不高。有以下几个方面：

1. 办学思想深化不够

“美的教育”的办学思想、“审美融入”的课程体系、以“习”为主线的教学模式、以“化”为主线的德育模式需进一步实践与总结提升。

2. 主体作用发挥不够

干部、教师队伍年龄持续老化，由于年龄、身体、心理的原因，工作上保守有余、创新不足。在教学与管理上，也不能够大胆让学生自主学习、自主管理。部分家长也因为教育、经济水平对子女教育关注不够。

3. 学术氛围落实不够

未落实组织学习衡水中学、杜郎口中学的设想，道尔顿实验、教师“学术委员会”等工作有点虎头蛇尾。

4. 中考成绩不够稳定

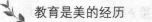

中考成绩在原全区最后梯队的不利因素下虽然连续进步三年，可惜止步不前且 2020 年又退步明显。

5. 生源问题困扰发展

高中部“1+3”招生本意是提前招一些好生源，但实际结果是后进面大，缺失了中考过程对学习意志的磨炼过程，给后期教育教学带来了困难。

三、“十四五”规划的时代背景与指导思想

（一）时代背景

新时代是我党承前启后、继往开来，全面建成小康社会，实现全体人民共同富裕、中华民族伟大复兴中国梦，夺取中国特色社会主义伟大胜利，走近世界舞台中央，为人类发展做出更大贡献的伟大时代。基础教育培养的人才应该服务于新时代发展的需要。

新时期的国际政治、经济与贸易、文化与教育的格局都在发生深刻变化，百年未有之变局正在形成。基础教育如何应对也是一个新课题。

比如，学校教育随时重归线上教学。互联网技术改变教育，线上线下教学交替转换或融合可能成为一个时代特征。

2019 年 6 月以来，中共中央、国务院办公厅连续密集出台了七个文件，以“新时代”为主线，围绕“高中育人方式”“思想政治课”“教育督导机制”“劳动教育”“教育评价”“体育”“美育”等改革主题颁布了一系列政策文件，指导并规范各级各类学校的教育改革。

“十三五”以来，朝阳区基础教育得到了快速发展，全面实现了优质教育，明确提出了由“教育大区”向“教育强区”转变的发展目标。

（二）指导思想

以习近平新时代中国特色社会主义思想为指导，贯彻落实党的十九大以来的各项方针政策；坚持全面贯彻党的教育方针，坚持立德树人根本任务，坚持依法治校，遵循儿童和青少年成长规律和教育规律。

以先进的教育理念为引领，依靠全体教职员工同心协力，以课程改革为主线，以内涵优化与特色发展为重点；在实践中创造性地探索“为谁培养人？培养什么人？怎样培养人？”的重大课题；全面提高教育教学质量与人才培养质量，为入读化附的学子、家长提供满意的教育服务。

依据 2019 年 6 月以来党中央、国务院及教育部文件，市、区教委相关文件精神，特别是“新时代”发展对教育的新要求。兼顾北化附中“十三五”规划的延续性。

（三）发展原则

1. 坚持依法治校

把依法治校作为办学基本理念，将常规教育教学管理纳入法治轨道。让师生参与学校管理，有发言权和监督权。运用法律手段规范、解决学校管理与发展中出现的新问题。

2. 坚持创新驱动

发挥全体干部、师生的创新意识、担当能力，在课程改革、学生活动、学校文化、教师发展、学校管理诸方面创新内容与途径，促进学校的全面发展。通过发展解决历史遗留问题。

3. 坚持特色发展

结合学校师生实际，继续与北京化工大学合作，找准合作的课程、活动的特色项目。通过特色带动，实现特色立校、特色强校，实现学校特色品牌化。

4. 坚持实事求是

学校的发展定位要结合学校目前的生源、师资、硬件、环境、政策等客观实际。立足于现实，定位“跳起来，能摘桃”的目标，锐意进取，稳步推进。

四、办学目标

（一）办学规模扩大

小学按每个年级四个班，小一每班按 30 人招生，六个年级约 720 人。

初中按每个年级四个班，初一每班按 36 人招生，预估初二、初三少部分非京籍转学，三个年级约 300 人。

高中按每个年级五个班，高一每个班按 36 人招生，三个年级约 540 人。

一校四址共约 1560 人。学生人数增加 300 人左右。

（二）教育质量提升

学校坚持五育并举，提升学生的思想道德、科学文化和身心健康水平。高考、中考成绩，小学三、六年级统测成绩，进入朝阳区同类学校的前三分之一的位置。实现“低进高出”“理工特长”的教育增值与特色。通过办学质量提升学校美誉度，再进入扩大招生规模的良性循环。

（三）特色项目提升

在“理工特长”“理想教育”“尚美学生”“海棠文化”“家校共育”“小学民乐”“小学京剧”等项目上取得区级以上的成果。高中足球队、小学曲棍球进入市级比赛前三名，高中健美操、跆拳道保持市级比赛一等奖。在“理工特长”“高中足球”的课程体系与人才培养模式上具有市级层面的示范性成果。

（四）教师水平提升

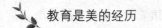

2021 年起逐步缓解超编现象，2024 年彻底解决教师超编与年龄结构老化问题。市区骨干教师人数成倍增加，比例超 20%。理科领域及语文学科培养市级学科带头人、骨干教师。

（五）影响力提升

“美的教育”办学思想、“审美融入”课程体系、“理工特长”人才培养模式等进一步探究，形成经验、特色与品牌。学校得到同行、社会认同，并在朝阳区、北京市得到宣传与经验介绍，有一定声誉与影响力。

五、实施路径

（一）文化发展——培育“各美其美，美人之美”学校精神

1. 规划目标

围绕“美的教育、美好人生”的办学思想，以“习与智长、化与心成”校训为核心，从精神、课程、制度、环境、行为文化等多方面入手，以课程的内容、方法、标准、评价体系改革为主渠道，丰富其内涵与实践，构建“各美其美，美人之美”办校精神。努力营造符合新时代发展的“心美、言美、行美、境美”校园风气的目标，让学生体验到成长的美好。

2. 行动路径

明确“美的教育”内涵。学校本质上是肩负人类文明传承的任务。学校文化表现为师生共同认可并遵循的价值观、思维方式、行为习惯。学校拟通过一系列的活动，让师生进一步领悟、践行“美的教育、美好人生”“习与智长、化与心成”“立志、立德、立业、立人”育人目标等组成的办学思想与文化体系。

学校教育是为了促进人性的完美，为将来的美好人生奠定基础。学校教育应该体现出人性关怀之美、探究真理之美、觉悟自然与社会规律之美。师生在教学互动中应该体验到成长、成功的愉悦，又进一步促进人性的完美。

审美融入学校文化建设。构建以臻美德育、博美课程、智美教学、偲美社团、和美管理、怡美校园等六大板块组成的校园文化体系。学校、教师要为学生健康、快乐成长提供“阳光”“空气”“雨露”“土壤”“水分”，也就是要提供丰富多彩的课程、活动、文化。

审美融入国家必修课程。构建以心灵美（品德与价值观）、语言美（语言与文学）、思维美（科学与技术）、行为美（综合与实践）、艺术美（审美与艺术）、健康美（体育与健康）六大板块组成的课程体系。让化附学子在课程中体验到健康成长、增长智慧、审美愉悦。

审美融入课堂教学过程。审美融入强调：课堂要有主题，围绕主题有铺垫、变奏、高

潮、尾声的设计，变奏有节奏感、韵律感、新鲜感。这样的教学过程能让学生体验到情境美、语言美、情感美、思维美、人格美，进而提升课程的品质。一堂高效的课堂，首先是符合认知科学与教育规律，同时应讲究教学艺术，有审美的情感体验过程，进而焕发出生命的活力。

学而时习，习与智长。教育本质上是习惯养成、人性的完美的过程。这个过程离不开“习”。只有常态的预习、练习、温习、复习、研习等在反复训练与坚持，才能发挥学生的主体作用，养成潜意识与自觉性。习惯成自然，才转化为能力与素养。学而时习，习与智长，习以律已，习以养德，习美人生。

春风化雨，化与心成。净化、绿化、美化、文化学校的环境，创造环境育人的氛围。通过各种典礼、节日、社团、会议等体验活动，在“礼”“节”“社”“会”的灌输、熏陶中感化、转化、潜移默化人的情感、态度与价值观，进而春风化雨、净化心灵、化与心成、优化品德。

活动育人，立德树人。每学期举办常态的、富有仪式感的开学典礼、升旗礼、成人礼、结业礼，各种集会、班会、主题报告会。坚持一年一度的读书节、科技节、艺术节、运动会、海棠诗会、新年联欢及合唱、篮球、书画、劳技比赛等全校性活动。举行海棠文学社、合唱团、健美操团、民乐团、足球队等各种学生社团活动的排练、表演、评比活动，展示学生们各种美的过程、作品与成果。

快乐本质上是好奇心、好胜心的满足。学生在各种活动中体验到成功与满足、感悟到真善美，就会在行动中自觉践行，落实社会主义核心价值观，实现以美育人、以文化人、立德树人。

（二）课程发展——构建“美的教育”课程体系

1. 规划目标

依靠广大教师，尝试从审美融入的角度，改革探索国家课程六个领域中的融合方式与内容，努力实现国家课程校本化、审美化及理工特色。积极推进适合不同学年段学生主动学习、个性发展的校本课程体系。逐步构建并完善符合新时代发展的“美的教育、美好人生”的课程体系。让师生在教学互动过程中感受到关怀与愉悦之美、发现与觉悟之美、成长与成功之美。

2. 行动路径

国家必修课程校本化。课程是学校学科教学与实施过程的总和。依据国家课程标准，结合学生实际，实现科学施教与因材施教的融合，将国家必修课程校本化、科学化、审美化、优质化，并以北化附中有特色的“教学案”形式呈现出来。

根据高考、中考政策的变化，及时调整校本课程选修策略。除优化高考、中考必选科目的选修课程外，努力构建人文类、科技类的兴趣、拓展、提高型选修课程。全面构建“套餐式＋自选”“大小课＋长短课”“走班＋导师制”“考试科目＋非考试科目”的选修课程体系。

“习”为主线提高课堂效率。抓好“核心素养观”为主线的单元集体备课，促进学科组课程资源建设，提升课时备课、“教学案”与“限时训练”、作业批改的质量，形成有学校及学科特色的教学资源库。鼓励教师根据自身的优势，开展学生愿接受、教学有实效的教学创新。鼓励老师运用启发式、因材施教、学而时习、温故知新、循序渐进等创新实践，并形成自己的教学风格。

课堂教学提倡“习”为主线：提问引导学生预习并梳理知识结构、课前限时练习检查预习效果、针对性启发式讲解、当堂练习或典型题例讲解、归纳小结后分层布置课后练习等，在“学而时习”中践行“习与智长”。提倡紧盯人抓管理，努力促进学生学习的“日清周结”。提倡在关键能力、高阶思维上下功夫，走“轻负担、高质量”之路。

打造“理工特长”课程特色。依托北京化工大学的课程与师资优势，构建以实验科学为特色，“大学先修课程”为载体的“理工特色”课程体系，探索“热爱科学”“理工特长”的人才培养模式。确保高中部数学、物理、化学、生物区统测成绩的优势地位。组织学生参观化工大学实验室及关联企业。将每年一次的科技节变成常态化、全员参与的实践创新、创意展演活动，让学生体验到科学实验与思考中的逻辑美、创新美、成功美。

依靠化工大学家长资源尝试构建小学“科学选修讲座”课程体系。政策、经费许可时，继续组织学生到中国科学院、清华大学进行专题学习，组织学生去美国哈佛大学、麻省理工学院的国际游学活动。

推进“理想教育文化”等改革。各校区全面推进区教委“理想教育文化”改革实验、学校“靶思维”模式改革探索。将理想教育文化提出的“追求幸福生活”（目标）、“尊重、民主，责任、科学”（最佳公民标准）、“独立、追求、养控、审美”（个体成长方法论）、“扰启、内省、质疑、实践”（教育教学方法论）等，与学校“美的教育”“雅美教师”“尚美学生”“靶向思维”等融合起来。抓好单元集体备课，落实个人课时备课。提倡“合作对话”范式、启发式、任务驱动、精讲精练。摒弃灌输式教学与题海战术。

重视“互联网+”的应用创新。特别重视新时期的不确定因素、主动迎接“互联网+”对教育的冲击与挑战。创新实践与探索可能常态化的“线上教学”资料、工具、方法等，构建线上、线下教学方式的转换机制。积极探索“线上教学”效益的提升途径。高度重视“人工智能”“大数据分析”等对于教学诊断、考试诊断、学生诊断的应用创新。鼓励探索新时代背景下信息技术环境下学与教的有效途径。

思想政治课引导正确价值观。思想政治课要旗帜鲜明传承红色基因。思政课教师“政治要强、情怀要深、思维要新、视野要广、自律要严、人格要正”。思政课积极联系中共党史、新中国史、改革开放史、社会主义发展史，做到通俗易懂、深入人心。思政课要结合生活实际、重大事件等突显共产党执政“以民为本”的社会主义制度优势，进行正确的价值观、人生观、世界观教育。

跨学科融合历史、地理课程，将立德树人融入在思想道德教育、传统文化教育、综合实践活动各个环节中，让“四个自信”在学生灵魂深处生根发芽。尽早形成经验与成果向“建党百年”献礼。

培养劳动习惯丰富生活乐趣。统筹学校、家庭、社区的劳动教育功能。从每日公共区域保洁、周末校园大扫除入手，开展学校劳动教育与评比。从家庭清洁、洗菜、洗碗、洗衣服等细节入手，落实家务劳动教育。从社区公共卫生，餐厅、超市、敬老院志愿服务入手，开展社区劳动教育。组织每年一次的全校性劳动技能竞技评比活动。注意将劳动的材料、工具、方法、标准等融为一体成为综合社会实践活动，在体验劳动角色的艰辛与获得感的同时，养成自觉意识与行为习惯，感受劳动过程中的美事、美人、美景和美情。

培养运动爱好提升生活品质。开足开齐体育课，每天锻炼一小时。以教学、练习、竞技为手段，在普及健康锻炼知识的同时，培养学生运动的体育精神、基本技能、运动美感与运动自觉。因材施教培养部分同学的专项运动竞技能力，打造品牌体育竞技项目。在三个学年段全面普及篮球、乒乓球、跳绳、踢毽子等传统体育项目，开展一年一度的个人与班级之间的竞技活动。继续抓好高中足球、跆拳道、健美操，小学和初中的曲棍球竞技比赛训练。将每年一次的运动会发展成为常态化、全员参与的竞技、表演活动。

培养审美情趣感受生活幸福。把审美教育与提升学生的道德情操、生活品质联系起来，在普及审美知识、审美情趣、培养审美感知与技能的同时，培养艺术表现与文化理解力。改进音乐课、美术课的教学内容与方式，有意识地通过反复练习培养学生的艺术表达与创造力。各校区要努力抓好一年一度的合唱、书法、绘画等班级或个人之间的展演、评比活动。小学抓好葫芦丝的全员训练，并重点抓好舞蹈、民乐、版画、剪纸、打击乐、京剧等艺术社团建设。将每年一次的艺术节发展成为常态化、全员参与的艺术展演盛会。

重视中文阅读塑造中国灵魂。各学年段要通过提升阅读质量、培养阅读习惯等落实语文的工具性、人文性，加强中华优秀传统文化与爱国主义教育，打好中国灵魂的精神底子。开展“海棠文学社”“海棠听语”“海棠诗会”“海棠书苑”系列文化活动，让学生体验到语言美、文学美、人性美。从提升语文教育的空间与时间入手提升语文教育质量，实现“得语文者得天下”。将每年一次的读书节与海棠诗会融为一体，让文学创作与表演比赛变成常态化、全员参与的文学展演与精神盛宴。

强化英语学习拓宽国际视野。重视英语教学对国际理解、多元文化的重要性。每年举办适合学情、全员参与的英语单词拼写、书写、朗读比赛，多种方式落实学习过程中的“听说读写”。条件成熟时组织学生的国际游学与文化交流活动。借助“理想教育文化”课题，推进英语教学改革，帮助学生掌握打开国际交流的一把语言钥匙。为未来应对世纪变局的国际交流人才培养营造氛围、奠定基础。

创新“化附国学”“君子”“淑女”课程。以“化附国学”“君子”“淑女”读本为载体，开展优秀传统文化读物的诵读、书法、戏剧表演等活动教学，传承并创新传统文化教育。以落实日常行为规范为主，培养具有仁、义、礼、智、信、勇、雅等中国情怀与气质的君子和淑女。通过文学与艺术活动中的审美体验，将社会主义核心价值观教育落在实处。

深化有特色的“行知课程”。探索跨学科的项目式、综合性学习，努力实现综合社会实践活动课程化。包括：走进北京了解自然环境的形成演变与现状，了解北京的历史、社会、生产、科技等。努力形成“京西古道”“中轴线”两条特色研学线路：走出北京，远赴国内有代表性的地区，了解、考察其自然环境及历史、民居与文化的多样性特点等。在行与知的过程中，了解北京、热爱北京；了解祖国、热爱祖国；从而形成家国情怀。

（三）学生发展——在课程与活动中体验成长之美

1. 规划目标

化附学子应该志存高远、不甘平庸，通过“立志、立德、立业、立人”的学校生活与过程，形成“爱学、勤学、善学、乐学”的良好学风与习惯。学校坚持五育并举，提升学生的思想道德、科学文化和身心健康等素质。努力培养一批符合新时代发展的“有理想、有道德、有文化、有纪律”社会主义事业建设者和接班人。学生在学校的学习、生活过程，应该是自主成长、体验美好的过程。

2. 行动路径

彰显学生的主体精神。学校是学生的乐园。学生是学校的主人翁。学校要下大力气，培养学生的文化基础、自主发展、社会参与等核心素养，切实让学生发挥学习的主体作用。让学生全方位参与学校的常规管理。每学期开学后，召开学生代表座谈会，听取学生对办学思想、课程设置、文体活动、学校文化、饭堂管理等各方面工作的意见。学校根据学生的建设性意见调整工作计划。

发挥年级组行政管理的作用。调动年级组积极性与创造性，发挥年级组行政管理的功能、作用。年纪组要组织班主任，抓好学生的思想道德、行为习惯、卫生清洁、纪律作风、文体活动、社会实践、大型集会、优生培养、学困辅导、值周、考勤、晨午检数据上报、考试管理等。年级组负责组织、协调家长委员会的工作，听取家长们对办学的意见，传达学校及教师的要求，实现家校共育、立德树人。

努力实现学生自主管理。把学校能够允许的权力与责任归还学生。在学生发展中心、团委、班主任的悉心指导下，依托学生会、班委会，放手学生自主管理。通过“值周班”制度，比学习、比卫生、比劳动、比纪律、比“三操”、比班风、比文明。

学生参与学生社团建设。真正实现学生社团的兴趣发展、自主发展、个性发展、特色发展。力争将高中足球（绿茵继承者）、跆拳道、健美操、华芙美术社、燃烧吧试管、物理电子探究，初中计算机编程，小学的打击乐、民乐、舞蹈、合唱、京剧等培育成品牌社团

学生参与大型活动的组织。把能够展示能力的机会还给学生。重视开学典礼、毕业典

礼、升旗礼、成人仪式、离队建团仪式等大型活动的仪式感、熏陶性与时效性。让学生参与读书节、艺术节、科技节、运动会等大型活动的策划与组织工作。让这些节目真正受学生欢迎与期待，展示才华与个性。

指导学生干部参与策划、联系、组织各种研究性学习、志愿者活动、参观考察活动等。促进学生对自然与社会的了解，对国家、政治的价值认同，提升道德判断力与实践力，以及社会责任感、担当精神。培养部分有潜质学生的领导力。

学生参与校园文化建设。把能够利用的学校空间还给学生。让学生参与校园各类橱窗、展板、板报、校报、宣传栏的内容与方式的规划与布置。通过各类作品评比活动，让学生的优秀作业、美术、书法、摄影、手工、科技作品布满校园，让学生的精神面貌呈现在校园文化之中。

全面发展争当“尚美学生”。创造机会肯定与表扬学生。推进活动育人为主线的育人方式改革。以“尚美学生”为主线，不限形式、不限类型、不限数量、不拘一格地全方位肯定和表扬学生。通过扬长补短，去激活学生的自信、兴趣、动力。完善各类优秀学生、个性学生、优秀班级、个性班级的多元评价体系。以“多元智能”为理论依据，以“扬长教育”为导向，促进学生的道德成长、习惯养成，扬长补短，全面发展。

加强心理健康与生涯规划教育。五育并举有利于心理健康。结合目前新要求，开展心理健康相关教育主题活动。依托社会专业机构，进行心理健康测试与诊治，对需要帮助的学生进行心理健康测试及跟踪。组织班主任心理健康教育培训，让班主任熟练掌握心理健康教育的基本理论和方法。加强心理健康教育的领导与管理，建立更加高效的工作机制。

组织生涯教育的讲座、班会、企业参观、体验活动等，让学生认识自己和社会的关系，明确学习目标与人生目标，引导学生对生涯发展的思考。高中三个学年段各有侧重，依次分别是：认识自我、规划学习，认识社会、规划职业，认识专业、规划未来。利用家长会、学校开放日等向家长宣传生涯规划知识，鼓励家长为学生生涯规划提供力所能及的帮助。

习惯养成是重要学习目标。学习成功不但取决于智商，更取决于情商高低，具体表现为行为习惯。学生应该养成尊敬老师、预习注记、带着问题听课、简明笔记、思考与提问、及时作业、整理错题、练后反思的习惯。学习的本质是认知觉悟、习惯养成、人性完美的过程。

通过参加学校组织的各类课程与活动，化附学生除学习进步外，还要习得“六个一”的好习惯。即写得一手规范汉字、自觉养成一种锻炼方式、学会甚至擅长一种艺术表达方式、“见字如面”每年写一封信给父母、参加一次志愿者行动或慈善活动、有一次学习成果或科技、艺术作品展示。

发掘家庭教育的功能与作用。家庭是未成年人教育中的不可缺失的基础与关键。儿童面临的第一个育人环境、第一位老师、第一节课都是在家庭。父母不仅是监护人，也是第一个甚至终身的教育主体。发掘家长的教育主体作用，言传身教，潜移默化，极为重要。大胆向家长开放校园，鼓励家长参与学校文化、课程建设及学生管理。

教师在对待“学困生”方面更要有爱心与耐心。要善于站在家长角度考虑问题，避免家校矛盾。鼓励班主任利用新科技超越空间实现全员家访。针对有特殊情况的学生，尽可能与家长建立热线联系，及时了解学生情绪心理状态，与家长配合教育学生。

创新家委会的功能与作用。聘请有热情、有能力的家长参与学校的教育教学及管理。让有兴趣有能力的家长参与学校的课程规划、志愿服务、学生管理。聘请家校共育中的优秀家长，梳理典型经验，宣传扩散传播。家校共育中努力实现家长、教师的和谐一致，促进学生的健康成长。

创新家长学校的功能与作用。聘请有经验的专家、家长、老师介绍家庭教育中亲子关系、家校关系的处理，督促自主学习、心理调适的方法。传播、训练新型的家校共育理念、方法、资源、技术、手段。依托社会心理机构、聘请心理专家，对学生、家长进行积极心理培训，对个别家庭提供心理健康咨询与治疗服务。

创新家长群的功能与作用。及时宣传国家政策、学校安排、希望家长配合的措施等。及时交流在线上线下教学时成功家长的经验与做法，及时实现家长与教师沟通，学生的自主学习与管理问题。适时举办网络的家务劳动、艺术作品、亲子读书、文体活动的线上交流。

（四）教师发展——在学生成长中享受职业成功的愉美

1. 规划目标

树立全面发展、立德树人的教育观与业绩观，引领教师自觉学习，聚焦课程标准、聚焦学习过程、聚焦高效课堂。为教师的专业发展创造条件、机会、平台，逐步形成“爱教、勤教、善教、乐教”的氛围，打造一支符合新时代发展的“有理想信念、有道德情操、有扎实学识、有仁爱之心”的优秀教师队伍，从而能够引领学生“锤炼品格、学习知识、创新思维、奉献祖国”。教师职业劳动是帮助学生成长的过程，也应该是创造和体验、享受愉悦美感的过程。

2. 行动路径

教师是学校教学与管理主体。教育教学与学校管理需要依靠教师去完成，教师队伍素质及教师的创新性劳动决定了学校教育质量，学校应想方设法提升教师工作积极性与专业能力。教师发展不仅是专业问题，究其根本是师德作风建设。有爱心、求上进、讲奉献、正能量是教师职业的必备条件与自身发展需要，教师的道德素养与言传身教直接影响到学生发展与前途。学校要创造条件促进教师道德与专业发展，教师要依据本规划制定个人专业发展规划。

教研组是教师专业发展组织。教研组负责学科学术研究，促进教师专业发展。教研组要负责课标教材研究、学科资源建设、单元主题备课、校本课程开发、试卷命题把关、学科研究课题、青年教师培养等。教研组要承担各类公开课、研究课、督导课、评比课以及各类试卷的研讨、审核任务，推进一年一次的优秀教研组评比活动。

教研组把关学科教学质量。常规的教研活动应该着眼于解决问题。教研活动应围绕每个教学单元，进行课标分析、教材分析、学情分析与教学资源的拓展、知识点的梳理、重难点的突破办法、大体的教学过程与方法预设、典型的题例与作业设计而展开。教研活动要做到有主题、有发言人、有讨论、有记录，提高效果。在集体备课、资源共享的基础上，鼓励教师的“自选动作”。

大力加强班主任队伍建设。从思想、工作、待遇各方面高度重视班主任队伍建设。建立一支师德高尚、敬业爱生、无私奉献、充满活力、懂得教育管理与艺术的优秀班主任团队。转变过去可能存在的“训、压、管”的封闭式作风，逐步形成“导、帮、励”的开放式管理模式。让班集体充满活力，成为团结友爱、学习进步、奋发有为的集体。加强班主任工作的培训、指导、考核，狠抓主题班会、班风建设、学法指导、学困生管理、家校联系、数据上报等班主任职责的落实。

教师应该心怀梦想追求卓越。教育是科学，讲究逻辑、实验、验证过程中的求真；教育是艺术，也偏重创造劳动、主观感受中的审美，而求真、审美过程只有凝聚于道德追求中的求善才能实现完全统一。

普通学校的岗位平凡，但教师不平庸、不敷衍、不得过且过，而是满怀激情、脚踏实地、积极进取、追求梦想，与时俱进提升自身的专业精神、专业知识、专业技能，真正做到德高为师、身正为范。

教师应该是终身学习榜样。善于学习才能提升素养，才能为人师表。教师应该关心时事，善于学习新理论、新知识、新技术，丰富学识与见识；善于向同行学习，善于反思、改进与总结提升；积极参加各级各类培训、学术活动。

教师除胜任一门必修课及班主任工作外，每年应该努力做到“六个一”：订阅一本专业期刊、学习一项新的教学技术、承担一次公开课或研究课、参与一项教研课题、写一篇教研论文或总结、指导一名青年教师。

爱心育人争当雅美教师。爱党爱国，爱岗敬业，遵纪守法，尽职尽责，廉洁从教；钻研课标，研读教材，分析学情，研究教法，规范教学。认真备课写教案，教学互动善于启发，精心布置作业并且全批全改，耐心辅导学困生。上课准时不拖堂，不歧视体罚学生，不参与有偿家教。继续推进一年一度的“雅美教师”评比活动，树榜样促辐射，在学生的成长中享受职业成功的快乐。

组织参加教研、培训活动。组织教师参加市、区、学校各类教研活动与继续教育、培训工作，并将教师参加活动的情况纳入年度绩效考核与奖励。学校每学期主动联系市、区教研中心，请有关教研员、特级教师来校听课指导，安排不同层次的公开课、研究课，为教师专业发展提供平台与机会。

精心组织校本培训。利用寒暑假组织全校性的校本培训，围绕提升教师专业素养的某个专题进行专项培训，提升教师的教学能力与科研能力。学校鼓励教师参加各类教育技术培训，特别是线上、线下教学的信息技术、研修活动，提升教师适应时代发展的科技能力。

鼓励教师参加教育科研。配合市、区教育行政、学术部门，组织教师申报各类教科研课题，鼓励教师参加各类学术会议，组织教师参加各种优秀论文、课例评比活动。学校组织一年一度的“限时论文写作”活动。学校鼓励教师各种业务进修与外出学习。

依托化大促进教师发展。依托北京化工大学的师资力量与课程资源，强化数学、物理、化学、生物、英语、体育等学科建设。根据需要请化大教授深入教研组活动，或者参加化工大学牵头的学术活动，提升学术水平与实践能力。

为教师发展搭建更高平台。组织力量对有热情、有能力、有业绩的老师从师德修养、教学特色与风格、班主任工作、人才培养等方面进行经验梳理、理论总结，搭建平台鼓励成名成家。积极发挥老教师经验丰富的优势，“师徒结对”为青年教师的成长搭建平台。为有职称评定需要的老师提供学术支持及服务。

多举措促进教师的身心健康。优秀的教师善于处理好家庭与工作的关系，善于通过努力工作给孩子树榜样。学校在政策许可的范围内，依托工会，开展有益教职工身心健康的活动，协调解决教师子女入托入学问题。组织培训，提升教师的生活审美情趣与能力。为教职工配备好医用防护口罩、手消液等防疫物资。提倡“我积极、我健康、我幸福”的工作、生活态度，尽最大努力让老师们发现、传播、体会到生活与工作的美好。

（五）服务保障——努力营造“和美”校园氛围

1. 规划目标

坚持依法治校，依据国家法规及上级文件逐步制定和完善学校管理制度。通过干部党员的带头、示范作用促进优良校风的形成。依靠广大教职工及教代会实现民主管理，同舟共济，砥砺奋进。努力建立一支“心中有党、心中有民、心中有责、心中有戒”的干部队伍，为学生、教职工、学校发展保驾护航。不遗余力培育一种符合新时代发展的“和善、和熙、和谐、和美”工作环境，在服务师生过程中体验与分享愉悦美感。

2. 行动路径

发挥党组织的战斗堡垒作用。党总支要全面学习贯彻习近平新时代中国特色社会主义思想主题教育。以党的政治建设为统领，全面推进党的政治建设、思想建设、组织建设、作风建设、纪律建设，把制度建设贯穿其中，深入推进反腐败斗争，不断提高党的建设质量。

严格执行“三会一课”等组织生活制度，推进党支部规范化建设。推进党员“先锋岗”活动，引领党员牢记初心使命，主动担当作为，让党员在“亮身份、亮标准、亮承诺，比技能、比作风、比业绩”活动中突显带头作用。

党总支要履行管党治党责任。严明党的政治纪律和政治规矩，落实“两个责任”，确保依法治校，廉洁治校。遵循中央八项规定，“三重一大”程序完整，公开公平。加强对工程项目、财务开支的监督。弘扬正气、勤政廉政，不收礼品不受宴请。

以党建促干部队伍建设。发挥党组织在学校工作中的政治核心与组织保障作用。党管干部的实践应落实到选拔、任用、培训、教育、考核、监督各个环节。干部践行为民服务应切实做到内化于心、外化于行。在工作中吃苦在前、真抓实干、模范带头。干部要走群众路线，要深入教学一线，了解师生需求，民主管理，真诚服务。

发挥干部的带头作用。干部是学校管理的主体。面对学校发展中的困难及工作中的难题，干部要有为学校发展而努力的历史自觉与现实担当，干部要改变管理观念，提升工作标准，不搞形式主义，“用心”和“用脑”并举，提高管理效益。各校区、各干部要依据本规划制订校区及部门发展计划。

参照区教委“校级干部考核办法”，研究推进“中层干部考核办法”，并与年度绩效考核挂钩。细化量化评价指标，在可衡量、可操作上下功夫，进一步提高考核评价的准确性、有效性。充分调动干部工作的积极性、创新性与时效性，从而为学校发展服务、护航。

干部要有奉献和服务精神。在原教学处、德育处、总务处等门牌基础上，同时再挂上“课程发展中心”“教师发展中心”“学生发展中心”“行政服务中心”门牌。实际是两块牌子一班人马，目的是强调发展与服务意识，改变观念。干部要讲政治、识大体、顾大局、促和谐；干部要不断提升自我素养、积极转变观念、提升工作标准。

干部要敢于担当、真抓实干。要结合上级要求和学校实际，科学拟定切实而行、行之有效的工作计划。在实施的过程中，要有计划、抓落实、有实效、建档案。狠抓细节、狠抓成效，真抓实干。

教学和德育干部除常规工作外，每月还要努力做到“六个一”，即参加一次分管科组的教研活动、参加一次分管级组的班主任活动，和一位有关老师有一次工作交流或谈心，与一名有关学生有对话或谈心，发现相关工作中的一个亮点及时表扬，发现相关工作中的一个问题及时解决。

干部要善于创新、合作。在工作计划中，要结合实际、善于借鉴、大胆创新，不拘泥所谓的“传统”“惯例”。只要对学校、学生、教师发展有利的，就可以大胆尝试、勇于开拓。在具体工作实施过程中，全校一盘棋，各处室之间、干部之间要加强沟通，及时补位，化解矛盾与危机，保障学校的正常运行。

依靠教代会促进民主管理。工会、妇委会、老教协要在政策许可范围内开展关心教师身心健康、提高生活品质、和谐校园文化的有益活动。做好老教协工作，安排好常规体检，关爱离退休教师。适时安排文体活动，愉悦教师生活。关心慰问因病住院、怀孕生产、家庭困难等教职工，做好困难帮扶工作。尽最大努力创造条件让教师能开心工作、快乐生活，让学校成为温馨校园。

办公室、工会牵头，退休教师协会参与，筹备建校 40 年的校庆活动。

做好各项服务保障工作。克服经费下调甚至短缺的困难，与物业、用餐、保安公司协商，培训员工、加强管理、提升服务质量。对四校区的卫生保洁、消防安全的常态巡查。加强交通、防火、道路交通安全的巡查。加强饭堂进货的品质检查、督促，共同商议用餐标准并对其检查和定时反馈，确保师生的用餐安全、营养。

政策与经费许可时，争取区教委立项，启动校园部分设施的更新、环境的改造、优化。

抓宣传提高学校美誉度。把握正确政治方向，严格落实意识形态工作责任制。紧跟上信息时代的步伐，以校园文化为引领，加强学校微信公众号、校报“海棠听语”、学校网站、学生广播站的舆论宣传工作，弘扬正能量。在宣传学校活动、成果的同时，多一些学生和教师视角、多一些讲故事的形式，宣传优秀的学生、教师、干部、班级、年级组、教研组的内容。加强与各主流媒体及“朝阳教育传播联盟”合作，提升学校知名度与美誉度。

（2021 年 1 月，北化附中教化会通过）

横琴粤澳深度合作区第一中学 五年发展规划（2024—2028）

一、发展基础与现状分析

1. 历史沿革

横琴粤澳深度合作区第一中学创立于1989年，原名珠海市横琴中心学校（1989年开始附设初中）。学校原址位于横琴镇红旗村，租用南海前哨“钢八连”的营房做为教学用房。1992年，横琴经济开发区成立，管委会投资在石山村现址兴建学校。1995年8月，建成，珠海市横琴中心学校迁入，并把原小横琴小学、新旧村小学和四塘教学点、深井教学点撤并到新建学校，更名为珠海市横琴第一中学，为九年一贯制学校。1995年8月至2002年由横琴经济开发区管委会管理，2003年至2008年，划入珠海市香洲区教育局管理。2008年横琴新区成立，学校划回横琴新区管理。2012年更名为珠海市横琴新区第一中学。2014年12月16日，横琴新区管委会将珠海市横琴新区第一中学委托给珠海华发教育产业投资控股有限公司管理。2015年，为适应横琴新区发展，中小学分离办学，小学迁入新校，中学成为独立初中；同年，原校舍拆除重建。2018年9月3日新校舍落成使用。2023年11月20日，中共珠海市委机构编制委员会批复学校更名为横琴粤澳深度合作区第一中学。

2. 学校概况

横琴第一中学是公办学校，规划是完全中学，目前是初中建制。学校位于横琴粤澳深度合作区（以下简称合作区）石山村133号，占地面积48724平方米，建筑面积42603平方米。当年政府投资约2.7个亿，是横琴新区政府重点推进的民生工程，在一定程度上缓解了横琴高端定位与教育资源短缺的矛盾。

学校共有21个教学班，学生人数848人，初中三个年级各七个班。生源结构比较复杂，随迁子女约占学生总数的67%，横琴户籍约占25%。家长文化程度普遍不高，家庭问题多而复杂，家庭教育普遍缺乏。学生离校后自主学习的占比较低，学习基本靠学校老师指导与管理。

学校现拥有教职工90人，教职工团队整体平均年龄38岁。在编教职员工22人，平均年龄50岁。容闳派驻和补充招聘共68人，平均年龄33岁。专任教师本科学历合格率

100％。

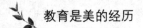

学校实行“公办民管”的新型管理模式。学校内部设综合办、教学处、学务处三个处室和党支部、工会、共青团委等部门，校长与副校长由横琴民生事务局和华发教育公司共同协商，聘任任命。

3. 主要成绩

自从委托华发教育公司托管以来，学校的教育教学质量不断提升，中考成绩和各种学科竞赛成绩不断提升，学生家长的满意度也不断攀升。在2023学年的满意度调查中，家长、学生、教师对学校整体满意度均继续维持较高水平，分别为94.72％、93.97％、91.94％。

2023年，学校普高升学率达到81.3％，超过珠海市平均水平，教育教学成绩稳中有进。其中4人通过珠海一中等自主招生升入示范性高中，是学校首次突破。

体育、艺术、科技等方面的竞技比赛屡获佳绩，特别是体育竞技成绩居珠海各初中学校的第一梯队。孙闻聪同学参加2023年全国中学生游泳比赛荣获蛙泳100米冠军。2023年珠海市各项体育比赛中，我校还获得珠海市篮球锦标赛、武术锦标赛的一等奖。2023年珠海市科技劳动教育实践活动中，我校三支队伍获一等奖并进入省赛，两支队伍获二等奖。在“第一届粤澳两地青少年人工智能交流赛”中我校获得一等奖。

4. 面临问题

（1）办学规模

横琴岛上本来的常住人口及学生基数就不多，三年前拥有了两所初级中学，办学规模还得依靠岛外香洲区的一些生源。据悉，鹤州新区将委托珠海一中创办新的十字门中学，校址就在横琴大桥的一端，将香洲区的生源拦腰隔断。未来五年受学生人数及办学规模的影响，教师队伍的数量与结构要进行优化，特别是人心的稳定对办学质量的影响都存在不确定性。

（2）师资队伍

因历史原因，两种体制的教师队伍组合在一起，经过一段时间的磨合，价值观与行为习惯、教育教学思想、情感与态度等有了不同程度的融合，但依然存在着一些旧的观念和方法、一些不稳定的因素影响学校的办学氛围，影响学校高质量发展的整体水平。

（3）教育质量

学生的生源结构复杂，积分入户随迁子弟占学生总数的70％以上。单亲家庭、学习困难、心理问题的孩子占一定比例。家长文化程度普遍不高，家庭教育管理存在一些问题。由于上述原因，体现办学效益的各项指标数据虽然逐年攀升，但教学成绩等核心指标只是处于珠海市的中等偏上水平。横琴粤澳深度合作区的政治站位高，对教育的要求也很高。

现有的生源和师资，难以支撑起教育质量和国际化水平的高度。

（4）办学体制

“公办民管”的教育体制创新，在政策框架下如何理顺，在编与非在编人员的人事管理与薪酬管理，不同渠道的经费使用管理，常规管理中政府部门与公司总部的双重管理等各方面的关系，都是新形势、新体制、新平台面临的新问题，都存在着一定的不确定性。如何消除两种管理机制的冲突与矛盾，取得最有利的最大公约数，需要在项目推进中逐渐解决并逐步完善。

（5）学校文化

委托管理合作办学模式，华发教育体系与行政管理体系的差异，两种体制的教师结构带来两种思想和行为模式，必然对既有的学校文化产生冲击。如何处理学校文化的历史传承和未来学校发展的文化创新，及学校文化不断在重构过程中如何化解矛盾，依然是学校发展中不可回避且亟待解决的问题。

二、指导思想与发展目标

（一）指导思想

以习近平新时代中国特色社会主义思想为指导，全面贯彻落实党的教育方针，全面落实社会主义核心价值观培养。坚持立德树人，努力实践为党育人、为国育才，坚定不移的培养社会主义事业的接班人和建设者。

坚持依法治校、科研兴校、特色强校、质量立校。遵循青少年成长与认知规律、遵循教育基本规律与原则、遵循学校管理规律，通过教育过程尊重人的生命与人格尊严，提升生命价值与人生意义，促进人的全面发展和社会和谐发展。

以《国家教育十四五发展规划纲要》《横琴粤澳深度合作区总体发展规划》为基础；以先进的教育理念为引领，依托信息化技术赋能；以课程改革为主线，以内涵提升与特色发展为重点；依靠全体教职员工同心协力，扎实推进教育改革；着力核心素养培育，全面提高教育教学与人才培养质量。

立足于从政治上看教育，从民生上抓教育，从规律上办教育，从地域上兴教育。作为公办学校，横琴一中必须结合横琴粤澳深度合作区社会、经济发展面临的新挑战，探索教育的新机制、新体系、新平台、新举措，办学生向往、家长满意、社会认可的优质教育，办与合作区的政治、社会、经济地位相匹配的高水平教育，努力让高质量的基础教育吸引人才落户横琴，成为合作区社会经济发展的新引擎、新动力。

（二）基本原则

1. 坚持依法治校

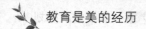

把依法治校作为办学基本原则，将常规教育教学管理和办学活动纳入法治轨道。创造条件让教师、学生、家长参与学校管理，享有发言权、行动权和监督权。运用法律手段规范学校管理，维护学校、学生和教师的权益，解决学校发展中出现的问题与纠纷。

2. 坚持创新驱动

发挥全体干部、教师、学生以及家长的创新意识、创新能力，在课程改革、学生活动、教师发展、学校文化、家校共育、信息技术赋能、国际教育借鉴诸方面，探索新的方法、新的内容、新的途径、新的空间，从而促进学校的全面、快速发展。

3. 坚持质量立校

横琴一中是公办学校，将进一步落实横琴教育“立德树人、启智润心、开放包容、创新发展”的教育理念，在课程的开放、德育的润心、教学的启智、方法的创新，以及立德树人等各方面下功夫，寻求新形势下“轻负担、高质量”的绿色可持续发展之路。坚决摒弃片面追求升学率，着力提升学生进步率，探索“文体活跃、身心健康、学业进步、全面发展”的绿色可持续发展之路。在科研兴校的过程中，实现内涵的优化、学业的增值，以质量赢口碑，进而实现质量立校。

4. 坚持特色强校

结合学校教师与学生的实际，紧跟当今国内外教改潮流，与时俱进找准特色发展项目，通过扬长来补短。培育与强化党建“三三工程”、“琴文化”、体育特色等，通过品牌效应带动学校的学生生源优化、全面质量提升，实现特色强校。

5. 依托华发教育

秉承华发教育的“绿色生命教育”理念，推动课程体系和育人体系的改革。依托华发教育公司的教师培训与教研机制，促进教师队伍专业化的发展，推动课程体系与人才培养模式的改革。引进容闳学校“正面导教”“成长银行”等研究成果，全面落实“德育为首”“全员育人”“立德树人”。

（三）发展目标

1. 时间界定

通常学校的规划以五年为界限。基于学校人事的变化，本规划时间界定为 2024—2028 年。

2. 办学目标

坚持内涵、优质、增值、特色发展，全面提升教师和学生素养，全面提升办学能力与质量。办与合作区的社会、经济地位相匹配的高质量教育，让学生体验到成长的美好、生命的增值与意义。办学生向往、家长满意、社会认可的优质学校。在文化建设、课程改革、人才培养诸方面取得经验，并在珠海市同类校起到示范引领作用。

3. 规模目标

在校学生 800－1000 人。

4. 质量目标

按照《框架协议》的约定，确保达成“九年内成为珠海市名校，办学满意度高”的目标。中考成绩的“一分两率”与入学的前测相比，学习成绩提升的幅度居珠海市的前列，实现学生学业增值最大化。在体育、科技和艺术的各项竞技比赛中，获奖学生的比例和等次居珠海市的前列。

5. 人才目标

在“修己达人”的校风熏陶下，成为具有“仁（待人友善）、义（维护正义）、礼（彬彬有礼）、智（善于思考）、信（信守承诺）”品质，能成就自己也成就他人的人。

6. 特色目标

立足于市内受到关注，区内无可替代，力争在党建工作、学校文化、课程体系、学业增值、人才培养、家校共育各方面有思想、有实践、有特色、有示范性、有影响力。体育及语文、地理教学争取在珠海市乃至全省同行内受到关注。

三、预期目标与实施路径

（一）坚持党建引领，强化“三三工程”党建品牌，领航学校发展

1. 预期目标

落实党组织领导的校长负责制，确保“三重一大”的议题 100%经过党支部讨论、集体决定。实现党组织对学校各项工作全面领导的常态化。发挥“三三工程”党建品牌引领作用，从思想、组织、监督各方面，把握好学校的政治大局和办学方向。

2. 实施路径与项目

坚持党建引领，落实党组织领导的校长负责制(此为规划立项编号，下同)。全面落实《横琴第一中学关于党组织领导的校长负责制工作的实施方案》《横琴第一中学党组织领导的校长负责制实施细则》，认真落实党组织领导的校长负责制。党组织实践对学校各项工作全面领导的工作机制，履行党章等规定的各项职责，把方向、管大局、做决策、抓班子、带队伍、保落实。

学校党组织负责事关学校章程、改革发展、行政管理的大决策、大责任、大协调。党

支部负责讨论决定学校重大事项、重要干部任免、重大项目投资、大额资金使用等“三重一大”议题，并且监督保障合法合规的执行。

将政治标准贯穿办学治校、教书育人全过程。加强党组织建设，强化政治功能，提升组织力。抓好“第一议题”“三会一课”，抓好民主生活会、年度述职评议、年度工作总结。每半年各有一次专题会议，分别研究党建工作计划、全面从严治党、意识形态管控、党风廉政建设、党员发展问题等重大议题。

抓好师德师风建设和社会主义核心价值观教育。抓好干部的教育、培训、选拔、考核，抓好教师的招聘、培养、任用、职评、考核工作，抓好师德师风建设，抓好学校的精神文明建设。

坚持“三三工程”党建领航行动。通过践行“三范”（领导垂范、党员示范、典型立范）、强化“三领”（突出组织引领、实施项目领衔、强化导师领军）和围绕“三关”（关注学生身心、关心学生学业、关注学生需求），在师德示范、专业引领、关心学生方面，发挥党员的先锋带头作用，促进学生和教师的共同成长，促进教育教学质量的提升。

全体党员要牢记为人民服务的宗旨。通过发挥基层党组织的堡垒作用、发挥党员的先锋示范作用，营造风清气正的校园氛围，持续提供正能量的发展动力。积极引领学校的课程改革，全面提升学校的办学质量，办学生向往、家长满意、社会认可的优质学校。

（二）探索以文化人的方式，构建“琴以修身，善以养德”的琴园文化

1. 预期目标

通过各种方式、途径、媒体宣传学校的办学思想、办学文化、校训、校风等，让80%以上的干部、教师、学生在教学过程、学校生活中领悟并且践行学校文化，并逐渐转化为自身的价值判断、思维方式、行为习惯，从而促进学校的发展。

2. 实施路径与项目

践行华发教育“绿色生命教育”办学理念。坚持“促进人的全面发展”的教育宗旨和“琴以修身，善以养德”的文化定位，培养既有修身立德、兼济天下的中华优秀传统，又具有西方科学与创新精神，兼具新时代“仁义礼智信”等优秀品质的现代琴园学子。

“绿色生命教育”办学理念认为：教育之于孩子，就犹如阳光雨露之于种子，自然地唤醒着、滋养着每个生命。教育犹如农业，应根据学生遗传天赋、知识基础、个性特征等，提供合适的阳光、水分、土壤、肥料等资源与环境。学校要开齐开全国家必修课程。在实施的过程不断改进教学方法，提高教学效率，努力做到面向全体学生，实行全过程、全方位育人。学校要根据实际开设适合学生发展的选修课、学生社团等，因材施教，让孩子们尽情的学习和生长，提升生命的价值与潜力，回归到教育的本质与意义。

反对片面追求升学率。学校和学生的发展不能没有升学率。学校应该是学习真正发生的地方，因兴趣而学，因学习而成长，因成长而终身学习。学校主张走绿色可持续发展的道路，提倡调动学生的学习积极性，发挥学生的学习主体性，在兴趣与成功的引领下，引导和督促学生自主学习。落实基础知识、基本技能、基本活动经验、基本思想方法，享受学习的觉悟过程与成长快乐。学校反对加班加点与题海战术，提倡绿色升学率，提倡文体活跃以有利于学生的身心健康。学校提倡每节课有 20 分钟让给学生的自主学习与训练，提倡当堂训练，提倡用“导学案”来落实自主学习与当堂训练。

“琴以修身，善以养德”的文化定位。“琴文化”始于先秦时期的朝会、典礼、祭祀礼。古代弹奏古琴要讲究沐浴等进入一种宁静平和的状态。古代“琴棋书画”被定义为君子之学，其中有“君子养德于琴”的说法，故琴居首位。“琴文化”讲究基于文化底蕴的人品端正，为人处世恭敬有礼，内心纯正平和。它与“达则兼济天下”的精神逐渐融合为一体，成为谦谦君子的标志，也是“琴文化”的核心要义。“善以养德”强调在日常生活中保持善良的品质，提高个人的品德境界，为社会环境营造正能量。学校人才的培养强调“德才兼备”“以德为先”，力求通过五育融合等一系列活动，培养德智体美劳全面发展新时代的新青年。

“琴以修身，善以养德”强调新时代横琴一中的青少年要有“修身立德，兼济天下”的追求。学校通过音乐课、美术课来培养音乐、美术技能。比如会演奏一门乐器，懂一门绘画技术。通过乐器的训练、绘画的过程，养成一种宁静的心态。通过三个学年段的释菜礼、立志礼、出学礼的仪式感教育，每年一度的文化节、科技节、艺术节、体育节以及其他系列的德育活动，逐步养成“修身立德，兼济天下”的品格，并且融合到课程的学习与日常的生活过程中去。学校努力将“琴文化”融合在课程与活动之中，贯彻落实习近平总书记对新时代的青年培养提出的“有理想、敢担当、能吃苦、肯奋斗”的新要求，立德树人，为党育人，为国育才。

“一训三风”是学校文化的核心。我校的校训是“求真、崇善、尚美”。求真是探寻事物发展的客观规律也是人类学习的本质属性；崇善是人性中区别于其他动物的最基本品格；尚美是人性社会化过程中最高位的追求。科学求真、人文崇善、艺术尚美，做事求真、做人崇善、人生尚美，这也是横琴一中“琴文化”在价值判断、思维方式、行为习惯的一种体现。

学校的校风是“修己达人”。它的含义是：个人修炼、成长过程中，不断地完善和壮大自己；同时也要致力于提升自己的能力和境界，帮助和促成他人的价值实现，为社会发展做出更大的贡献。这既是学校教育的本质与功能，也是“琴园人”“琴以修身，善以养德”文化熏陶形成的君子风范。学校的教风是“敬业、爱生、勤研、善导”。它强调敬重自己的职业并认真工作，爱心育人平等对待每一位学生，勤于钻研教材教法提高课堂教学效率，“导而弗牵”启发引导学生自主学习。学校的学风是“笃志、笃学、笃思、笃行”。它旨在希望同学们立志求学、专心好学、学思结合，鼓励生生相助，最终学习不断进步并迈向成功的人生。

组织讨论形成共识。学校发动师生讨论办学思想、文化定位、校训、“三风”等的意义。深化认识、挖掘内涵、统一思想、付诸行动。在学校的各种会议，包括开学典礼、全体教师会、年级组会议、家长会等进行宣传，多讲师生“修己达人”的故事。在学校的各种宣传栏、走廊、教室、橱窗文化，信封、信签、笔记本、PPT模板等学校文化用品，公众号，报刊等进行宣传。尽最大的可能让学校的办学理念、办学文化与校风深入人心，转化为各自的价值观、思维方式和行为习惯。

“琴园”文化与思想融入学校课程。学校的课程规划与设计以及实施，应该以学校的办学思想和文化为指导，通过融合与渗透转化为思维与活动。学校通过评比来促进实践，通过“师德标兵”“最美琴园人”“琴园好声音”“琴园好辩手”“琴园小画家”“琴园小劳模”“优秀班主任”“优秀教练员”“优秀干部”“学习标兵”“科技标兵”“体育标兵”等的各种表彰活动，树立典型、营造氛围、促进辐射。通过思想引领、榜样示范、情感熏陶、潜移默化，引导师生做“绿色生命教育”的践行者，努力实践“琴以修身、善以养德”，做“修己达人”的示范者。

（三）优化课程育人渠道，构建有特色的横琴一中课程体系与教学范式

1. 预期目标

开齐开全国家必修课程。从培养核心素养的视角出发，改进教学方法，提高课堂教学效率，实现国家必修课程校本化。确保100%的在籍在读学生如期毕业。力争中考成绩的“一分两率”与入学的前测相比，提升的幅度居珠海市的前列。积极推进适合学生个性发展的校本课程建设，确保100%的学生选学了选修课程。

2. 实施路径与项目

如何面对新时代的教育。新时代是中国共产党承前启后、继往开来，中国人民奔向小康社会、共同富裕，实现中华民族走向复兴，中国特色社会主义建设取得成功，走向世界舞台中央的时代。未来的时代，在全世界各领域范围，可能是青年人与智能机器人争夺就业岗位的时代。人才的培养必须有更高的理想信念、爱国情怀、知识见识和奋斗精神的要求。横琴一中要认真研究新时代对人才的新要求，创新教育方法与途径。要研究新的管理体制——公办民管，研究新的教育环境——与澳门学校两元并存，研究新的教育要素——

数字化智能技术的应用，研究新的学习方式——项目式学习，研究新的学习动力——向同伴讲解，研究新的课程——跨学科综合课程，研究新的师生关系——平等对话中的首席。以上都是全体师生共同面临的新形势、新任务，需要在创新实践中获得经验和成功，进而培养能“修己达人”的学生，为合作区相匹配的高质量教育贡献力量。

组织学习新义务教育课程方案。新课程方案是教材编写、教学实施、考试评价的依据。新提出的核心素养概念主要有文化基础、自主发展、社会参与三个部分组成。核心素养整合了三维目标的知识与技能、过程与方法、态度与价值观，实现“结论性、过程性、价值性”的三合一。要认真研究新形势下教学目标的表述方法，布鲁姆的教学目标分类依然是值得借鉴的科学依据。新方案明确了学科知识由基本概念、基本原理、基本逻辑结构三个部分组成。新的教学结构包括内容结构、过程结构、组织（经验）结构。用新的视角去分析课程标准与教材资源，从而设计新的教学过程与结构。新提出的大单元教学概念包括大概念、大主题、大项目（任务）。大单元教学的四个原则包括基于理解的情境设计、走向深度学习、逆向思维设计教学、注重问题解决与实践应用。对于基础薄弱的学生，大单元教学可以主题或项目小一点，步子慢一点。跨学科整合包括学科内知识整合、跨学科主题学习，以及综合性课程学习。重视实践环节强调让学习基于生活、回归生活、服务生活。让身体与心理、感性与理性、直接经验与间接经验得到有机统一。学习的四个转变表现在：从他人给予问题转变为“自己发现问题”，从所学方法解决问题转变为“形成自己的解决方案”，从是否知晓和运用知识转变为“能否审视改进所学知识”，从知识和能力的获得转变为“知识与能力的期待”。作业的四种类型包括有基础性、探究性、实践性、跨学科。学教评一体化应该注意：不是评估学生学到了什么知识，学到了多少，而是评估学生学习的兴趣点、怎么去学习、遇到困难时的努力、是否关心并帮助他人等。应该特别注意站在学生学习的视角，以学定教、以学定评。

构建“适度多元”的校本课程体系。利用合作区的位置与政策优势，在校本课程上构建“适度多元”的课程体系，满足学生的兴趣与个性发展需要。在政策许可的前提下，引进澳门的课程与师资，丰富学校校本课程，供同学们选修。采用购买服务的方式引进优秀的师资，开设科学、体育、艺术、劳动四个领域的校本选修课。一方面是培养爱科学、爱劳动的实践与创新能力，另一方面是培养学生的运动锻炼与竞技能力，第三是培养学生发现美、创造美、欣赏美的能力，第四是培养学生的劳动价值观、劳动技能和意志品质、劳动习惯。体育科组重点打造游泳、田径、足球、棒球、匹克球、舞龙舞狮等项目。艺术科组应该打重点打造舞蹈、合唱、民乐、陶艺、扎染、刺绣。科技类重点打造无人机、机器人、Steam 课程。劳动实践课程要着眼于培养学生一些进入社会的基本的生存、劳动与生活能力，继续抓好中草药园、水培植物园的建设，开设中医药文化校本课程。开辟“趣耕园”部分蔬菜种植劳动基地，让初一的学生学会种菜，领会农民的辛苦，懂得珍惜粮食。投资建设新的厨艺教室，让所有的学生至少学会炒一种菜。继续推进语文阅读课程、集体生活课程、英语创业体验课程。精心组织主题研学，引导学生用探究的视角去观察自然和社会，注重动手实践，进行必要的记录，组织学习成果的汇报与展示，并将其纳入成长档案。

“琴文化”努力融入课程体系。认真贯彻落实国家课程计划与课程标准，积极推动新一轮课程改革实验。立足于学生的全面发展、素质教育和学科整合，构建具有基础性、多样性、时代性特点的“国家必修＋校本选修”的学校课程体系。校本选修课程以融合人类优秀文化的体育、艺术、科技为主线，以培养学生的拼搏精神、艺术修养、创新精神与实践能力为核心。着眼于学生的全面发展，尝试将“琴文化”中“修身立德，兼济天下”的追求融入课程建设教学过程之中。把课程的自主选择权还给学生，通过全体师生“修己达人”的实践过程，让课程充满了生命活力，让学生体验到学习过程中的责任感、成功感、幸福感。

将校训融入课程体系建设之中，学校课程体系形成三个系列。一是“学真”系列，包括学会学习、人文积淀、科学创新三个领域，培养学生追求真理、做真学问、悟真智慧，进而强化国家课程的核心地位。二是“德善”系列，包括自我管理、健全人格、责任担当三个领域，引领学生具善知、出善行、行善举，从而立德树人结善果，终成君子之德。三是“人美”系列，包括培养劳动意识、健康体魄、审美情趣三个领域，引导学生用心发现美、积极创造美，外塑形象，内美素养。

充分发挥师生的双主体作用。教师是教学的主体，教师应该是课程发展的先行组织者、开发者、促进者。教师是师生交互、课程生成过程中平等对话的首席。教师教学不是授人以鱼，也不仅仅是授人以渔，而是为学生的发展营造一个广阔的渔场，营造一个让学生能够充分自主发展的课程空间。学生是学习的主体。学习的本质是学生的自主学习与觉悟。学生不仅是课程的学习者，也是课程生成过程中的主动参与者。教师要把学习的主动权还给学生，想方设法发掘学生的学习兴趣，培养学生良好的学习习惯与方法，让学生体验到从成功走向成功的快乐与幸福，享受学习过程中的生命意义。

构建有特色的横琴一中教学范式。琴一中教师群体已有许多成功的做法。有必要在过去学习洋思经验、现有教学实践的基础上，在理论层面总结和提炼横琴一中课堂教学的价值判断、教学原则和方法论。比如价值判断：学习的目的是为了引导学生学会思考，自主学习；有效的德育让学生三观正确，是提高学习质量的最重要途径；学困生的课后个别辅导是提升学习成绩不可缺少的重要手段；教师是教学活动过程的先行组织者、引导者、点拨者、评价者。比如教学原则：把学习的主动权还给学生，每堂课确保20分钟还给学生自主学习；学生能够自学搞懂的内容，教师坚决不讲；同桌互相帮助，可以实现双赢，帮助者的自我梳理与讲解是最大的得益；作业和试题的设计要有整体概念，经典与补充联系结合；教师自己要先做一遍并预测学生的知识与思维障碍。比如具体的方法：自主阅读画关键词、画思维导图、解题训练、提问与试题设计、归纳小结、向他人讲解都是最有效的学习方法；随机抽签抢答、游戏抢答、小组积分奖励等让刷题变得更有趣味、更有竞争性；好记性不如烂笔头，不同形式的变式训练，有助于提高解题的速度与正确率。上述是部分老师比较成功的做法，值得所有老师借鉴运用，特别是学生学习过程的“读思听练讲测”六个环节，是横琴一中构建教学范式的应该重视的基本环节。

借助小切口推进学科组建设。学科组建设是全面提高教学质量的重要途径之一，借助小切口可以带动学科教学的全面改革。语文学科探索依托“名师工作室”切实开展高质量的教研活动，支持与帮助学生文学社团编辑出版学生刊物“琴园”。数学学科以项目式学习为抓手，围绕解决社会生活及科学技术中遇到的现实问题进行改革教学，从分层教学的角度培养学生“数学建模”的兴趣。英语学科着眼于国际理解教育视域下的教学思考、转变与实践，并争取课堂的常规对话实现英文交流最大化。物理学科加大课堂演示实验和学生分组实验的开设率，重视学生科学探究和科学思维的培养与生成。化学学科可尝试编制跨学科综合性强的课堂练习，用社会化、生活化的教学素材来丰富课堂。生物学科开展部分内容的项目式学习的先行实验。历史学科从讲好名人故事入手，确立积极进取的人生态度。道法学科利用二分钟时政热点（或新闻），落实红色基因培养，开展变式训练。心理学科如何帮助学生掌握学习与人际关系困扰的方法。地理学科将课堂教学与时政新闻相结合，从生活中的地理学习相关知识。艺术学科积极探索跨学科融合，融入舞蹈、戏剧、影视等内容，多一些学生实践创作过程，从而真正的培养审美情趣与能力。体育学科以体育中考为方向设计大单元教学内容，合理安排练习密度，帮助学生掌握1－2项运动技能，养成终生体育锻炼的意识。

数字化技术赋能教育改革。重视现有“希沃”信息化设备的教学功能的开发，主动迎接数字化技术对教育的挑战。继续探索常态化的线下教学与线上教学的无缝衔接转换机制。运用信息技术进行集体备课，减轻教师备课压力，实现教学资源共享。重视人工智能和大数据分析对于教学诊断、考试诊断、学生诊断的应用，成为教师发展和学生成长的智能平台，因材施教提高教学质量。应用大数据分析推进学教评的一体化教学研究，分析落实学困生的辅导。运用数字化技术提升办公管理、图书资产管理、课程与学分管理、学生成长档案管理、工作绩效管理效益。

推进国际教育交流活动。在民生事务局的支持下，与香港、澳门、新加坡三地，至少各有一个结对的姊妹学校。每个学期至少有一次与香港、澳门、新加坡等地学校的学生、教师交流互访活动，与港澳的学生进行体育的同场竞技与艺术的同台表演。选择合适的理科教学主题进行同课异构的教学交流与研讨。多渠道面向港澳招生，帮助港澳学生享受国家优质义务教育。通过购买服务的方式聘请港澳的教师来学校上课。通过国际教育交流活动，师生们可以开拓视野，增进国际理解，更好地适应全球化时代的到来。

(四) 支持教师主动发展，打造一支“敬业爱岗、专业精湛、修己达人”的教师队伍

1. 预期目标

引领教师聚焦新的课程方案、聚焦学生及学习过程，提高课堂教学效率，走绿色升学率的道路。打造一支具有“心有大我、乐教爱生、勤学笃行、至诚报国”教育家情怀的优秀教师队伍。确保95%以上的教师年终绩效考核在良好以上，其中30%以上的教师达到优秀乃至卓越，力争有1—3名的教师的教学特色和业绩，在珠海市乃至全省有较高的影响力。力争教师的满意率在90%以上，把学校办成教师自我实现与自我超越的的精神家园。

2. 实施路径与项目

整体谋划教师培养路径。明确教师是学校第一生产力。立足于学校实际，以校本培训、校本科研、集体备课为依托，促进两种体制下的教师的融合，形成共识与合力，全面提升教师课堂教学能力。适度借鉴外校专家力量，有计划、分层次的构建“教坛新秀——教学骨干——学科带头人——省市名师”的梯级教师队伍。教师专业发展的关键是本人的自觉、主动、自我反思与改进，学校运用资源的优势提供全方位的支持。

班主任是学校最基层、最关键的管理者，也是学生在校学习环境的关键影响者、学习活动的主要组织者、习惯养成的主要引领者。学校规划班主任培养可实施路径，落实骨干班主任、名班主任培养计划。充分发挥优秀班主任的引领示范作用，促进青年班主任的成长，减少班主任老师过重的额外的工作负担，打造一支积极性高、凝聚力强、专业过硬的班主任队伍。

教师制订个人发展计划。每位教师在学校发展规划的基础上，应该结合自身的实际，拟定个人发展计划。内容包括任教的课程计划、班主任工作、参与教育公司或者区以上继续教育、教育科研课题、教学总结与论文、各种教学评比、辅导学生计划、职称晋升计划等。教师都是受过高等教育有主见的文化人，又因为在学生面前有绝对权威的职业特点，自信的优点也可能转化为自负且保守的缺点。提倡教师查看自己的上课录像，在复盘的过

程中删除多余的话，加入新的构思，这种发现优点和改进不足的反思性学习可以加速教师的发展。名师的成长主要是自我反思和不断改进提升的过程，鼓励教师结合教学实际写教学反思。优秀教师肩负着传播知识、思想、情感、真理的责任，因而要做到教书与育人、言传与身教、潜心问道与关注社会、学术自由与规范的四个融合，才能做到以德立身、立学、立威、立德树人。

主动参加集体备课。教研组、备课组是最基层的学术性组织，也是教师专业发展的最好平台，是教学质量提升的技术支撑。参加集体备课是每一个老师的责任和义务。每次集体备课应该有主题、有主要发言人、有民主讨论、有基本一致的意见、有会议记录。集体备课以解决问题为导向，研究课程方案、单元教学，研究每堂课的教学目标、知识架构、教学中可能存在的问题和解决方案、典型题例、作业设计、游戏抢答，以及上课用的PPT、导学案等。在集体备课、资源共享、解决规定动作的基础上，鼓励教师的自选动作，再思考、再创造，实现个性化教学、因材施教。要求教师每年承担一次公开课，参加一项教研课题，写一篇教研论文。鼓励教师通过集体备课、互帮互助、共享资源、提升专业素养，形成风清气正的教师氛围。

积极参加各级各类培训。除了参加学校组织的常态的校本培训活动以外，每位老师都有责任和义务参加华发教育公司、香洲区、珠海市的教师培训活动和教研活动，而且应该争取有更多的发言和展示机会。学校争取和陕西师范大学等高校学术机构取得联系，借助陕西师大杂志社八个学科学术刊物编辑部的优势，在学术研究上进行战略合作的探讨，培养一批青年骨干教师和学术人才。学校鼓励和支持教师外出参加各类正规的学术会议，鼓励教师参加各种教学论文、教学设计、优质课评比活动。条件成熟时，适时聘请北京师大、华东师大的专家教授来学校讲课、指导工作。

青年教师成长营与读书会。学校要下大力气有计划的培养一批青年骨干教师。对一些工作上有热情、有能力、有追求的青年教师，要给机会、搭台子。引导青年教师结合教学实际研究教学、主动听老教师的课吸收有益经验并改进教学、读书交流分享读书经验、争做班主任密切师生关系、参加教学竞赛提升教学、课题研究与论文撰写提升学术能力。开展师徒结对，青蓝工程等，加快青年教师成长步伐，争取三年合格、六年成熟、九年成为骨干教师。

围绕教学问题进行科学研究。教师的主业是教书育人，工作业绩主要看任教班的成绩。教学改革与教育科研是为了发现教学中存在的问题，进而改进并提高课堂效率，服务于学生成绩的提高。学校鼓励教师树立科研意识，拟定科研计划，并结合教学实际中发现的问题开展课题研究。将课题研究成果运用于教学实践与创新之中，进而改进教学，提高质量，实现科研兴校。教学的工作岗位虽然平凡，但教师的工作不应该平庸，不应该得过且过，而应该是满怀激情、积极进取、追求梦想，与时俱进的学习新理论、新知识、新技术，不断反思与改进，提升自身的专业能力，享受工作过程及工作成果。

积极参加“山海琴盟”的教研活动。学校本着“共创、共建、共享、共赢”的宗旨，与中山北区中学、中山实验中学、佛山市南海映月中学、珠海市金海岸中学五所学校组成“山海琴盟”。各校之间加强交流与合作、推动学科建设与教师专业发展、加强课程与教学方法的研究，共创共享资源，促进教学质量的共同提高。这种教育教学研究的联盟，各校之间不存在竞争关系与利害冲突，可以起到减轻教师负担、改进教学方法、共享教学资源、提高教学质量、结交一批同行朋友等多重目的。

严格教师准入和职称评聘、绩效考核。根据义务教育课程设置方案，设置合理的教育教学岗位，做好人事计划编制。按照规定程序和要求做好补充人员的招聘工作，严格教师资质审查，用好每一个人员编制。按照上级部门的文件规定和学校制度抓好教师的评聘工作，促进教师的师德和师能建设。按照国家标准和要求，积极推进教师的职称评聘与晋升制度。按照“多劳多得、优劳优得”的基本原则，以及公开、公平、公正的程序，做好每年的业绩考核与奖励工作。创造条件支持教师参加区、市各级骨干教师、优秀教师的评比。

关心教师的切身利益。教师是先进文化的传播者，青少年健康成长的引路人，因而更应该德为人师、行为世范、言传身教。教师也是普通人，也可能有缺点，但在学生与同事面前应当是真实的人，有职业操守的人。学校创造条件支持教师不但要专业发展，也应当全面发展，包括经济待遇、生活条件的改善。在成就学生的同时，教师也应当过上体面的生活，活出尊严和幸福，提升生活质量和生命的价值。

依托工会开展有益于教师身心健康的活动，比如节假日的慰问活动、产妇和病人的慰问活动、福利用品，协调解决教师子女入托入学问题。积极开展文体活动，促进教师的身心健康。聘请专家对教职工进行提升工作品质，特别是提升生活品质的技能培训，比如烹饪、化妆、着装、插花艺术。在政策许可的范围内，关心老师的经济利益，支持老师的职称评聘。创造条件创建教师民乐团，在培养教师的艺术爱好、技能的同时，引导教师发现美、体验美、创造美的同时，培养积极面对生活、愉悦心灵减轻压力、幸福家庭生活的意识与能力。这也是每一位教师浸润“琴文化”“修己达人”的自我修炼过程。

（五）提供丰富多样的土壤，让自主学习、自我管理成就一批批具有新时代“仁义礼智信”特质的学子

1. 预期目标

学校尽最大可能提供丰富多彩高质量的课程与活动，让学生在校园生活中尽情的吸收营养，在自我成长中成就他人，成为具有新时代“仁义礼智信”品质的横中学子，向着“有理想、敢担当、能吃苦、肯奋斗”的目标奋进。确保 80%以上的学生能考入普通高中。力争有部分学生在体育、艺术、科技方面参加各种比赛获奖。通过高质量的办学，确保学生和家长的满意率提升到 90%以上。

2. 实施路径与项目

学生是学校的主人翁。既然是学校，顾名思义，学生就应该是主人。教师和学校管理层相当于提供服务。学校应该让学生全方位参与学校的常规管理，切实发挥学生的主体作用，才能提供更本质、更优质的服务。培养学生的自主发展、文化基础、社会参与等核心素养，从而彰显学生的主体精神。召开学生代表座谈会，设立校长信箱、校长接待日，听取家长及学生对办学思想、课程设置、考试评价、辅导交流、文体活动、研学实践、食堂管理等各方面的意见，并根据家长及学生的建设性意见调整工作计划。

探索知行合一的德育路径。课程育人要讲政治，活动育人重在体验，管理育人注重内化，文化育人要有氛围，协同育人联动是关键。育人的最佳结果是知行合一。学校重视德育的发展性、延续性、有效性，推动生活化德育和德育融合等大德育观的落地。将价值观教育、公民道德教育、文明礼仪教育、日常行为规范教育、法制教育作为德育管理的基本内容。将德育贯穿于学生的行为习惯养成过程中，及时发现、预防、干预学生的不良行为。在知行合一、潜移默化、持久行动中提升学生思想道德素质。思想政治教育要融入课程教学之中，渗透国情教育、道德教育、法制教育和历史文化教育。充分利用道法课、历史课渗透中共党史、新中国史、改革开放史、社会主义发展史的教育。通过各种形式加强中华优秀传统文化教育、爱国主义教育、核心价值观教育、红色基因教育，让“四个自信”在学生的灵魂深处生根发芽。引导学生胸怀天下，在成就自我的过程中为社会做出贡献，从而实现立德树人，为党育人，为国育才。

努力实现学生自主管理。把应有的责任和权利归还给学生。在学务处、团委、年级组、班主任的细心指导下，依托学生会、班委会，放手让学生自主管理。帮助学生进行学生社团的组建、活动安排与评价。让学生参与开学典礼、结业典礼、升旗礼、广播站、离队入团仪式、文化节、艺术节、科技节、体育节等大型活动的策划与组织。体育节和艺术节要努力实现全员参与，在普及的基础上进行竞技比赛。年级的学生会可以组织班级之间的篮球、合唱、绘画比赛，活跃年级的文化氛围，培养集体主义意识。常规的课堂管理中，班主任要善于发挥班干部的作用，并适时予以指导与调控。学困生的帮助要发挥同桌

优秀生的作用，在互帮互助中实现共同进步。进一步探索“成长萌伴”评价管理系统应用办法，创新学生自主管理体系。

学生是校园文化的主体。学校的各种橱窗、展板、板报、校报、宣传栏的布置与内容，都应该是学生为主。让学生的优秀作业、美术、书法、摄影、手工、科技等反映精神风貌的作品呈现在校园文化之中。向广大学生征集校歌、校旗、运动会会徽、迎春对联等，从而培养学生的爱校精神与创造力。校园文化更多的表现为学生的价值判断、行为方式。常规的“自主管理”比如“错峰就餐”的管理等，要发挥学生会的作用，让学生自己去比学习、比劳动、比纪律、比卫生、比班风、比文明。在比的过程中互相帮助、互相促进、共同进步。在各种管理和评比中，一方面培养学生干部、学生领袖；另一方面是逐渐形成共同的价值判断和行为方式，逐渐形成“修己达人”的良好校风。

落实班级文化建设。班级文化是校园文化最基础、最核心的部分。继续继承和弘扬学校班级文化的举措，让富有激励特色的班级口号、班级公约、班训、班歌、班徽、班主任寄语、班级特色活动、学生作品展示、优秀个人展示、优秀小组展示、红币展示等丰富班级文化。营造富有成长信息、健康向上的文化氛围，培养班级的凝聚力和荣誉感。创新班级文化新途径，发挥每位同学的创造力，让每一面墙都说话，让班级充满奋发向上的青春活力。

“琴文化”融入德育活动。“琴文化”中“修身立德，兼济天下”是一种严于律己、胸怀天下的信念与追求。其中日常生活中的修身有一个重要的行为是待人以礼。这种礼仪不仅仅是形式上的彬彬有礼，更多的是对他人、对规则、对社会的一种价值观与行为习惯。学校三个学年段的释菜礼、立志礼、出学礼等仪式感活动应该进一步发扬光大，让校园成为师生互相尊重、谦逊有礼的文明校园。引导孩子们要知、情、意、行相统一并走向知行合一。走出校园的横琴一中学生礼仪应该是一道风景线。做好“新时代好少年”“最美南粤少年”“红领巾争章”“优秀团员”等优秀评比、优秀学生展示工作，在校园内形成环境熏陶、榜样引领、同伴影响的良好校园氛围。

年级组长负责的“扁平化”管理。年级组是最基层、最重要的行政管理组织。充分发挥年级组长在学校管理中的职能作用，做到宏观调控，统筹帷幄。各年级要以抓好班风、学风建设为突破口，规范学生的言行、净化学习生活环境、形成浓厚学习气氛。既要严格要求学生，又要关心、尊重、服务学生，努力使学生养成“笃志、笃学、笃思、笃行”的学习习惯。切实抓好学生的思想道德、行为习惯、卫生清洁、纪律作风、文体活动、研学实践、劳动教育、大型集会、优生培养、学困生辅导、值周考勤、考试管理等常规性的繁琐管理工作，培养学生的集体荣誉感和责任感。指导班主任工作，树立良好的班风，在年级中形成一种相互竞争的良好氛围。年级组要带好教师团队，建立良好的沟通合作机制，更要组织和调动家委会、家长、志愿者协助学校做好各项学校管理工作，从而真正实现家校共育、立德树人，使学校管理走向精细化、科学化。

重视心理健康教育。当代社会的快速发展，青少年心理问题发生率呈上升趋势。掌握一定的心理健康知识和技能，已经成为学生成长与发展的重要任务。据不完全统计，青少年抑郁风险检出率超过20%。学校积极推动心理健康教育，积极构建心理教育校本课程体系、心理危机“干预工作机制”、建立心理素质训练拓展活动机制等。加强心理健康指导中心建设，发挥心理咨询室、团队辅导活动室等功能室的作用。加强班主任心理健康教育能力，加强心理健康与德育的融合。制定运动处方，开展体育拓展活动。在学生个性化心理辅导过程中将认知与行为训练相结合，把预防和矫正相结合，将通识教育与个别辅导相结合、以促进学生心智健康发展。日常工作中利用信息设备与家长进行沟通外，支持班主任对于特殊困难的学生进行实地家访。

着力培养学生良好的习惯。习惯养成是学生成长的关键。学习成功不但取决于智商，更取决于情商，并具体表现为日常言行习惯。学校和家庭要着力培养学生尊重长辈和教师、预习并带着问题听课、听课时做笔记和勤于思考、及时完成作业并整理错题的习惯。学校还要着力持之以恒的培养学生以下习惯：汉字和英文书写规范、爱好一种体育锻炼、学会一种艺术表现方式、参与志愿服务和公益活动、与父母共同承担家务劳动等。学习和成长的本质是认知觉悟、习惯养成、人格和人性趋向于完美的过程。学困生与优生的差距未必是智商，可能更多的是情商，包括学习态度、习惯、意志力等。学校和教师应该对学困生多一些鼓励，提供多一些支架帮助。比如鼓励学困生在原有学习基础上总分提高20分，树立一个跳起来能摘桃的目标；引领他们逐渐走向成功，又产生想跳的积极情绪；每天都有进步，积累积极情绪，让“要我学”变成“我要学”。让学困生在课堂上的忍受，变成接受，再变成主动学习的享受过程。

作为体育特色校，要充分发掘体育在增进健康、增强体质，培养竞争意识、契约精神、承担风险、迎接挑战的各种心理品质的积极意义。学校还将加大体教融合的内容与力度，通过体育运动让学生拥有健康体魄，积极拼搏、永不服输的精气神。通过体育比赛，让学生有机会得到挫折教育，从而促进学生心健康发展。在培养体育特长生，发展竞技体育的同时，实施阳光体育工程，确保学生每天的体育活动不少于一小时，努力实现运动会的项目学生全员参与。

努力实现家校和谐共育。家长不仅是监护人，也是孩子第一个甚至终身的教育主体。要发挥家长的言传身教、潜移默化的正面教育作用。全方位、全天候向家长开放校园，鼓励家长积极参与学校文化、课程建设、学生管理等常规工作。主动让家长了解学校、理解学校、支持学校。创新家委会的功能，聘请有热情、有能力的家长参与学校的教学管理、课程规划、志愿服务、学生管理，以及考试、体育节、艺术节的组织、交通安全疏导等。创新家长学校的功能，聘请有经验的专家、家长介绍家庭教育观念与方法，针对亲子关系、家校沟通、心理调试的方法等，传播典型经验，造福其他家庭。开展家长沙龙活动，创新家长群的功能，发挥微信群的正能量、正面导教的作用，及时沟通和分享教育经验以及个人成果。家校共育过程中除建立家委会、家长学校、家访制度、家长投诉制度外，还应该通过公众号、家长群、家委会、家长会等宣传典型的家教经验、优秀的学生和家长、学校的办学成绩与特色。学校对有困难的学生和家庭提供力所能及的特殊帮助。要特别注意尊重学生的人格尊严、身心发展规律、个性差异、未成年人本人的意见。

四、保障机制与措施

（一）争取上级支持

规划经过教代会讨论通过后，上报民生事务局、华发教育公司审批后执行。希望得到上级部门在政策、财力、物力、人力各方面的支持，从而确保规划中涉及的项目能够如期进行。在政策许可条件下，争取民生事务局在自主招生政策上提供支持，与横琴一小联合，实现九年一贯制培养艺术、体育特长生，以及运动队、民乐团、舞蹈团一体化建设等。

（二）加强制度建设

进一步落实和完善党组织领导的校长负责制，建立健全学校及部门工作会议制度。事关学校发展的“三重一大”议题必须经过党支部会议讨论。建立健全信息公开制度，事关学校发展的重大事项教代会审议制。通过工会教代会、党员民主生活会、校务公开、民主评议、公司直属财务和学校党支部纪检监督学校招采等方式和途径，实现阳光政务，降低廉政风险。进一步完善教师职称评聘制度、年度业绩考核制度，做到公正、公开、公平，从而调动教师的工作积极性。

学校管理要坚持实事求是的思想路线，避免形式主义和官僚主义。多开一些解决问题的短会，少开一些空谈漫谈的长会。干部要深入课堂、深入一线，了解教师和学生的需求，发现工作创新思路。教学干部沉下心去抓课堂质量，下大力气抓初三备考；做好学籍管理和日常的教学管理，做好教师专业素养的提升培训、为教师教学需求做好服务工作、优化校本课程结构、对中考政策做好宣传和解读工作。学务干部要抓好学风班风建设，做好班主任队伍培养和引领，协调好家校关系共建齐合作，打造精品德育活动助力学生全面发展，开展团队活动引领红心向党，网格化系统保障学生心理安全，规范日常行为培养良好习惯，助力培养琴园品德高尚好少年。综合办干部要主动服务群众和善于协调各部门的工作，耐心细致的推动日常的每周计划、会议安排与记录、档案整理、招采申请、基建维修、迎来送往、上传下达、迎检准备、工作总结、学校访客的身份管理等事务性工作。

（三）六方联合发力

党支部要发挥党组织的战斗堡垒作用。党员要发挥先锋模范带头作用。党员和干部要有为学校发展而努力的历史自觉与现实担当，提升工作标准、提升服务意识、提高管理效率。工会要维护教师合法权益，服务教师需求，关注教师及其家庭的社会福祉，在管理层和教师员工之间建立有效的沟通渠道。团委和学生会要积极开展各项活动，举办各种学生活动，维护学生组织的正常秩序，促进规划的落实和学生的全面发展。家长和家委会要积极参与学校的工作，推动家校和谐共育。六方齐心共同发力，促进规划的落实和学校的全面发展。

（四）加强校园安全管理

学校要加强饭堂食品安全、消防安全、交通安全、网络安全、校园活动安全、流行病防治等各种校园安全教育及管理。根据需要组织应急避险的知识学习与演练活动，提高学生的防灾减灾意识与能力。全体师生要树立一个意识：只有确保了校园的安全，才有可能谈学校的发展。

（五）加强宣传工作

内强素质的基础上，要加强宣传工作，外塑形象。加强与珠海特区报、珠海电视台等官方媒体的联系，选择时机宣传学校办学特色。充分利用公众号、视频号等自媒体，讲好横琴一中的“修己达人”故事，及时宣传学校的办学特色与成果。学校所有师生参加的研学活动、参观活动、演出活动都要认真组织，注意树立良好的形象。

（六）立项落实与评鉴促进

规划的实施路径和项目中，可以分成若干个子项目。各个部门，各个科组以及每位老师都有义务和责任申请立项。申请表格的内容包括：子项目名称、项目目标、项目内容、受益对象、预期效益、所需支持、责任团队、验收标准。申请通过后，按照申请的内容推进落实。申请表格的格式与内容见附件，并按照“一年小评鉴，三年中评鉴，五年总评鉴”的要求进行推进和落实。

项目推动的过程，实际上也是干部、老师们进行项目式学习以及工作创新的过程，是克服内卷、提升专业、体验创造与成功的过程。全体干部教师要发扬“抓铁有痕、踏石留印、持续发力、久久为功”的精神，锐意进取，迎难而上，抓好工作的落实。

学校规划落实所涉及的经费要统筹管理，优化配置。在保障教育教学日常工作顺利开展的基础上，确保对学校发展具有重大影响的项目经费使用。确因经费紧张，规划项目无法保障落实的不足部分，专文呈报民生事务局同意横琴一中列入下一年财政预算，增加专项经费投入。

附件：

横琴第一中学五年规划子项目立项表

子项目编号			
子项目名称			
目标·内容			
受益对象			
预期效益			
所需支持			
申请人 （团体）			
第一年检核标准		是否达标	
第三年检核标准		是否达标	
第五年检核标准		是否达标	

（2024 年 1 月 19 日，第六届教代会第三次会议讨论通过）

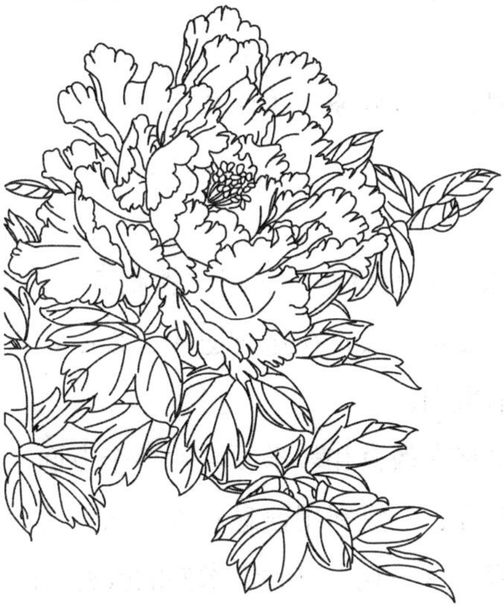

学校发展杂论

第 8 章

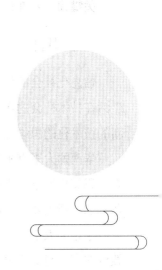

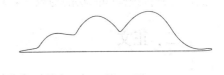

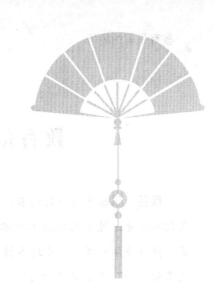

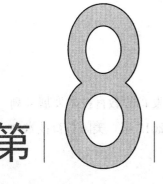

教育信息化发展的新思考

摘要：信息化社会的到来，是人类的价值取向、思维与行为方式转变的机遇。教育信息化应该是通过信息化技术引领教育观念、内容与资源、方法与技术、评价与管理的改革，促进办学模式与人才培养模式的改革。未来教育信息化的发展应该关注四个转变，即从重视“物”转向重视“人”、从重视“方法”转向重视“课程”、从重视“管理”转向重视“服务”、从重视“技术”转向重视“文化”。这四种转变有利于教育信息化促进教育现代化。

关键词：教育信息化、关注人、关注课程、关注服务、关注文化

一、引言

信息化社会的到来给人的生存与发展带来了新的机遇。法国学者雅克·埃里尔认为，生活在技术社会的人首先要适应新技术，适应技术社会；在这种适应过程中，人们获得了新的技术化的思维方式，乃至生活方式与价值取向。

华南师大李克东教授认为，教育信息化是指在教育和教学领域的各个方面，在先进的教育思想指导下，积极运用信息技术，深入开发、广泛利用信息资源，培养适应信息社会要求的创新人才，加速实现教育现代化的过程。这一观点得到学术界的普遍认同。

华东师大学者祝智庭认为，教育信息化的数字化、多媒化、网络化、智能化特点，在教育的应用与实践中，可以实现资源的全球共享与环境虚拟、超时空的自动化管理、教学与学习的自主与个性化、教学与学习活动的协作。这些都意味着学校教学与管理可以在很大程度上脱离物理空间与时间上的限制。

笔者认为，学校的信息化是指以互联网为基础，利用先进的信息化技术，实现从环境、资源到教育教学与活动的全部数字化；在传统校园的基础上，构建一个与之平行数字化时空，拓展现实校园的时间和空间，丰富学习方式与内容，创新办学模式与人才培养模式，提升传统校园的功能与效率，培养适合时代发展的创新型人才的过程。

二、正文

（一）美、英、日、印四国教育信息化的发展

美国政府高度重视教育信息化。1998 年，美国联邦教育部发布的教育技术发展计划的标题是“电子学习——在所有孩子的指尖上构建世界课堂”。2012 年，美国教育技术办

公室发布了名为《变革美国教育——技术推动的学习》的国家教育技术计划，明确提出 21 世纪的学习模式是“借助技术为学习者提供有趣的强有力的个性化学习体验”；“借助技术采用联合教学的模式来强化教师的教学能”；“借助技术优势，控制学习成本，改善学习效果”。目前，以“常青藤”高校为代表的大学大都构建了网络课程，通过网上的学习、辅导、讨论、交流、考试合格后可以获得相应的学分。不少中小学也不遗余力地构建自己的网络课程。概言之，美国教育界借助数字化技术的支持，构建学习者、教师之间跨时空的教学过程，仍然是领先于世界。

英国在教育信息化发展上也不甘落后。2008 年，英国教育传播与技术署发动了“下一代学习运动”。其核心是通过信息技术促进下一代提高学习成效，从而确保英国教育在全球的竞争力。英国大力推进网络远程教育，由剑桥大学等 12 所名校组成的英国网上大学 2003 年春季开始互联网教育课程，面向全球招生。2001 年，赫尔大学语言中心通过“魔林”开发的为期七周的远程语言学习中心，为学生提供了英语、拉丁语、日语等课程。其中小学注重信息技术与课程的整合，凸显面向学习者的价值取向，立足于学生的全方位发展等值得我们借鉴。

日本政府文部省于 2010 年 10 月 29 日发布了《教育信息化指南》，从推进学校行政信息化、信息教育体系的推进与构建、教学科目指导中的 ct 使用等九个方面入手力图“振兴教育”。日本重视数字化教材的开发，大力推进课程与信息技术的整合，强调信息技术教育要培养学生灵活运用信息的实践能力、科学理解信息的能力、积极参与信息化社会的态度。其从 e-japan 战略迈向 u-japan 战略雄心不小，力图建立一个“无处不在”信息化社会。

作为人口大国、软件技术强国的印度在教育信息化发展上也毫不逊色。其政府于 1998 年就提出了“信息技术超级大国”的战略目标，通过银行低利率贷款、分期付款的方式帮助学校、师生购买计算机，为各级学校提供信息技术课程并进行教师培训，并建立全国高速网络中枢，将全国六万所高中联网起来，运用数字化技术推进远程教育。

（二）我国教育信息化的发展

我国经济较发达地区也较早推进教育信息化。上海市基础教育信息化走在全国前列，2002 年底实现了“校校通”，并相继启动了“intel”教师培训、中小学特色网站建设。2004 年，在“校校通”的基础上推动了“管理通”“培训通”“教学通”“社区通”建设，加强了课程与信息技术的整合，不断完善以“电子教材”为代表的数字化资源建设，在基础教育信息化指标体系的建构方面也领先国内。

北京、江苏、浙江、广东的基础教育信息化建设也不甘落后，在硬件投入、师资培训、资源库建设方面都下大力气。如北京市在 2002 年就启动了“信息技术与学科课程的整合”改革实践；江苏、浙江、广东也从各自实际出发，分步推进；广东的深圳、佛山、东莞等经济较发达地区较早建立了教育城域网。但总体而言，国内仍存在区域内差异大、投入缺口大、领导和教师认识不到位、信息素养待提高、信息技术与学科整合的研究与实践待深入等问题。

国内在信息技术应用与实践研究做得最早、影响最大的是北京师范大学何克抗教授领衔的学科“四结合”。该项课题始于1996年，从语文“四结合”开始，走向中小学的所有学科，覆盖全国各省市千余所中小学，培养了一大批在信息技术与课程整合方面的优秀教师，成绩斐然。其次是华南师范大学李克东教授领衔的“基于网络环境的教学设计的实验研究”，始于1997年，侧重于网络教学的实验研究，覆盖上千所中小学，影响深远。这两位教授领衔的课题都具有立足一线学校、依靠一线中小学教师、面向数百万计中小学生，将理论探索与实践应用相融合等特点。他们是国内中小学信息技术与学科课程整合的研究与实践的真正开拓者。遗憾的是，随着两位教授的退休及年岁渐高，中小学信息化教育的研究与实践的领军人物似在减少，氛围也有淡化的迹象。

国内外教育信息化蓬勃发展的同时，仍然存在不少问题有待我们进一步去探索与研究。譬如，国外的研究因为语言障碍未能及时传播影响到国内。又譬如，国内不少名中学的网络学校仍然局限于“应试”的市场需要，真正服务于提升学生综合素养的不多。信息技术与学科教学的整合研究比较局限于课堂的教学设计，信息技术对于丰富办学功能与人才培养途径方面研究不多；基于实验课、实验班的案例研究多，但基于教学常态、减轻过重学业负担并提升教学质量与学生素养的研究少，如何应用于教学研究较多对德育的应用研究更少。再如，高校研究多集中宏观层面的理论研究，而中小学教师更多集中于具体操作方法的实践研究，两者往往不能有机融合，因而不易形成广泛推广的模式。即便发表不少冠以“模式”的论文，实际上也基本在方法层面。又譬如，学校管理方面的软件开发成果与应用不少，但数字化管理中如何降低成本，提高服务效益研究不多。

（三）未来教育信息化发展的思考

2010年7月，国务院颁布了《国家中长期教育改革和发展规划纲要（2010—2020）》；2012年3月，教育部公布了《教育信息化十年发展规划（2011—2020）》。从政府层面的两个规划来看，已充分认识到“信息技术对教育发展的革命性影响”，教育的信息化是“国力竞争和创新人才成长，建立人力资源强国”的需要，并拟定、指明了几个发展方向与重点，一是完善信息化教育的基础设施，二是强调用信息化引领教育观念、内容与资源、方法与工具、评价与管理的改革，三是通过信息化促进办学与人才培养模式的创新。依笔者看来，我国大部分学校及教育行政部门第一点投入最大，也有成效；第二点也在积极推进，出了不少经验与成果，但能广泛推广的成果却不多；第三点更多地体现在理论文章中，实践探索得极少。因此，笔者认为有以下几点是教育信息化发展中值得高度关注的问题。

1. 从重视“物”转向重视“人”

客观而言，无论是政府，还是学校在教育信息化过程中的硬件设备投入是高度重视的。个别前卫的学校甚至已做到教师人手一台、学生上课人手一台 ipod，这些投入的成效是显而易见的。然而，在信息化的社会环境中“人”特别是学生的价值取向、思维方式、心理世界的变化却是更加隐性、深刻的，也是对教育教学模式与人才培养模式影响最大的，更是教育改革中难度大、见效慢的。应该讲，无论是理论界还是一线管理层及教师，过去虽有关注但研究探索的力度仍不够。因此，基于信息化环境的德育改革、课程与教学改革鲜见眼前一亮的经验与成果。换句话说，技术是为人服务的；重视信息化环境对人（师生）的价值取向、思维方式、心理、人格、人才标准及人才培养模式等影响的研究，是真正的以人为本，是未来信息化促进教育改革的突破口。

2. 从重视“方法”转向重视“课程”

从相关报刊发表的论文及报道来看，基于实验校、实验班、实验课等尝试信息技术与课程整合的经验与成果不少，特别是关于运用信息技术促进教学方法的改革，建构新的教学模式的比较多。但是，像美国、英国的一些知名大学及中学，借助信息化技术构建网络课程，构建学习者与教师之间的跨时空的新型教学过程，实现网上学习的学分认定等做法应该是发展方向。国内可能因为观念或技术的原因，类似做法不多见。笔者认为，信息化对教育的最大冲击或者说带来的最大优势，就是让课程可以突破时间与空间的限制，而不是局限于学校、教材、课室与上课。当然，这里所指的课程，有“学习进程”的意味，泛指学校为实现教育目标而选择的教育内容、方法及其进程的总和。信息化环境的未来学校，课程应该不局限于教材或教师所授，应该不是既定、静态、外在于学习者的。可以预见，基于学习者与信息化社会、过程与内容相融合、动态生成的、学习者自主及个性化的网络课程；特别是个性化的小本课程，或者个性化的国家课程，可以让学习者网上注册、学习、互动、考试，获得学分甚至学历，实现超越时空的个性化学习。

3. 从重视“管理”转向重视“服务”

目前，财力充足的教育行政部门与各级各类学校，基本都拥有各种用于行政、教育教学管理的软件，初步实现了超越时空、便捷高效的网络管理。最典型的莫过于高考的网上报名、网络阅卷与查分、网上填报志愿与录取等。应该讲，类似信息化应用中，“管理”的成分多一些，“服务”的含量少一些。如何构建立于服务于学生乃至全社会（类似于报名与注册、学习与考试、申请与审批），更加开放灵活，更加简洁高效，促进优质教育资源共享，促进教育公平的教育资源公共服务平台，是未来教育信息化促进教育进步与公平，促进政府及学校职能转变，促进社会进步与民主的关键所在。这对于区域、城乡发展不平衡，政府职能部门服务意识弱的中国显得尤为重要。

4. 从重视“技术”转向重视“文化”

教育信息化通常会经历三个阶段。第一阶段是重视硬件投入，基础设施，关注“物”的建设。第二阶段是重视技术应用，方法创新，关注“技”的运用，这一过程本身也伴随着观念的转变。第三阶段应该更加重视的是“观念”的革新与新“文化”的形成，直至教师与学生这一对教与学过程中的两个主体，在教育与人才培养上的价值取向、思维与行为方式上发生根本性的变化，传统学校文化与信息化环境融合形成了一种新型学校文化，才能培养出适应及引领未来社会发展的创新型人才，才是真正意义上的信息化促进了教育的现代化。应该讲，国内较发达地区的教育信息化正经历着第二阶段，正走向第三阶段，任重道远但前途光明。

三、结束语

所有的技术都是人类创造的。所有的技术都应该是为人类服务的，信息技术也不例外。教育的过程主要体现在课程之中，教育信息化必须走信息技术与课程整合之路。人才的培养本质上是文化的传递，所以传统学校文化与信息化的融合产生新的学校文化才是真正意义的教育信息化。

参考文献

[1] 祝智庭．中国教育和科研计算机网．2001. 12. 21.

[2] 冉花，陈振．中国教育网络．2012. 7. 12.

[3] 李凡，陈琳，蒋艳红．《中国电化教育》2011. 6.

[4] 王会霞，刘志兵．《中国中小信息教育》2006. 6.

[5] 李志涛．北京教育科研网．2006. 4. 13.

（2014 年，《中国教育信息化》第 5 期）

“美的教育”为美好人生奠基

课程是学校为促进学生发展而预设的教育内容及其活动的总和。其中国家必修课程与校本课程是主要组成部分。“美的教育，美好人生”的课程体系，应该着眼于为学生的美好人生奠基，促进学生的发展，并让学生与教师都享受到发展过程中的成长、成功、快乐。努力构建“美的教育，美好人生”的课程体系，从课程的内容、方法、途径、评价等多方面贯穿成长、成功的愉悦与美好，通过教育的美为人生的美好奠基。

课程及教学是师生双主体互动的过程。教师是教的主体。教师是课程与其教学的先行组织者，是课堂教学的组织者、引领者，学生学习活动的指导者、帮助者；学生是学的主体。在教师的指导下，学生自主、自觉、主动学习，才能实现自身知识与能力体系的建构，实现真正意义上的学习。在“双主体”中寻找一个平衡点，是符合国情、校情的有效教学途径，也是“主体参与互动，获得快感与美感”的教育本质的需要。

我们学校将依靠广大教师，尝试从整合、融合的角度，改革探索国家课程六个领域的学科间、学段间的融合方式与内容，努力实现国家课程校本化，积极推进适合主动学习、个性发展的校本课程体系，建构适合不同学年段学生的个性与特点的新型校本课程体系。逐步构建并完善不同学年段的“美的教育，美好人生”的课程体系、“习与智长，化与心成”的教育理念、“双主体”教学模式，让师生在教学的互动过程中，感受到关怀与愉悦之美、发现与觉悟之美、创新与成功之美。

在行动上，组织教师认真研究国家课程标准，并在精准分析不同学段学生的认知动机、认知起点、认知能力、认知风格的基础上，分析梳理、拟定各学科各学段及其各个单元，乃至各个课时的学习目标，探索适合学生认知、心理、能力、个性的学习资源、学习方法及相应的教学方式。以学定教，以学生需求为出发点、课程标准为参照点，科学配置供给学习资源。以培养学生的良好学习兴趣、方法、能力、习惯为主线，充分发挥学生的主体作用，积极推进自主学习、探究学习、合作学习。将核心素养培养与彰显个性相结合，构建多元评价体系，促进全体学生的全面发展。

（2017 年 5 月 15 日，《现代教育报》）

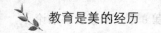

兴趣的选择带来成长的愉悦

教育是人类社会最应具博爱精神的职业。因此，我们既仰望星空，怀揣着教育情怀，又尊重教育规律，脚踏实地。在继承传统的基础上，努力创新发展。我们通过“美的教育”的实施，为孩子们的美好人生做好奠基工作。

“美”有善、好的意思，可以作为形容词、动词，可以理解为让人们感到美感、愉悦的事物与过程，我认为“美的教育”就是通过教育促进人性的完美。因此，“美的教育”的过程，应该就是让学生体验到成长的快乐与美感的过程。

如今，我们学校正在创建和完善“博美课程”，其中“博”强调了课程的丰富性、多样性和选择性。围绕着“博”字，我们还做了有学校特色的校本课程建设：一是开设了以拓展知识、弘扬传统文化为主的校本课程，例如“化附国学”“君子”“淑女”“男拳女扇”课程，其目的是扎实人文底蕴；二是通过购买课程服务，开设的以科技为主线的STEAM课程和美国游学课程，目的是开阔学生的国际视野，培养学生的创新实践能力；三是借助化工大学的优势，聘请化大的教授开设了以物理、化学实验为主的大学先修课程，突出了人才培养的科学素养与理科特色；四是组织了以探究学习为主的综合实践活动，例如军训、学农、社区服务，以及市内市外的行知课程，目的是让学生了解自然与社会，提升学生的社会参与和责任担当能力；五是开创了“1＋3”实验的初、高中衔接课程，小学与初中的“5.5＋3.5”的衔接课程；六是极大地丰富了多样化学生社团的业余课程。

经过我们半年多的努力，老师们自主编写了学校读本《化附国学》《君子淑女》，共计10册。涵盖了小学、初中、高中的各个年级，从小学一年级到高中三年级共12个学段的全部读本。这套读本以人物及故事为主线，将传统文化和社会主义核心价值观教育融为一体，又渗透了理想信念、修身律己、为人处世、行为规范教育，创新的一条立德树人的有特色的有效途径。

现在学校的整个课程体系，既强调了国家课程的基础性，又凸显了校本课程的丰富性、多样性，从而满足了不同学生的兴趣与选择。这是“美的教育”的途径，也是美好人生的必由之路。因为，我们相信，有兴趣的选择，可以给学生带来成长成功的愉悦与美感。

（2017年11月20日，《现代教育报》第5版）

将审美融合于课程建设

美是人类对事物的一种愉悦感。古希腊哲学家柏拉图说：美具有引人向善的作用和力量。德国哲学家康德认为：人具有动物性，有追求个人功利的“求真”，服从因果律；人在社会上又有追求道德与自由的“求善”，服从道德律；凡是在情感领域“求美”的人，在道德的功利的两难选择中，往往能牺牲功利而选择道德行为。他还认为教育的最大秘密是促进人性的完美。以此推论，培养高尚的审美情趣对一个人的成长是何等的重要。

北化附中目前构建的“美的教育”课程体系与文化体系，就是基于培养人正确的价值观与审美情趣。所有学科教学、学生活动都要有机融合审美元素。通过教育过程的人性关怀之美、发现科学真理之美、觉悟社会规则之美、能力提升的成功之美、师生互动的情感愉悦之美等，促进学生的人格的发展与完美，全面提升学生的核心素养。

譬如“智美教学”，即学科课程设计与课堂教学过程中，要结合学科特点考虑“节奏与韵律、对称与均衡、主从与重点、比例与尺度、过渡与呼应、比拟与联想、统一与变化”等审美原则，让学生体验到课程与学习中的趣味美、知识美、情感美、价值美等的美的愉悦感。当学生在课堂中感受到美与快乐时，学习就有了兴趣与动力，自然就化解了压力与负担。以美启真，促进智力开发，提高课堂教学的有效性。

又譬如“臻美德育”，在德育主题活动中，将“真、善、美”融为一体，利用开学典礼、毕业典礼、升旗礼、离队建团仪式、成人礼等，师生同唱国歌校歌等，让学生在仪式感中体验美的同时，激活爱国爱校爱学的情怀。又通过读书节、科技节、艺术节、运动会等，让学生在实践活动中认识美、感受美、欣赏美和创造美，从而培养审美意识、审美情趣和审美能力，学习过程与人生旅途中则更加自信、阳光、有情趣、有活力。

再譬如北化附中的校本课程“君子”“淑女”“化附国学”，以历史上的优秀人物及故事、文章为主线，将优秀传统文化与社会主义核心价值观教育融为一体，渗透了理想信念、修身律己、为人处世、行为规范教育，以诵读、书法、戏剧表演等丰富多彩的活动加以实施。正如苏联著名教育家苏霍姆林斯基所说：美是一种心灵体操，他使我们的精神正直、心灵纯洁、情感和信念端正。

（2018 年 2 月 26 日，《现代教育报》第 7 版）

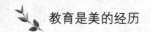

审美融入课程，落实核心素养

“核心”是指事物起决定作用的主要部分，与“关键”一词的含义基本相同。素养指的是一个人在价值观、知识、能力诸方面的修养。我们理解培养核心素养的关键，应该是着力培养一个人成长与发展水平中起决定作用的价值观。作为基层中学，培养核心素养，首要任务是抓住价值观引领这个牛鼻子，才能真正培养新时代中国特色社会主义建设中的建设者与接班人。而这一工作的一个很好的切入点是融入审美教育。

一、审美融入有助于正确价值观的培养

核心素养的培养不能是空中楼阁，而是要接地气，抓落实。课程是教育的载体，课程的首要任务就是社会主义核心价值观的渗透、熏陶、灌输。否则，“德育首位”就是一句空话。然而，学科课程教学中，这一点很容易被忽视。

美是人类对事物的一种愉悦感。古希腊哲学家柏拉图说：美具有引人向善的作用和力量。德国哲学家康德认为：人具有动物性，有追求个人功利的“求真”，服从因果律；人在社会上又有追求道德与自由的“求善”，服从道德律；凡是在情感领域“求美”的人，在道德和功利的两难选择中，往往能牺牲功利而选择道德行为。他还认为教育的最大秘密就是促进人性的完美。

以此可见：审美教育有助于正确价值观及核心素养的形成，培养高尚的审美情趣对一人的成长是何等的重要。正如蔡元培先生说：美育者，应用美之理论于教育者，以培养感情为目的；美育与智育相辅而行，以图德育之完成者。

审美是指人类理解世界的一种特殊形式。即人类从主观、情感上去发现、品味、欣赏客观事物中的美，并从中获得愉悦感。审美能提升人的境界，促进人的发展。它不仅有助于对客观世界的认识，也有助于对自身价值的肯定。因此，将审美元素融入课程与活动之中，显然有助于情感、态度、价值观的培养，进而提升学生的核心素养。这个融入过程更多的是审美意识、观念、方法与课程内容、形式、方法的融合。审美融入课程及教学的过程，无形比有形要重要，也更有难度。

二、审美融入课程、教学的若干尝试

北化附中以办学思想“美的教育、美好人生”、校训“习与校长、化与心成”为主线，以“立志、立德、立业、立人”为育人目标，构建了较有逻辑与特色的办学理念体系（如

图 1 所示)，试图通过“审美融入”的思想、课程与文化引领师生的发展，从而实现“各美其美、美人之美”。

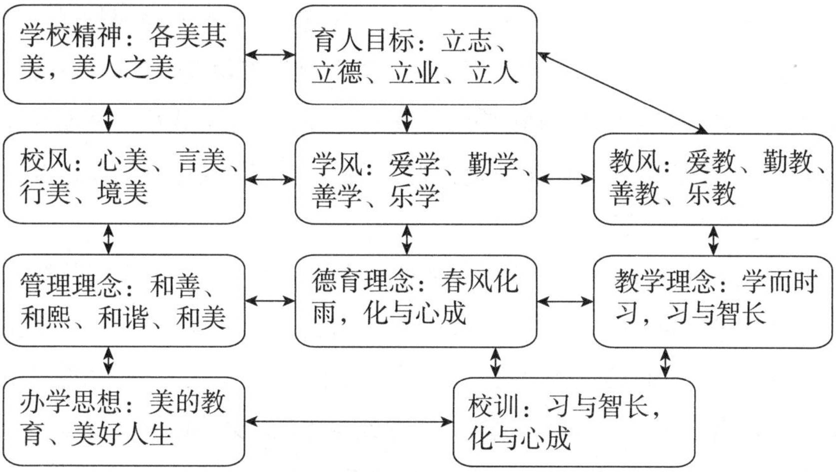

图 1　北化附中办学思想体系

以国家课程体系为基础，学校创新性地构建了与之对应的心灵美（品德与价值观）、思维美（科学与技术）、语言美（语言与文学）、艺术美（审美与艺术）、健康美（体育与健康）、行为美（综合与实践）六个模块的课程体系（如图 2 所示）。在实践这个课程体系时，要求教师结合学科课程的实际内容，以审美融入为导向，落实社会主义核心价值观培养。譬如，语文教学中让学生体悟到情景美、语言美、情感美、人格美等，进而加深对诚信、友善、文明、和谐等社会主义核心价值观的理解。

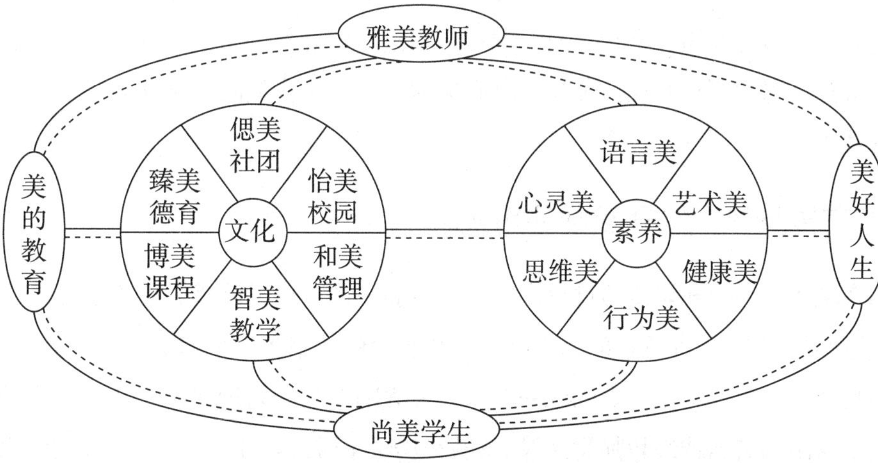

图 2　北化附中文化与课程体系（实线为“习”，虚线为“化”）

北化附中构建了以臻美德育、博美课程、智美教学、偲美社团、怡美校园、和美管理六个模块组成的学校文化体系（如图 2 所示）。课程体系与文化体系有机融合，将审美教育与社会主义核心价值观融合，从而落实核心素养的培养。譬如，通过“尚美学生”（孝心美、学习美、助人美、劳动美、运动美、才艺美）的评比过程，引导学生在日常生活中践行社会主义核心价值观。

北化附中构建的“美的教育”课程体系与文化体系，就是通过审美融入来培养人正确的价值观。所有学科教学、学生活动都要有机融合审美元素，而不是仅加强音乐、美术教学的狭隘理解。通过教育过程的人性关怀之美、发现科学真理之美、觉悟社会规则之美、能力提升的成功之美、师生互动的情感愉悦之美等，促进学生的人格的发展与完美，全面提升核心素养。正如国学大师王国维所说：“美育者，一方面使之感情发达，以达成完美之域；一方面为德育与智育之手段。”

“智美教学”要求课程设计与教学中，要结合学科特点考虑“节奏与韵律、对称与均衡、主从与重点、过渡与呼应、比拟与联想、统一与变化”等审美原则，让学生体验到课程与学习中的趣味美、知识美、情感美、价值美等美的愉悦感。当学生在课堂中感受到美与快乐时，学习就有了兴趣与动力，也产生了探究自然与社会的追求与自信。

“臻美德育”强调的是德育主题活动中，将“真、善、美”融为一体。譬如开学典礼、毕业典礼、升旗礼、离队建团仪式、成人礼等重视仪式感。让学生在仪式感中，例如师生同唱国歌、校歌体验美的同时，激活爱国、爱校的情怀。又譬如举办读书节、科技节、艺术节、运动会等，让学生在类似的综合实践活动中，认识美、感受美、欣赏美和创造美，从而培养了审美意识、审美情趣和审美能力。

校本课程融入审美元素。校本课程“君子”“淑女”“化附国学”，以历史上的优秀人物及故事、文章为主线，将优秀传统文化与社会主义核心价值观教育融为一体，渗透了理想信念、修身律已、为人处世、行为规范教育，以诵读、书法、戏剧表演等丰富多彩的活动加以实施。全员普及的“男拳女扇”课程，塑造形体之美、彰显精神之美等。正如苏联著名教育家苏霍姆林斯基所说：美是一种心灵体操，它使我们的精神正直、心灵纯洁、情感和信念端正。

三、言传身教，提升教师的审美修养

教师在文化与科学知识传播过程中的言传身教，都直接或间接影响着学生的价值观与思维。“敬业爱生”是教师群体的基本特征，用自己的人格美、情感美去感染自己的学生。努力实现教育教学中科学与艺术的统一，是学校教师追求的新境界。一年来，学校为每位教师购买了《中国著名特级教师思想录》《教育美学十讲》等 18 本教育、人文图书，举办读书沙龙研讨活动，鼓励支持教师们丰富自身的人文底蕴。学校邀请到基础教育界、化工大学的教学专家来校听课指导教学、帮助教师进行教学特色梳理、学术报告、实验教学技能指导等，提升教学的艺术性、有效性。

提升教师生活中的审美情趣与能力。根据学校女教师多、年龄结构偏大、生活工作压力大的实际，学校有意识地外请专家，指导教师的日常淡妆、语言艺术、摄影艺术、舞蹈艺术等。同时，组织教师去国家大剧院观赏高雅的音乐舞蹈节目，鼓励师生同台文艺演出展示艺术修养，组织“雅美教师”评比活动等。学校提倡和鼓励老师们追求大方的服饰美、端庄的行为美、得体的语言美，用气质美来留住青春美、丰富教学美、增添教育美。

当教师自身的审美情趣、悟性、能力提升后，发现美、欣赏美、创造美可能会成为其当下心态及理想追求，其必然会努力提高教学的艺术性与科学性。教师通过创造和享受教学过程中的美好，进而享受到职业幸福感，个人也变得更有气质和魅力。当偶然行为渐变为习惯，个人行为渐变为群体共识后，它就成了共同的价值追求与学校文化。

人生的意义就在于追求美与快乐；教育的本质就在于通过审美教育来激活人的灵魂深处对美好生活的追求，以及为此而努力的求真、求善、求美过程。北化附中将努力践行“美的教育”，为孩子们的美好人生奠基。

（本文刊于《教育家》2018 年第 10 期）

德国基础教育之观感

我们一行 14 人，在北京教育学院方怀胜主任带领下，于 10 月 14 日至 25 日在德国巴符州考察基础教育，共听取了 6 场专题报告，深入 6 所中小学观摩听课。总体感觉是：德国较早实行义务教育，基础教育积淀深厚自成体系；教育理念中强调学生的自由、自主、自觉学习，教学过程中重视活动体验、科技创新教育，培养学生的学习兴趣与能力，鼓励学生走进自然与社会，提升适应能力，养成教育中重视学生的责任意识与规则意识；较早的生涯教育，实行职业教育的分流及“双轨制”，校企融合培养学生的动手实践能力等方面确实做得很好，值得我们学习与借鉴。

当然，现场观摩中，我们也有不少困惑和疑虑，与对方的沟通中并没有得到满意的答案。或者是我们的国情、文化、所受教育、价值判断与德国同行有差异。但是，中国基础教育因国情、文化、历史传承等也有自身的特点与优势，切不可妄自菲薄，应多些文化、理论、制度与道路自信。

不忘从教初心，牢记教育使命，将中西教育各自优势融合起来，探索符合中国国情、有中国特色的基础教育之路，应该是我们今后努力的方向。以下观感多为笔者即兴之言，难免缺乏证据和逻辑论证，仅供参考。

一、教育体制

德国实行十三年一贯制的免费教育，小学 4 年，个别 6 年，初中与高中 7 年（类似职高）或 9 年（普高）。突出特点是“双轨”，职业教育发达。

小学 4 年后，按照自己的兴趣、学业成绩、教师建议，家长替学生选择：一是去文理中学，8—9 年，注重学术，目标是考大学，占学生总数的 30%左右；二是去实科中学，5—6 年，相当于我们的职业中学，然后再考高级职业学校；三是去实验中学及综合中学等，介于二者之间。当然，实科中学成绩好，也可以转学去文理中学。

德国制造的技术、工艺、质量世界一流，应该讲主要得益于职业中学的教育，这是世界公认的。这一方面的原因是德国历史上手工业、近现代制造业就很发达，职业教育有传统，70%的比例真是有点高。另一方面的原因可能是，德国从事体力劳动与脑力劳动的薪酬、养老金、社会地位差异不大。

反观我国不少大城市的职业中学，生源难以保障。一方面是我们的历史、文化中，从孔夫子开始就轻视体力劳动者。另一方面，技术工人的社会地位、薪酬收入及稳定性、养老金明显偏低也是现实因素。

值得怀疑的是：小学四年级毕业才10岁左右，孩子们的兴趣、情感、能力、特长就定性了？稳定了？对世界了解有限就开始生涯规划，职业教育分流会不会太早了？通常14—16岁少年还有“叛逆期”呢。我国实行初中以后的普职分流，应该讲更符合儿童、青少年心智、心理的发展特点，更符合认知规律、教育规律、青少年成长规律。德国基础教育界本身对这个长期做法也有疑虑，所以也开始办6年制的小学，政策上也支持实科中学转文理中学，应该是一种“纠偏”与“补救”。

拟学习借鉴：大力发展职业教育，提升技术工作薪酬。

二、关于学制

德国过去小学基本上是半日制，中午后家长接孩子回家。2000年，德国PISA成绩居30多个国家的20多名，有点紧张、反思与改进。政府开始增加投资财政投入，扩大全日制学校范围。目前有开放式全日制，上午上课，下午可能是各种提高班、兴趣班、作业辅导、项目学习、文体俱乐部、志愿者服务及各种社团活动。2013年全日制的占了56%，目的恐怕是延长在校时间，以期提高基础教育质量。

值得关注的是，巴符州各校的常态学生社团、志愿者服务、文体俱乐部、项目学习组开展得不错。让学生真正地走进了社会，充分利用了社区、企业、公司、超市、体育俱乐部等各种社会资源，丰富了实践的课程，也提升了学生的社会责任意识、社会实践活动能力。

咱们的综合实践活动比较偏重科技、体育和艺术等特长类的社团，还谈不上走进社会、了解社会。包括各种学生社团、志愿者服务等，欠缺在“普及”和“常态”上，在综合素养的提升上稍显不足。更重要的是，如何形成全社会都来办教育的氛围，让公司、企业、社区都主动地提供丰富的个人资源让学校、学生来选择。假以时日能做到德国这样去推进生涯教育，让学生适应社会都会水到渠成。

德国中学的职业教育可谓历史悠久、体系完整。普芬斯特贝格学校是一所偏重职业教育的实验学校。该校有完整的金工、木工、厨艺教室、教师及课程体系。因为大部分学生来自经济一般家庭，学校构建了“挑战模块”“自我责任模块”“艺术周末模块”“运动模块”“校企融合模块”等课程体系，着力培养学生的自信、自我责任与挑战能力。办学质量和学生人数在不断提升。

普芬斯特贝格学校在“校企融合”的做法特别值得借鉴。七年级上半年3天、下半年5天，八年级后，上下半年各10天，学生都要进入不同领域的企业、公司去实习。让学生深度走进工厂和企业，了解日常的工作场景和工作原理，在动手实践中培养实际操作能力，为职业生涯打下坚实的基础。

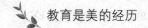

拟学习借鉴：组织学生进企业、农场、公司、超市等深度体验学习。

三、课程与教材

德国基础教育的课程，大体划分为四个领域：（1）语言—文学—艺术领域；（2）社会科学领域；（3）数学—自然科学—技术领域；（4）宗教或一门替代学科。文理中学每学期只有10门课，且没有全州统一的考试，更没有统测排名。相对而言，学生的学习压力不大。

以普高为例，咱们的课程细分为六个领域，只是划分形式不同而已。最大的区别是没有宗教。另外，德国将物理、化学、生物、自然地理纳入自然科学范畴，历史、政治、人文地理纳入社会科学范畴。咱们中学所学科目每科都需“合格考”，累计达12科，高考科目“语数英+6选3”，学习与考试压力明显大。且经常有类似禁毒教育、环保教育的内容无限增加，中学生负担确实挺重。咱们小学几乎是全天上课，课后3：30还得安排些“活动项目”，老师要值班，师生压力都不小。

德国中小学的课本基本上不变。学生是借学校的课本用，还可以发现上届学生的注记。换句话说，基础教育的知识、内容基本不变，万变不离其宗，这才叫基础知识与基本技能。印刷纸张质量好当然也是一种因素。咱们以改革之名常变，变化周期太短，新编教材文本与印刷质量也不尽如人意，不排除有些是新瓶装旧酒。

有意思的是，巴符州有的学校个别课没有统一教材。譬如，我们听的历史课讲古罗马，老师就没教材，也没有文本、音像资源让学生阅读、观看，老师不停地口述自己的观点。当我们与老师交谈，提出可否提供文本、影视资源学生阅读、观看，然后提出自己的判断或小组讨论。对方强调自己非专业出身、史学家，或教材的观点有主观性，不利于学生的判断。当然我们不便反问：老师的观点就不带有主观性吗？提供不同版本的史学素材，恰恰有利于学生的判断。

笔者认为：无论是自然科学，还是社会科学，提供高水准的课本或者教材，应该有利于教师的专业教学，也有利于学生的认知、判断、能力提升。这一点可能是东西方的文化差异，但西方的价值判断未必符合教育的科学原则。

似学习借鉴：提升教材的文字、图像、印刷质量进而提高教材的使用率。

四、教师资格与在职进修

德国教师的入职门槛较高，当然薪酬也高，完全等同公务员。

在德国当教师需经13年中小学+综合性大学，还要进行职前教育和教师资格证考核：书面考试120分钟、口试80分钟、教育实习4周、一篇论文。这个难度显然比咱们师范大学毕业生入职的难度高。咱们综合性大学毕业，只要考个心理学和教育学，加上面试就能获得教师资格证，难度也比德国更低。另外，德国从“职业”系列高校毕业考上教师资格证的老师，还不能做班主任。德国中小学的教师通常要教一主一副两门学科，每周上 20 多节课。工作的难度和强度要比咱们高。同时鼓励教师跨学科、跨年级合作。

中国也在不断提高教师入职门槛，小学教“一主一副”也有，唯中学跨学科教学则很罕见。当然也可以理解我们教师的教学更专业。客观而言，我们的大学教育体系，中小学课程标准、考试标准、学生需求、社会期待更需要专业化的教师队伍，要求教师“一主一副”短时期内不现实。

德国教师的工资待遇完全等同于公务员，入职与资深教师的幅度在 2700－3700 欧元之间。校长还要兼课，工资增幅很少。总体来讲有点“大锅饭”的感觉，薪酬与资历相关，但与能力、业绩关联不大，公立与私立学校相差也不大。因为是比较稳定的职业，所以还是能够吸引一些优秀人才从教。

我国的教师待遇应该讲提升较快，而且国家文件明确规定“不低于公务员”。客观上工作性质及权责不同，地方财政条件不同，与公务员比显然也不现实。教师薪酬的差异应该讲中国略高于德国。咱们教师的工资主要与岗位、工作量、课时、职称相关，虽然有“考核奖”“高考奖”“中考奖”等名目来激励“多劳优劳多得”，但“大锅饭”的痕迹依然存在。

笔者等 5 人观摩了一堂小学数学教师入职培训。基本的过程是：围绕松鼠、风筝等 4 个主题词汇，听、读、唱、动作模仿、朗读“接力游戏”、分组表演，不断变换形式，多感官参与，螺旋上升式反复训练提高难度。教学方法中强调活动体验、感官参与，从而加深认知、理解与记忆。小学教师的培训尚且如此，小学教学的方法就可想而知了。

应该讲他们的教学方法是从小训练养成的，融入了灵魂与骨髓，完全是自觉的潜意识行为。很遗憾，我们很多教师培训的专家在台上讲探究式活动式教学，但他身体力行的是报告式、灌输式。这应该与他早期受到的教育训练成习惯有关，想改掉习惯不容易。

巴符州对于教师培训师还有一条特别的要求，必须在学校一线兼课。只有这样，培训师本身才有自身的改革实践与教学体验，讲的课才可能接地气、被接受。咱们的培训专家不少是脱离一线的，故讲的更多是空头理论。因此教育学院、教师进修学校、教研中心的教研员，如果也到中小学一线兼课，理论与实践相结合，才可能成为名副其实的、接地气的专家。

在职教师进修，巴符州明确规定每年一天。当然，州教师培训中心等相关单位会提供一些进修课程，或网上选修课程。却完全靠老师自觉。咱们在职教师进修这方面，也有集中培训与网上选课之类，但行政的推动力很强，甚至与教师职称评定、业绩考核相关联。应该讲咱们考虑到人性中的惰性而采取了职称关联等，比德国更有效、更扎实，但也有繁琐哲学、形式主义的倾向。

德国的中小学校长都是兼课的。说到这个话题，咱们的校长只能会心一笑。不是不想上课，而是不想乱了教学秩序、坏了教学质量。因为咱们的校长要应对各种检查、会议、督导、培训、评比，准备各种“工作留痕”的档案材料等，疲于奔命，无心教学。德国的校长们似乎没有提到类似的非教学任务及负担。

拟学习借鉴：校本培训安排时，多一些教师讨论、活动体验、经验交流与现场展示，减少听报告等。

五、教育理念

巴符州几个学校提的教育理念虽有差异，但都强调以学生为中心，为学生参与社会生活做准备，绝不提为了考试或升学。哪怕是谈自己学校办学成绩、办学质量较好时，也没有提类似升学率的概念。也没办法提升学率的概念，因为没有国家统一考试。

各校注重唤醒生命意识、尊重他人、保障人权、明辨是非、社会责任等。重视宗教和伦理道德教育，培养学生的爱心、宽容、坚强、勇敢、合作、诚信、自信、遵守社会秩序，承担责任后果等品质。出现频率比较高且相关联的词是：自主与责任，尊重与宽容。

譬如，瓦尔道夫学校提出的核心理念是：让每个孩子活出他自己，该校全球的1000多所分校都沿用这个理念；阿拉曼学校则认为：学习是吃饭、是奖励、或是责任，总之是学生自己选择的事情；普芬斯特贝格学校认为：每一个学生都是个性化的，孩子的事情自己决定。教会举办学校的办学思想通常有浓厚的宗教色彩。譬如，伊丽莎白·冯学校，核心理念是自由、民主、宽容、自我负责。该校在培养国际视野，进行国际教育交流上也有特色；提吉哈德小学的口号是：大家在一起，人人尊敬人；奥托汉文理中学则突出了科技创新教育的特色。

拟学习借鉴：进一步宣传“以学生为中心”的教育理念，组织部分教师探索如何引导学生“自由、自主”学习“自律、自治”管理，形成经验后逐步全校推广。

六、课堂教学

从文献研究和现场听课的感觉来看，巴符州各学校的课堂教学有许多相似的地方。一是重视个性差异，主张学生自主学习；二是重视活动教学，让学生在活动中感悟、体验；三是重视小组合作、在探究中共同成长。

譬如提吉哈德小学的一年级数学课：认识和书写“8”字。除了读、写的示范、唱歌、小组游戏，仅写就有在桌面、椅背、手心、地面写多种方式，最后是孩子们自主完成“8”数字组合涂色。真可谓是多感官参与，目的是围绕一个主题，通过多形式、螺旋式的重复训练，让学生认知、理解、记忆更深刻。

在交流的过程中，我们提出一些疑问。譬如，一看就明白的简单问题，有必要这么反复训练吗？训练的方式会不会雷同和枯燥？对方则认为：学习的过程就应该是：慢慢地、逐渐地认识和提高的过程。西方国家普遍不理解“死记硬背”的做法，学生的数学能力是普遍不如中国的。我们在活动感悟的基础上，也有一些背诵与记忆的要求，譬如“乘法口诀”就蕴含着数学的认知理解与逻辑规律，认知基础上的记忆，是可以提升数学思维能力的。

著名教育家奥苏贝尔认为，讲解是最有效的教学方式。瓦尔道夫学校十三年级的数学课“一元二次方程式”的解法，很好地阐释了奥苏贝尔的观点。一位老教师跟 6 个学生上课，估计是要考大学了，学生人少有点像带研究生。但师生之间的语言、眼神、肢体语对话与交流贯穿课堂始终。教师不停地讲、问、释、写都明显含有质疑、启发、点拨等，学生也有不停的回应与跟进。这堂课的效果非常好。另一堂历史六年级的课却不尽然，教师自信、不停地讲古罗马史的一些观点，但认真听课的学生不过半。

笔者以为可以修正一下奥苏贝尔的观点：启发式的讲解是最有效的教学。这应该是符合教学实际和教育规律的。

2000 年，德国参加 PISA 成绩不理想后，有不少反思与改进。譬如，各州文教部门也明确规定了学生入学的必备条件、统一制定教学大纲、统一组织学业阶段的考试、统一学校建制和设施标准、提升了师资培训的标准、严格了学校的督导管理。目的就是提升教学标准、提高教育质量。

拟学习借鉴：组织学习、积极发动部分教师进行“自主学习”“活动体现”“多感官参”的教学改革实验，形成一些经验后推广。

七、养成教育

德国的中小学普遍注重养成教育，而且是从学校生活的细节入手抓行为习惯。长期训练形成行为习惯后，潜移默化地成了价值观。

提吉哈德小学一年级上课前听音乐，孩子们就自觉、自动地整理书桌、书包。这就是一种规则意识、养成教育。放音乐唱歌时，孩子们互相对唱、点鼻子、撞肩、勾手指、顶肚子、顶屁股、顶脚尖、拥抱等，游戏时间虽然不长，但有助于认识人体器官，养成互相尊重，相亲相爱这样一种氛围。这是培养一种生命意识、尊重意识，也是养成教育。

普洛斯特贝格学校几乎没有严格意义上的上课，完全是一种自由、自主学习的氛围。但是，你想去图书馆、厕所或者饭堂，就必须把自己的“名牌”移到相应的栏目中，让老师和其他同学知道，这也是一种规则意识和养成教育。室内要求走路、说话要轻，不影响别人，常态学习生活中就要形成尊重他人的习惯。立德树人的德，主要表现在公共场合上的行为举止。应该讲，这所学校的学生，在行为习惯养成上确实比较好。

因为宗教的因素，西方的养成教育有了一定信仰基础。但由于过分强调自由，我们也看到了一些并不满意的地方。我们的理解是：个人的自由应该建立在社会的规则之上；只有尊重社会规则，才有可能享受个人自由。自由、自主应该和自律、自治有机结合起来。

譬如，某小学上六年级历史课时，20 名学生中有近一半的学生心不在焉、目光游离，甚至个别学生又影响他人的行为。这所学校的门厅大堂，学生可以自由踢球、打击乐器，完全不顾忌有外宾在参观。当外宾们在与学校主管沟通时，学生们仍然在旁桌大声说话，无所顾忌。更意外的是：两位校区主管也听之任之。

某实科中学上劳动技术课，孩子们按老师要求的程序与图形，自己动手切割铝合金片并形成产品。应该讲，约有 1/5 的学生无所事事、目光迷茫。老师也只是简单地提示后，就随之自由了。这所学校的厕所也是废纸满地。其实课堂内外的一些行为表现细节，就能反映一个群体学生的基本素养。

拟学习借鉴：组织学习、积极发动部分教师结合国情与校情、学情，从学校生活的细节入手，进行“尊重意识”“规则意识”“奖惩机制”等养成教育的改革探索，形成一些经验后推广。

八、科技创新教育

印象最深的是奥托汉文理中学及克林先生私人创建的青少年科技中心。奥托汉文理中学从六年级开始就选拔有兴趣的学生做科技创新实验，通常安排在下午授课，学生根据对生活中观察自主选题，涉及生物、化学、物理、机器人等领域；七年级则推荐去克林先生的科技创新中心学习，通常是周末家长送孩子们过去，指导教师则是一些自愿的大学教师、研究生等。费用是一些公司、民间的基金会资助。该校开始组织学生参加区域、州、联邦的各种科技创新大赛，屡获大奖。应该讲这种科技创新教育不仅仅是学生凭获奖证书有利于大学录取，更主要是培养了一群学生的科学兴趣、态度、方法、能力，为德国的科技创新奠定了扎实的人才基础。

惊讶的是奥托汉文理中学与克林科技创新中心实验室的设备，物理、化学、生物、人工智能、空间技术各领域丰富多样，且不是演示型的，绝大部分是让学生动手实验操作的。各种电源插座、切割、焊接、加工工具、氧气瓶、化学试剂等危险物品到处都是。咱们的教育与管理的理论是否需要调整一下：一是淡化一下偏重解题的中学生的数理化奥赛，重视动手实践与创新能力的科技创新比赛；二是学校实验室建设与实验教学中多一些让学生选题、动手的实验；三是不能因安全问题限制太多危险性设备，实验过程安全性的关键是规范的操作流程而不是设备本身。笔者了解到：更严重的国内不少中学的实验室形同虚设，为了考试背试验程序的不少。另外，巴符州类似克林科技创新中心有 60 多家。如何发挥企业、公司等社会力量办科技创新教育确实值得我国借鉴。

拟学习借鉴：依托北京化工大学的支持，深化中学与大学知识衔接的物理、化学以及生物实验课程探索，特别是让学生自主选择项目的科技创新实验。争取早出经验与成果。

九、校园环境

巴苻州各中小学校园环境与国内确实有明显不同。一是没有围墙和校门，校园是开放式的，也不见保安；进校园访问应该要有预约。二是校园建筑和森林、草地融为一体，让孩子们感觉到生活在大自然之中。瓦尔道夫学校还有学生开垦、种植的菜地、秆草人。三是校园建筑基本上是三层以下，小学的教室多半是“框架结构式”平房比较接地气，走廊都有鞋柜、挂衣架便于冬季脱换衣。可能是考虑是小孩年龄小，符合儿童成长的需要。四是校园信息化设施水平参差不齐，但教室都有多媒体平台。普洛斯特贝格学校信息化水平最高，人手一台苹果移动电脑，网络学习资源也丰富，学生的网络学习方式与习惯基本形成。五是很难见到学校有标准的400米跑道运动场，或者比较大型的体育馆。估计政府在这方面的投入也不舍得。六是走廊、楼角多摆放的是学生的学习作品与成果，比如绘画、手工作品等。类似标语式的宣传很少见。有一点很重要，所有的学校都禁止在有学生的地方拍照，要保护学生的隐私。应该提前借鉴，这一天迟早也会到来。

国内城市的学校基本上都有围墙，恐怕是基于校园安全的考虑。校园面积都很小，绿化是一个缺陷，学生难以感受到大自然氛围，咱们在校园规划时应该借鉴。校园文化建设方面，国内许多学校也在开始转变，更多地摆放一些学生学习作品、奖状等。

拟学习借鉴：多陈列展示学生的作品，让学生参与校园文化建设。

十、感触最深的学校

普洛斯特贝格学校令培训团所有校长感到惊讶，眼前一亮。

第一次真正见到“自由+自主、探究+合作”的、真实的学习氛围与环境。特别是校内单独或合作学习的小空间隔断，因地制宜，独具匠心。校园建筑内是全封闭，需脱鞋进去，全部是木地板和塑胶地板干净卫生，沙发、茶几、教材、书柜似乎是家庭式的摆放，让学生有在家的自由、温馨感觉。

没有严格意义上的教室，也没有严格意义上的上课。教师只是学习者的伙伴、帮助者、引导者。教师似乎也不要备课，只要来学校辅导、点拨学生。

学生喜欢学什么、怎么学、进度如何，完全是自由、自主的。学生去干什么，自己须把名字放在对应的栏目中。这是一种规则意识、责任意识。培养公民的责任意识、规则意识是立德树人的起点，也是落脚点。

学校有一种“进阶方式”的奖惩制度，表现越好“自由度”越高。犯错越多则约束越多，甚至回到“开始”位置。从学生佩戴的徽章就能看出其优秀及自由度等级。用积钱币的方式来奖励学生，或者在学校购买服务。

校长对学习的解读很有趣：学习就是吃饭，也是责任和自我成长。学校提供素材、设备、环境、氛围及各种支持。是不是想吃？怎样吃更有味？如何吃出幸福感、快乐感和成功感，是学生自己的事。他认为只有这样，学生才可能自由、自主、探究地学习，才可能获得成功与成长。

笔者认为，每个学生其人性中都有善与恶的一面，而且消极、惰性的一面在完全自由、没有限制的情况下容易激活。学校通过什么方法来抑制恶的一面，促进善的一面的发展。这个学校有独特的奖惩机制。或问：如果个别学生屡教不改，怎么办？答曰：劝其退学，去选择合适的学校。这种机制也可以理解为择优制和淘汰制的融合。似乎在国内义务教育阶段难以做到。

拟学习借鉴：宣传该校的“自由＋自主、探究＋合作”“进阶方式”的奖惩制度等，组织部分教师结合学情探索实践，形成经验后推广。

（2019 年 11 月 22 日，《现代教育报》）

“双减”有“加法”，“减负”应“提质”

谈“双减”，首先要弄清楚“负担”的概念。对于学生而言，喜欢某一项目的学习而且学有成功，无论花多少时间和精力，都不会感觉是一种负担。对于家长而言，送子女培训必有目的，培训投入也有产出，未必认为是一种经济负担。某种意义上来讲，校外培训之所以红火，是因为学校教育存在着“吃不饱、吃不好”的现象。因此，学校教育要通过改革补短板，尽最大努力让学生们在学校“吃得饱、吃得好”，就可能不会去校外吃“零食”了，学业与经济负担就自然减小了。北京化工大学附属中学将从以下几个方面积极尝试：学校及教师做“加法”，学生与家庭减负担。

一、教育观念中的“加”

客观而言，受社会大环境影响，学校师生重视智育及分数也是无奈的。开学伊始，我们组织全体教师认真研讨习近平总书记关于“教育的根本任务是立德树人”等重要讲话精神，强调教育观念做“加法”，不仅仅是加上而是转向“立德树人”为根本任务。与此相对应的是学校的课程与评价体系，由过去的“智育第一”转向为促进全面发展，把“德体美劳”加进去，成为更加丰富的综合课程、活动及评价体系。

同时，下午 3：30 后两个小时的课后服务，增加的不仅仅是教师的劳动时间，更意味着教师的职业劳动内容由过去的“传道授业”，加一项“代理监护”服务。劳动内容的变化带来了劳动性质与观念的变化。过去的“传道授业”可能会有些“居高临下”的习惯，现在要学习其他服务行业“顾客就是上帝”的服务意识，蹲下身子去“平视学生”，尊重学生的主体地位，提高服务水平质量。

二、课程建设中的“加”

学校课程体系过去基本上是国家标准下的统一体系、模块及标准。现在学校要做的是，在结合学生实际因材施教，优化国家必修课程体系的基础上，下大力气增加了适应学生个性化学习需要的校本课程。譬如，课后服务的前半段，开设大量满足不同学生在体育、艺术、科技诸方面的兴趣的选修课、活动课、学生社团等，还把深受学生欢迎的家长志愿者主讲的“家长大课堂”也添加进去。后半段则偏重“课业辅导”，比如，学校提供高水平的培优性质的数学拓展课满足部分数学学有余力的学生；也提供具有辅导性质的英语基础课，满足部分英语学习比较吃力的学生。

换个角度理解，这就是新增两个小时的课后服务的主要内容与方式。增加的是适应学生个性化学习的丰富多样的校本课程，并从理论上实现时间与人员的全覆盖，让每一个学生有一份自己个性与特点的课程表。当学生的兴趣、爱好、追求能在学校得到满足时的，恐怕就少有家长愿意花钱去找课外培训机构了。

三、课堂教学中的“加”

过去的课堂教学，基本上是“老师讲，学生听”的“灌输式”，学习兴趣、学习效果不尽人意。如果学生没有学习兴趣，学习效果又不好，那就成了学习负担了。北化附中化学科组近两年参加了朝阳区教委的“理想教育文化”诊断式督导教改实验，尝试的“合作对话式”教学改革成绩斐然。其特点是课堂教学中“有减有加”，大量缩减了教师讲的时间，“增加”的是学生讲的时间。师生在积极合作的互动对话中成为“学习共同体”，学生在自主学习、顿悟中发挥了主体作用，形成学习兴趣与能力，实现了“减负”与“提质”的双丰收。当学生形成自主学习的习惯与能力时，课外培训的动力就自然减弱了。它表明了“减负”的关键在课堂，根本途径是激活学生的学习兴趣与主动性。新的学年，我们将在各校区、各学年段、各学科，全面推广“合作对话式”教学。

四、作业管理中的“加”

学校将严格遵循市教委关于作业时间限定的要求，严控作业时间以确保学生休息时间。“增加”新要求布置的作业，老师要自己先做一遍。老师的这种“加”才有助于提高作业设计质量，控制学生作业时间，真正实现“减负”。第二个“增加”是在面向全体的“必做题”基础上，增加了不同层次要求的“选做题”。同时要求“作业公开在教室黑板右上角”，明确学生可以在“作业超市”自主按需选择，并在课后服务时间全方位安排“课业辅导”。全面解决“吃不饱、吃不好”的问题。

五、学生活动中的“加”

学校将继续坚持已实践多年的一天一节体育课，实现“阳光体育”的同时，尝试每周增加一节足球课，从而满足学生对足球运动的爱好，努力达成国家级“足球特色校”的标准。

学校层面的科技节、艺术节、读书节、运动会、“海棠诗会”等策划与组织过程以及学生社团的组建工作，过去基本上是老师包干或主导，学生只是被动的参与者。未来类似活动的组织实施，我们将下大力气增加学生干部的组织、策划、管理作用，让学有余力的学生把精力用在学校活动的组织上，培养未来的领导者。

学校将继续依托“高校支持中小学办学”的项目优势，增加北京化工大学的大学生、研究生，这些没有代沟的志愿者，参与学生社团的组建与辅导，参与大型活动的组织。这些在校大学生与培训机构的兼职者，相似点是与学生没有代沟深受欢迎。不同之处在于，功利性弱但公益性强，能让化附学子在社团活动中培育兴趣、特长的同时，较早地从知识上、心理、情感上了解大学生的生活。

六、教育评价中的“加”

过去的学生评价，基本上是基于考试成绩排名的，包括“三好学生”评比。成绩好是优秀的代名词，显然不符合人有个性、多元智能、因材施教等人性逻辑和教育规律。

现在我们推行以表扬为主，扬长补短，人人都有，促进全面发展的评价机制。在鼓励学生践行“尚美学生公约”的同时，将“增加”并完善多样化、多层次的评价体系，鼓励每一位学生能拿到褒奖自己个性的奖状。评价的方式包括自我推荐、他人推荐、组织推荐，奖励名称可自拟，只要是正面宣传、事实支撑即可；譬如“全勤奖”“尊老美”等。通过表扬、鼓励学生的兴趣、特长让学生有获得感、满足感。通过培养学生的自主、自觉、自信与自强，促进学生的全面发展，为其美好的人生奠定的基础。

（2021 年 9 月 29 日，《中国教师报》第 4 版）

从艺术课程走向美育的实践与体会

内容摘要：美育是将美学原理渗透到学校教育活动和学科教学的教育形态。艺术课程也在其中。中小学教育中的美育途径，可以是艺术课程从鉴赏走向实践、艺术社团从兴趣走向专业、艺术展演从表演走向绽放；更表现为审美融入校园文化、课程建设、学科教学和教育评价的常态校园生活；通过以美育人实现立德树人。

关键词：审美教育；艺术课程；审美融入

中小学的艺术课程，通常是指音乐、美术，以及舞蹈、书法、戏剧等学科教学、社团活动、展示表演等。其基本任务是培养学生感受、理解、欣赏、创造现实美和艺术美的兴趣与能力。一个人审美修养的培养，关键就在中小学时期，譬如小学时期的艺术教育环境、中学时代的艺术活动等，都可能让人获得一辈子都随身的素养，以及伴随的快乐、友谊和力量。艺术教育的本质是让人生更有趣味、有品位。换个角度理解，美育也可能是一种理念、一种工具、一种认知世界的方式、一种对待世界的态度。

广义的美育也可以理解为将美学原理渗透到学校教育活动和学科教学后的教育形态。它当然也涵盖了艺术课程。美育又叫审美教育，也可以理解为人类对事物的一种愉悦感。美首先应该是感性的而非理性的，是潜在于人类情感领域的。当人类的审美情趣遇到恰当的客观事物、环境时，引起了情感上的感动、愉悦、快乐、欣赏，美就产生了。人类被感动的时刻，正是其善良的时刻，孩子们从小接受的美育，也就是人生初期形成价值观的重要过程。通过审美教育可以促进学生的全面发展，提高人的生活品质和生命质量，并在以美育人中实现立德树人。

中小学美育的内涵，既包括艺术课程、艺术社团、艺术展演活动中的审美体验与创造，也表现为师生在常态的学科教学互动过程中，引人向善、求真的一种潜在无形的追求。譬如教育教学过程中的人性关怀之美、觉悟自然与社会规律之美、师生共同成长与成功之美等。后者更以常态的、隐形的、潜在的方式存在于更宽广的人群、时间与空间之中。

蔡元培先生是我国美育的早期倡导者。他的美育观点与席勒“审美教育是人性回归、道德完善、社会变革的途径”的观点一脉相承。他提出：美育是应用美学理论于教育，以陶冶感情为目的。他认为：美育可以使人在高尚的情感享受过程中，实现人性完美，成为人格健全的人，也就是实现了人的全面发展。所以，美育旨在改造国民性，造就新人。蔡元培先生非常重视美育与教育的结合，史无前例地把美育提升到人格教育、全民教育、终身教育的地位。

近五年来，北化附中致力于积极探索学校教育中的美育方法与途径，首先表现为艺术课程方面的“三个走向”。

一、艺术课程从鉴赏走向实践

中小学目前的音乐、美术课程，从目标、内容、任务来讲是偏重“鉴赏”的。比如高一的音乐教材，从“学会聆听音乐”开始，依次分别是中华音乐、西方音乐、中国民族民间音乐、外国民族民间音乐、中外流行音乐、音乐与姊妹艺术等七个单元。教学的内容与形式基本是聆听典型的代表音乐，谈感受与见解，偶尔可能有试唱。不足之处是务虚多、务实少，学生的审美情趣、体验、能力并没有得到最大化的开发。

北化附中鼓励音乐、美术老师进行教学改革，加强实践环节的学习与实践。比如，一方面在教学中增强实践环节，除重点曲目的鉴赏以外，要求学生在试唱、试奏的过程中，加强对音乐的体验和理解；另一方面，结合一年一度的合唱比赛，在音乐课除学唱、练习校歌外，还需自选曲目一首学唱并参赛。这一过程促使全体学生在唱歌实践体验中提升了审美能力。小学部还利用音乐课全员普及葫芦丝演奏，笔者还零起点跟着孩子们一起学习并同时登台表演。又譬如，美术教学中也增加了每位学生需制作一件陶艺、版画或剪纸作品的新要求。

北化附中的校训是“习与智长，化与心成”，取自朱熹《小学》。它特别明示了学习活动的训练、实践对知识与技能的提升，以及人的价值观、人格形成中的潜移默化作用。艺术实践环节的增加，改变了“听说不练”的艺术学习状态，从整体上提升了学生在音乐、美术的学习中认识、感受、欣赏、创造美的能力，也让部分同学发现了自己在某些艺术方面的兴趣、爱好、天赋，从而转向对相关艺术社团的参与，甚至高水平艺术的专业追求。

二、艺术社团从兴趣走向专业

中小学特别是小学的艺术社团，学生们的参与，起初都仅仅是朦胧的兴趣而已，着眼点也就是培养一些兴趣、爱好和技能，并不意味着向专业方向发展。长时间的坚持训练，老师、家长及学生本人就会发现原本潜在的天赋，就会产生一批好苗子，向着一些艺术的专业领域发展，从而为培养一些高水平的艺术人才奠定了良好的基础。

譬如，小学部开始组建民乐团后的一段时间内，低年段孩子们训练时拉二胡的“吱吱嘎嘎”的不规范甚至刺耳的声音曾让我怀疑：普通老百姓的孩子可能没有这方面的天赋？为什么要浪费时间让孩子们进行这种训练呢？三年后，小学部在北京剧院的一次包场演出，特别是 80 名孩子组成的“海棠民乐团”演奏的“北京喜讯到边寨”等曲目，让我当场湿目，甚至灵魂受到了震撼，重新认识到了艺术教育对学生个性发展、全面发展、个人修养的影响。那些平时在教室里走廊上打打闹闹，让老师看不顺眼的孩子们，登上舞台是那样的专注、那样的专业、那样的顾盼、那样的优雅。艺术教育不但让孩子们学会了用肢体演奏乐器去表达他们的情感，而且学会了团队之间的沟通、协调与合作。艺术训练不仅仅提升了一门艺术技能，更主要是培养了一种对世界、对他人的态度，在审美的追求中完善了人格。类似的还有小学部的"海棠京剧社"和打击乐社。中小学的艺术社团，孩子们在参加市区组织的比赛活动中获奖当然有意义，但更有意义的是孩子们在过程中获得了一辈子都难以忘记的成长、成功、快乐和友谊。

更可喜的是，有部分学生经短时间的训练就进步迅速，京剧社和打击乐都有学生通过了中央电视台有关艺术节目的选拔赛，进而顺利进入了中央电视台表演。可喜的是部分学生把原本属于爱好的艺术训练，在家长的支持下转变成专业的艺术追求，并通过个性发展带动全面的发展，找到了适合自己的人才成长模式与道路。

三、艺术展演从表演走向绽放

学校每年一度的艺术节、"海棠诗会"、绘画比赛等可以说是孩子们最期待、最快乐的时候，盛况空前。这种展演活动的美育作用表现在准备过程中的潜移默化。为了表现得更完美，必须要刻苦训练，培养的不仅是技能，而是意志。为了表现得更完美，必须学会站在观众的角度去换位思考，培养了关心他人的意识与情怀。为了表现得更完美，可能需要团队之间的合作，培养的是沟通与协调能力。这似乎是人的潜在意识的开发，或者说天性的解放，乃至人格的完善与完美过程。笔者每次品味民乐团表演时拍摄的镜头尤其是特写镜头时，感觉到每一个孩子洋溢着自信与优雅的脸庞，都像一朵绽放的花朵。

以今年"迎冬奥"绘画大赛为例，两个小学部和初中部的学生全面参与其中。利用美术课从了解、认识、理解"冬奥"开始，到如何用彩笔表现、创造、讴歌"冬奥"，从课堂延展到课外，从个人创作延展到集体创作。整个过程不断有学习创新，最后经专家评审有 60 幅作品入选"奥运博物馆"。这极大地提升了学生们对美术的爱好、能力与自信。又比如高中部每年一度的"海棠诗会"，语文老师精心规划与引导，高一年级全员参与。从诗的选择与原创，或吟诵的模仿到创新，或个人背诵与当众表演，或服装设计与造型艺术，孩子们的语言、肢体表演能力，沟通协调能力，与观众的互动能力等，都得到了前所未有的发展。这种艺术展演活动不仅仅是艺术技能的表现与提升，更多的是学生们在表演实践中的审美体验，让潜能得到了开发，让天性得到了解放，让灵魂得到了洗礼，让人学会了去追求人生的美好。这一过程也是北化附中办学思想"美的教育，美好人生"的集中体现。

艺术课程、社团、展演过程中的审美体验不但重要，而且没有可替代性，是中小学生美育的主要途径与关键环节。但同时不能忽视，在学校常态生活的时间、空间中占优势的学科课程教学、校园文化氛围等，隐含着丰富的审美元素亟待开发。所以接下来北化附中尝试将潜在的审美元素融入校园文化、课程建设、学科教学、教育评价等四个方面，期待的是潜移默化的审美教育能够走向更广泛、持久的领域，从而有助于陶冶性情、改善学习、完善人格。

一、审美融入校园文化

学校努力构建以臻美德育、博美课程、智美教学、偲美社团、和美管理和怡美校园等六个要素组成的校园文化体系（见图 1）。比如初中部的走廊文化，就是以“语言美、行为美、心灵美”三个主题来布局，并由师生结合学校生活来共同来充实栏目、更新内容。入口大厅，则是以 72 个不同字体的“美”字拼图，以“孔子培养了 72 贤人”来暗示和表达“各美其美，美人之美”的学校育人精神。

再以臻美德育为例，将审美融入学校各种主题活动之中，在活动中有审美情感领域的感动和感悟，才可能有人生观、价值观方面的觉悟。譬如，高三成人礼仪式中，安排了父母和孩子当场交换信件并阅读的环节。十几年才有的这第一次当面的深度交流，我们看到了许多孩子和父母泪流满面的场面。孩子们可能是第一次清楚知道了父母生活的艰辛与爱心付出，在感动和内疚中油然而生感恩之心，那一刻点燃了重新为人生目标奋斗的雄心壮志。

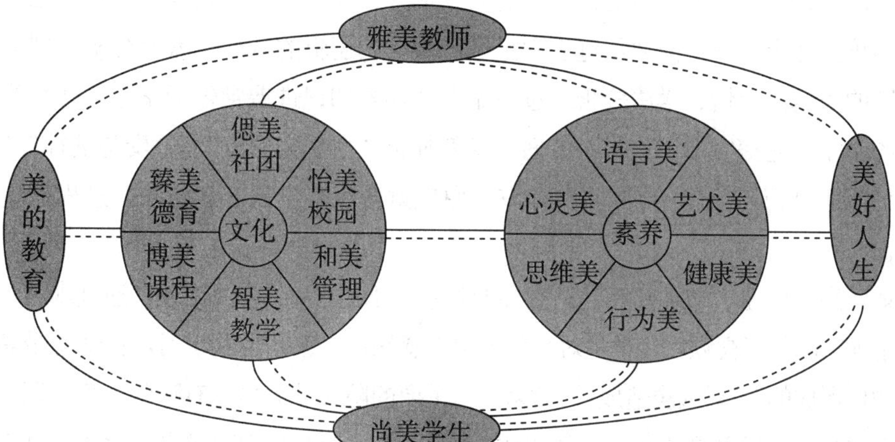

1. 一个椭圆，两个焦点；师生互动，主动绕着两个焦点转

2. 实线为习，虚线为化，“习”为表，“化”为里，因表生里，表里如一

3. 心灵美（品德与价值观）、语言类（语言与文学）、思维美（科技与技术）、人文美（史地政）、艺术美（审美与艺术）、健康美（体育与健康）

图 1 北京化工大学附属中学办学思想、文化与课程体系图

二、审美融入课程建设

学校以审美融入为切入点，将国家规定必修的十余门课程重新划分为语言美、心灵

美、思维美、行为美、艺术美、健康美等六大模块（见图 1），通过审美融入实现校本化。比如，语言美就包括语文和英语两门国家必修课程，我们要求在课程设计与教学实施的过程中，要善于发掘审美元素，创造审美情境，让学生体悟到情境美、语言美、情感美和人格美。

又比如，思维美包括数学、物理、化学、生物等理科课程。科学领域对自然规律的探索是不带有主观色彩的理性活动。自然科学中的内容、结构、逻辑，充满着美感，但需要老师善于发掘。比如数学中的逻辑与图形的简洁与和谐，植物茎上的叶子、花瓣的排列，物理中力学的受力分析图，化学中的原子结构、工艺流程……都可以让学生感觉到自然界的结构美、规律美，以及逻辑推理过程中的思维之美。同时，学生在理科学习中的发现、觉悟自然规律的过程，本身就是一种从成长走向成功，自我价值实现和审美愉悦的过程。这种思维过程，伴随着一种对真理追求的崇高的情感体验，也是一种人格自我完善的过程。

三、审美融入学科教学

教学要讲究科学也要讲究艺术。一堂高效的课堂，一定是讲究教学艺术的，一定是有审美情感体验的。学校要求教师在教学设计与实施的过程中，一定要站在学生的角度去换位思考。即如何围绕学习主题变换不同的教学形式，让学生学有兴趣、学有方法、学有成效。在具体操作上，一方面要从过去立足于“教”的逻辑的课标、教材分析，转变为立足于“学”的逻辑的学情、学法分析。过去是老师揣着知识进课堂告诉学生，转变为课堂上老师带的学生一起探究知识。另一方面要求教师把“主从与重点”“节奏与韵律”“对称与均衡”“过渡与呼应”统一与变化”等审美原理融合在教学内容、方法、过程的设计与实践之中。

譬如，高一地理“气象灾害”一节的教学过程可以是：一序曲铺垫，通过观看一段“湖北特大暴雨”的简短视频，让学生对气象灾害有感知；二进入主题学习，让学生带着“自然灾害是如何形成的”“对人类造成什么影响”“主要的防灾减灾措施有哪些”等问题，自主阅读并笔记或画书；三主题呈现，让学生围绕本节课的主题汇报学习成果，教师及时点评与点拨；四变奏，变换学习内容与形式，如呈现“东南沿海台风路径图”，在小组合作学习的基础上，推荐学生代表解释台风的源地、路线、危害性、防灾减灾措施；五尾声呼应，观短视频说出“信息技术在防灾减灾中的作用”。换句话说，是将音乐结构中的“审美原理”隐形于教学设计与实施过程，一节课围绕学习主题，不断地变换学习形式。反复变奏、重现主题，有利于激活学习兴趣，加深理解与记忆，培养思维能力，提高学习效率。

四、审美融入教育评价

学校发动教师、学生、家长讨论制定了“尚美学生公约”，涉及 12 个学年段计 120

条，内容主要是围绕着理想、道德、礼仪、守纪、学习、思维、健体、艺术、责任等方面。通过“尚美学生公约”的引领和“尚美学生”的多元综合评价，不仅改变了过去“智育导向”的分数评价，形成了面向全体、自荐加他荐、体现个性与多元的积极性综合评价体系。同时，将社会主义核心价值观教育、传统文化教育、法治教育、习惯养成教育等落在实处。试想，一个学习成绩没有优势的同学，他可以有机会通过努力获得孝心美、助人美、劳动美、运动美、才艺美等体现个性的荣誉，何乐不为呢？反过来又会认可学校。学校对他的肯定，是发掘潜能，弘扬正能量，借扬长来补短，通过学校的美好生活、美好体验，树立人生的美好理想。

教师应该是文化人，应有较高的文化底蕴。教书育人是一项高贵的职业，审美是不可或缺的。学校发动教师讨论制定了“雅美教师公约”，每年一度举行“雅美教师”评比并隆重颁奖。学校购买了《教育美学十讲》等书籍，主办读书沙龙，目的是提升老师们对教育、美育认识与觉悟。学校有意识地聘请一些专家，就教育艺术、语言艺术、摄影艺术、日常淡妆、插花艺术等举办讲座，鼓励师生一年一度同台文艺表演展示才艺美。一方面是普及一些审美的知识与技能，提升审美的情趣与能力；另一方面是激活老师们潜在的对美好生活的向往和追求，并在工作中通过审美融入教学实践，用审美原理去丰富教育美，让学生体验到教育教学过程中的愉悦和美好，从而实现“美人之美，各美其美”。

柏拉图说：美具有引人向善的作用和力量。康德认为：教育的最大秘密就是促进人性的完美。康德有个观点与席勒相似。他认为人具有动物性，有追求个人功利的“求真”，服从因果律；人在社会上又有追求道德与自由的“求善”，服从道德律；凡是在情感领域“求美”的人，在道德和功利的两难选择中，往往能牺牲功利而选择道德行为。有研究表明，艺术修养较高的人群中，犯罪率总体是偏低的。换句话说，审美教育有助于正确价值观及核心素养的形成，以美育人有助于立德树人。

（2022 年，《中国教师》第 7 期）

从《易》谈课程改革的变与不变

一、《易》的含义简释

《易》是《易经》的简称。“易”字由日月组成，上面是“日”代表阳，下面的“勿”是月的变异代表阴，合在一起指阴阳更替。《易经》基于河图洛书，历经上古（伏羲先天八卦）、中古（文王后天八卦）和下古（孔子注释）而成书。《易经》是一部描述天地之间万象变化的古老经典。典籍内容由太极阴阳图和八卦及六十四卦构成。《易经》的哲学思维特别丰富，有“易有太极，始生两仪，两仪生四象，四象生八卦”之说。

说《易》离不开“太极图”或者说“阴阳图”。这个形如阴阳两鱼互纠一起，黑白相间、首尾缀合也许是古人对雌雄、日月等人体、生物、自然现象悟出来的“阴阳”概念。它比较好地解释了自然界对立的两个事物间的斗争、统一、消长、互动、彼此可转化的互动变化过程。它符合辩证唯物主义中用矛盾、联系、发展的思维去分析问题的观点。从某种意义上借鉴中国传统文化中的“阴阳”文化及思维方式，来阐释教育教学过程的师生关系变化与过程，是值得关注的另一种思路。譬如，《易经》中的“易”大体有不易、变易、简易三种含义。迁移到教育教学领域，则可以这样理解：一是教育的本质与规律是“不易”的，学生的学习主体地位和教师的教学主体地位是“不易”的；二是教学的内容、方法、技术、评价等表现形式与手段是可以不断“变易”的，即教学有法，教无定法；三是教学的目的就是把复杂的问题和任务化繁为简、深入浅出、简单明了地教会学生，这一过程就是“简易”。

二、新课程改革方案

2022 年 4 月，中小学校以及全社会都关注的新课程方案终于出台。该方案共分五个部分，即培养目标、基本原则、课程设置、课程标准编制与教材编写、课程实施。方案中的“有理想、有本领、有担当”明确了义务教育阶段时代新人培养目标，充分体现党和国家对时代新人提出的新要求、新提法。基本原则中，结合义务教育特点与课程育人本质，从方向、对象、目标、实施机制和育人方式五个方面，提出了遵循：“坚持全面发展，育人为本；面向全体学生，因材施教；聚焦核心素养，面向未来；加强课程综合，注重关联；变革育人方式，突出实践”五个方面。在课程标准编制与教材编写上，对课程标准编制建议：“坚持正确的政治方向和价值导向，加强思想性；坚持核心素养导向，体现育人为本；

探索用大概念、项目或任务组织课程内容；各门课程用不少于 10%课时设计跨学科主题学习；建立超越知识点目标的学业质量标准；注重学段衔接与科目分工，加强课程一体化设计；强化实践环节的教学等”。

崔允漷教授认为本次新课程标准有四大突破：一是强调课程核心素养在落实立德树人根本任务中的独特贡献。即学生通过该课程学习之后而逐步养成的关键能力、必备品格与价值观念的核心素养具有整体性、情境性、反思性特点；二是强调学业质量是学生完成课程阶段性学习后的学业成就综合表现。学业质量标准则是以核心素养为主要维度，是所有过程评价、结果评价与考试命题的依据；三是课程内容结构化特征，即作为课程内容的学习经验、知识内容、内化反应是结构化过程；四是提出学科实践是“像”学科专家一样思考与行动。即学生在教学情境中，运用某学科的概念、思想与工具，解决真实情境中的问题的一个过程。

任何一次课程改革，都是在总结上一轮课程改革的经验与问题的基础上，结合新时代的要求和人才培养的需要，提出的新目标、新举措、新方案。新的举措，比如崔教授总结的“四大突破”应该属于“变易”与创新发展；办学主体、办学宗旨包括全面贯彻党的教育方针和社会主义办学方向等应属于“不易”的范畴；基层学校未来在实际操作中应该怎么把握。本文尝试围绕“不易”和“变易”略作阐述。

三、“不易”的是什么

办学宗旨。办学宗旨体现了党和国家的意志。习近平总书记多次强调：“育人的根本在于立德。要坚持社会主义办学方向，培养德智体美劳全面发展的社会主义建设者和接班人。”“为谁培养人、培养什么人、怎样培养人”始终是教育的根本问题。“全面贯彻党的教育方针，坚持优先发展教育事业，坚守为党育人、为国育才，努力办好人民满意的教育，在加快推进教育现代化的新征程中培养担当民族复兴大任的时代新人。”应该讲，新中国成立以来，党中央的关于教育的目标和方针的提法在不断丰富和发展，但办学宗旨没有根本变化。

学校的办学主体地位。学校的功能和作用，决定了其办学主体地位，以及担负的责任。习近平总书记强调：“减轻学生负担，根本之策在于全面提高学校教学质量，做到应教尽教，强化学校教育的主阵地作用。要深化教育教学改革，提升课堂教学质量，优化教学方式，全面压减作业总量，降低考试压力。”在“双减”背景下，学校如何提高课堂教学质量，减轻过重的作业负担，提供优质的课后服务应该是当务之急。

教师是教的主体。教师职业的工作性质、岗位职责等决定了其在教学过程中的主体地位，应该发挥其教学的主体性。习近平总书记说：“教师是人类灵魂的工程师，是人类文明的传承者，承载着传播知识、传播思想、传播真理，塑造灵魂、塑造生命、塑造新人的时代重任。”“广大教师要做学生锤炼品格的引路人，做学生学习知识的引路人，做学生创新思维的引路人，做学生奉献祖国的引路人。”“做好老师，就要有理想信念、有道德情操、有扎实学识、有仁爱之心。”习近平总书记对教师寄予了深切厚望，广大教师更感到肩上的担子更重，责任更大。

学生是学的主体。学生是受教育者，既是学校的主人，也是接受学习教育的人。学习的过程就是自主学习、学生主体性发挥的过程。习近平总书记寄予厚望：“中小学生是青少年的主体，是国家的未来和希望。中小学生要立志成才，必须勤奋学习、提高综合素质，努力做到修身立德、志存高远，勤学上进、追求卓越，强健体魄、健康身心，锤炼意志、砥砺坚韧。”希望学校培养的接班人能适应百年未有之变局，能扛起新时代中国走向富强的历史使命。

四、“变易”的是哪些

教与学的主体作用可以变。如图 1 所示，教师是教的主体（白点），学生是学的主体（黑点），黑白阴影表示各自的主体作用大小。黑白互含也意味着各自在对方心中。教学过程是教的主体（教师）与学的主体（学生）的互动过程。其过程既有显性的知识与技能的传递，也隐形着情感、态度与价值观的传递与互动。它蕴含着一种朴素的辩证法：“黑白对称”说明了事物的对立统一的矛盾观，“黑白互含”说明事物的联系与依存的联系观，“白极生黑”说明事物从量变与质变的发展观。

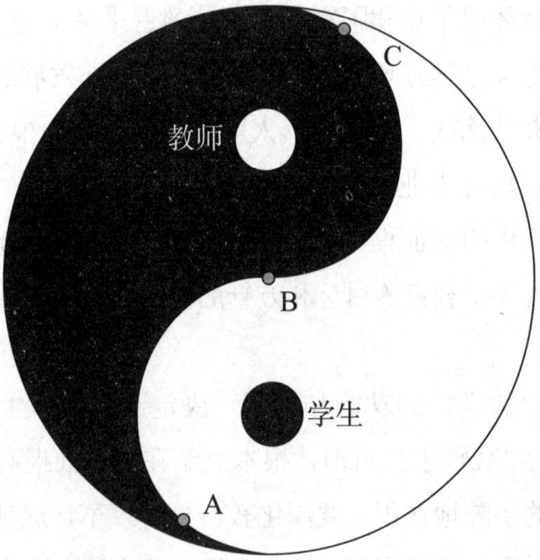

图 1

师生在教学过程三个阶段的主体性变化。如图 1 所示，假设 A 是教师备课阶段，C 是学生作业阶段，A 至 C 之间包括 B 是课堂教学师生互动的过程。处于 A 位置时，备课的教师是主体，教的主体性强；学生知识基础及个体差异、课程标准与教材等都是客体。教的主体性，表现为对学生基础及课程标准的深度分析及教学设计过程。由 A 过渡到 C，进入上课时，教师的新课引入、启发提问、任务布置等仍表现为较强的主体性与主导作用。同时，听课学生也已经把讲课的教师当成客体，学生主体性在上升过程中表现出强弱的不同。在学生心中，教师及其他讲的内容均是客体，是学习与思考的对象。处于C位置时，做作业的学生是主体，学习的主体性强。教师讲课时的语气、内容、手势等都成为学生回忆与思考的对象，也就是说教师成了客体。处于B位置时，我们假设为课堂作业、教师巡堂及点拨的过程。这一过程中师生的主客体性互为存在。譬如学生作业时学生是主体，教师成了客体；教师巡查作业或点拨时，教师是主体，学生成了客体。概括地说，师生的主体性强弱变化有阶段性差异并因人而异。

教师与学生在教学过程中的主体性因人而异并不断变化。有些学生对语文课感兴趣，那么他上语文课时主体性就比较强。有的学生因为喜欢某位老师，而对他所教的学科及上课更感兴趣，主体性就比较强。有的学生擅长运动，体育课时主体性强。有的学生喜欢实验课中动手实践；有的学生喜欢观看视频；有的学生喜欢在同伴互助中学习；有的学生则喜欢宁静环境中的自主学习。所以，师生的主客体的角色及其主体作用发挥在教学过程中是发展的、变化的。换句话说，优秀的教师就是善于把握学科教学的本质特点，并善于激活不同学生的主体性，即兴趣与特长发展。在“扬长”的过程中将兴趣、方法、长处向弱项与不足迁移，从而促进学生的全面发展。譬如物理、化学老师应注重在实验教学中培养动手能力及其科学态度，政治、历史老师应善于在现代或历史故事中启发学生的思维。所以教学有法，这个“法”核心是激活学习主体的兴趣与能力，即便是讲解，也讲究启发。只有这样，学习过程才能像学科专家一样思考，学习及内化过程才会结构化，并转化为关键能力。换句话说，教与学的主体作用可以变化，善于将教的主体性转化为学的主体性，调动学生学习积极性，着力培养自主学习能力的才是真正的教学能手、教学专家。

教与学的方式可以变。乘坐长途运输的火车、汽车或者飞机，都会有“打瞌睡”的经历与体会。为什么呢？因为乘车时缺乏你关注的事物刺激，所以你就很快昏昏沉沉入睡了。因此，长途汽车路途中会放一些武打片让乘客们看，飞机上你还有自己选择影片的权利。目的是不断地刺激你的感官和思维。优秀的老师一定是围绕着课堂教学主题，不断地变化教学形式与手段，创设情景与问题，刺激学生的兴趣，调动学生主动学习的积极性，培养学生主动探究学习的方法。如图2所示，是美国教育专家艾德加·戴尔1946年研究的成果，俗称“学习金字塔”。通过比较七种教学方式与效果发现，两周后学生学习记忆的保持率，“讲授”的教学效果最差，只有5%；阅读、视听结合、演示示范、合作讨论、实践联系、向他人讲授或立即运用的，依次有10%、20%、30%、50%、75%、90%的保持率。比如“向他人讲授”，学生必须自己理解、消化、内化、重组，才能正确表达向他人讲述。这里有一个主动探究、学习内化的过程。换句话说，学生积极主动学习，才能发挥学习的主体作用，获得更好的学习效果。从这个意义上来讲，学习的本质是自学。一切有利于学生自主、自觉学习的教与学方式的变革实践，比如图中“留存率”超过50%的三种方式，讨论、实践、教授他人都是符合教育规律，值得探讨的。因为自主学习过程有助于培养勤奋上进、追求卓越、意志坚强的必备品格。

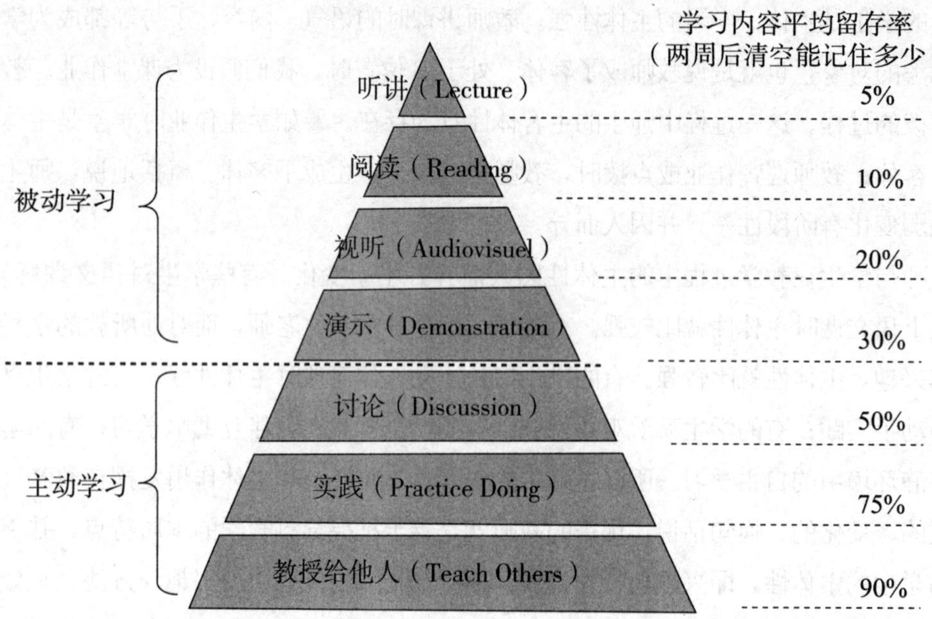

图2

譬如，杜郎口中学的自主学习模式是“预习、展现、反馈”三大模块贯穿在一起。这些模块的教学组织形式都以小组活动和学生自学为主，都是学生为主体的课堂。教师在教学过程中只是先行组织者、引领者、帮助者。杜郎口中学的改革是一种基于朴素教育理念的实践，实现了被很多人认为是“理想”的新课程理念。它回归了教育的本真。培养具有终身学习能力的、自主发展的人。又譬如，朝阳区教委王世元副书记领衔的“合作对话”课堂教学改革，致力于推进教师在教学中创设平等、尊重、合作、对话的氛围，让教师与学生、学生与学生在此基础上形成成长共同体。“合作对话”课堂围绕教学主题和目标，设有五个环节：对话唤醒、活动对话、知识建构、实践拓展、布置作业。课堂教学流程表现为老师的“扰启—发现—梳理—点拨—迁移”，以及学生相应的“质疑—实践—内省—思辨—提升”。这种变化多样的教学方式，不但凸显了学生学习主体性，而且实现了由单一的重知识教学向综合的育人转变。自主学习基础上的合作对话，在教与学的方式变革过程中，形成了新型的教与学的关系，不仅培养了学习本领，在互助中还培养了尊重、民主、责任与担当意识。

教与学的内容可以变。温儒敏教授认为：这次新课标中，“学习任务群”是一个宗旨性的概念。各科都有其凝练的“核心素养”，并且提出以相应的“学习任务群”去呈现学习任务。这的确是重大的改变，目的是想通过这种方式把教学内容结构化呈现出来。教学中用“学习任务群”去组织和呈现课程内容，让学生进入探究性学习的氛围。学生在一定情境之中带着一定的任务进行伙伴式的、探究式的学习，获得自己知识的建构。教师在这过程中起到设计、引领、总结、点拨、帮助等作用。

北化附中的课程体系如图 3 所示，反映了学校实施的课程内容根据学生实际而变化。一是教师要根据课程标准和学生实际，把握好课程的难度，丰富课程内容，选择合适的课程教学方式，将国家必修课程（核心圈）校本化。教师依据课程标准，利用信息化科技手段，大力开发教学资源、设计教学方式的过程，也是“学习任务群”的构建过程，同时是教师教学风格个性化、优质化的变化过程。二是学校根据师资等客观条件、人才培养方向，丰富校本课程。譬如，依据高考政策变化的选修课，依据传承红色文化和传统文化要求开设的人文类选修课，依托北京化工大学开设的大学先修物理化学实验课，着力培养理工特长的未来人才等教学。这一过程是学校层面根据“有理想、有本领、有担当”人才培养需求的教学内容结构化的建构与变化过程。三是学校围绕着“礼”“节”“社”“会”等一系列的德育活动。比如海棠文化系列，办海棠民乐团、海棠文学社、海棠书苑、海棠书画社、《海棠听语》校报等，丰富人文素养。通过德育实践活动的审美情感体验，熏陶情感，完善人格，以美育人，立德树人。四是引导老师借鉴教音乐中的“变奏”等概念，围绕教学主题，不断变换教学形式与手段，提高教学效果。上述学校及教师层面的教学内容与方式的变化与重构过程也是“学习任务群”的构建过程，都是聚焦核心素养，优化育人方式的过程。

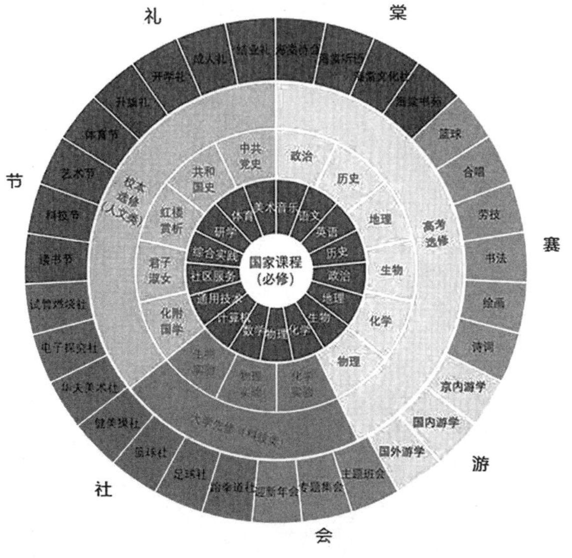

图 3

教与学的评价可以变。上一轮的课程改革，教与学的评价有很多变化。比如说，学生成长记录档案袋等概念的提出，各省市的中考、高考方案改革等。崔允漷教授强调这次新课程的新评价有三条变革路径：纸笔考试仍是选拔性考试的主要方式，表现评价是素养导向评价改革着力点，过程数据是评价与技术融合新方向。但他并没有否定上一轮“课改十年”形成的三维目标及其目标教学。这说明上一轮课改最成功的变化，是布卢姆等的“掌握学习”理论、“目标教学法”、“教育目标分类”得到了认可，在中小学得到了普及性的推广。可以理解为结合国情的创新可以继续传承，因为它符合素养导向。每一次的课程改革，都有通过评价的导向性这一最有力的手段，来撬动基层学校的教育变革这个良好愿望。应该讲，北京市教委在“学生综合素养评价”平台的改革注重过程性，综合性以及素养导向，是比较成功的，在一定程度上能反映“本领”与“担当”。朝阳区教委的每次基于统测的大数据分析，也在一定程度上发现了教学中的问题，指明了课堂教学改革的方向，特别是针对个别生的数据分析有助于因材施教。2022 年，值得注意的是，北京市中考试题的难度与区分度较低，学生、家长、社会的评价都不一样。评价这个手段，是一个很复杂的社会问题，甚至是文化、价值观问题，效果到底如何应该等待在实践过程中去验证。基层学校在涉及升学的考试评价上主要是如何应对提高成绩，也可以搞一些多元的、综合性的评价改革尝试。譬如，北化附中率先推出“尚美学生公约”和“雅美老师公约”，每年举办以“美”为标准的评比活动并隆重颁奖，引导师生追求真善美的统一，受到师生欢迎，反响良好，应该讲是一项成功的评价创新，因为它符合素养导向。

（2022 年 9 月 28 日，《校长派》客户端）

中小学如何制订高质量的“十四五”发展规划

当前，各级政府的教育行政部门，各级各类学校都在制订“十四五”教育发展规划。中小学如何才能编制出高质量的发展规划呢？笔者结合自身的实践与体会，谈谈个人的一些观点。

一、规划的概念、目的要明确

规划是指政府、企业、学校等组织部门制订的长远发展计划。从时间角度讲，应立足于长远的长期性思考，通常是五年，也有十年，甚至更长年限的；从内容来讲，侧重基础性、整体性、方向性、战略性思考。学校规划是未来整体行动方案，目的是通过提出指导性、原则性、纲领性意见，引导学校各部门与个人的发展。高质量的规划具有目标引领、问题解决、任务驱动、操作可行等特点。

各部门乃至个人在学校发展规划的基础上，还应该有工作计划。与规划不同的是，计划通常是指一年内的具体工作内容、步骤、方法，偏重战术层面的执行、操作与落实。在学校发展规划的基础上，也可以有部门、教师个人的发展规划。

譬如，北化附中“十四五”规划明确提出了构建“美的教育”体系的整体性、方向性策略，“五个提升”的办学目标，以及涵盖文化、课程、学生、教师、干部等五个要素的子目标与实施路径，乃至“审美融入”“习与智长”等一系列具体措施。规划讨论通过后，还要求参照学校规划，各校区要制订工作计划，教师拟定个人专业发展规划。

二、规划的体例应符合规范

学校规划的出发点是解决学校发展中存在的问题并谋求新发展，即通过目标引领，解决问题，促进发展。虽然目前尚没有国家统一规定的文本格式，但参考其他行业的规划，可以有一个大体规范的体例编写要求。

编写体例中的第一部分，应该包括前期发展中取得的成绩总结及存在问题分析；第二部分应该是新时期发展的时代背景，规划编写的指导思想、发展原则等；第三部分是规划的目标及可行性分析，包括办学规模、办学质量、特色项目、经费支持等；第四部分是主体，也是重点，包括学校发展各要素，比如学校文化、课程建设、学生发展、教师发展、服务保障等的目标细化，针对存在问题提出的实施策略与具体路径；第五部分可以是一些可能的附表、附图、编写负责人等。

学校在具体编写规划时，也可以根据实际需要做些删繁去简的调整。比如，北化附中的“十四五”规划与“十三五”规划相比，一是考虑“十三五”期间取得的八项成绩，实际上也是“十四五”规划实施的有利因素，还有承前启后的连续性，就没有单独在“可行性”分析上过多着墨；二是考虑到对政府财政及学校经费缩减的不确定性影响，在校园建设、设备更新、环境改造方面等一句话带过，也没有过多的具体阐述。

三、规划应当顺应时代发展

在确定规划的指导思想、发展原则、办学目标时，一定要考虑时代发展对教育、人才培养、学校发展的影响，要有超前思维与战略眼光，否则就达不到引领学校发展的要求。

2017 年 10 月 18 日，中国共产党第十九次全国代表大会，作出了中国特色社会主义进入了一个“新时代”的新表述。这是一个重大的判断。它的基本含义是：这是我党承前启后、继往开来的时代；也是我国全面建立小康社会、迈向共同富裕的时代；还是全面实现中华民族复兴，建设有中国特色社会主义的时代；更是中国走向世界舞台中央，为全世界、人类命运共同体做出更大贡献的时代。

为了迎接这个伟大的时代，学校教育应该培养什么样的人？人才标准是什么？2018 年 9 月 18 日，习近平总书记在全国教育大会上讲话中明确提出了“六个下功夫”，即坚定理想信念、厚植爱国情怀、加强品德修养、培养奋斗精神、增长知识见识、增强综合素质。“六个下功夫”既指出了当前教育的不足，又为新时代青少年人才的培养指明了方向，突出了理想信念、思想道德、综合素养的高要求，目标是为新时代的社会主义事业培养建设者与接班人。

为了迎接新时代的到来，北化附中“十四五”规划在拟定学校文化、课程建设、教师与学生发展的子目标时，明确了“立志、立德、立业、立人”的育人目标，提出了营造“心美、言美、行美、境美”的校园风气，构建“美的教育，美好人生”的课程体系，打造“有理想信念、有道德情操、有扎实学识、有仁爱之心”的教师队伍，培养“有理想、有道德、有文化、有纪律”的化附学子等一系列子目标。学校通过审美融入国家课程、校本课程、社团活动、系列文化节日的活动过程体验，强化理想信念、爱国情怀等，实现以美育人、以文化人、立德树人的目标，信心百倍地迎接新时代。

课程与活动是学校育人的主要途径。2019 年 6 月以来，中共中央、国务院办公厅以新时代为主线，围绕“高中育人方式”“思想政治课”“劳动教育”“体育”“美育”“教育评价”等教育改革的系列文件。这一系列的文件都应该是“十四五”规划的主要依据。因此，我们制订规划时，明确了国家必修课程的实施、改革、特色构建过程中要注重理想信念、爱国情怀、奋斗精神等育人因素的渗透，并在思政、劳动、体育、美育等相关学科教育中，提出了传承红色基因，培养劳动习惯、运动爱好、审美情趣等系列具体措施。比如，每学期开展劳技、篮球、合唱、诗词、书画大赛等，从而培养能迎接新时代挑战的接班人。

四、规划的办学目标适切可达

一所学校的办学目标，应该基于办学条件、生源基础、师资队伍、政策支持、历史进程与社会环境等。有些学校特别是一些新建校，高调提出了“知名”“一流”“现代化”“国际化”等高端、大气、上档次的“标签式”办学目标，事实上是做不到的，无非是为了吸引眼球，结果是贻笑大方。学校是否“一流”“知名”“国际”等，一方面取决于是否有先进的办学理念、优秀的教师队伍、高水平的办学能力与质量，更关键是要培养出一批优秀的栋梁之才，从而赢得社会认可。很显然，这些要求及评估标准都不是一个五年规划能完成的。无论国内还是国外，知名的一流学校通常是拥有一大批知名校友的百年老校，至少也要30年的校龄才能产生知名校友呀。

北化附中“十四五”规划提出的办学目标分别是：办学规模扩大，在校生达1560人；教育质量提升，进入同类校前三分之一的位置；形成“理工特长”“海棠文化”“尚美学生”“足球”等办学特色与品牌；教师水平提升，市区骨干比例增至20%；在“美的教育”课程建设、“理工持长”人才培养上形成经验，在北京市有较大影响力。虽然这些目标都有较高难度，但也不是遥不可及。依据现有办学基础，通过全体师生的奋发努力，这些目标是可以实现的。这也体现了规划的实事求是，同时也有利实现规划的目的。

五、规划应有利于主体的实践操作

无论规划如何好，终归是靠干部、老师、学生等相关的主体去认识、识同、实践操作。所以，规划要尽可能明确教育教学过程中不同的主体，各自的责任、权利、义务。同时，拟定的具体措施应该明确、可操作。这样才有可能把规划中的构想变成现实中的行为，通过具体实践达成规划目标。

譬如，北化附中“十四五”规划中，非常明确提出了学生是学校的主人，学生要有自主发展意识和积极的社会参与。强调了学生的主体意识、生涯规划、自主管理与习惯养成，习得“六个一”的好习惯。学校要创造条件让学生参与学校文化建设、社团管理、班级常规管理与评比、大型活动的组织等培养社会参与能力。创新之处表现在：创新家长委员会、家长学校、家长群的功能与作用，创新家校共育新途径。又譬如，在服务保障中既有党建机制的保障，也有干部作用的发挥。包括发挥干部的带头作用，干部要有奉献、服务精神，创新与合作意识，敢于担当、真抓实干等要求，还有对德育和教学干部每月完成“六个一”的具体量化工作。虚实结合落在实处，便于操作与考核评价。

六、规划的产生要发挥群众智慧

规划的产生过程，学校之间会有差异。有的是校长先出简单思路，各部门干部们分头写，然后集成；有的是校长先写一个初稿，然后分别发动干部、老师，甚至请专家讨论提意见，最后还要经过教代会代表审议、表决通过的过程，才能成为合法文件公布、执行。

我比较倾向于校长先出一个初稿，然后组织分别组织干部、老师们讨论。这样做有利于整个规划是一以贯之的系统思考，有一定的逻辑性。比如，我在构想北化附中的办学思想与文化体系时，就是以“美的教育、美好人生”“习与智长，化与心成”两组词语中的“美”“习”“化”三个关键词，组合、延展相关德育、教学、管理理念，相应的学风、教风、校风表述以及臻美德育、博美课程、智美教学、偲美社团、和美管理、怡美校园等。应该说提法比较先进，也有一定的逻辑关联。在此基础上又规划具体的校园文化、课程建设就比较有体系了。校长没有如果先期的系统思考，就放手发动干部去写，后期再进行统稿就会产生整体思考、逻辑关联等难题。

校长有想法，但老师没有深度参与，出笼的恐怕是空头文件。我们的做法是：校长的规划初稿出来后，先发给各校区组织干部讨论提意见。在此基础上形成二稿，发动所有的老师学习、讨论、提意见。形成三稿后，向校外的一些专家征求意见。第四稿在教代会讨论、提意见，修改、表决通过形成第五稿。我们的“十三五”“十四五”规划分别收到过80、50多位老师的书面意见。在发挥群众智慧，集思广益的同时，更主要是老师、干部的认识、认同感增强了，提升了实践过程中的执行力，也提升了规划的质量。因为讨论的民主过程激活了教师潜在的主体意识，鼓励教师锐意改革、追求卓越，有利于教师在教学与管理中创造性劳动中践行爱心育人。学校积极营造机会与平台，组织教师积极参与教育科研与培训等。教师努力落实每年“六个一”的学习行动，从而不断提升专业精神、知识与能力，并享受教师职业劳动过程的成功与快乐。

学校规划与其他行业规划的不同点，或者说规划的实操性与质量高低，都取决于学校规划的出发点及各项具体措施等能否都聚焦于人，即如何激活、发挥教师、干部的主体作用，提高教育教学的效能，进而激活学生的主体意识与潜能，为学生的美好人生奠基。

（2022 年，《广东基础教育研究》第 2 期）

五个支点，合力育人

为了全面贯彻《中小学德育工作指南》，北京化工大学附属中学秉承“习与智长，化与心成”的校训，构建了水平维度由课程、活动、管理、文化、审美五个支点组成，垂直维度由知、情、意、行呈递进上升的多元化、立体化德育工作体系。学校依托五个支点，努力实践全员、全过程、全方位综合协力育人，有效地落实了立德树人的根本任务。

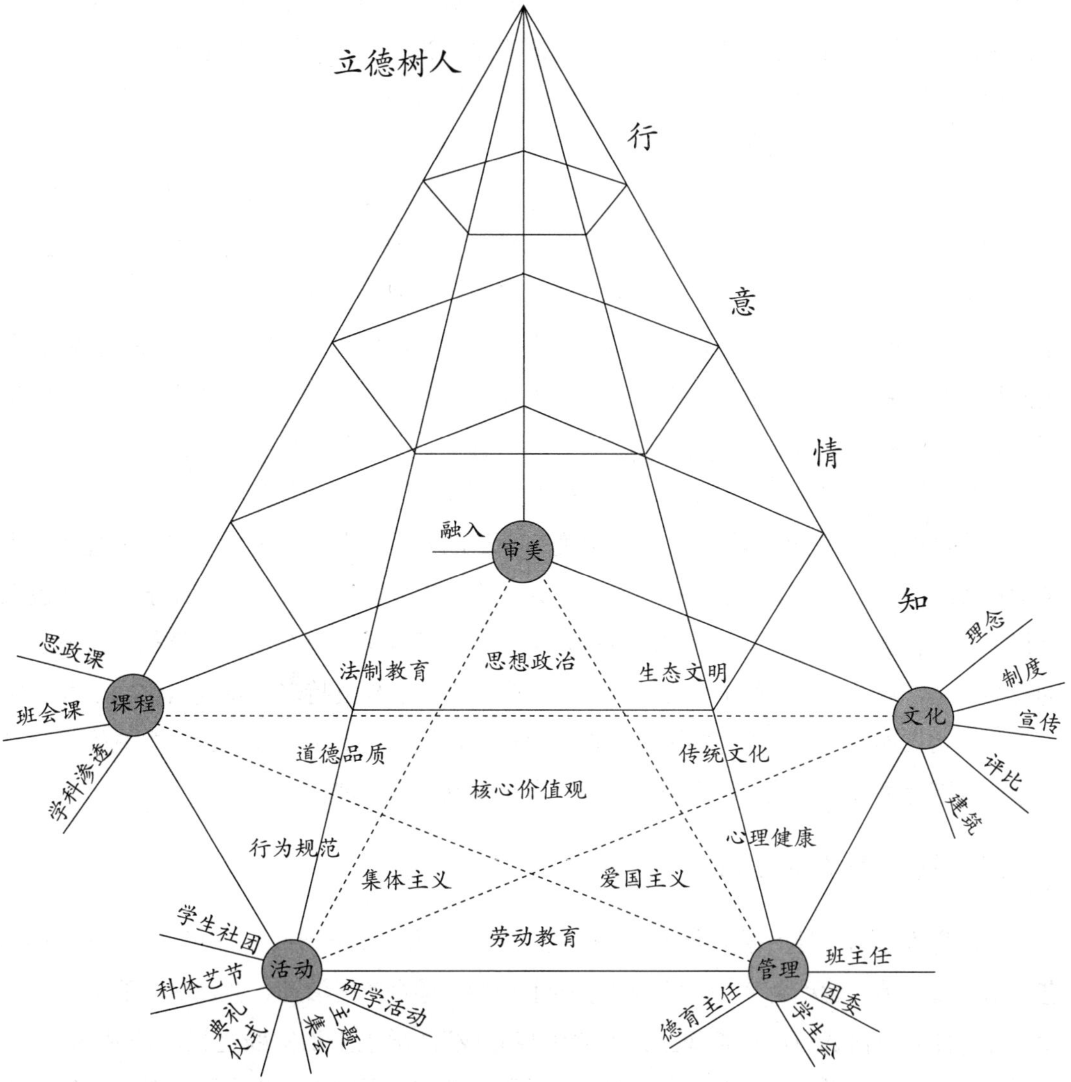

图 1

如图 1 所示，是北化附中根据“立德树人”的总目标，结合学校实际设计的校本化德育工作体系。底部平面维度的五边形中包含有学校德育的主要内容，并突出了社会主义核心价值观的中心地位。垂直方向体现了“知、情、意、行”的层次递进（本文不叙述），并指向“立德树人”目标与任务。五个支点指的是由课程、活动、管理、文化、审美五个要素组成德育工作主要的平台、途径、方法、资源与过程等，是“三全”育人的关键。

一、课程育人讲政治

课程育人主要是依托思想政治课主渠道、学科教学中的德育渗透、班主会课等。学校及其课程有旗帜鲜明的政治立场，全面贯彻党的教育方针，为社会主义事业培养建设者和接班人。习近平总书记强调“要抓好青少年学习教育，着力讲好党的故事、革命的故事、英雄的故事。厚植爱国、爱党、爱社会主义的情感，让红色基因、革命薪火代代相传。”学校旗帜鲜明地加强对班主任、思政教师队伍的政治领导，鼓励他们积极要求入党向党组织靠拢。强调班主任和思政课教师必须有坚定的政治信仰，不仅是讲授知识，更重要的是传递知识的过程要信仰和情感。

习近平总书记强调：“要引导学生切身感受到党的艰辛历程、巨大变化和伟大成就，做到知史爱党、知史爱国，传承红色基因，勇担时代责任和使命。”学校加强历史教学，让学生走进历史、了解民族文化与历史脉络，了解新中国成立以来的经济发展成就。比如组织学生对京西古道、北京中轴线的自然、人文地理的考察与研究性学习，通过了解北京进而热爱北京并爱国。组织学生观看《建国大业》《战狼》《长津湖》等影片要求写观后感等。观影的情感审美体验，包括对英雄的景仰情感等，丰富并提升了爱国主义教育成效。

学校引导教师和学生读一些诸如金一南的《苦难辉煌》、张维为的《中国三部曲》等著作或演讲视频，减少美国为首“和平演变”为目的西方信息战的负面影响。通过让学生了解鸦片战争、八国联军、上海租界的“华人与狗不得入内”的耻辱史，让学生了解遵义会议、万里长征、抗日战争、解放战争等，引导学生懂得是历史选择了共产党，人民选择的社会主义，从而坚定共产主义理想信念和爱国情感。学校支持老师将我国化学工业、化工大学创始人侯德榜先生事迹的影像剪辑成短视频，让学生们观看并讨论。类似的身边科学家的爱国行为最有说服力、感染力，能够真正触动人的灵魂。

二、活动育人应实践

活动育人包括各种主题集会、典礼仪式、学生社团、研学旅行，一年一度的科技节、艺术节、读书节、运动会等。学校引导学生主动参与德育实践活动，通过活动的实践与体验，才可能有价值认同，才能真正实现“化与心成”。学生主动实践过程中遇到的挫折、焦躁，以及反复沟通、克服困难走向成功的过程，都有利于培养学生克服困难的勇气、意志、心理，从而提升抗挫折力、协调力和自信心。

学生参与德育实践活动的途径丰富多样。学生会以及各种学生社团的产生、活动组织等均由学生全面自主组织与决策，德育处干部只是负责协调与指导。大型的读书节、运动会、科技节、艺术展演、篮球比赛等组织过程，尽可能由学生干部全面组织，老师只是提供指导与帮助。发动所有学生全面参与“审美主题”的校园橱窗文化的内容更新，“卫生保洁”区域的划分、“尚美学生公约”的讨论发布等。学生会组织的值周班纪律检查、一年一度的“尚美学生”评比与颁奖等，学生都能够积极参与，或者成为学生期盼的活动。当学生主动参与实践成为学校的一种常态、习惯、氛围时，德育的价值和效果就自然产生了。

学校定期组织志愿者去养老院进行志愿服务。孩子们帮助他人的过程中，关心关爱老人的恻隐之心，实际上是在“被感动”中净化了心灵，帮助了自己。因为爱的情感培育有利于自身的情感、态度、价值观的正向发展。德育的根本是对情感产生影响，德育氛围的作用是在浸润式的影响下，触动学生的内心，焕发出道德的力量。

高三成人礼仪式有一个环节，让家长和学生互相交换并阅读各自给对方写的一封信。每一次都出现父母子女热泪盈眶的场面。孩子们 18 年来，第一次这么面对面地与父母交换看法和感谢，才发现对方互相关爱是难以言说的深情。可惜过去熟视无睹，体会不到，甚至还有误会。特别是作为子女，没想到父母亲还克服了工作和生活中的许多难以想象的困难。不少学生就是因为成人礼这个环节的痛哭、后悔等审美情感体验，才有后期考前百天的奋发努力，终于考上了理想的大学。笔者认为：爱父母者才可能是爱国者。

三、管理育人有规则

管理育人主要是指德育干部、年级组、班主任、团委及少先队辅导员等参与的管理活动，包括各种制度、谈心谈话、评价考核等。管理过程一定要尊重学生的认知与成长规律，尊重社会普遍认同的规则。因为学校就是一个“前社会”或者说“小社会”，就应该有“自由、平等、公正、法治”的氛围。营造这种氛围的关键就是尊重规律和规则意识。

学生身心发展是有规律的，不同年龄、不同学段学生的道德认知和道德判断能力、身心成熟程度是不一样的。学校应该遵循学生的身心发展规律，在道德内容的设置上，应该体现科学性和序列性，引导学生在循序渐进、螺旋上升的学习进程中提升自己的道德认知和实践能力。譬如，我们在关于爱的系列教育设计时，小学应该侧重爱父母、爱老师、爱集体；初中学了历史与地理，可以侧重爱国主义教育；高中对社会及党派的知识了解更丰富了，可以侧重爱党与信仰教育。

学生会组织的值周班纪律检查与评比公布，应该是规则制定并公示在前，然后才是实际层面的操作。整个过程与结果经得起当事人的质疑，才能做到公正、公开、公平。各种学生社团的产生及其活动的组织过程，也都有相应的制度公开化，尽可能避免社会上的不良风气渗透进校园。“问题学生”的处理，学校组织部分学生及家长进行公开的听证、评议，不但教育了当事人及其家长，也教育了其他学生和家长。学校生活中形成了规则意识有利于进入社会、适应社会生活，也有利于和谐社会的发展。

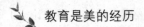

有的班级尝试以下方式让学生认知和理解规则，提高道德教育的实效性，促进学生心理健康与意志品质的培育。一是开放性测试，内容、时间和地点完全开放，让学生置身于现实生活之中，自由表达自己的道德情感与意愿，自由进行自己的道德行为。二是情境判断，借鉴科尔伯格的道德两难故事，让学生自由表达故事主体的态度和行为。三是活动性测试，组织道德实践活动，观察学生参与活动的积极性、主动性以及活动中的具体行为，客观评价学生的道德状态与可能。

四、文化育人造氛围

文化育人也可以理解为办学理念、管理制度、师生活动、建筑及橱窗、对外宣传等各种文化建设与活动中蕴含的育人过程。包括一些显性的硬件建设以营造氛围，但更重要的是育人氛围熏陶下，师生中隐性存在、共同认可的价值观与行为方式。

学校提出了“美的教育，美好人生”的办学思想，并着力构建相应的校园文化体系。比如，初中部三个年级的走廊橱窗文化就是以“语言美”“行为美”“心灵美”三个主题为中心，由老师和学生共同来丰富并更新内容。入口大厅 72 个不同字体的“美”字，是以孔子“72 贤人”的寓意来彰显学校教育的目的。高中部通过每年都会组织新一届的高一学生，围绕走廊文化内容进行知识竞赛，将校园文化教育与活动竞赛有机结合起来，深受学生欢迎。

学校还率先推出了“尚美学生公约”和“雅美教师公约”，每年举办以美为标准的评比活动并隆重颁奖，引导师生追求真善美的统一。“尚美学生公约”涉及 12 个学年段，每学年有 10 个方面的约定，总计 120 条。比如“尚美学生公约”的“行之美”部分，一至六年级依次提出“不拥挤、站如松、靠右行、五姿正、让座位、遵校纪”等底线式、递进式、做得到的要求，有利于落实、也有利于评比、比较容易出效果。这样的道德教育从降低重心入手，实事求是抓出了实效。学校德育少搞一些“假大空”，少一些言不由衷，少一些形式主义，多一些实事求是、多一些解决问题、多一些底线限制等，这样的接地气举措在当今显得尤为必要。

学校还依托朝阳区教委的“理想教育文化”改革实验，探索课堂教学过程中的新型师生关系，推动新型的校园文化建设。该项改革实验提出的“尊重、民主、科学、责任”的最佳公民理念，与学校的“尚美学生”“雅美教师”实现了有机融合。该实验项目提出的“合作对话式”教学与学校的“主体教育”也实现了有机融合。课堂教学中形成了一种“互相尊重，合作对话，教学相长”的新型的和谐的师生关系。实验的结果不仅仅是学习成绩提高了，更主要是师生关系更加融洽了。

五、审美育人重体验

美育包括美术、音乐课程，也包括艺术社团、艺术展演、学科审美渗透等。它在立德树人过程中具有不可替代的作用。习近平总书记指出："美术、艺术、科学、技术相辅相成、相互促进、相得益彰。""要全面加强和改进学校美育，坚持以美育人、以文化人，提高学生审美和人文素养。"教育过程中师生互动蕴含人性的关爱、教与学的成功等都有愉悦的审美情感体验。类似审美体验都有助于人性回归、道德完善、人格完美。换句话说，审美教育有助于正确价值观及核心素养的形成，以美育人有助于立德树人。

学校认同康德的观点："教育的最大秘密是促进人性的完美"，提出了"美的教育，美好人生"的办学思想，着力构建相应的课程与文化等育人体系。学校通过审美融入十余门国家校本课程，重新构建了由心灵美、语言美、行为美、思维美、艺术美、健康美等六个模块组成的校本化课程体系。又通过审美融入校园文化，构建了由臻美德育、博美课程、智美教学、偲美社团、和美管理、怡美校园等六要素组成的学校文化体系。

学校鼓励音乐、美术老师加强课堂实践环节。音乐课要求学生在试唱、试奏的过程中，加强对音乐的体验和理解。美术教学中也增加了每位学生需制作一件陶艺、风筝、版画或剪纸作品的新要求。举办合唱比赛，促使全体学生在唱歌实践体验中提升了审美能力。小学部从无到有组建了"海棠"系列的民乐团、合唱团、文学社、京剧社和打击乐社等，努力实现艺术社团从兴趣走向专业的转变。引导学生在审美情感体验中，陶冶情感、健全人格。

艺术训练不仅让孩子们学会了演奏乐器去表达情感，而且突出了队员之间的沟通、协调、默契与合作。艺术训练不仅仅提升了一门艺术技能，更主要是培养了一种对世界、对他人的态度，在审美的追求中完善了人格。全员学习葫芦丝演奏、陶艺制作、风筝制作等训练过程，是文化传承与创新、文化自信与爱国主义的潜移默化过程。一年一度的"艺术节"展演活动最受学生期待与关注。它不仅仅是促进了艺术技能的表现与提升，更多的是学生们在表演实践中的审美体验，让潜能得到了开发，让天性得到了解放，让灵魂得到了洗礼，让人学会去追求人生的美好。

（2022 年 9 月 23 日，《新华之窗》客户端）

提升执行力助力中层干部实现自我价值

一所学校的办学质量与声誉如何，取决于这个学校的管理水平。学校管理水平及成效如何，又取决于中层干部队伍的建设与执行力的发挥。毛泽东主席曾经说过：正确的路线确定以后，干部就是决定的因素。学校中层干部通常是指各部门、各处室正、副主任。执行力可以理解为贯彻落实学校工作意图，完成预定的工作目标的实际操作能力。中层干部是上接校长，下联教师，承上启下，部门协调，推动学校工作的骨干力量，并在教育教学工作中带头示范作用。

学校教育及教师教学是一项专业性很强的工作。对教学能力与业绩有信心的教师，通常会选择依靠自身努力、比较单纯的“职称晋升”的专业发展道路。因为做行政干部面临着大量繁杂的事务性工作，干部晋升的途径和机会都有不确定性，而且有可能削弱自己已有的专业优势。换个角度思考，中层干部可能是吃力不讨好的工作。

目前社会各方面诸如“检查多”“评比多”等因素对学校管理工作量的影响较大。学校中层干部面临着杂事多、任务重、压力大、津贴低、升职难等现实情况。处于管理层与基层教师群的夹层之间，开展工作并不容易。中层干部执行力的发挥还涉及到社会环境、学校制度、校长管理风格等多种因素。笔者曾经有过由教师做到中层干部，然后成为校长的经历，对于中层干部的成长、发展、执行力及自身影响因素，有一些观察、思考与体会。文中列举的是实际发生的事实，尽量避免了当事人姓名。本文主要是围绕中层干部在特殊的工作与成长位置，需要从六个方面努力提高执行力，在落实工作推动学校发展的同时，提升能力实现自我价值。

一、服务意识

进入中层干部的人选，首先要有“干部就是服务”的角色定位及价值判断。这种服务体现在履行职责中为他人做事，让他人受益。树立服务意识，即服务教师、学生、校长，服务于学校的发展。有了正确的服务意识，就有了较高的政治站位和担当精神，才可能有奉献精神与责任感，才可能全身心地投入工作，才有勇气与能力去克服工作中的困难，才有可能取得工作业绩并赢得老师的认可，进而有晋升机会或者说实现自我价值。因为真心实意的服务会进入群众的眼睛及其心中的“秤”并在干部推荐中的发挥积极意义。个别人如果把干部当成可以接近领导，可能有权、有利、有升的机会，遇到困难时就可能“患得患失”“左顾右盼”，甚至于“推诿”“争功”“内耗”等利已主义现象，那就不可能全身心投入工作，也不适合做中层干部。

比如校长提出了“美的教育，美好人生”的办学思想，并要求办公室、德育处分别组织师生讨论、制定“雅美教师”“尚美学生”公约，并隆重举行一年一度的颁奖典礼。具体操作过程中，办公室主任根据教师、职员、干部的工作性质不同，分别提出了各十条的“雅美教师”评价标准；德育处主任根据 12 个学龄段不同的特征，提出了各十条的“尚美学生”评价标准。这些大量的文字工作都是别人看不见的幕后行为，付出劳动很多，有了成果也是学校集体的或者校长的。这就需要干部有服务意识、奉献精神。

新时期工作很多，很具体，而且过去无明确分工。面对新形势、新任务就需要干部的奉献精神与服务意识。一位德育干部不嫌烦琐，夜以继日地落实各种通知、拟定制度、宣传、检查、晨午晚检、数据上报等大量繁杂的工作，无怨无悔的服务让师生感受到了安全与信任。

二、担当精神

担当是敢于承担责任，关键时刻勇挑重担，在责任及困难面前不回避，不推诿。有的校长风格偏向于抓思想、抓方向，在具体事务上比较“超脱”一些，往往希望敢抓敢管的“法家”式干部推动工作。一位新上任的年轻教学干部为了推动学校的教研组建设、学科教学研究、课堂教学质量的提升，出台了诸如“优秀教研组评比细则”。这无形中会增加很多工作量且未必有报酬，引起了的个别老教研组长的不满并向校长反映。校长明知这项细则未必成熟但推动此项工作有利于学校发展，当然也不好当面批评老教师故不置可否。这个年轻干部不怕非议，敢于担当，持之以恒地完善“评比细则”并借此推动教研组的教研、科研、青年教师培养、听课评课、命题审题等常规工作，最终得到了校长和老师们的认可。

学校饭堂的食品安全工作，事关师生切身利益和身体健康。饭堂营业执照上的法人当然是校长，但后勤保障的干部应该主动担当食品安全的监督责任。应该深入饭堂加强管理，包括检查食材的来源、发票、保质期，巡查烹饪过程中是否合乎规定，是否留存样品待查，饭堂工作人员的健康是否符合标准。这种担当是职责所在，也是党性要求。

三、创新思维

创新思维可以简单理解为有别于常规和常人的想法与做法。比如，校长根据文件精神、学校现状、上级要求、办学规律等，通过思考会提出一些新学年的办学思想、办学策略、办学思路等，往往会以一句话或者一组词来表达。但落实到具体的管理措施怎么做，校长未必是深思熟虑了。譬如，校长提出拟将西汉时期的文学家贾谊说的“习与智长，化与心成”作为校训。客观而言，当时只是认为“习”字和“化”字能够比较好地反映学习过程、德育过程的本质和规律，但并没有细想具体管理工作中应该怎么做。这个时候就需要干部的领悟和创新能力。一位教学干部敏锐地发现了工作中的切入点，以“习，鸟数飞也”中强调的反复练习、熟能生巧、养成习惯为切入点，创新性地出台了指导学生如何通过预习、练习、温习、复习、研习、实习等提高学习效率的相关办法，大会和小会组织班主任、科任教师学习讨论，抓常态落实和持之以恒。结果是大部分学生逐渐养成了课前预习和课后温习的习惯，课堂上的“合作研习”“限时训练”逐渐成为了常态，课堂教学质量也在不断提升。

优秀的中层干部一定会在认真学习、理解校长的办学思想基础上，创造性地执行与落实。培训中层干部的一个重要科目，就是让干部结合工作实际解释并落实学校的办学理念与策略。这种创新性的具体实践过程是让校长提出的理念落地，接地气，生根发芽，开花结果。比如校长借鉴丰田汽车“精益生产”的理念，结合学校实际提出了“精益教学”的教学理念。一位教学主任积极创新思考：如何把理念的基本精神变成可以操作的教学要求。并结合自身理解与教学管理对教师们提出了新的教学要求：(1) 以“贴近客户”为切入点，提出教学要研究学情、学法，因材施教；(2) 以“零缺陷”为切入点，提出教学设计中要避免无效劳动，减少教学盲点；(3) 以“零库存”为切入点，提出应追求“日清周清月清”的教学效果。

四、精心谋划

谋划简而言之就是想方设法去解决问题。普通高中的发展方向和目标，不可能跟业已成名的名校一样去拼抢生源。根据学校的已有条件及潜在优势，探索特色发展的课程体系及人才培养模式往往是可行的。北化附中据此，借助争取到的北京市教委“1＋3”改革实验项目（即初二免试入学高中），积极探索“理工特长”的特色发展模式。具体负责的教学干部在此过程中体现出较强的谋划、部署、执行能力。一是提出与北京化工大学合作，争取化工大学在课程建设、实验室建设、师资队伍方面等提供支持；二是筹建高端的物理、化学、生物实验室，请化大教授出设计方案，争取获得区教委立项提供资金；三是构建基于实验、化大支持、周末选修的大学先修物理、化学、生物实验课程。这位干部可谓用心、精心谋划，表现出较强的组织规划能力，使该项工作得以顺利开展。目前学校高中学生以选考理科为主，理科统测成绩、竞赛成绩都在同类学校中居领先地位，“理工特色”初步形成。

办公室主任是极其重要的岗位，特别是名校、大校、集团校的办公室主任，可以说是学校的总管家，“左膀右臂”意味是校长五官与四肢的延伸。无论是各校区、各部门日常事务的协调，还是文件起草或公文的上传下达，或者是周工作安排与会议筹备，以及对外联络、宣传工作等，事无巨细且繁杂，轻重缓急各不同，如何统筹安排非常考验干部的谋划能力。一般名校长的学术、政治、社会活动通常会比较多，工作安排特别需要办公室的谋划与协调。比如，每周一早晨上班，办公室主任会请校长看一个文件夹，当然有简明扼要的行程安排，告诉校长哪一个会议应该参加，以及已准备的讲话稿，并问校长还有什么需交代的。该办公室主任不但有较强的工作谋划能力，而且文字功夫也不错，学校的工作计划、总结、校长讲话稿大多出自其手，包括诸如解读和丰富校长提出的“正心成人”的育人目标。许多临时急活不合适外派的，办公室都悄无声息地干完了，这还需要有任劳任怨的敢于担当与牺牲精神，以及大局与补台意识。

五、协调各方

协调就是为了达成工作目标，处理好各种人、事关系，确保活动正常开展并圆满成功。尤其是涉及学校大型学生活动的组织，仅靠干部个人的能力是无法完成的，这就要需要干部有协调各方的统筹、组织能力，才能让活动有序、安全进行并圆满完成。比如一年一度的读书节活动的“海棠诗会”，德育干部表现出较强的系统思维，谋划全局和全过程，涉及的人、事、费用都要尽量通盘考虑，而且要协调各部门的干部、各年级组的老师和学生。比如主题是什么，现场氛围、入场式、表演、颁奖、主持人都要精心设计，又比如谁负责方案设计、拍照并出新闻稿、表演者的组织、接待领导等。会后还要总结反思，发现亮点，找出问题，进行表彰等。这些都要精心打磨、模拟演练，在避免出错的前提下，努力呈现出一堂集自主性、文学性、艺术性为一体的文化盛会。

类似的大型活动还有科技节、运行会、艺术节、女生节等。每一次组织过程对主管干部而言是一种考验，要善于分析、把握涉及到的每一位干部、老师、学生的性格、特长、能力、态度各有特点及差异，因人扬长，分工合作，检查补台，才能保证活动有序、安全、圆满的完成。

六、善于沟通

沟通是人与人之间、人与人群之间的信息、思想、情感的传递与反馈过程。学校的教师大都受过高等教育，因而对任何事情都有主观想法。所以，干部的想法与老师的想法取得一致是一个很不容易的事情。善于沟通是干部推进工作成功与否的一个重要因素。后勤主任找校长请示时，就明确提出几种方案，让校长来做选择题。比方说人员经费、维修经费、保障物资的准备等如何分配。因为您是这方面的专家，不能直接问校长“您说怎么办”。短时间内让不了解情况的领导综合回答提问，显然有为难领导的嫌疑。

为提高教师的论文写作能力，搞一年一度的“限时论文写作”比赛，开始是担心有阻力的。但教科研主任提前一个月就非常明确地要求论文的主题是“审美融入教育教学”，时间是某月某日下午 2：00 至 5：00 限 3 小时，限 6000 字，限 5：00 前上传提交某邮箱，并且提供了若干范文发至微信群供老师们学习参考。这项活动后来进展顺利并产生了一批高水平论文。换句话说，向老师们布置任务时，目标必须是具体的、可以达成的、可以衡量和评价的，还要有截止时限、任务标准。这样的话老师们在实践过程中，就会按照布置要求去努力。因为，有章可循，有目标去努力，有助于推动学校各方面工作的进步。

工作中的敢于担当、善于沟通与补台、谋划中创新工作思路、协调各方服务学校发展，这应该是中层干部成长并走向成熟的一般路径。比如，校长巡视校园时，发现校园某区域公共卫生不符合要求。迎面见到了教学主任，就不假思索地向他提出了整改要求。显然这不属于教学主任的职责范围。设想一下，当时若回敬一句：这事不归我管。那场面是多么的难堪。这位主任的处理是，第一时间是先找到保洁工人临时清理了一下卫生，然后找到德育主任反馈情况，并一起商量如何形成一种长效机制，落实各班负责的卫生公区的检查与评比。应该说在这一偶然事件中他所表现的站位、胸怀、担当、格局、协调能力等较高素养，毫无疑问会有更多的发展机会、更高的发展空间。

中层干部的承上启下的枢纽、桥梁位置及赋予的职能与责任，讲究的是眼勤、脑勤、心勤、脚勤、手勤、口勤等“六勤”。当然，尺有所短、寸有所长，不是每个人各个方面都强，但积极努力是大方向。因为，办法是想出来的，管理是盯出来的，能力是练出来的，潜能是逼出来的。只有通过自身的积极努力，才能更好地实践自己的能力并在自我价值实现中，为教育发展与社会进步做出更大贡献。

（2022 年 5 月 17 日，《人民日报》客户端）

美，引人向善的力量

一个人审美能力的培养，关键就在中小学时期。因此，中小学美育应该将美学原理渗透到教育活动和学科教学之中，在“以美育人”的过程中实现立德树人。

美育既包括艺术课程、艺术社团、艺术演出活动中的审美体验和创造，也表现于常态的学科教学——一种引人向善、求真的潜在无形的情感体验。广义的美可以理解为人类对事物的愉悦感，比如教育教学中的人性关怀之美、师生共同成长的愉悦之美等。北京化工大学附属中学致力于探索美育的方法和途径，形成了一些经验。

艺术课程从鉴赏走向实践。目前的音乐、美术课程总体偏重鉴赏。以高一音乐学科为例，内容有“学会聆听音乐”“中国音乐”等单元，教学形式基本是聆听典型的代表音乐以及谈论感受和见解。由于实践不多，学生的审美体验和审美能力难以得到充分开发。学校鼓励音乐、美术教学增加实践学习方面的内容：一是在音乐教学中增加更多的演唱和演奏环节，加强学生对音乐的体验和理解；二是每年举办合唱比赛，促进学生在实践中提升审美能力；三是在美术教学中增加“制作一件陶艺或版画作品”的要求。艺术实践的增加改变了“听、说、不练”的学习状态，提升了学生认识美、欣赏美、创造美的能力。

艺术社团从兴趣走向专业。学生参加艺术社团，出发点是培养兴趣和技能。长时间坚持训练，会帮助学生发现潜在的天赋，甚至向艺术专业领域发展。学校初建民乐团时，学生“不着调”的声音曾让我怀疑：普通学生是不是缺乏艺术天赋，有没有培养艺术修养的必要？但是 3 年后，80 多名学生组成的海棠民乐团在北京剧院的表演让观众赞不绝口。我才猛然认识到艺术教育对学生个性发展的巨大影响，学生不但会通过肢体演奏乐器来表达情感，而且也在眼神中表现出团队的协调、合作的默契。发现孩子的潜能和成长后，不少家长开始主动创造条件，让原本属于爱好的艺术尝试转变为专业的艺术追求。

艺术展示从表演走向绽放。艺术节、海棠诗会、绘画比赛等活动是学生最期待的，这些展演活动的美育作用就体现在潜移默化的训练过程之中。为了表现得更加出色，学生要刻苦训练，要站在观众的角度去换位思考，要有成员之间的合作默契，这不仅是潜能开发，而且是人格完善的过程。每次民乐团的训练和表演，学生都是那样的专注、那样的优雅，脸上洋溢着自信的美丽。在“迎冬奥”绘画大赛中，学生从认识“冬奥”开始，到如何用画笔表现、讴歌“冬奥”，从课堂延展到课外，从个人创作延展到集体创作，极大提升了美术创作的兴趣和能力。

审美融入校园文化。学校构建以“臻美德育、博美课程、智美教学、偲美社团、和美管理、怡美校园”等要素组成的校园文化体系。走廊文化围绕“语言美、行为美、心灵美”三个主题来布局；教学楼入口大厅是72个不同的“美”字拼图，寓意“各美其美，美人之美”的育人精神。学校将审美融入主题活动：在高三成人礼仪式中，父母和孩子交换信件阅读，感动得泪流满面，这种有审美情感体验的活动有助于心灵的升华。

审美融入课程建设。学校以审美融入为切入点，将国家课程划分为语言美、心灵美、思维美、行为美、艺术美、健康美等模块，实现国家课程校本化。比如，语言美包括语文和英语，教师在教学过程中注重挖掘审美元素，创造审美情境，让学生体悟到情境美、语言美、情感美、人格美。自然科学也充满美感，数学逻辑与图形的简洁和谐、植物叶子和花瓣的排列、物理力学的受力分析图、化学原子结构等，都可以让学生感受自然界的结构之美以及逻辑推理的思维之美。学生在学习中发现、感受自然规律的过程，本身就是一种从成长走向成功的审美情感体验。

审美融入学科教学。高效的课堂应该有审美情感体验，教师既应该立足于“教”与“学”的逻辑去设计教学内容、过程、方法，也应该将“节奏与韵律”“对称与均衡”“过渡与呼应”等审美原理融合在教学之中。比如借鉴音乐结构中的“前奏铺垫”“主题呈现”“变奏”“尾声呼应”等概念，教师可以将传统教学中的复习提问、视频导入、主题讲解、变式训练、小结等融为一体，将艺术原理隐藏于教学过程之中，围绕学习主题不断变换学习形式，激发学生的学习兴趣，从而培养思维能力，提高学习效率。

审美融入教育评价。学校制定“尚美学生公约”，内容围绕道德、学习、思维、健体、艺术等方面，进而构建面向全体、突出个性的“尚美学生”多元评价体系。通过自身努力，学生可以获得孝心美、助人美、劳动美、才艺美等特色荣誉。学校还制定“雅美教师公约”，每年举行“雅美教师”评比并颁奖；聘请专家开展教育艺术、生活美学等方面的培训，促进教师提升审美的情趣和能力，鼓励教师运用审美原理丰富教学方式、体验教育之美。

“美具有引人向善的作用和力量”，在我们看来，加强审美教育有助于完善学生人格，进而实现学生的全面成长。

（2022年5月11日，《中国教师报》第4版）

第9章 地理教育论文

谈谈地理学科素养的培养

人的素养可以理解为平时所养成的好习惯。这种好习惯蕴含着人的价值观、思维与行为方式。以此推理，地理学科素养的概念可以界定为：通过地理学习与训练所养成的具有地理学特点的价值取向、思维方式与行为习惯。显然，其形成于地理学习的认知与训练过程，离不开地理学的基础知识与基本能力，具有地理科学的专业属性；内化为人的思想与思维，外显为人的行为习惯。

不少中学高考后会组织高三教师外出学习与考察。考察队伍中教师的专业背景不同，同样一处景观的观察方式与体会应该有明显不同。专业素养较高的地理教师，对一处典型的自然景观，从审美的角度欣赏的同时，应该很自然地会从地理学的角度分析它的形成原因，譬如岩石类型、地貌景观、地质构造及地壳运动以及气候变迁影响等。这是其他学科老师体会、感悟不到的。又譬如任何一处人文景观，无论它形成于哪个年代，它所处的空间位置与环境都可以用地理学的价值观与思维方式去分析推理。庙宇、殿堂、书院概都如此。新型的人造景观，在选址上更离不开地质条件、视野开阔度、环境条件、地价、交通便利性与客流量分析。这些都是地理教师在审美体验的同时，应该比其他学科教师更多地进行科学分析、感悟与体会，这还不包含景区图的判识与使用等。因此，地理教师应该还是类似考察团更具专业性的兼职导游与解说，会赢得团友的更多尊重，考察收获会更多。但前提是，地理教师本身的素养够不够专业？是否与众不同？是否有独特的视角甚至比团友更高明。

自从高中新课程改革以来，许多中学都推进了“综合社会实践”，包括“研究性学习”“社区服务”等。在推进的过程中，地理教师具有什么优势能够吸引更多、更优秀的学生加入自己带队或辅导的团队呢？我认为，地理教师的专业素养是否突出至关重要。譬如，“研究性学习”中的城市化、房地产、环境污染与保护、外来工等话题，政治、语文、历史、生物等许多学科教师都敢于担任指导教师。那么，地理教师你有更独特的视角、思维、工具吗？在这场学生选指导教师的“研究性学习”中你能吸引更多更优质的学生吗？如果能，则“亲其师”者众，则培养了以兴趣为基础的“嫡系”学生群，进而在文理分科过程中你能赢得一批优秀学生，为你再创教学业绩奠定了基础。笔者认为，地理学科素养所拥有的生态学视角、空间思维方式与地图工具应用三位一体，具有不可替代的专业优势，可以帮助地理教师赢得一批优秀学生，创造一批学习与教学成果。

在高中各学科中，语文和英语作为语言工具学科，数学的逻辑性思维，物理、化学、生物的实验探究与量化思维等，无论是对于学生的兴趣，还是以高考科目设置为标志的社会地位，以及将来在社会生活中的应用等，确实都具有不可比拟的优势。地理学作为一门最古老的科学，其形成与发展过程中，确实是吸收了大量的物理、化学、生物等自然科学成果，因而其“综合性”特点在一定程度上削弱了“专业性”“逻辑”“量化”“实验”等科学的标签似乎在地理科学贴得不紧，“大杂烩”甚至成了“综合性”的代名词。其实，地图就是量化的工具；综合性本身就蕴含着逻辑；大自然就是地理学的实验室。可惜由于多种原因，我们在地理教学过程中认识不到位，重视不够呀。归因上分析，应该是教师本身对地理学参悟未透，或者说地理素养欠丰厚。

关于地理素养的结构与组成，笔者尝试作一次建构，如图1所示。需说明的是：文字与地图是地理学的两只工具与技术支撑；常识性地理知识是素养的基础，地理价值观是素养的最高境界，而且低一级是上一级的基础，并呈逐级上升的层次。

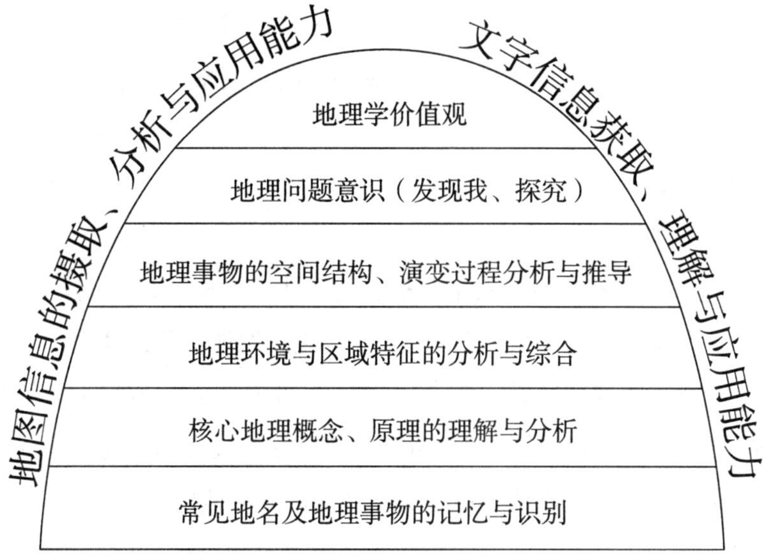

图1

地理素养必须建立在“常识性”地理知识的基础之上。包括一些常见地名及空间位置的识记与判别，也包括一些重要的地理数据、公式的记忆与运用；还包括一些诸如“伏旱”“地震”“产业园”等常见地理名词。“常识性”的界定应与日常生活与社会活动相关。譬如，中央电视台“天气预报”栏目中的地名、空间位置、区域划分就应该是作为未来普通公民的高中生应该掌握的。

地理概念、地理原理是地理素养的“理论基础”。譬如，与地球相关的天体运行规律、地表的结构与地壳运动原理、地表以上大气与水的运动原理与规律、地表生物圈的地带性分布规律与原理等。又譬如，人文地理中人口迁移规律、城市化进程与原理、传统工农业与新兴产业布局的区位理论等。

地理环境与区域特征的分析与综合是地理素养中的“方法论”。即运用地理学的“综合性”视角去观察认识、分析地理环境与区域特征的形成与演变过程。综合性思维一定要善于演绎、归纳推理，善于抓住主导因素。否则，就可能变成“大杂烩”，把本来有优势的思维变成了没特点的思维弱势。譬如，“干燥”是我国西北地区的区域环境特点，形成因素是复杂多样的，但主导因素是什么？区域环境治理与开发的重点是什么？善于在综合分析中判断主导因素，纲举目张是重要的地理素养。

从“思维方式”来看，以空间的视角分析地理事物的空间结构，从时间的维度分析、推导地理事物的演变过程，这两种维度的融合有助于全面分析、预测地理事物的特征与变化趋势。但是，笔者更想强调的是，从空间视角去观察、认识区域、人类、地理事物的空间分布与地区组合才是地理学有别于其他学科的优势。这里不但包括空间思维方式，也包括地图工具运用技能与熟练程度；不仅包括地图信息的摄取、理解与应用，还包括运用地图技术来表达与再现。以京城的房地产价格变化为例，房价既与市中心的距离、地铁线（站）、环线走向、公园及绿化片区分布等形成相关的空间格局；也与不同时间节点的房改、房控政策密切相关；而且都可以运用地图这一形象直观的工具与技术来分析、表达。从地理教师的思维方式、教学技术而言，是否善于在黑板上板图板画进行地理教学是衡量其教学基本功的重要指标。

从“意识”这一层面看，不局限于分析、回答他人提出的地理问题，而是善于从自然、社会现象中，从地理学的视角与思维自觉、自主去发现、分析并论证问题。这种“探究意识与能力”是地理素养发展到较高层次的表现。俗话说：一方水土养一方人。每个地域的人的性格、饮食、行为习惯等都不尽相同。地理素养较高的人则善于从该区域的人的行为习惯、文化表征入手，发现该地域的文化特征，并从地理环境特征（如地形、河川、气候、交通位置、农业生产等）入手，结合该区域的人口变迁、产业结构等分析、探究、推断其社会文化与群体性格的形成。

地理素养最高的境界表现为其心灵深处的“价值观”，对地理学热爱的情感及执着钻研的科学精神与态度，并表现为个人的思维与行为习惯等都深刻烙上了地理学的印记。譬如，对待自然与社会现象，无论是价值判断还是自己的行为习惯，有着发自内心的生态意识与环保意识。即便是日常生活中的节能节水、不污染环境、垃圾分类处理等小事情，也能体现出地理素养的高下，即能在任何时间与地点，从相互作用的角度观察、认识人类与地理环境之间的关系，并转化自身的责任与义务。又譬如，看待自然与社会现象，思维与表达方式上有着自然与习惯的空间意识，能结合环境条件判断方位，能透过现象认识、判断事物的空间结构等。

中学各教研组似乎有一种有趣的现象，“文人相轻”自古亦然，有一些教研组往往因此不够齐心、和谐，但似乎大部分地理科组比较和谐、团结、互帮互助不计较。笔者偶想：是否与地理学素养中的宇宙观有关呢？从宇宙的角度讲，地球是很小的个体之一，何况地球上的人；从地球演化史来看，人类出现只是短暂的瞬间，何况作为个体存在的人。地理教师能悟到这一点，必然视野与胸襟更开阔，就不容易斤斤计较，而是从互助、宽容中享受生活的乐趣了。

与其他学科比较而言，除文字外，地图是地理的第二语言，也是地理学特有的工具。因此，地图与文字并列为地理学的两大工具与技术，缺一不可。需要强调的是，地图不仅是指传统意义上的分布图、路线图、剖面图、景观图，还包括各种形式的结构图、演变图、示意图，也包括现代航拍、卫星、信息技术制作的遥感、数字地图。从某种意义上讲，应用地图的能力与熟练程度，是评估地理专业素养的最显性标准。另外，文字信息的摄取、理解、表达、应用中是否善于运用地理专业述语，也是衡量地理专业素养的重要标准之一，此不赘述。

如何在地理教学中加强地理素养的培养呢？笔者认为，首先是地理教师本身要不断提高地理专业素养，从心灵的深处、从骨子里、从思维与行为方式、从潜意识中都能烙上地理学的印记。依笔者的观察，有些地理教师的生态与环境意识并不强，或者说上课时只会讲大道理，日常生活中并无践行，“人地相关”的价值取向未能言传身教。有些地理教师的空间思维技术与习惯未养成，上课用图少，进入野外或街道更找不着北了。有些地理教师对“区域”与“综合”的概念与融合理解不透，在区域特征分析上的结构性与逻辑性方面把握欠缺火候，显得欠紧凑甚至凌乱。

地理教师要提高地理科学素养，笔者认为至少有以下几个渠道。一是地理学理论的继续学习。除订阅《中学地理教学参考》等教辅杂志外，《地理学报》《中国国家地理》等专业性、科普性的杂志也应订阅或借阅，高校最新版的地理学相关教材也应想法购买，以了解地理学及其研究的最新进展，更新自身的地理学理论与技术。二是地图空间意识、思维与技术的训练。譬如凡是观察到的地理事物、现象即刻能从宏观的空间位置、方位、布局的角度去判断，或从微观的空间格局去分析甚至建构。又譬如板图板画的基本功因为信息技术辅助教学的应用而渐被忽视，但勤奋练就的规范的、快速的板图板画技术不但有助于对地理空间问题的理解，提升课堂教学效益；更主要的是板图板画过程本身就是空间意识、思维、技术等形成习惯的过程。三是日常生活中地理学价值观、思维方式，地图技术的应用。譬如，外出旅行中善于运用地理价值观、地理思维与空间技术进行观察、思考、表达。又譬如自己租房或购房、自然景观的欣赏、日常行为中的环保意识等，言传身教，此不多言。

具体到地理教学中，笔者认为以下几点应该特别重视。

一是“备教材”。即尽可能用地理学的价值观高屋建瓴去整合、统领教学目标与教材内容。譬如印度，教材内容丰富、特色鲜明、与我国地理国情有许多相似及相异之处，如果能够站在地理学的人口观、资源观、环境观角度去分析、推导印度各种地理现象的形成、空间结构、特征、演变趋势等，不仅逻辑性更强，特色更鲜明，而且更有助于理解我国发展的借鉴意义。

二是“备素养”。即在通读教材、吃透课标，对整个教学内容与过程有整体把握与框架规划的基础上，结合不同章节的教学内容，从地理学价值取向、思维方式、地图技术应用等方面融合式地规划有系列、分类分层推进的活动项目与训练过程，进而有助于地理素养的形成。譬如，“山地的形成”教学中，就可以设计指导学生手绘褶皱与断层结构示意图的活动。

三是“备学生”。即尽可能站在学生角度融合日常生活中的活素材。成人的思维很容易主观，因而脱离学生的生活经验，教学的效果不一定好。譬如“冷热不均引起的大气运动”教学中，气温、气压与空气的上升与下降，学生不易理解。只要联系生活实际中能观察、体验到的“烧水热气上升，打开冰箱冷气外溢并下沉”就容易理解了，接下来的“锋面”等常见天气系统的教学也容易了。

四是“备学法与教法”。即站在学生的角度考虑学法与教法，学法即教法。学生是学习的主体。在学法设计时，尽可能考虑学生能理解的价值观、学生力所能及的空间思维与地图技术。譬如，“以种植业为主的农业地域类型——季风水田农业”一节，北方或城市的学生几乎没有水稻种植的感性认识，如果能从大空间的角度，引导学生对照阅读亚洲气候、地形、人口及水稻分布图，既有助于理解水稻的生长习性，更有助于理解水稻种植业的特征；若能指导学生在亚洲地形、水系图上勾画水稻的分布，其理解与记忆会更加深刻。与之相对应的，是教师的教法，即教师如何引导、点拨、辅导，如何组织教学等。

五是“备作业与考试”。即将地理素养的训练与检测纳入作业与考试。课堂上教学内容与过程融合地理素养的培养只是第一步；第二步是在课堂、课外作业中配套融合地理素养的训练，这样才能强化思维方式及习惯；第三步是将相应地理素养融入地理知识与能力的考核与评价之中。譬如，地理图形与数据的转换与分析等。

六是“备课外活动”。即带学生走进大自然，走进社会，在实践中提升、检验地理素养。严格来讲，中学地理并不像物理、化学、生物等学科具有室内可进行量化的探究性实验，配合《地理一》只能做一些辅助性的演示实验。但是，大自然才是地理学真正的实验室，观察分析是地理学的重要方法。因为从地球及人类演化史来看，地理事物与现象的演变及特征更多的是漫长的、宏观的。笔者在佛山一中任教时，连续近十年组织高一学生进行地理野外考察，在班主任配合下还安排了拔河比赛、定向越野等，深受学生欢迎，不仅培养了学生初步的地理野外观察方法与技能，而且成为高中三年生活最有趣、最难忘的一项综合性活动。

高中新课程改革伊始，笔者又组织学生利用节假日，围绕城市化过程带来的环境污染、交通拥堵、房地产价格、外资加工企业、外来务工人员、商场与菜市场分布等话题，从地理学视角进行“研究性学习”，培养了一批有兴趣、有成功感的地理爱好者、追随者。在高二文理选科时，就不用过于担心生源。俗话说“名师出高徒”，其实这句话反过来说也有道理。笔者甚至认为，以自然现象观察为主的地理野外考察，以社会现象观察为主的地理研究性学习应该统筹在综合实践活动课程的范畴，是高中地理课程改革的突破口。一些学校及地理老师常以“学生安全”为借口否定此类活动。其实，组织少量有兴趣的学生，借助家长与学校、旅游公司与保险公司的支持，可以将“安全”问题的风险降低到最低。

（2013 年，《中学地理教学参考》第 11 期）

地理教育的本质

教育，从广义上讲，是指一切有目的地影响人的身心发展的社会实践活动。狭义的教育则指学校教育。地理学是研究人类与地理环境关系的科学。关系是指事物之间相互作用、相互影响的状态。从这几个概念出发地理教育的本质，就是建立关系，即建立学生与自然环境的关系、与社会发展的关系、与教师的关系。

自然环境通常是指岩石圈以上，大气对流层顶以下，由大气、水、阳光、岩石、土壤、生物等要素组成并相互联系、相互作用的场所。这是人类生存与发展的客观环境。地理教育的本质不仅是让学生了解、认知上述诸要素的性质、结构、特点、分布、运动与转化的规律，而且还要让学生理解和掌握的各要素之间相互联系、相互影响的状态，更重要的是让学生明确如何正确处理人与自然的关系。即人类发展要与自然规律相协调，形成和谐的人地关系。认知与人地关系是人类发展的基础。践行才是最建立这些和谐关系的根本。这是地理教育的目的、任务与希望。

社会发展既包括人口、聚落、城市的发展，也包括农业、工业、交通、贸易的发展，还包括环境、旅游、休闲、健康的发展。社会发展诸要素之间的关系更加复杂，而且随着生产力的发展不断变化。地理教育的本质，不仅是引导学生认知社会发展各要素的性质、特点、内在结构、空间格局及迁移规律的等，还要帮助学生认知各要素之间的关系及演变规律，特别是全球化背景下的要素分工、区际竞争与区际联系。分层而言，各要素之间的关系涉及到微观层面（如个人发展与社会的关系）、中观层面（如社会发展中，地区与地区之间的关系）、宏观层面（如全球化背景下国家与国家之间的关系）。

明确这些关系，需要依托地理学的价值观和视角。地理教育，要让学生认知并树立正确的人口观、资源观、环境观和可持续发展观。学生进入社会后，能正确地运用这些观点进行决策并付诸行动，就会促进社会和谐关系的形成，最终实现全球的和谐发展。

教师与学生因为教学活动、人际互动形成的一种特殊的社会关系。教学活动过程中涉及的语言、情感、知识、方法、工具和技术等要素亦相互联系、相互影响，进而形成了师生关系。教师职业与其他职业相比，最大的优势是在教学过程中与学生建立了难以用金钱衡量，甚至一辈子都存在的情感关系。

当下，地理在中学教育中处于非主流学科的地位。学校和学生对其重视不够。这就更需要地理教师有真诚的关爱之心、精湛的教学艺术，这样才能赢得学校的重视和学生的尊重、亲近，从而体验到教育过程中的成功与快乐。

（2017 年，《中学地理教学参考》第 5 期“卷首语”）

地理教育必须从教室走出去

教学通常是指教师将知识和技能传授给学生的过程。教育则是指影响人身心发展的社会实践活动。从立德树人的根本任务出发，地理教育的站位、内容、目标与任务应该更符合当前社会发展与人才培养的需要。目前地理教学的普遍现状，应该讲还局限于教室中的课堂教学，主要是传授知识与技能，甚至就是为了应试。近几年开始兴起的“地理研学旅行”等，让学生走出教室学地理，在一定程度上弥补了地理教学过程中的短板，还原了地理教育的本质属性。但也因受各种客观因素限制其实做得还很不够，还可以做得更加有声、有色、有效。为什么这么说呢？

由地理课程性质与任务所决定。《地理课程标准》（2017 版）明确了地理课程：旨在使学生具备人地协调观、综合思维、区域认知、地理实践力等地理学科核心素养，学会从地理视角认识和欣赏自然与人文环境，懂得人与自然和谐共生的道理。同时，明确了核心素养之一是：学生能够运用所学知识和地理工具，在室外野外和社会的真实环境下，通过考察、实验、调查等方式获取地理信息，探索和尝试解决实际问题，具备活动策划、实施等行动能力。另外，“附录 2”中，也明确了“地理学科素养”中地理实践力四个水平划分标准。

不走出教室、不走进自然与社会，就等同于物理、化学、生物不进实验室做实验，缺失了实践学习的过程。稍有不同的是，自然和社会才是地理学的大实验室、大课堂。怎么落实地理实践力？怎样使“生活中的地理”理念不落空？事实上，不少学生外出旅游有的连导游图都不会用。而当今互联网技术发展迅速及手机功能强大，不仅可以定位与导航，还可以测定方向、海拔、气压、经纬度等，应该成为“走出去”地理教学中最现代化的资源、工具、方法、技术手段。特殊区域没有手机信号时，又有多少学生甚至老师具备野外定位、定向并走出困境的生存能力呢！陆游诗言：“纸上得来终觉浅，绝知此事要躬行”。所以，必须走出去！

走出去能解决什么问题呢？笔者认为：只有走出教室，走进自然和社会，才会有直观的地理认知、判断、感知与感受，才会在活动过程中运用地理资源、工具、技术、方法并转化为实践力，在活动体验中更加深刻地认识自然和社会，特别是自身生存的环境，并转化为情感、态度与价值观（如人地协调观等），实现活动育人。往更高处说，走出去的过程中，才有可能唤醒困在教室疲于应试的学生的生命潜能，激活其对美好生活的追求，助其摆脱现实生活中的困境；才可能培养有视野、有胸怀、有担当、有毅力、有审美、有诗意的人。因为只有自然和社会，才是鲜活的、复杂的、浪漫的、灵动的育人环境。

何以为证？笔者对四年大学学习生活至今印象深刻的是庐山地质地貌实习。调北京工作后，与一些在部委、高校工作的“旧学生”聊天，问高中三年生活印象最深的是什么？一致的回答是：您带我们去地理野外实习。所谓“读万卷书，行万里路”，最符合地理学的思想、性质、内容、方法与过程特征。

地理教育怎样走出去呢？目前兴起的“地理研学实践”是最有效的途径之一。当然，还可以更有计划、更丰富、更有效。譬如，遵循课程标准的要求，考虑学校及属地实际条件，结合常规课堂教学；设计上内容上可以分为自然、社会或综合，甚至可以根据教学进度细分为天文、气象观测，地质地貌考察，企业选址调查等。选题上可必选或自选，方式上可小项目或大综合，时间上可以短或长，距离上可以近与远等进行地理课程规划，系统建构并常态实施。换句话说就是要课程化。

“走出去”课程化过程中，一是教学规划与实地勘查很重要。特别是教师要实地勘察，可以发现和预见一些问题，并有解决问题的预案从而提高课程的有效性。二是涉及交通、安全、人身保险等问题，一定要取得学校及班主任、家长的支持。三是要借力社会资源，聘请比较专业的退休专家、在读研究生及学生家长，用于分组学习中的指导工作。四是任务驱动，对学习成果要有评价标准及考核。

笔者在佛山工作时，既有考察佛山自然环境为主，依靠佛山市地质局的退休专家，全年级统一行动，为期一天的综合性考察；也有让学生自主选、自己做。譬如考察某一菜市场、房地产小区、环境污染、交通拥堵区、人口聚集区的“项目式研究”。后者的研究成果曾获广东省教育创新成果奖，并由广东地图出版社结集出版。佛山市工商局的领导还专门邀请这些“高中生研究员”按他们调研的主题展开调查研究。

笔者目前所在的学校正在规划和实施京内、京外的研学实践课程。譬如京内的京西古道、故宫、北京中轴线等，京外的鲁、徽、苏、浙、冀、豫、陕、晋方向。借助社会力量，尽可能各学年段错开路线并构成一个较完整的周期及课程体系。拟以地理学科为主，历史、生物、语文等学科共同参与，形成一种跨学科的项目式、综合性学习。其难点在，如果组织欠妥则有可能变成“走马观花”，达不到深度学习的目的。

“走出去”应该是新时代地理教育改革的最具潜力的增长点。它在还原地理学与地理教育的本质属性的同时，有可能的附加值是培养了一批地理兴趣爱好者，无形中为新高考“6 选 3”政策形势下聚集了一批生源。当然，最得益的也可能是地理老师。因为课程规划、实地勘查、活动过程、总结点评等能促使地理老师渊博知识、提升能力、丰富情感等。这个教学相长的过程，有助于使地理老师更专业，更受学生欢迎。

（2020 年，《中学地理教学参考》第 5 期“卷首语”）

“双减”背景下的地理教学建议

谈到“双减”，必须先弄清楚“负担”的概念。对于学生而言，若喜欢某一学科的学习且学有成效，则花多少时间和精力都不会感觉学习是一种负担。所以，关键问题是培养学生的学习兴趣，提高学生的学习“效益”。这里的学习“效益”可以理解为有效学习成果与投入的学习时间（劳动消耗量）之比。在“双减”的大背景下，地理教学若想有所作为，应该在课堂教学和课后作业两个环节上进行创新，提高学习“效益”，而其中的关键是促进学生自主学习。

1. 课堂教学建议

可采用“项目驱动＋自主学习＋小组合作＋成果展示”的方式。例如，“气象灾害”一节的教学思路可以设计为：以说出“气象灾害的概念、分类，我国的时空分布特点”为项目任务。学生在教师指导下完成自主学习。小组讨论并画出本节课的思维导图。各小组汇报学习成果。课堂中教师启发引导、“夹叙夹议”、适时点评。条件成熟时，让小组合作中表现优秀的学生当“小讲师”，教师在台下听讲并适时调控。这种学生与教师的换位思考与行动可极大地提升学生自主分析教材的能力和自我表达能力，是一种深度学习过程。

设计与有效实施这种教学设计的前提是：相信信息化时代的学生拥有一定的知识面和自主学习能力，教师应少讲、精讲。认可学生的自主学习是体现学习主体性的有意义的学习过程，有助于培养其学习兴趣与能力。确定小组讨论、对话、成果展示活动中伴随着情感体验，能提升学习的价值。期待项目式学习中任务驱动、逻辑思维、小组合作等有助于学生构建较完整的知识体系及能力结构。否定教师在课堂上的主体地位及“满堂灌”的教学行为，认为学生“被动听”的过程是无效或低效“劳动”。

这种教学创新“缩减”了教师讲的时间，“增加”了学生自主学习、小组讨论、成果展示的时间。学生在自主学习、讨论对话过程中增强了学习兴趣和能力，提高了学习效果并减轻了学习“负担”。师生在积极的互动对话中成为“学习共同体”，教师的少讲、精讲凸显了学生的主体地位。但这种教学创新的难点在于教师要敢于相信大多数学生，大胆舍弃自己“教”的权力与欲望，把学习的主动权还给学生而绝不是简单地推给学生。对教师的更高要求是：对课程标准、教材内容、学情等要了然于心，要能够灵活机智地驾驭课堂。

2. 作业实施建议

可采用“生活中的地理问题＋学案＋当堂作业＋课外作业”的方式。例如，在“工业区位因素及其变化”一节的教学中，教师可设置多种形式的作业：当堂作业是学生依据学案，自主读图分析，分析影响工业布局的区位因素。课后作业是以学校所在区域的某著名企业（提供文字、地图等背景资料）为例，学生分析影响其工业布局的自然和社会经济因素，并找出主导因素。课外作业是“生活中的地理问题”应用分析，避免了简单的概念抄写。分析的过程是深度学习的过程，是与学案和当堂作业相呼应的能力提升过程。条件成熟时，大胆鼓励、指导学生自主设计作业，通过类似“逆向思维”的方式提升学生的学习总结与应试能力。

这种作业设计与有效实施的前提是：相信大部分学生有自觉、自主完成作业的能力。认可作业实际上是巩固学习成果、发现学习问题的一种学习形态，可以分类分层推进，不是简单重复训练。作业的类型、数量与时限可以分为“必做”“选做”“限时”“不限时”等，让学生自主选择。针对“必做”“限时”的作业，教师必须事先自做一遍，按自做时间的两倍预估学生的作业时间。放弃通过大题量、重复作业来提高学习成绩的想法。

这种作业创新的优点是避免了作业耗时低效的问题，让学生能在有限的作业时间内巩固运用知识、提升作业质量与效益。但对教师而言，增加了其设计作业的难度和精准度，教师要改变过去依靠教辅资料、不事先做一遍作业、凭借经验随意布置作业的懒惰做法。对教师的更高要求是：对课程标准的内容要求，学生的知识缺陷、思维障碍等要了然于心；对作业中出现的不足要及时弥补；在工作与生活中要善于发现、收集“生活中的地理问题”，并转换为适合学生学习的情境材料、适合设计作业的材料。

结合以上教学创新和作业创新，学生能在自主学习中明确学习是责任而非负担，从而在学习成长中享受成功与快乐。

（2021 年，《中学地理教学参考》第 11 期“卷首语”）

教育学术演讲应“四有”

教育学术演讲及发言是展示自我教育观、具体做法与最新成果的好机会。无论是线上还是线下的演讲，通常都有时间限制，一般是10至20分钟左右。这么短的时间内，要把自己的做法与成果讲明白，让观众或听众印象深刻并不容易。不少演讲者因为没有简明扼要、突出重点，眉毛胡子一把抓，结束时都还没进入主题，后悔没有删繁去简，导致超时放弃的沮丧局面。从具体的技术操作层面来讲，可以先写好演讲稿，总字数宜控制在每分钟200字内；如果有PPT演示，则约2分钟展示一张PPT为宜。这样可以从时间上有整体的把控。另外，事先应该自己预演一遍应该是个不错的办法。

为了让演讲更有特色、更加精彩，在内容方面还应该做到“四个有”，即有观点、有逻辑、有事例、有启发。笔者结合参加第一届“首都地理教育论坛”的学习与点评，围绕“四有”谈谈观感。

一是有观点，且清晰表达。譬如演讲者谈“指向区域认知培养的单元教学”，就必须讲清楚“区域认知”“单元教学”两个概念分别是什么、为什么、怎么做。概念的界定要清晰，不能含糊其词，语言精练便于记忆。

二是有逻辑，且自圆其说。譬如演讲“基于深度学习的高中地理问题式教学”，通过与“四浅”即浅表性的学习参与、知识理解、思维水平、实际获得的优劣比较，突出了深度学习在解决进阶性问题链的优势。应该说解释得有逻辑，也有说服力，能够自圆其说让观众认可。

三是有事例，且操作具体。譬如演讲“党的领导相关内容融入高中地理教学”，列举了人口发展战略、新型城镇化、区域协调发展、生态文明建设、西部大开发等诸多领域的具体变化，通过融媒体灵活融入等操作办法，说明“党的领导”如何通过方针、政策、规划、行政等途径产生了巨大的影响。具体的“融入式”教学案例，同行领悟明白，还可以举一反三。

四是有启发，且可资借鉴。譬如演讲“地理成因类问题的解题策略”，明确提出了“找关键词，识别问题”“由果说因，逆向推理”“由因到果，顺向表达”“解析问题，变式训练”等四个教学策略，即便非地理专业的老师也听得懂，并在教学实践中照着做。

因为事先看过作者的演讲稿及 PPT，并及时与相关老师就简明扼要、删繁就简、突出重点的原则及控制字数及 PPT 张数等方面有过交流，防患于未然，应该说当天论坛演讲都表现得非常精彩。优秀教师的教学与科研成果能及时有效传播，惠及广大一线教师，达到了首届论坛的目的，促进了首都地理教育改革。

（2022 年 4 月“首都地理名师论坛”点评发言，

2022 年，《中学地理教学参考》第 12 期“卷首语”）

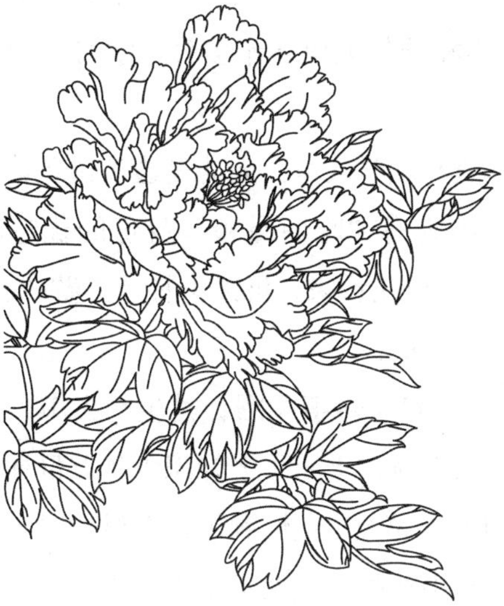

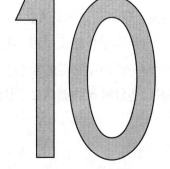

第10章 教育成长叙事

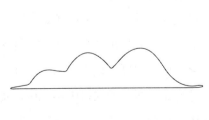

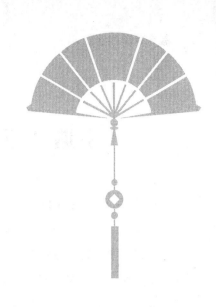

幸遇“下放”在乡镇中学的明师

1977年9月，我们226煤炭地质队子弟学校的十几个厂矿、铁路子弟的同学，来到了乡镇中学宣风中学读高中。宣风中学又叫马槽中学，是山区县芦溪位于山区的极其普通的一所农村中学，离县城约七八公里。当年那一届好像招了300多人，高一分成七个班。估计当年宣风镇所有农村初级中学毕业的同学，无须挑选都录进来了。那个年代社会及学校倡导的是“学工学农学军”，对学习成绩根本就不重视。记得我当时初中升高中的分数是160多分，而且语文和政治各占60多分，数学和理化大概各十多分，学习基础之差可见一斑。

当时，我们没有奢望马槽中学有优秀的师资和教学质量，无非是边读边玩，混两年拿到一张高中毕业证。厂矿企业子弟的我们，因为有“吃商品粮”身份的优越感，更是“玩”字当先，整个高一学年基本没认真读过书。现在看来，沉迷于打球、游泳、爬山等，没有学习压力的青少年时期也是开心的，令人怀念的。

1976年底，邓小平同志首先抓教育与人才培养这件事关国计民生的大事，恢复全国高考，选拔人才读大学。这个消息在当时的广大农村“上山下乡知识青年”群体中，以及全国普通中学中引起了巨大的反响。一些先知先觉的人马上悟到了读书对自己未来发展的重要性。因为读书可以让自己在公平的高考竞争中获胜，进而进了大学深造学习，改变自己的工作与生活命运。哪怕当时考入的是技工学校、卫生学校、师范学校等中等职业学校，也是有了正式工作，吃国家的“商品量”。这等于是脱离了农村的贫穷生活环境，或者说是跳了“龙门”，是一家人和邻居们都感到高兴和要庆祝的一件大喜事。

我们这一届，在宣风中学是“前无古人，后无来者”。1979年高考，有黄秀英、晏会英、胡志刚、敖大兵、夏坤勇、陈茂林、胡金荣、刘江萍、刘立新、李家根、阳金凤、谢爱莲、谢清莲、刘谷雨、黄朝霞等一批特别优秀的同学考上了大学和中专。1980年后通过复读，甘亚平、刘中源、易跃萍、唐明、李学战、陈佳金、肖如金、罗南生、林小华、易六生等人分别考上了大学及中专学校。当时的中专都不容易考，按现在的本科录取比例，应该都可以算本科了，总计大约30多名同学，约占入学年级同学总人数的十分之一。这对于一所普通农村中学来讲，是非常了不起的成绩。宣风中学也独此一届。因为后来高中招生时，成绩稍好一点的就被芦溪县唯一的重点中学——芦溪中学提前录走了。生源流失后，宣风中学也改为了农村职业高中，当时的优秀教师也陆陆续续调动去了县城，有的更是调动到了省重点——萍乡中学任教。

为什么当时在这么偏僻的山区中学，能够有这么多优秀同学考上大学呢？当年全省的录取率估计在百分之五左右，能考上大学与中专的都是极低比例的优秀学生。回过头来看，主要是得益于有一批富有敬业精神的优秀老师。就当时的政治环境而言，他们是一批“下放劳动改造”的知识分子。当时的乡镇基层政府却很聪明，将其所长放在中学让他们教书，也避开了日晒雨淋的农村体力劳动。恢复高考让他们看到了展示自我才华、奉献社会、扬眉吐气的难得机会。

我扎根教育一线38年了，长期在省级重点中学任教，工作也算是比较努力、有些业绩和影响力的，后来还荣幸成为为特级教师及校长。以我的眼光判断，这批恩师的敬业态度、教学能力与水平，放在任何一所省级重点中学，都是教学骨干必挑大梁的角色，而且都极具教学风格。我们三十几个不懂事的娃娃，最后都跳了“龙门”，应该是幸运得到了这批被“下放”的知识分子的高水平点拨。

宣风中学1979届高二（1）班师生合影

记得当年学校根据高考形势及因材施教的需要，升高二时通过考试将四十多名优秀同学集中在2班，叫“重点班”，班主任是化学老师陈伯云。我是在1班，班主任是物理老师刘俊凡，两个班一套师资咱也算是次重点吧。陈伯云老师不苟言笑，对学生要求严格，湖南醴陵口音较浓。他的化学课讲得深入浅出、简明扼要、重点突出，板书也是一手好字，是“精讲精练”优秀教师代表。我复读时因为在化学应用题的解答上，有过一次创新的解题技巧，后被陈老师选为化学科代表，高考化学考了86分的较高分。陈老师一直因为带班主任而自豪，后来调入了省重点中学芦溪中学当教学副校长。

有一趣事印象深刻。记得那时距高考还有2—3个月的时间，我们每天晚上晚自习一般要到十一二点，因为经常断电、大多数时候需要点煤油灯看书，前后桌拼一起，几个煤油灯放一起光线亮了许多，一盏盏煤油灯的亮光成为我们记忆里闪烁的明灯。一天晚上，晚自习后我们回到宿舍刚躺下，就听到班主任陈老师在外非常严厉地大声喊着：“高二（2）班的同学赶快下楼，回教室。”我们都不知道发生什么事情了，手忙脚乱穿好衣服，忐忑不安地回到教室。只见陈老师在黑板前来回踱步，等到同学们都坐好后，非常严肃地说：“《红楼梦》好看吗？马上要高考了，你们还有心思想《红楼梦》？考不好，你们就该做‘白楼梦’啦！”原来是一位同学晚自习期间跟周围几位同学聊了一会儿《红楼梦》，刚好被来巡视的陈老师听到。高考前夕，为了让同学们将全部精力集中到高考复习上，不再分心，陈老师及时阻止了同学们的开小差。这个《红楼梦》、“白楼梦”的插曲也成为我们高中记忆里永恒的故事。

高二时我的班主任是刘俊凡老师，不修边幅，头发乱是常态，爱抽卷纸烟，就住在教室旁的小房间里。他一进教室就来了精神，讲课抑扬顿挫有节奏，透彻分析有逻辑。后来调入萍乡市第三中学，上课在萍乡市中学物理界很有名气。我有一阵子做物理作业时会用笔注记，譬如用了什么原理，此原理还可以用于解什么题之类的反思，得到他在班上的点名表扬，才有了学习的兴趣与动力。刘老师今年仙逝，其子前伟致电于我，言其父生前一直念叨马槽里的学生，令我泪目。

我上过易乃健和李镇逸老师的数学课，但两人的风格完全不同。易老师平时讲究卫生与个人形象，头发、衣着都特别光鲜，冬天还会擦些护手霜之类。这在当时环境下非常少见，说明解放前他青少年时期家庭条件、成长环境比较好。他讲课堪称逻辑推理、言简意赅、板书简明的典范，多一句话都不说，多一个字不写。李老师待我这种数学拖后腿的学生特别友善，经常鼓励，非常有耐心，可谓不厌其烦。我的数学作业本常见他的红笔批改，点拨我如何改错。

年轻的语文老师郭有涵曾有许多作品发表在当时的文学刊物，还是一位自学成才的小有名气的作家。这在当时的马槽中学属于凤毛麟角，也给学校带来了清新的文学气息。我后来喜欢写的文字，得益于他当时在作文本上画了大量的圆圈圈。他通常对课文会有自己的独特解读，也鼓励学生结合自己的理解敢于创新思维。郭老师后来调入省重点萍乡中学任教。退休后还发挥余热，负责萍乡中学的校史撰写工作，还向我约稿子。记忆中还有年龄较大、身体状态欠佳的语文教师方锡优、邹举等，属于旧社会过来有文化的人，被学校请来为国家培养未来的人才。

要特别说一下陈光墅老师，可以说是多才多艺综合素质最高。语文、物理、美术课都能上，而且条理清晰、重点突出、抑扬顿挫，善于一边绘板画一边启发学生的思维。因为他出自名门——上栗县的“张氏”大户人家。原中共江西省委书记张国庶烈士都是他的伯伯，应该属于经济条件很好的大地主家庭出身。印象深刻的是陈老师白发苍苍的母亲，画的周恩来总理的画像栩栩如生，可见老人家对周总理发自内心地崇敬。陈老师后来任芦溪县文化局副局长，是“中国农民画之乡”的创始人。他老人家至今头脑清醒、思维敏捷，与我有微信联系。他告诉我，1968 年 9 月，他从城里下放到宣风镇。当时宣风的领导用其所长，分配到宣风中学教文艺、体育。同时被下放的还有几个萍乡煤炭学校、萍乡一中的老师。这两所学校可谓当地的最高学府。

当时的教务主任韩国华老师教政治，对学生慈眉善目，说话轻声和气，特别亲切友好。讲课也是条理清晰，梳理重点，没有废话。1979 年我差几分没考上，是他走几公里路到我家家访，笑眯眯地劝说我父母，动员让我去复读，而且代表学校承诺不收补课费。

去年教师节，《北京日报》采访我，希望对远方的老师说几句话，我当时说了几句对韩老师感恩的话，并请同学们转告他。可惜，同学告诉我他已在天堂。他我坚信他在天之灵会接收到学生的感恩信息。

当时的德育主任好像是教化学的王子钧老师，经常卷起裤腿在学校巡视，给人以干练利落的实干型干部的感觉。王老师后来调进城里任萍乡五中的校长。教务处吴启群老师是教语文的，写得一手近似印刷体的字，重要的试卷都是他刻钢板后付诸油印。教体育的袁恒贵老师是上海知青，可能是兼管德育，平时嗓门和力气、脾气都大，许多同学有点怕他。曾记得还有，一边教我们，一边自己参加高考的李老师、杨老师。李老师考上江西师大，后任教于萍乡中学。杨老师考上第一军医大学，后在南方医院工作，成为国内脑神经科方面的专家。

现在看来，当时的曾桃文校长很了不起，经常是满面春风，见到同学和老师都是笑眯眯的。这批老师应该讲才华与个性兼备，管理起来并不容易。老师们似乎都很认可他的领导力，笑容中透着威信和领导力是一种管理艺术。印象中有个 70 岁左右的教英语的徐老师，听说是西南联大的高才生，抗日战争时期在云南还做过美军“飞虎队”的翻译。曾校长“三顾茅庐”一方面请他出来发挥特长教书，另一方面想方设法依据政策各方奔走，改善他们的生活与工作条件，当时环境下敢于这么做是需要见识和胆识。曾校长的儿子曾建武当时在县里芦溪中学读，据说当年跟我一样考了个较高分。曾校长后来是去了县教育局当局长，有能力堪当大任。现在看来，校长能够想法子引进优秀教师，并在生活与工作上提供支持，让老师们专心工作，学校管理的核心大体如此。

有必要解释一下：当时历史、地理环境下，这群优秀教师存在的现象，姑且称他们为“明师”吧。因为当时的环境，既没有现在流行的骨干教师评比，也没有如今的信息传播与影响力，所以称他们为“名师”似乎不妥，不如称为“明师”更妥些，即贤明的、高明的老师。《韩非子・五蠹》：“文学习则为明师，为明师则显荣。”另外，晋・葛洪《抱朴子・勤求》：“由此论之，明师之恩，诚为过于天地，重于父母多矣，可不崇之乎？可不求之乎？”这段话大体也是我们同学们的基本观点。

用历史的视角看，这批老师的家庭出身一般是可能是地主、富农或者资产阶级小家庭，过去讲成分不好，属于专政对象。但是他们从小受到的教育比较好，属于有文化的知识分子。由于种种原因，他们受过冤枉受过气，吃过苦也受过累。后来，他们的地位开始改变，低着的头慢慢抬起来了，被压制的积极性逐渐发挥出来了。为自尊的生存、为自我的证明，他们甩开膀子加油干，加班加点工作是常态，相信也没人提加班费。当时他们子女多、家庭负担重，学校外面还种了菜地。傍晚在菜地里浇完水，马上又来到了教室里辅导学生。他们把学生当成人才的苗子，发自心底地爱心育人。黄秀英的哥哥黄贤斌，当时好像就是刘老师的儿子一样，住在刘老师家里，随时随地辅导点拨。贤者有道德和才能兼备的意思，我们的老师都是名副其实的贤师。

在教学问题上，他们互相探讨、切磋、问难、互助合作。他们也经历过长期的知识饥荒，因而格外感到重拾知识的可贵，譬如，想方设法收集全省各地的课外辅导书及油印复习资料，都表现出如饥如渴的求知热情。那个年代老师也没有现在如山似海的教学资料，所以他们没有机会搞“题海战术”“灌输式”教学，反而开动脑筋思考，研究教材与教法。课堂教学中在深入浅出、通俗易懂、因材施教、启迪思维、突出重点等方面下功夫。毫不夸张地说：他们都是化繁为简、精讲精练的教学高手，是可遇不可求的高明的老师。设想一下，请他们回到现代教书，在堆积如山的教辅图书面前，在一望无际的题海之中，他们也可能情不自禁跳进了题海，尽情游荡中忘记上岸，也有可能脱离不了题海战术“灌输式”教学。所以，历史需要一分为二，需要辩证法。“下放”苦了这批知识分子，幸运的是他们又有机会再燃青春，最幸运的是我们这群少不更事的农村娃，因为遇明师而改变了命运，特撰文以感恩和怀念。

（2022 年 6 月 10 日，《人民日报》客户端）

教育的印记是价值观与思维方式

1980 年 9 月，收到录取通知书的我，其实是非常茫然地走进了江西师范学院校门的（后来才改名为江西师范大学）。因为当年我高考志愿没有填报地理系，中学时代也没有学过地理，甚至连地球是圆是方都不知道。记不清哪一位老师发现了我的低落情绪，为了安慰我就说：你也许选错了大门，但选对了小门。言下之意江西师院未必很好，但地理系还是不错的。我当初对这句话不以为意，直到后来经历庐山地质、地貌实习的过程，我的观念有所改变。

江西师范大学校园的女教师雕塑

邓小平复出后，党和政府高度重视科教兴国，恢复了高考，重建了高等教育。当时江西师院地理系恢复才两年，我们 80 级属于第二届，师资队伍和课程体系都在重建之中，大多数教师都是陆陆续续从全省各地招回来的。年长的有系主任马巨贤、谭钜生老师，年龄最大、学识丰富、口才特棒的是朱宏富老师，教《气象与气候学》的是赵树森、刘自清老师，教《植物地理学》的是王素珍老师，教《地球概论》的是马巨贤老师、助教杨定国老师，教《土壤地理学》的是林文荣老师，教《水文学》的是张思华、陈浔生老师，教《普通地质学》的是刘涣川老师、助教章定富老师，教《地貌学》是吴让三老师、黄强老师，教《中国自然地理》的是刘会庆老师、助教是梁国权老师，教《综合自然地理》的是黄明明老师，教《测量与地图学》的是黄际民老师，教《地球化学》的是吕桦老师，教《中国经济地理》是聂卿云老师，教《世界经济地理》的是朱美荣老师，教《环境地理学》的是李博之老师。我的毕业论文指导老师是孙淑先老师。大多数老师都是外县调回到南昌，对学生们特别友好，师德高尚。同时下狠功夫拾回专业领域的知识与技能，环境虽然一般，但作风严谨。上课时同学们在努力地记笔记，课余时间都快步走向图书馆。师生们都是如饥似渴地去吸收知识与营养，教师教、学生学的氛围非常好。老师们的为人处世、工作作风至今都深刻地影响着我。

大概是第二学期末及第三学期中，我们被安排两次去庐山一带（包括彭泽、湖口）地质、地貌实习。记得当时的总领队是刘涣川先生，吴让三、黄明明、黄强、章定富老师也一并带队指导。尽管后期也有去井冈山的土壤学、新安江的水文学实习，但印象最深的还是庐山野外实习。可能是因为来自农村的孩子，第一次去祖国的名山，感到特别兴奋有些关系。现在看来不仅如此，而是影响到我后期的教育观念、教学方式，甚至可以说影响了工作与生活的价值观、思维方式、行为习惯。

庐山不仅是风景优美的旅游胜地，许多文人墨客留下过足迹与诗文；而且因为新生代的造山运动及第四纪冰川，留下了许多便于地质地貌考察的遗迹。李四光老师的“庐山之第四纪冰川”是其代表性的研究成果，曾引起国内外许多地质、地理学家的高度关注。当时许多大学的地理系和地质系均选择其作为学生野外实习考察的基地。

庐山野外实习给予了我深刻的印记。一是把课堂所学的理论知识，带到大自然中去观察、判断、验证与实践。譬如地形图的判读、罗盘的使用等，大体了解了理论与实践相结合的科学研究态度与方法，初步有了对自然界的奇妙及规律的探究兴趣；二是师生之间、同学之间在野外实习过程中的互帮互助，加深了理解和友谊，也不排除个别同学之间私下有了情愫；三是带队老师中的黄强老师，毕业于北京石油地质学院，乐观风趣、能歌善舞，据说学生时代曾经是大型史诗歌舞剧《东方红》的合唱演员。当同学们感到疲乏的时候，黄老师总是热情高昂地教我们唱“地质队员之歌”。同学们则用空饭盒敲打着节奏边走边唱，一会儿就来了精神。这种乐观的工作与生活精神一直影响着我。四十年过去了，我至今仍可以即吟即唱：“我们有火热般的热情，战胜了一切疲劳和寒冷；背起了我们的行装，攀上了层层的山峰，我们满怀无限的希望，为祖国寻找丰富的矿床。”

何以见得影响了我的价值观、思维与行为方式呢？这主要表现在中学地理教育教学的平凡工作与实践中。

1984 年毕业后我回到家乡，分配在省重点中学—萍乡中学任教高中地理课程。其中做了一件“影响较大”的事情：暑假期间带领同学们去武功山考察自然环境；毕业 30 多年后的师生相聚，渐有白发的学生们都对此印象深刻。调入萍乡市教研室任地理教研员，我又组织市地理中心教研组的老师，在市国土办的邱工程师指导下，实地考察、建立了“五陂下—丹江”地理野外考察，并要求城区各学校地理老师组织学生考察。同时，每年举办全市性的中学生乡土地理调查论文比赛，许多得奖的同学因此更有了学习的方向与动力。1986 年，我的第一篇论文《关于开发武功山旅游区的考察报告》被萍乡市社科联评为乙等奖；初为朋友，后为夫人的她绘制的《武功山风景分布图》，刊登在《萍乡市志通讯》1987 年第 1 期上。关于武功山风景区开发的首篇正式发表的论文和地图，因出自我俩的努力而特别受到鼓舞。现在的武功山已经成为国家 5A 级风景区，特别是户外活动比较有名、有吸引力，我俩感觉到很欣慰、很开心。

1993 年底调入广东省佛山市第一中学以后，我又“重拾旧技”。在佛山市地质局退休工程师周国强先生等的帮助下，选择了南海区的松岗、南国桃园，禅城区的王借岗、污水处理厂等地，建成了比较规范的“佛山一中地理野外教学基地”，编印了“地理野外学习手册”。连续九年，一直坚持把这项地理教育活动搞得有声有色。那个时候一个年级 500 多学生，出动的大巴车都十余辆，红旗飘飘，声势浩大。地理野外考察活动中，学生们不但要观察地形、地层、地质构造、化石、土壤、植物等，还要求学生们唱“地质队员之歌”（歌曲的词谱还是黄强老师手抄寄给我的）。有的同学在周记中写道：“地理野外考察可能是中学生活动中，印象最深刻、最有意义的活动之一。”该项目成果“走进大课堂　开拓新领域—地理野外学习实践”荣获广东省青少年科技创新大赛优秀科技实践活动二等奖。不仅如此，我们还组织高一学生结合地理课程，进行“环境污染”“交通拥堵”“人口聚集”“房产开发”“菜场分布”“花市布局”等项目式研究。学生们的研究成果“地理研究性学习活动与创新思维”由广东省地图出版社出版，获得广东省教育创新成果奖。

江西师范大学地理系 80 级毕业合影

2012 年底我调入北京市陈经纶中学任党总支书记，也特别关心、支持地理科组带学生去河北曹妃甸等地进行地理综合实践活动。近几年我担任北京化工大学附属中学校长，我也要求德育处组织，地理组牵头，生物、历史科组配合，将“京西古道”等地开辟为中学地理野外教学、综合实践活动基地，受到学生欢迎。另外，北京拥有独特又丰富的地理、历史、文化环境，让我的业余生活很丰富。节假日带着一部相机或手机，考察北京的自然环境、人文历史古迹等，丰富了业余生活、情感体验，愉悦了心情，提升了审美能力。

地理教育教学为什么要走出教室、走进自然和社会呢？我认为，自然和社会才是地理学的大实验室、大课堂。只有走进自然和社会，才会有直观的地理认知、判断、感知与体验；才会在活动过程中运用地理资源、工具、技术、方法并转化为区域认知、综合思维、实践力等核心素养；才会更深刻地认识到自然与人类的关系，并有助于形成“尊重自然”“人地协调”等情感与价值观；才有可能唤醒困在教室疲于应试学生的生命潜能，激活其对美好生活的追求；才有可能培养有视野、有胸怀、有能力、有意志、有审美、有诗意的人。因为，只有自然和社会，才是鲜活的、复杂的、浪漫的、灵动的育人环境。甚至可以说，野外地理教学可以让学生重新认识、喜爱地理学，是中学地理教育改革的增长点、突破口。因为，它还原了地理教育的本质。

感谢母校的育人环境，感谢老师们以身作则、诲人不倦，让曾不知地球形状的我，喜欢上了地理教育，并为之积极努力。中学地理教师虽然是个普通、平凡的岗位，但是也可以干得很开心，也可以干出点成绩；能帮助学生成长，又受到学生欢迎，何乐而不为呢！恭祝母校繁荣昌盛、桃李芬芳。

（2020 年 10 月，《岁月如歌》江西教育出版社）

教书育人萍乡始

岁月不居，时节如流。转眼间，我从事教育工作不觉已满38个春秋了。感恩缘分和遇见，它的起航地便是我的老家——江西萍乡。1984年7月，我从江西师大毕业后分配回萍乡市教育局，然后去了萍乡市最好的省重点中学——萍乡中学工作。那个年代还是计划经济，我是恢复高考后的第三批毕业生，学的是比较稀罕的地理专业，很多学校都缺地理老师，很多好学校等着大学生去呢。没有实力的学校很难分配到本科毕业生，本科毕业生在当时就是人才呀，受捧程度绝不亚于现在的研究生。

萍乡中学是百年名校。它位于城区小西门的鳌头山上，距离市区约一里地，占地面积约300亩。鳌头山是高约80米的丘陵地貌，山上树木葱葱郁郁，S形车道从山顶直抵半山平台，苏式风格的“民主楼”“和平楼”“胜利楼”等教学楼梯次分布，万绿丛中一抹红色令人赏心悦目，是一个读书的好地方。据校史记载，学校可以追溯到清末翰林文廷式（光绪帝的瑾妃、珍妃的老师）创办的“萍乡学堂”。1906年改名为“萍乡中学堂”。那个年代、萍乡煤矿恰好是生产趋于完善的时候，是全国最早采用机器生产、运输、洗煤、炼焦的著名矿区。经济发展也促进了文化、教育的发展，吸引了一批优秀教师及学生，教育质量独领风骚，民国时期是全国仅有“保送资格”的九所学校之一，有“赣西文化堡垒”之誉。因为一批救国图强的优秀学子的聚集，民国初期也成为革命的摇篮。彪炳史册的革命志士有黄钟杰、罗运磷、邓贞谦、张国庶、王麓水、林瑞笙等；包括后任中宣部副部长的凯丰、农垦部副部长刘型、海关总署署长孔原等，以及中国现代史上颇有影响的张国焘、蔡孟坚等。新中国成立初期，因为萍乡煤矿的经济地位，安源路矿工人大罢工的历史与政治地位等因素，萍乡中学的办学质量及其毕业生一度翘楚江西，省会南昌的政府机关，民间有“无萍乡人不成机关”的说法，足见萍乡中学的毕业生在数量与质量上的优势地位。80年代的知名校友就有吴学周、简水生、陈述彭等院士，以及新中国高教事业开拓者彭康、喻德渊校长等。

20世纪80年代中期，能够在萍乡中学教书，在当地是一件很荣耀的事情。记得比我先来萍中任教的有十多位本科生，我这届一起来的有萍乡高专的李江萍，可能是学生干部，所以一进校就在学校团委工作。那个年代是改革开放刚起步的年代，是计划经济向市场经济转型的年代，是重视知识重视人才的年代。我们这些大学毕业生可谓天之骄子，很受校领导器重。因为缺乏老师，我们这些缺乏教学经验的青年教师都放在了最重要的教学岗位，“被迫”成了挑大梁的教学骨干。

那个年代是意气风发、干一番事业的时代。刚参加工作的月工资是 50 元左右，不足现在的百分之一。但所有的老师都敬业爱岗，认真备课与教学，不知疲倦。特别是那些被下放到乡下的年长的老师，重新返城教书，政治身份与社会地位得到认可，更希望在教学业务上创造出辉煌成绩，可谓意气风发、砥砺奋进。记得当时的教学副校长胡兆祥，可能是因为海外关系长期受压抑，刚刚平反接受重任，有准备大展拳脚干一番事业状态。他说话时总是稍皱着眉，充满激情，鼓励我们年轻人要不负韶华，努力工作。后来他当了管教育的副市长，见到我们依然没有官架子。教务主任有彭健雄、徐焕彩、何其健、顾一行等老师。同教一个班的有语文老师兼班主任金振鼎、英语老师彭茶莲、数学老师胡仕任、历史老师刘南民、政治老师唐彩萍等。那种意气风发的工作状态现在都能回想起来。那个时候，我白天在学校上课，晚上还要骑着自行车下山，去城里的二中、四中等，给“高考辅导班”上课。那个时候全民都爱学习，青年人都想通过高考改变命运。民盟等民间组织根据市场需求，晚上租借学校的教室办“树人学校”。实际上就是各种高考、成人高考辅导班，学生大部分是成人。那种挑灯夜读，渴望通过读书改变命运的场面至今令人怀念。我这个刚毕业的新手也被他们请去上课，一方面说明师资缺乏，另一方面我也愿意去赚点外快。

那是一个年轻人想通过奋斗改变命运的年代。记得我当时是担任高二文科班的地理课程，还兼初一（2）班班主任及四个班的地理课，教学任务应该说比较重。后来萍乡市教育局通过考试，选拔了一批教师子女组成“史地教师培训班”，培训一年后以公办教师的身份派去乡镇中学任历史、地理课程。我被赶鸭子上架，还担任了这个班的班主任及相关课程。回过头来看，当时的知识储备、教学经验是远远不够的。仅举一例，说明当时的勤奋与努力。为了尽快适应当时的教学要求，除了常态的钻研教材、认真备课、编写资料外，我还利用课余时间主动联系去听市内各县区其他地理教师的课，如饥似渴地去吸收其他地理教师的先进教学方法与经验。比如萍乡二中的曾广健、姚发贤老师，萍乡三中的李荣通老师，萍乡铁中的李洪汉老师，萍矿一中的安萍老师，萍矿三中的李克昌老师，湘东中学的肖仲尼、李汉龙老师，萍乡师范的汤钟缵老师的课我都专程听课学习过。应该讲每个老师都有自己的教学特点及长处，特别是汤老师的才情、曾老师的踏实、汉龙老师的博学、仲尼书记的严谨、荣通和洪汉两位老师的热心，令我终生难忘。他们几个都是市地理中心教研组的核心成员。当时我还不满足，向李慈海校长申请去南昌听课学习。估计是当时我的上进、求知与创新想法引起了他的兴趣，竟然都同意按出差开会的形式办理。我去了南昌三中、十九中等名校听课，虽然夹杂着一私心，但教学提升却受益匪浅。如果说我后期有所进步的话，应该是借助了各位地理前辈的肩膀。这种谦虚好学的态度也给同行和前辈留下了好印象，无意中为后来的工作调动奠定了基础。

那是一个知识分子政治与社会地位逐渐提升的时代。那个年代大学毕业生不多，有

“天之骄子”的感觉。我们课后下山逛街的时候，都会佩戴红底白字的萍乡中学校徽，生怕不熟悉的人不知道自己的身份。这反映了虽是大学毕业生，并在省重点中学任教，但乡下人出身的骨子里的自卑与生俱来；也彰显着作为知识分子的老师，开始有了部分自信。我曾是教工团支部书记，为了改善单身汉的单调生活，周末会组织学跳交谊舞，或者偶尔组织大家去人民电影院看电影。有一天傍晚天刚黑，曾昭库老师来到我住的“胜利楼”二楼东南角宿舍，急匆匆敲我门，称要借我唯一的领带用一用。我趁机问他：“是不是看上了电影院左侧小卖部的那个姓宋的女孩儿？”他幸福地笑着说：“你猜对了。”其实就是几天前，我们几个单身汉去看电影。人民电影院门口左侧的小卖部有个年轻漂亮的女孩儿，看见我们身上佩戴的萍乡中学校徽，聊天过程特别热情，特别喜欢与曾老师搭话。曾老师是泰和人，父母都是农民，经济一般，萍乡又没有亲人朋友。小宋是萍乡城里人，家庭经济较好。他俩的恋爱、婚姻过程很美好，令我等羡慕不已。再后来，彭高贵的女朋友是一个市政府办公厅的美丽文员，更让我们羡慕。那个时代的中年老师夫妇中，大部分媳妇都来自农村，而不是有工作、吃商品粮的城里人。这在一定程度上也说明，作为知识分子的老师的社会、经济、政治地位在逐渐提升。这是人类进步、社会文明的好现象。

萍乡中学校门

那是一个有梦想、有动力的奋斗时代。客观而言，那个时代的人很有梦想追求的，希望通过自身努力改变命运。虽然是计划经济，但人事制度开始灵活变通了。一是邓小平同志的改革开放政策带来了全社会的旺盛活力，生产力得到了迅速发展，人民的物质生活水平不断提高，全社会有一种追求自由、幸福的精神状态。二是开放包容的社会，西方及港台文化开始进入。比如，邓丽君的歌声以收音机、录音机等音乐的形式，在抚摸、温柔年轻人的进取、浮躁的心灵世界。年轻人开始不满足计划经济时代的条条框框限制，对自己的人生未来有大胆的理想追求、有规划并为之努力。这是一种多么可贵的正能量，既有利于个人发展，也有利于社会进步。后来我们这十多人中，李江萍、李蔚磊、李小航、唐彩萍等调动去了政府做干部，李江萍后来还当了市人大常委会副主任。昌松、余克勤、胡娇、罗军、叶小春、程远萍和我调动去了广东，易伟民、付淑英调动去了南昌和新余。留在萍中的老师不多，但都成为了领军人物，彭高贵评上省数学特级教师，曾昭库上调去市教育局做历史教研员。这个历史事实，并不是说萍乡中学当时的事业、待遇留不住人。而是更多地反映了当时社会、政府、学校的自由、灵活、开放、包容的人事政策。这应该是社会进步的标志。但话又说回来，萍乡中学办学最鼎盛的时期，是当地经济最发达并能吸收优秀人才当老师的时候。从某种意义上来讲，经济发展水平与中小学教育水平是呈正相关的。如果一个地方的经济不行，教师收入不高，那学校恐怕吸引不了优秀人才当教师，教学水平与质量的提高当然有难度。

年轻教师需要勤奋努力去弥补经验不足。因为年轻有教学热情与活力，备课认真、勤于钻研，但是教学能力与经验显然是不足的。1986 年高考时，我任教的地理平均分高达 81.2 分，有点出乎意料，主要得益于学生们的勤奋与努力。记得当年的黄继明、梅梅、石斌、邬勇锋、欧东兵、邓素梅、杨放闽、易日新、曾新华、徐承维、康华等同学的学习自觉性、自主性都很强。重点中学的学生都是通过考试选拔的，他们的智商与情商水平有不少有可能还高于老师呢。老师们印象最深的是小个子黄继明同学，超强的自学能力和记忆力，还写得一手好字。每次模拟考试后，准备改卷的老师都会不由自主地抽出他的答卷，舒心地看着，略加修改就成了标准答案。当年他是高考文科萍乡第一名，高考地理分高达 92 分，现在是某部委的一位司局级干部。

人民教育出版社刘淑梅主任等
专家出席“地理图导图练法”实验鉴定会

在萍乡中学工作期间，我经历了两次被市教育局领导听课而调动工作的奇遇。记得某一天上午，高大而帅气的市教育局郑孟涤副局长来听我的课。传闻他是福建人，北京大学地质地理系毕业的高才生，我忐忑又紧张是必然的。那一节课是高三复习课，恰好涉及“太阳日与恒星日”这个难点。我反复讲了三遍，紧张得语无伦次，越讲越紧张越糊涂，同学们都感觉到老师紧张了。现在看来只是深入浅出、化繁为简的教学经验不足而已。过了一阵子，我在宿舍正准备隔壁教室去上初一的地理课，有一个比较瘦弱的长者不请而进我宿舍。他微笑着念着我门后写的对子：“奇心、信心、恒心，心燃前程之灯；爱书、读书、教书，书铺人生之路。是你写的对联?”我随口答：“是的。”又说：“可以听一下你的课吗?”答：“没特别准备，随便听。”第二天，彭剑雄主任见到我说：“小全，你可能要调到教育局教研室了！祝贺哈！继续努力哈。”后来才知道，瘦弱长者是当时萍乡市教育局局长张声源。彭剑雄主任与他，以及后来当了国家教委副主任的柳斌等，都是中学同班同学。原来是市教研室副主任曾鹤鸣向领导推荐了我，拟调我去市教研室工作。一把手张局长除了委托郑局长听课了解情况外，百忙之中还亲自去听了我的课，了解真实情况。客观而言，工作两年上课水平也不可能很高，充其量就是对人的基本素养作个判断而已。但由此可见，局领导重视人才选拔工作，而且工作作风务实、扎实。

古人云：勤能补拙是良训。工作两年就担任市教研室教研员的工作，我知道实践经验与理论素养远远是不够的。工作过程更多的是组织，缺少的是指导。譬如一年一度的全市地理教研工作计划与总结、考试命题与组织阅卷、教育年会与论文评比、下校督导并亲自给高三学生上课等，可谓边学边做，逐步提升。幸好教研室高手云集，个个都是市里的学科带头人，在他们身上可以学到很多东西。比如刘绍明主任为人厚道、关注群众利益，曾鹤鸣副主任有干劲、有创新，汤苏民、贺威昭、赫海深、余世鸿、黎有源几位长者在学术问题上特别较真，学术与文字功底深厚，汪菁华、顾庆元等热心推动布鲁姆的目标教学，曾瑞声、欧阳怀群等为人厚道谨慎。办公室主任易文举是每天最早来到办公室的。冬天他会提前烧木炭生火温暖办公室，夏天则是为同事们烧开水。他当过校长，写得一手好字，待人接物周到，深谙人情世故，善于发现、调和同事之间的误会及矛盾。记得当年司机陈文福结婚，我以小两口的名字切入写了一副贺联："玲珑两鸳鸯，比翼双飞戏萍水；文静双玉兔，扑朔迷离润福田。"对方很认可，请他当即挥毫泼墨，带回去张贴在婚房门口。我们四位年轻教研员中，余娟灵气，陈威成熟，施正萍实在，我比较肯干些。

因为比较努力，偶尔敢于创新，我在同行中逐渐有了较好的印象与群众基础。比如，中心教研组考察武功山，我主动承担并执笔撰写的《关于开发武功山旅游区的考察报告》荣获萍乡市社会科学论文评比二等奖。当时的市经济学会理事长、市计委副主任杨炳华特别喜欢我，专程去市教育局找张局长商量希望调我去市计委国土办。业余时间我撰写的万字论文《萍乡市经济发展方向的粗浅分析》刊发在《萍乡市志通讯》1987 年第 1 期。没想到当年我提出的"经济结构转型升级""经济开发区"等概念都成了现实。该期刊封二发表的《武功山旅游区景点分布图》是我指导女朋友周志红亲手绘的，估计应该是最早公开发表的，没想到武功山目前成了 5A 国家级景区，现在以高山草甸、驴友徒步穿越、观日出、赏云海、帐篷节而闻名遐迩。当年市志办刘宗道主任也特别支持我写点东西，甚至希望我参与市志编写。有了上述基础，我大胆创新，敢为人先，努力开创地理教学新局面。譬如，主动收集整理资料，较早编写乡土教材《萍乡地理》，经省教材审查委员会审批为市级乡土教材。组织考察、设计、开发了"丹江——五陂下地理外教学基地"，作为市直中学的地理学习打卡地。每年举办全市初中的乡土地理小论文比赛，有效推动了初中地理教学，以及热爱家乡、爱国主义教育。同时，带领萍乡四中的陈维萍、萍乡六中的喻太红、王军霞，萍乡二中的刘欢等老师，创新性地进行了三年的图导图练教学法改革实验。该项研究主要是借鉴著名语文特级教师钱梦龙的"三主"教学理念，结合地理教学的特点，形成了"教学任务目标化、教学内容地图化、教学过程训练化"特点，并顺利通过了江西省教育厅教研室组织的验收鉴定。人民教育出版社刘淑梅编审、江西省教育厅教研室教研员喻金水、南昌市教育局教研室著名的郭可让老师、宜春三中周崇仁校长等国内著名地理教育专家亲临现场指导，对该项目的创新做法、实验成效予以了高度评价。有关该项目的研究成果及七篇论文发表在《课程教材教法》《地理教育》等国家级刊物上，引起了国内同行的关注。应该讲，教研室及教研员是中国基础教育界很特殊的一个群体，其他国家没有。它由一批中小学选拔上来的骨干教师组成，在推动基础教育改革，提高基础教育质量方面有一定作用。我当了七年教研员，在见识、知识方面向同事们学习了不少，对后来再回到一线课堂教书是很有帮助的。

说到萍乡教育，绕不开传奇人物柳斌先生。原来听到的有关柳斌与几位好友的文人对联传说挺有趣。据说在 1985 年的春节，时任副省长的柳斌，偕同曾经的同事钟彩萍、夏声远等，来到时任教育局局长张声源的乡下祖屋拜年，吃“春饭”。张声源育有三女二子，在广东工作的儿子带来了一些广东特色的果子，诸如南瓜子、西瓜子、冬瓜子，颜色上分有红瓜子、白瓜子、黑瓜子等。热情待客的声源饶有兴致地介绍广东年货。柳斌的文人天性因见友人而被激活，笑着脱口而出：“形势大好，声源喜添三子。”话音刚落，声源朗声而接：“人才出众，柳斌连升二级。”旁坐的钟彩萍副局长不甘落后，接着又来：“大江边、钟鼓乐，声源声远。”声源会心一笑：“小西路，琴瑟鸣，彩萍采风。”他们在对话中交流感情，展示才华。“大江边”“小西路”是当地人熟悉的地名。与他们相比，我们这一代人，青少年时代被耽误了，没读多少书，特别是中国传统文化经典的书读得太少，文化积淀与底蕴是远远不够的。大学时代才在图书馆发现了许多值得读的文化经典，才知道有李白、苏东坡。如饥似渴浅表性地读了一些，但内容没学透，对苏东坡式的文采与生活有点心向往之。所以，对传说中的柳斌为中心的前辈文化人的交往、文采、生活、友情等，我是特别地羡慕，甚至崇拜。我自知才疏学浅，但还是一直是把柳斌先生等当成榜样来学习的，当然也梦想有见面求教的机会。直到 50 岁时工作调动到了北京，终于有了拜访他的机会，对他有了更多的了解后，更是敬佩不已。

我尝试用几个“三”来大体概括一下对柳斌先生的印象。一是德才兼备，中央党校学习过程中才华初现，被组织看中后三年内连升“三”级。1957 年，家境贫寒的他考上了北京师范大学，1961 年毕业成绩优异留校工作。1969 年，因夫妻分居生活困难，主动要求调回萍乡二中教书。1975 年，才华横溢的他被调任萍乡市中学语文教材编写组的组长，后历任萍乡市教研室主任、市教育局副局长、局长。1982 年 7 月，因工作出色，又符合当年干部队伍“四化”要求，当选为分管教育、文化的副市长。据说在中央党校学习表现、论文优异被组织上看中，1983 年初调任江西省副省长，1985 年 6 月又调任国家教委副主任。他的同事至今还记得当时北京方面来人进行调查，直接查看他的档案、讲话稿之类，特别欣赏他的手写稿。组织上还专门找对他有不同看法的群众了解情况。其中一位极有个性的教师乃国内顶尖名校毕业，是他的邻居，因为误会有些矛盾，平时两家人也少来往。这位有个性的老师对组织的提问答复是：“我不跟他说话的。但提拔他当领导我同意。他是块当领导的料。”现在看来，这位老师很有大局观、有政治觉悟；没有个人意气用事，才没有埋没人才呀！当年这种“火箭式”的升职过程，是那个年代国家人才缺乏，事业发展的特殊需要。整个组织调查程序过程是严谨规范的、实事求是的。当然，也给后人留下了一些茶余饭后的传奇。

在国家教委任职十多年间，柳斌先生主要分管基础教育。他担任《义务教育法》《教师法》《未成年人保护法》三个法律草案领导小组组长。为普及九年义务教育，保护教师权益、未成年人权益等奠定了法律基础，完成了全国“普九”的伟大历史任务，促进了中国教育事业的迅速发展。对于基础教育面临的种种困难，他在调查研究之后，和同事们一起向财政方面提出了“三个增长”，而且争取写入了国家的法律。“三个增长”即“政府用于义务教育的经费要逐年有增长”“教育经费的增长要高于财政收入增长的比例”“学生人均的教育事业费和公用经费要逐年增长”。经费投入是办学的根本保障，否则是无米之炊。现在全国的教育经费可以占财政收入的4%，这个数据有一个过程，来之不易。当年行政工作繁重，但他的学术著作丰富，专著主要有“三”：即《关于基础教育的思考》《柳斌谈素质教育》《心露集》（柳斌诗词）。他忠于党和国家，情系杏坛，志在育人。针对中国教育存在的种种问题，实事求是地予以解决，工作中既大胆创新又扎扎实实。他率先提出并多次阐述了“素质教育”的教育理念。他强调的“三全”至今仍是应遵循的教育原则，即“全面贯彻党的教育方针，全面提高教育质量，面向全体学生”。他被公认为是教育界的代言人，入选改革开放40年“教育人物40名”实至名归，在中国现代教育史写下了光辉的一页。

作者荣幸获得柳斌先生的书法作品

我在北京工作将近十年，也多次聆听柳斌先生的教诲。他还不顾80多岁的高龄，曾亲临北化附中指导工作，令我感动不已。有时候我想，如果能更早认识柳斌先生这样的有教育理想、有道德情操、有学术素养、有仁爱之心的前辈，言传身教过程得到教育，那就可能少走弯路，加快教师职业的成长。这应该是可遇不可求的一种人生幸福。当然，有幸福就是好生活，何必在意早与迟呢？

（2022年8月14日，《人民日报》客户端）

一位“江湖教师”的岭南情结

广东是块改革开放的热土。1978年底的十一届三中全会后，改革开放后的广东经济、文化与教育得到快速发展。政策开放与社会包容的风气也领一时之先，因而吸引了内地一大批各行各业的人员奔赴广东。20世纪80年代中期，最早去的是一批以年轻女性为主，做事麻利的“打工妹”到工厂流水生产线打工，诸如制衣厂、制鞋厂、电子厂。后来慢慢扩展到餐饮、宾馆等服务行业。这批年轻人来自农村，文化水平不高。虽然是廉价的临时工，却是“三来一补”外资企业的利润源泉，也是沿海开放城市发展初期的体力劳动者。应该讲，她们是生活所迫才去南方打工的“南飞雁”，为广东经济发展和社会、文化交流做出了巨大的贡献，甚至是一定程度的牺牲与奉献。那个年代有一部电视剧《打工妹》，主题歌曲《我不想说》把打工妹的苦恼唱出来了，年轻人感同身受。风靡大街小巷一时无双，我至今听到音乐就能随口哼唱。

经济发展带来了人口迁移。20世纪90年代，先富起来的珠三角地区人民对高质量的教育需求明显增加，中小学校也开始出现了教师短缺的现象。靠近广东因近距离优势的广西、贵州、安徽、湖北，特别是江西、湖南等省的教师，为了改善工作与生活，包括一些大学毕业生等，也加入“南飞雁”阵营，挤火车南下去广东求职找工作。这一批人与前者打工的性质有所不同，目的是改善工作与薪酬，可以办理调动、户籍手续，属于脑力劳动者。他们本身具有专业技术特长，在异地工作为了生存与发展特别地努力，工作业绩也特别突出，很快脱颖而出成为学校的骨干力量，甚至是后备干部的人选。若干年后，这批人中的佼佼者一方面为广东教育的蓬勃发展做出了卓越贡献，同时也进入了“金子发光”事业发展的巅峰时期。这批外省入粤者通常又被称为“新客家人”，尤其是江西、湖南、湖北籍的人数最多，被民间誉称为“江湖教师”现象。我比较熟悉的南海、顺德两个经济、教育大区的中学校长及骨干教师群体中，目前有一半以上非粤籍，以江西师大、湖南师大、华中师大的毕业生居多。

佛山是岭南文化、工业重镇。历史上是著名的手工业“四大古镇”与商业的“四大聚”，盛产铁器、丝绸、中药材，粤剧和粤菜发源地，还有黄飞鸿、叶问、李小龙等武林高手的传奇故事。改革开放后快速成为一座开放包容、人才汇聚、充满活力的城市。佛山离省会广州不足一小时车程，当时的陶瓷、家电、纺织、海天酱油、健力宝饮料等产品在国内就挺有名气，还被评为“全国宜居城市”。当时的许多港产电影的故事或取景都在佛山，所以挺吸引人的。

结缘岭南“百年名校”。1993 年的秋天，我加入“南飞雁”阵营成为“江湖教师”的一员。这得益于广东省教育厅教研室何化万特级教师的推荐，跨越南岭找工作，并成功应聘于佛山市第一中学。佛山一中源于 1913 年英国基督教会中华循道会创办的华英学校。据说这块地当时是刑场，教会用极其低廉的价格买下来，创办了医院和学校，发展成为佛山市第一人民医院和佛山市第一中学。学校面积广阔，绿树成荫，主校道两侧并列两行笔直耸立的大王椰树，典型的南亚热带风光。六栋英式与岭南风格融合的建筑特别有历史韵味，应该列为最美校园之一。至今能浮现眼前的是西式的柱梁、拱券结构，通风散热的老虎窗；中式的屋顶、屋檐、屋脊，佛山自产的灰褐色的土砖墙，碧绿的琉璃瓦。本文图片大部分取自佛山一中官方网站，应该是原同事李刚所拍。

佛山一中校门

百年名校人才辈出。比较著名的有音乐家冼星海，经济学家张五常，科学家彭家木，原广东省省长叶选平，中国科学院院士庞雄飞、黄本立，著名热带病研究学者武学宗，音乐指挥家司徒汉，雕塑家潘鹤等。据传说前面几位在读书时不属于“听话乖巧”的学生类型，这些现象应用引起教育工作者的反思：创新性的人才，可能是不循规蹈矩的那种，如何管理和引导？

佛山一中原校长办公楼

注重情感管理的领导团队。作为省重点高中，佛山一中的办学质量、特色在岭南都卓有声誉，学校管理有特色。记得冯瑞烘校长稍显瘦弱，对老师总是笑脸相迎，大会小会都讲“软管理”与绿色人际关系。教学副校长韩景基笑语细声有学者风范，与老师谈工作都是商量的口吻。后接任的是谢云昉副校长喜欢新技术，待人和气，没有架子。书记周江能给人的感觉总是笑眯眯的弥勒佛形象。副书记钟远岳烟不离手看似瘦弱的样子，但一年到头哪怕是寒冷的冬天，也是穿短袖衫。后勤副校长周康给人感觉社交面很广，办事干练。学校临时安排我们住在高中教学楼旁边的平房，低矮潮湿蚊子多。第一个春节前，周康副校长带了些年糕来看我们，感觉居住环境不太好，当时就表态：教师宿舍俗称 48 户的 4 单元 107 房可能空置，尽快协调解决。春节后我们仨就搬到这个二居室去住，暂时解决了安居乐业的问题。

师资队伍是办学的根本。佛山一中原本的师资力量就很强。比如语文组的钟艾、李乃添、许小兰，数学组的方舒庭、李向明、许素，英语组的梁倩仪、黄为华，物理组的何博泉，化学科的何彤，历史科的余庆时，体育组的陈炽坚等，都是佛山市中学界响当当的人物，支撑着佛山一中这座教育大厦。其中方舒庭、钟艾与我同办公室数年，一直是我心中的楷模，梁倩仪后来接任了校长。

引进人才提升师资。佛山经济得到了迅速发展，老百姓的生活水平迅速提高，进而对关乎后代成长的中小学教育有了更高质量的要求。冯校长抓住时机，广开言路和门路，寻求上级政策支持，陆续引进大批来自内地的骨干教师。比如语文科的尹中一、李存仁、李信夫，英语科的李志英、贺爱玲、朱葵，数学科的李明、吴以浩、卜文、王建青，物理科的刘保耀、朱建平、佘光辉、钟海武，化学科的罗勤、徐华夏，生物科的谭根林，地理的李志伟、胡铁生，历史的周建刚、政治的丁挥，音乐科的余占友、徐镇敏等。这批人后来都成了学校挑大梁的骨干，多数担任教研组长，少数任校长或评为特级正高。比如李明去了佛山市教委教研室任主任，谭根林、佘光辉分别当了佛山一中、佛山三中的校长，李志伟等约十人分别评上了特级与正高。从这个意义看：基础教育界培养骨干和干部，应该重点关注名校与大校，因为其平台、活动、氛围等有利于培养见识、能力与胸怀。学校太小在培养视野、胸怀等方面可能会有局限性。

一个好校长就是一所好学校。据传这句话是原国家教委副主任柳斌先生，在华东师范大学受教育部委托举办的“校长培训班”开学典礼上讲的。现在看来，这句话反映了教育管理的基本规律。冯瑞烘校长据说是佛山一中毕业留校任团委书记，后任办公室主任、工会主席，逐渐成长起来的。不是什么科班出身本科大学毕业的，但看透人性懂得学校管理之道。他主政佛山一中 13 年，使佛山一中的办学水平、质量、特色与声誉出现了一个高峰。

好校长应该心中有老师。当年的校长是需要想办法，比如办校企、招择校生等方式筹钱发部分工资的，包括讲普通话每个月也发 30 元奖励。每周的全体教师会上，冯校长都会不断地讲怎么样努力去筹钱，马上准备发奖金了。现在回过头来看，发钱的话题一个月讲了四次，最后也可能就发了 100 或 200 元钱。但话题给了老师们以希望，凝聚了人心啊。我们外地来的几个处得好的老师，偶尔在一起聚一聚。有一位酒喝多了不免有些得意忘形，透露了冯校长两口子中秋节登门送月饼的“秘密”。结果在座的都会心一笑，原来每个人都得到了冯校长送的月饼。偶尔关心一个人比较容易做到，但长时期坚持对每个从外地引进的老师，都是那样尊重，发自内心地关心，这很了不起！冯校长赢得了老师们的尊重与回报，拼命地为学校工作。即便是有什么委屈，只要想到冯校长曾经的关心，也就不在乎了。

尊重人性的换位思考。冯校长退休前，办学的机制比较灵活，政府鼓励依托公办学校办一所民办学校。当时，佛山一中实行高、初中分离，要筹办与一所初中——华英学校，意味着有一批老师要离开佛山一中，这对当事人来讲不是件好事情。我至今都搞不明白：他分别跟即将分流去民办初中的数十位老师谈话做动员，没有听说一个老师对他有怨言。想象不到他当时的谈话态度和语言艺术，但至少可以判断他当时是极其诚恳的。有一次在科学楼前的大道上散步，我无意中听到他与总务处主任高国权的简短对话。大概当时高主任要面对的是一个棘手问题，自己有不同的想法甚至怨言。冯校长说："老高，领导处理问题，一定要站在老师的角度考虑问题，要换位思考，要考虑老师的观点、感受、利益，不能一味地去责怪老师。"这句话至今经常在我耳旁回响，"换位思考"也成了我管理的价值取向之一。这说明冯校长对人性的洞察力、价值判断与言行把握得当。我反思自己至今也没有达到冯校长的管理水平与境界。现在看来，学校管理最核心的还是人心、人性的管理，不一定要上课及教学方面的内行与专家，却一定要懂得人性，善于调动积极性、提高凝聚力的行家。

平台决定命运。这是我中学时代的物理老师陈光墅先生写的专著书名，我非常认同这句话。一个好的学校就有好的校风、好的生源、好的办学环境，教师也就有好的发展机会与平台，也就比较容易出成绩，在同行中会有更大的影响力。1993 年调入佛山一中后，我就接手了两个高三文科班的地理课程。第二年高考地理成绩取得了意外的突破，平均分接近 600 分（广东实行的是依据排名的标准分，即全省平均 500 分，最高 900 分，最低 200 分），其中叶小波、叶卓瑜分别以 858 分、836 分名列广东省第 2 名和第 8 名。1999 年广东实行"3＋×"的高考模式，我的地理班竟然也考出了平均 659 分的高分，李缅峰以 799 分列广东省第 9 名的好成绩。客观而言，我很努力钻研教材教法，应该说教学比较得法，但并不认为我的教学水平达到了特别的高度。尖子生出现的"高分段"现象，更多的恐怕是学生的天赋好、自主学习能力强、考试临场发挥好等。当然，中下学生以及平均分的提升，主要依靠教师的平时课堂教学的高效与"紧逼盯人"的作业管理。我们平时讲"名师出高徒"，其实这句话反过来说"高徒也衬托名师"也有道理。好学校有好平台有利于产生好教师，教学相长也是这个道理。

地理科组研究氛围浓厚。当时的地理科组以年轻人为主，有徐敏彤、徐缅姬、张小虹、黄卫红、梁志刚、卢楚英、罗嘉莹等青年教师，后来又来了胡铁生、于小莉、李志伟、胡继兰、王放国、龚爱英、蔡清辉等。科组老师性格各异但比较和谐，互助友爱，不但教学成绩突出，教育科研成果也很突出。记得当年"286"电脑刚出时，胡铁生老师就有令人吃惊的"盲打"输入高超技术，帮我们做了许多电脑辅助教学的图片与课件。1999 年，我被选拔代表广东赴香港在会展中心展示地理公开课，课件《澳大利亚》就是铁生帮忙制作的。地理科组在佛山市地质局退休工程师周国强的帮助下，坚持了十年搞"建设地理野外教学基地，开展地理野外教学"的改革实践，还有当时属于非常前卫的"地理在社会生活中的应用”“地理研究性学习”的创新课题研究等都取得重大成果。佛山市商业局见到我们学生的“农贸市场的区位研究”成果后，竟然聘请孩子们去帮他们搞市场调研。我的“高中军事地理选修课”的改革实验曾获得广东省基础教育成果二等奖，科组的“地理野外教学”获广东省科技实践活动二等奖，其他获广东省教育创新成果一、二、三等奖各 1 次。我的专著《趣味军事地理》《走出地理峡谷》还被广东地图出版社出版发行。全国中文核心期刊《中学地理教学参考》连续几年刊登了我编撰的“高考地理模拟试题”，可谓备受同行关注。2003 年，我被省教育厅和省教育促进会授予至今仍是唯一的“南粤杰出地理教师”光荣称号，记得当晚与余占友老师住一个房间，第一次拿到五万元的巨额奖励现金，手足无措不知道怎么存放。余占友老师是笛子演奏家，每次表演的高潮是他吹百鸟音。他荣获“南粤优秀艺术教师”称号，后来又评为广东省特级教师。

《地理》学科野外教学中，
各班级之间进行拔河比赛

实践中尝试管理创新。1995 年开始我任教导副主任，为了加强教研组学科建设，推出了“优秀教研组”“优秀科组长评比”办法。推进信息技术的硬件建设以及信息技术与课程整合的研究。采取特殊政策培训数学、物理、化学的“奥赛尖子”，譬如张家良、林达华等。支持艺术科组协调各方抓好学校管乐团、民乐团的常态训练与演出比赛任务，比如赴港演出及国庆巡游演出。以模拟考试分析为切入点，重视高三集体备课、资料重组、备考策略的研究，努力让高三学生在高考中发挥最佳水平。组织电教科组谢子钊、陆冰、陈泳君以及其他学科老师参加了广东省电教馆组织的“多媒体教学资源开发与教学设计的实验研究”。带领曹泽华、李志伟等参加了华南师大李克东、谢幼如教授主持的国家级课题“网络教学模式的设计与教学”。这些研究较大程度上推动了学校管理与质量提升，信息技术与课程整合的研究成果还多次获得国家级、省级奖励。2000 年，广东实行“3＋大综合”的高考模式后，我和李志伟、罗勤、徐惠玲、李穗红、丁挥、余春玲等老师率先编写了《高考大综合复习指导书》，由暨南大学出版社出版，一时洛阳纸贵，多年畅销广东。回过头来看，这应该都得益于佛山一中这样一个好的平台，让老师有发挥专业特长，同时，基础教育界的热火朝天的创新改革氛围也给老师们尝试创新实践的平台与机会，才有可能出成果成就名师。

扎根实践且笔耕不辍。2002 年，我参评广东省特级教师时，从某种意义上讲也得益于重点中学佛山一中这个平台，当然也有个人的努力与进取。校内推荐评选时，我的教学能力与业绩并没有什么明显优势。我认为同时参评的李乃添老师的专业能力、上课水平、受学生欢迎程度应该都比我强一些。当然，在课题研究、论文发表、各种获奖荣誉、省内外同行的影响力方面，我似乎是有明显的优势。换句话说：名师一方面要钻研教材教法，上好每一堂课；同时，还应该结合教学实际进行教育改革与科研，积极撰写论文争取发表或评奖，让更多的同行了解你，分享成果时也扩大了影响力。名师应该像海绵，既善于吸水也能够挤出水。传统上的“酒香不怕巷子深”的说法，在现代进入信息化的社会应该有所改变。从这个意义上讲，教育实践、教学改革与教育科研都是培育名师不可缺少的土壤与水分。

岭南饮食回味无穷。记得那个年代去广州最好的方式是坐火车，但不一定能买到车票。我们一家三口很少带行李，乘绿皮车厢的普快列车前往佛山。大热天挤在车厢里面味道很杂，当时是在座位下垫了几张废报纸或坐或躺。幸好傍晚出发第二天早上就可以到广州，打个盹儿忍一忍就到站了。第一次下了火车后，才发现粤语吱吱呀呀根本听不懂，仿佛到了另外一个国家。人在他乡的感觉突然使内心有些忐忑不安，担心语言、气候、饮食等问题自己是否能适应。后来，慢慢地适应了炎热潮湿的气候，也学会了简单的日常对话粤语，喜欢听粤语歌曲。开始习惯了从早晨开始一直到午餐时间，坐在旋宫或其他茶楼品不同品质的茶。再后来味蕾逐渐被老火靓汤、肠粉、叉烧、白切鸡、奶黄包浸润了，母亲培养了近 20 年的嗜辣味蕾竟然被改造了。来到北京后，虽然说北京烤鸭与广东“烧鸭”各有千秋，但广东虾饺与北方水饺放在一起，估计北方人的筷子也会先伸向前者。若说菜肴，广东说第二，不知道全世界还有敢说第一的？忘不了左转后去叠滘方向的大排档的烟火气，如今也只是偶尔去“金鼎轩”解解馋了。

岭南文化让人怀念。历史传统上佛山人善于经商和从事手工业，所以吃苦耐劳、务实讲实惠、有契约与效率意识，不喜欢搞虚的形式主义。比如，一个穿拖鞋背心散步的可能是个大财主呢。参加婚礼，逢年过节等没有凑份子、给红包的数额压力，十元二十元就是表达一下心意而已。你办喜事是让人分享快乐，有多大财力就选择乐意承受的人数与亲近范围、酒店档次。红包撕开一个角，就表示收礼了，言行举止透着自信、雅致、愉悦。至今还记得刚到佛山时，参加邓赞源主任儿子的婚礼，新娘献茶时客人要回礼一个几块钱的小红包。事先咱不知道，情急之下把那个被撕角的“大红包”放了进去。事后邓主任当然知道是我的，朋友欢聚时还分享我的笑话故事。二十年最好的青春年华奉献给了佛山，自然有不少朋友、故事、情谊、回忆、想念之类。先写点文字过过瘾，行动只能期待以后了。

（2022 年 7 月 18 日，《新华网》客户端）

旧校整合走向新校的风雨历程

2007 年 7 月的某一天晚上，南海区教育局负责人和我的一次聊天，改变了我的人生轨迹。两个月后，南海区教育局以较简单的“人才引进”方式将我调入。我这个佛山一中的副校长，就去了隔壁的南海区，成了南海区重点高中桂城中学的校长。

当时的桂城中学被誉为南海高中教育的“三驾马车”之一，坐落在城市中心区政府对面的南新一路，拥有学生数约 1400 人。桂城中学始建于 1986 年，正赶上“雁南飞”的高潮，所以是“江湖教师”扎堆集中的地方。语文科的邓忠武、张新生、王耀平、聂长河、舒振勇、所福亮，数学科的陈旭武、谭柏连、王宗祥、蒋爱国、董磊，英语科的袁中华、朱东哲，物理科的颜永传、张毅，化学科的范自军、廖夷戎，生物科的邓文锋、戴燕，地理科的熊星灿，政治科的高明芳、赵月英，历史科的魏贞新，音乐科的曹建新、潘进仁等。正所谓“不是猛龙不过江”，个个都是挑大梁的，才华、业绩与个性兼备，加上南海本地名师马卡连、李小韵、袁健梅、区惠瑜、黄晓升、黄翠萍、孔惠斯、黄彩红、吴影、吴英、黄首明、刘铸祥、邹颖坚等，师资与佛山一中、石门中学比毫不逊色，当然管理起来并不容易。

桂城中学校门

我刚到桂城中学的时候，应该是处于质量下滑、氛围沉闷的时期。初来乍到也不敢乱说话，就请电教科林立老师悄悄地拍了一些从早到晚教师认真教学、管理学生、敬业奉献的镜头以及学生刻苦学习的镜头，剪辑成了三分钟的短片，配上了刘欢唱的励志歌曲《在路上》。全体教师会上第一次放给老师们观看，伴随着歌曲中“那一天，我不得已上路，为不安分的心，为自尊的生存、为自我的证明；路上的辛酸，已融进我的眼睛，心灵的困境，已化作我的坚定。”的音乐看视频，据说不少老师被镜头中的自我表现及歌曲渲染的情绪所感动，当场流下了热泪。有反馈说这个《在路上》短片让老师们接纳了我。因为他们觉得：这个新校长能从平常不经意的现象中，发现老师的工作优点与奉献精神，应该是个不错的校长。后来，学校文学社办了一本《在路上》刊物，收集和发表师生作品。邓忠武老师写得一手不错的毛笔字，很乐意题写了刊名“在路上”。再后来老师们觉得《在路上》的精神中，为自尊的生存、为自我的证明意志坚定，就是桂中人的精神。

桂城中学教学楼

桂城中学办学成绩显著，高考本科、重点上线人数曾跻身于佛山大市前三甲，培养了周昱、陈宁、何珊、刘惠民等一批尖子生考上了清华大学等校。但校园建筑面积不足 50 亩显得局促，显然不符合进一步做大做强的需要。因此，区政府决定移址到郊区 4 公里外的平洲街道桂平路，将平洲高中整合重新打造新的桂城中学。这样的话，通过扩大办学规模满足百姓对优质教育的需求。校园面积将超过 140 亩，教职工总数接近 300，学生总数超过 3000。

记得当年的某一天，天气有点湿热。区教育局副局长霍兆锦带着我，陪着常务副区长黄福洪，来到平洲高中考察。当时政府的计划是投入 6000 万元，把平洲高中的体育馆和运动场改造一下，然后就将桂城中学整体搬过来。我看着那些 80 年代建的有些破旧的三四层楼的教学楼等，心中有些不爽快，担心容纳不了多少学生。于是小声怯怯地对黄区长说了几句："校园面积虽然大了，但建筑面积不够，根本容纳不了 3000 人。6000 万只能改造体育馆和运动场，不痛不痒的。对学校的整体布局、结构、办学容量、办学品质等，没有本质性改变。区政府又不缺钱，为什么不多投入一点钱，把它打造成一所标杆式的重点高中呢？"黄区长当时眼睛一亮："全校长，你的意思是推倒重来？那你估计要投入多少钱？"我当时随口一说："重建估计至少 2.5 亿。"福洪区长低着头沉思了几分钟不说话，然后抬着头看着霍局长说："好吧！你们教育局回去做重建计划，看看大概要多少钱，我回去马上跟区邦敏区长汇报。"

一个月以后，霍局长带着我及 3.6 亿元的《桂城中学重建方案》，应约来到区政府大楼三层黄区长办公室。他打开平面图仔细看了一阵，抬头看着我："全校长，你解释一下，为什么预算投入多了 1 个亿？"我只好硬着头皮一一解释："既然重建就往高标准预算。140 亩地按照 3600 人的全寄宿制的办学规模来设计。常规的教室双走道布局，教学区一楼全部架空既便于通风，也可作为学生的活动场地。宿舍楼按六人一间双厕双卫的高标准。所有楼宇之间用连廊沟通，雨季来往不用打伞。三层楼的千人报告厅用于年级集会和艺术展演。考虑到远郊老师上下班不方便，规划了 16 层的教师公寓，每人一个标准间，约 30 平方米。规划的两个大型的地下停车场，免得教师车停地面日晒雨淋还影响美观。"黄区长一边听一边思考，对有利学生学习与生活条件的"一楼架空层""连廊""六人间学生宿舍"即刻认同。我又乘机补充了"政府平时可以借用千人报告厅，有地下停车场也方便""老师住公寓，饭后散步没事就自觉备课或去教室辅导学生"之类。他听着听着就笑了，转过头来对霍局长说："钱的事儿我找区长商量，贷款也好，融资也好，政府想办法。建学校的事你具体负责，一年之内工期很紧，要确保如期完工和工程质量。全校长还要管教学质量，两个校区各有 1000 多人，质量与安全都要保障。争取 9 月份在新校址如期开学。协调政府各部门的事我来负责。"

新桂城中学的决策和建设过程让我对广东的干部刮目相看。福洪区长愿意听取基层干部的意见，说人话，干实事；敢于面对挑战、敢于拍板决策，敢于主动担责；而且平易近人，没有官架子。记得每年宣布高考成绩的当天晚上，他会带着教育局的干部、部分高中校的校长，在教育局的饭堂一起炒点菜，喝点小酒，聊聊天。每听到一个学校的高分好消息时，也跟着校长一起欢呼雀跃、手舞足蹈，一起分享快乐。当发现某一个校长情绪不高时，他会不动声色走过去，拍拍他的肩，碰一碰对方的酒杯，一饮而尽。后来听说他升职去三水做了区委书记，应该又给三水人民造福了。霍兆锦局长是教育局管财的权力很大的二把手，曾经做过沙头镇的镇长，是一位身材高挑的帅哥。新桂中建设的九个月中，无论天气多么炎热，或者刮风下雨，他都是穿着雨鞋在工地上巡视检查。现在都能够回想起，他在工地上满脸灰尘吸着烟沉思中坚毅的样子。

重建新的桂城中学的消息令全体干部和老师兴奋不已。班子成员首先想到的是：以此为契机、发动干部、教师讨论，拟定一个全面完整的办学规划，办一所高质量有品位的高中，才能不负政府的期待、老百姓的期盼。班子成员也及时做了一些调整分工：陈晶敏书记全力抓好桂城中学承办的已经成为名校的民办初中南海实验中学；黄新古副校长和范自军主任移驻平洲高中，接管一边施工一边教学的 1400 多名师生；刘铸祥主任驻扎平洲高中，配合霍局长管理新桂中的工地建设；李卫东、刘晔两位副校长全力抓好桂城中学本部的教育教学；我统筹两个校区并负责新桂中的发展规划。

我当时考虑的是：新的桂城中学，不但是高质量的，而且是有特色的。那个年代衡量高质量的标准当然是升学率。特色似乎没有什么硬标准，但可以是办学思想、学校文化、人才培养等表现出的个性与品位。规划的讨论稿几上几下，经过教代会讨论后定稿。办公室所福亮主任把打印稿寄给了区政府、区教育局有关领导，希望上级领导关注与重视、支持新桂中的发展。记得当时我们一家三口乘坐绿皮普快列车从广州回萍乡探亲，正躺在卧铺上打盹儿呢。区教育局办公室钟雄滨主任打电话来：全校，你在哪里啊？你们是不是搞一个发展规划，寄给了区委书记李怡伟书记？李书记批示了："难得！很好！预祝成功！"已经变成政府文件批复给区教育局了，政府要加快桂城中学的建设步伐。传闻区委书记李怡伟是 80 年代中期华南理工大学研究生毕业的理工男，理论水平与实干精神兼备。记得有一次高考总结表彰会，某一位校长发言前，从口袋里掏出准备的稿子。他笑着说："你把稿子给我，脱稿发言。这校长当场脸红冒汗。"这种务实的作风与做法，在下面的乡镇干部中流传开来，迫使基层干部对自己的工作，包括有关数据等能如数家珍。后来听说他升职当了中共佛山市委书记，然后去了省委，又成了惠州市委书记。

新学校应该有高远的目标。我们把新桂城中学明确定位为“高质量、有特色、现代化，省内一流、国内知名”的寄宿制国家级示范性高中。并且立足于“省内受到关注，市内无可替代”，提出了体现“南海文化、南海特色、南海精神的标杆式学校”。关于质量界定是：高考成绩在广佛教育圈同类学校中确保进入前三名。关于特色，努力在校园文化、课程建设、国际教育、人才培养等方面形成特色与经验。关于“标杆”的说法，不仅限于校园硬件建设，还应包括办学思想、学校管理、课程体系、人才培养等方面出经验、有特色、成示范。

新学校应该有先进的办学思想。借两校合并之际，我提出了新校训“正心成人”和新的办学理念“崇善立德，求真启智，尚美雅情，正心成人”。“正心”两字取自《礼记·大学》：“欲修其身者，先正其心；欲正其心者，先诚其意”。“成人”两字取自《论语·宪问》：“子路问成人。子曰：‘若臧武仲之知，公绰之不欲，卞庄子之勇，冉求之艺，文之以礼乐，亦可以成人矣。’曰：‘今之成人者何必然？见利思义，见危授命，久要不忘平生之言，亦可以成人矣。’”这些办学思想在很大程度上体现了我对教育的本质理解，也就是对真善美的追求，以及人才培养的本质要求。现在看来，孔子等的教育思想，放在当代也不落后，还可以赋予新的时代含义。

新学校应该有与时俱进的课程体系。除国家必修、选修课程外，学校及时形成了菜单式的选课制度及学分认定方案。结合南海传统文化与资源特点，开设了“陶艺”“粤剧”“粤菜”“剪纸”“茶艺”“舞狮”等传统文化特色的校本课程。同时，借鉴丰田“精益生产”模式的概念，改革探索一种教学设计“零缺陷”、教学过程“零事故”、教学任务“零库存”的精益教学模式。旨在充分发挥教师教的主体作用，最大程度地发挥学生的学习主体作用，减少一切形式的无效劳动，切实提高教育教学质量。更可喜的是，依托政府支持与华南师大国际预科中心合作，南海国际教育中心落户桂城中学国际部，开设了A－lever课程。这意味着桂城中学的课程结构与人才培养更加丰富多样。国际部在短短的三年内规模超过500人，不少学生考上了英国牛津大学、帝国理工大学等。国际部还与德国亚琛应用科技大学等举办短期的语言培训。这种中西文化与教育的碰撞与交流，有利于实现教育的国际化，培养适应并创造未来的人。

新学校应该有典雅大气的建筑风格。那个年代政府有钱因而有不少新的学校拔地而起，但大部分建筑风格“千人一面”没有特色。新桂中建设也遇到这个难题。尽管我向设计方提出了“布局中有笔墨纸砚，建筑中有岭南风格”的希望，但送来的方案多次让我失望中很焦虑。幸好设计方引见了广州的某设计公司崔工程师，自称著名画家黄永玉在湖南家乡的纪念馆是他免费设计的。果然出手不凡，很快拿出了令人眼前一亮的方案。如今，文“笔”塔在夕阳下熠熠生辉。不少鱼游水戏莲在环绕教学楼的溪流可能就是传说中的

“墨”。校门是借鉴竹简（“纸”）的概念，寓意12个月的12扇可折叠的小门，有不同字体的“正心成人”四字。进门即见刻有“有为”两字的巨石端坐在“砚”上。还有爻象组拼的走廊装饰瓷片、尚美楼的九宫格窗等。校园建筑白墙灰瓦为主色调，上楼下廊式遮阳通风，低调的镬耳墙、开朗的漏窗。兼具岭南与徽派特色的校园建筑、典雅大气，生物科老师优选布局的百余种植物让校园四季鲜花盛开，至今仍是参观佛山中小学学校的必经之网红景观。

桂城中学行政楼

学校中心的主体建筑群，含修远楼、致远楼、弘远楼、睦远楼、求真楼、尚美楼、博雅馆七栋连体建筑群。学生公寓四栋，即蟾桂楼、毓桂楼、擢桂楼、新桂楼及四层餐厅思源堂构成生活区。办公区有德润楼、德馨楼、鸣谦厅、和谦厅等，并辟有孔苑和陶苑，以纪念两位伟大的教育家。闻说高考前不少高三学生在孔子雕塑前行礼，为考出理想成绩许个好愿，应该也是一个好事吧。楼宇的命名是登报广告向社会征集的，每个楼名都有出处与寓意，给校园增添了文化气息。印象中语文老师邓健林贡献最大。

2023年春，作者再次拜访顾明远先生

校名“桂城中学”四个字，是请著名教育家顾明远先生写的。记得当年我带着刚考上大学的女儿，来到北京去东直门的顾老师家登门拜访取字。顾老师家竟然没有像样的装修，水泥地面，刮白墙，旧式的木质家具及沙发坐椅等，让我女儿有些不敢相信：“这是国内最著名的教育家的住宅?”下楼后我对女儿说：“顾先生伉俪是高山一般的人物，他们根本不在意物质生活条件，他们追求的是精神世界的自我价值实现。你知道刚才给你倒茶水的穿着旧白衬衫的婆婆是谁吗？看上去就像是邻居家的去菜市场买菜的婆婆吧？她是鲁迅先生的亲侄女哟。父亲周建人曾是江苏省省长，后任全国政协副主席。”顾明远老师有求必应，帮很多学校题词或者题写校名，我总觉得“桂城中学”四个字是写得最好、最有艺术性的。

新学校应该浸润着地方文化与精神。南海历史上有不少名人，比如康有为、詹天佑、黄飞鸿、何香凝等。我们在校园规划中的文化、课程、活动就考虑了地方名人因素。校园布局上设计了“有为”广场、“天佑”广场、“飞鸿”广场。每年大型的主题活动当然有令人期待的“有为”读书节、“天佑”科技节、“飞鸿”体艺节、“香凝”女生节。特别是每年独特的“香凝”女生节，盛况空前，让坐在课室里的男生们如坐针毡、焦躁不安。据说学校后来被迫弄了一个男生节以应对。学校相应的校本课程也是围绕着南海名人、南海文化来展开的，目的就是为了培养有南海精神、气质与特点的莘莘学子。

桂城中学和平洲高中合并后，面临的办学困难并不少。比如人员超编问题，教育局未能及时进行分流，安置起来有困难，工资待遇差异等，许多矛盾不容易化解。两校人员的价值观、思维方式、行为习惯也不同，“磨合”需要一个过程。但两个校区的绝大多数干部、教师能够讲政治、顾大局，讲团结、少埋怨，讲奉献、多理解，总体上是实现了管理与质量的平稳过渡。其间，原平洲高中的领导苗伟科、刘晔、洪波、彭清泉、廖卓彪、李青云、黄牧三等，特别有大局意识，做了很多有益团结、和谐发展的事，尤其值得肯定。

现在的桂城中学发展得很好，政府投入有了回报，满足了老百姓对优质教育的需求。我的那些拍档个个发展很好，陈晶敏去了佛山实验学校当校长，黄新古从南海外国语学校校长转任翰文外国语学校校长，李卫东升为龙头老大石门中学校长，范自军被人才引进为三水中学校长，林景飞任南海实验中学校长，刘晔任桂华中学校长。一个中学领导班子这么多副职全部都成了校级正职，恐怕在粤省境内也不多见。写一点东西是对过去朋友们的一些想念，是情感的自然流露。突然想起，在桂城中学五年，全身心扑在学校建设与管理上，竟然没有搞过一项教育科研，也没有发表过一篇文章或者获奖。那么，教育工作中的业绩怎么评价打分与衡量评估呢？太太在一旁看着我写东西不干家务，偶尔会调侃念叨几句：“你写的这些东西有人看吗？有什么用吗？”这也提醒我反思：“国内教育界一年有不少科研成果，发表的文章成千上万难以估量，到底有什么用呢？如果没有什么用，太太的说法是对的吗？太太的说法难道不对吗？”一笑。

（2022 年 7 月 24 日，《新华网》客户端）

搭建教师梦想的平台

2012 年 9 月，因为一些机缘，我应聘成功，幸运地调入北京市陈经纶中学任党总支书记。来到一所新学校，就应该了解这个学校，包括它的过去、现在，从而预知它的未来。

这是一所百年名校。创办人清水安三先生是日本人、基督教徒。1919 年，清水安三夫妇来到北京，当时朝阳门外的芳草地是贩夫走卒的贫民聚集地。清水安三见到大批灾后儿童流落街头，慈悲为怀，从施粥开始收容灾后女童。最多时共收容 679 人。在收容儿童的同时，清水安三先生就在考虑、规划孩子们的未来，譬如教孩子们识字、手工织布等，半工半读，学习谋生技能等。

陈经纶中学校园一角

1921 年 5 月，他用募捐到的 550 块大洋，购得朝阳门外碑楼胡同 8 号民房一所，改建成校舍，取名为“崇贞平民女子工读学校”，至 1935 年统称为“崇贞学园”。办学以来，清水安三提出了“学而事人，学长补短”的办学思想，希望通过教育让孩子们走上社会后能够自食其力。1936 年，学校规模扩大到 168 间房屋，学制也从小学延伸到初中；书法名人华世奎题词“老实，宜强”后来成为校训。1937 年成立学校董事会时，著名教育家张伯苓先生被公推为董事长。至 1945 年抗战胜利及日本投降，清水安三先生返回日本，20 多年间共计有毕业小学生 2000 多人、中学生 100 多人。直到新中国成立前夕，北京东部地区也只有崇贞学园和潞河中学两所学校，且都有教会因素，外国人创办。

1945 年 11 月，北平国民党当局接收了崇贞学园，更名为“北平市立第四女子中学”。1949 年 4 月，北平和平解放后，共产党领导的新政府接收该校并改名为“北京市第四女子中学”。1966 年又改名为“朝阳中学”。中国联通首任总经理李惠芬、现任国家女排总教练朗平、教育部发展研究中心主任张力都是这个时期毕业的校友。

1989 年，爱国港商陈经纶先生捐资 2700 多万人民币，用于学校原址重建。1991 年 3 月，学校正式更名为“北京市陈经纶中学”。陈经纶先生不仅聘请了西班牙籍设计师设计了新校园，还手书了“学而不厌，诲人不倦”寄语经纶师生努力奋进。

了解学校，首先要了解学校的现任校长。原国家教委副主任、总督学柳斌曾说：一个好校长，就是一所好学校。此言不虚！说明校长作为领头羊，在办学中的具有极为重要的地位。一所学校的教育质量、百姓口碑，关键就看校长是不是有浓郁的教育情怀、正确的办学思想、前瞻的办学谋略与规划、较高的学术素养等。学校若要办出特色，校长则还要有个性和胆识。

2000 年 7 月，原水锥子中学校长张德庆在公开竞聘中脱颖而出，被朝阳区教委任命为北京市陈经纶中学校长。据了解，他接手管理前，学校的办学氛围与教学质量不尽如人意。此后的十多年来，他锐意进取，开拓创新，陈经纶中学逐渐走向了稳定、优质，并进入做大、做强的快速发展期。

2002 年 9 月，成为北京市第一批 14 所示范性高中。2003 年 8 月，陈经纶中学嘉铭分校成立。2007 年 9 月，帝景分校成立。2012 年 9 月，保利分校成立。至此，学校向着“办学个性化、施教科学化、校园数字化、学习国际化、规模集团化”的办学目标迈出了坚实的步伐。

2014 年 9 月，按照朝阳区教委“学区化改革”的要求，整合了原安慧北里一小、二小、安慧北里中学为一所九年一贯制学校，更名为“陈经纶中学嘉铭西校”。2016 年 3 月，再次整合官庄小学等，更名为“陈经纶中学崇实分校”。

至此，陈经纶中学办学集团已一校十一址七个分校，涵盖小学到初中、高中 12 个学段的基础教育；拥有教职工近 650 人，学生规模达 7000 人；成为朝阳区历史最悠久、办学规模最大、办学质量居第一梯队的大校、名校；也是北京教育界和市民中口碑甚好的优质校。张德庆校长也多次获得“北京市劳动模范”“首都十大教育新闻人物”等诸多荣誉。

从进入陈经纶中学开始，我就发现这个学校有许多令我惊讶、认可的特色与个性。一是各会议室宣传的“建设个性化学校，培养个性化学生，成就个性化教师”的办学思想；二是落在实处的“一天一节体育课”和“菜单式校本课程”；三是每天中午因为众多的学生社团活动，校园显得有点“乱哄哄”，但学生脸上洋溢着笑容；四是每个学期都有数百名学生自愿报名，组团南下安徽黄山、浙江绍兴，或北上山西大同煤矿、内蒙古呼伦贝尔的“人生远足”课程；五是没有凭名校之地位借“特长生”政策去招特长生，但学校的田径、篮球、冰球、足球、健美操、机器人等体艺、科技屡屡在市区比赛中夺冠，金帆合唱团多次应邀赴德国巡回演出；六是每年的寒、暑假都各安排有 2—4 天的校本培训，既有专家的理论报告，又有各备课组的框架式备课，当然也有校领导的工作计划和优秀老师的经验介绍。诸如此类，限于篇幅不宜多叙。

我原先从教的中学也都是省级重点中学，历任校长的管理水平与办学业绩也属上乘。我自己也做过近十年的副校长及校长。我惊讶的是，在“应试教育”、学生安全压力等大环境、大背景下，敢于“超标”开设体育课而不是压缩体育课，支持学生社团自管自育而不是让学生“死读书”，大胆组织学生走进社会进行综合实践活动而不是将学生“困在教室里”，没有特长生却让普通学生特长彰显。张德庆校长有胆识、有自信，做了还不宣传哟，做了中、高考成绩照样领先于朝阳！

什么叫素质教育？综合素质强了是不是应试能力强？我想，搞教育的、懂教育的应该心知肚明。最关键的，是不是有这种胆识，是不是有这分自信。我赞成张校长的观点，即实施全人教育，创建青春校园；为每个学生的全面发展提供最适合的教育，为每个学生的健康成长提供最有保障的教育，为每个学生的个性培养提供最有特色的教育。实事求是讲，赞成是一回事，坚持做是一回事，本人以及不少校长没有能够坚持做下去。

了解学校，还要了解教师群体，以及校长为引领与促进教师专业发展，提升教育教学质量所开展的工作。因为教师素养的高低，直接影响到学校的教育教学质量，也直接影响到学生的前途和命运。老师才是直接面对学生的教学执行者。教师又大多是受过高等教育，有思想判断力的执行者。换个角度看，校长的理念、策略无论先进、正确与否，如果没有老师的理解与践行，那就成了粘贴在墙上的标语，飘忽在大气中的空想。所以，校长如何构建促进教师专业发展的途径并有效实施，显得尤其重要。

张校长这方面用心谋划，“点子”不少。诸如前文提到的寒暑假的校本培训，还有校本科研、教研组学科建设、青年教师研究会、名师工作室、网上论坛、党员示范岗等等。或建立组织、或预设平台、或构建途径，或组织活动。其主线是通过公开、民主的政治与学术活动，让老师们在参与活动和讨论中逐渐形成共识，并且在实践中转化为教师专业素养。换个角度看，就是通过构建各种途径与活动，促进了教师的专业发展。教师群体专业素养全面提升了，才有可能做到“科学施教、因材施教、快乐施教”，才有可能全面实施素质教育，逐步提升教育质量。说句实话，张校长开展的这些活动，我当校长期间也部分做过，但没有那么丰富，没有那么扎实，也没有那么持之以恒。这值得我不断学习与反思。

张校长有一句名言：教师的梦想有多远，学校的平台就搭多远。

全国优秀教师、北京市特级教师、北京市“紫金杯”特等奖获得者、北京市中小学政治学科唯一的正高级教师王苹回忆自己的成长历程，说有两个故事直接影响了她的成长。故事之一：2000 年的某一天，张校长把她请到了办公室，谈完有关学科建设的内容后，张校长用坚定的语气对她说：“给您五年时间，争取评为北京市特级教师！”“校长，您没开玩笑吧，我刚刚评上高级，特级的事从来没想过。”“现在想也来得及，我会给您搭台子。”故事之二：2004 年 4 月，王苹老师应邀参加北师大竞标的新课标的新教材样章编写，至少有两周时间要脱离岗位。但恰逢她任教的高三面临“一模考试”。王老师忐忑不安地找到了张校长表达了想去又担心的矛盾。张校长反问：“如果您走了，高三教学您打算怎样安排？”王老师简明扼要地说了自己的打算。张校长沉思了片刻说：“把组里的工作安排好，你去吧。对于一位一线教师来讲，能有这样一个机会不容易！它能让您登上一个新的平台。”杨红等特级教师的成长过程也经历过类似的故事。

听王老师讲这些故事，我有一种莫名的感动。当校长的，不但要有一种“成人之美”的宽广胸怀，而且要有一种担当和自信。类似的故事不少，限于篇幅不再叙。

学校还专门组织教科研处的干部有计划、有步骤地帮助骨干教师从理论层面进行教学方法与特色的梳理，比如地理教师赵卿等就是受益者。学校又借助“全国知名特级教师基地”的牌子，邀请全国各地的特级教师、理论专家来校同课异构、点评教学、理论辅导报告等让经纶教师近距离与名家对话，拓宽了视野，提升了能力。2015 年，赵卿、张洁、黎宁、陈阳等四位老师被评为北京市特级教师，李良益等 170 多名教师被评为北京市、朝阳区的学科带头人、骨干教师。经纶名师之多，令其他学校同行羡慕。这是我将“学校促进教师专业发展途径的实践研究”作为论文选题的原因。

（2016 年版《共筑梦想》前言选摘）

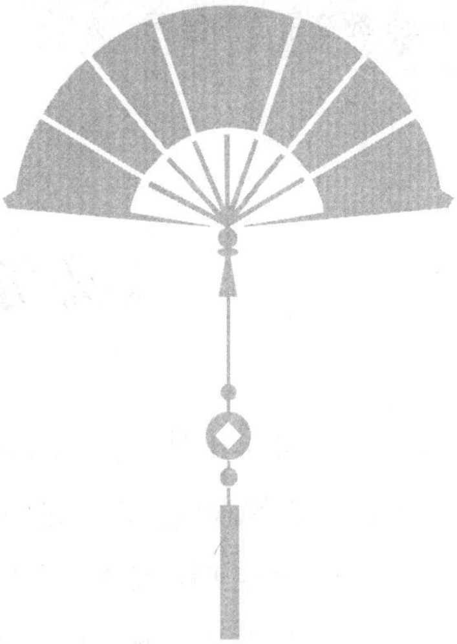

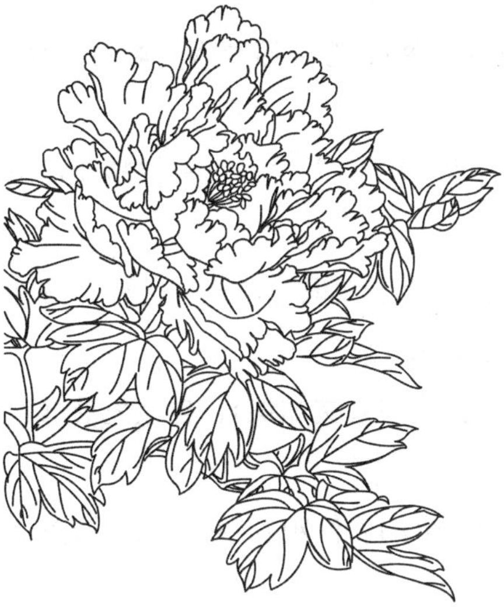

第 11 章 理论学习摘要

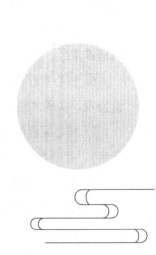

《义务教育课程方案》知识点

2022 年 4 月，教育部颁布了新制订的《义务教育课程方案》。不少专家围绕此方案提出许多新的观点。以下是一些新的观点梳理与汇集。

1. 体现了国家意志：是教材编写、教学实施、考试评价的依据。

2. 体现了义务教育三个特性：基础性、综合性、成长性。

3. 标准的三位一体：内容标准、活动标准、质量标准三合一。

4. 回答了三个问题：用什么培养人（教育内容）、怎样培养人（教育活动）、培养什么样的人（教育质量）。

5. 教育观念的三个转变：由知识本位、学科本位向学生素养本位转变，由知识传递向培养素质、立德树人转变。

6. 核心素养整合了三维目标的三种价值：整合了知识与技能、过程与方法、态度与价值观，实现“结论性、过程性、价值性”三合一。

7. 核心素养的三个组成：文化基础（包括自然与人文知识）、自主发展（包括学习与生活）、社会参与（包括实践与创新）。

8. 人才培养的三有目标：有理想（服务于社会的价值观）、有本领（服务于社会的能力）、有担当（服务于社会的责任感）。

9. 目标的三个层次：教学目标（走得到的风景）、核心素养（看得见的风景）、育人目标（想得到的风景）。

10. 标准文本的三个组成：内容要求（学什么）、学业要求（学得怎么样）、教学提示（怎么教学）。

11. 学科知识的三个组成：基本概念、基本原理、基本逻辑结构。

12. 学科观念的三个组成：学科思想、学科思维、学科方法。

13. 教学结构的三化：内容结构化、过程结构化、组织（经验）结构化。

14. 跨学科整合的三种方式：学科内知识整合、跨学科主题学习、综合性课程学习。

15. 复杂问题解决的三个过程：知识结构化、价值判断、逻辑推理与思维。

16. 单元教学的三大问题：大概念、大主题、大项目（任务）。

17. 布鲁姆教学目标的四个知识分类：事实性、概念性、程序性、元认知的知识。

18. 韦伯学习认识水平的四个层次：回忆与重现、技能与概念、策略性思考、拓展性思考。

19. 布鲁姆的学生认知四个结构：内部动机、直观思维、信息提取、学习过程。

20. 施瓦布的学科四结构：内容结构、组织结构、句话结构、实质结构。

21. 教学评一体化的四个要求：目标定位合适、学习内容设计结构化、结果评估科学、先行组织知识衔接。

22. 单元教学的四个原则：基于理解的情境设计、走向深度学习、逆向思维设计教学、注重问题解决与实践应用。

23. 学习的四个转变：从他人给予问题转变为“自己发现问题”，从所学方法解决问题转变为“形成自己的解决方案”，从是否知晓和运用知识转变为“能否审视改进所学知识”，从知识和能力的获得转变为“知识与能力的期待”。

24. 作业的四种类型：基础性、探究性、实践性、跨学科。

25. 重视实践环节的三个理由：让学习基于生活、回归生活、服务生活，让学生的内心世界与生活世界、科学世界互动融合，使身体与心理、感性与理性、直接经验与间接经验得到有机统一。

26. 课程标准文本的六个组成：课程的性质、理念、目标、内容、学业质量、课程实施。

《中华人民共和国未成年人保护法》知识点

2020 年 10 月，全国人大常委会通过《中华人民共和国未成年人保护法》并颁布实施。通过学习梳理了以下知识点。

1. 未成年人教育的四个尊重原则：人格尊严、身心发展规律、个性差异、未成年人本人的意见。

2. 未成年人教育的四个保护：优先保护、确保义务教育、保护财产权、保护隐私。

3. 学校教育的四个尊重：认知成长规律、个性差异、人格尊严、个人隐私。

4. 学校教育的四个培养：认知、合作、实践、创新能力，促进全面发展。

5. 学校教育的四个制度：学籍管理制度、防欺凌制度、学生日常行为规范制度、学生评价奖惩制度。

6. 学校教育的四个不准：不准体罚、侮辱人格、开除、节假日补课，包括变相的四种也不准。

7. 学校的四个宣传途径：会议、书面通知、公众号和网站、个别告知。

8. 四种情形学校提供帮助：家庭、身体、心理、学习四个方面出现障碍的。

9. 除必修课外的四个指导：生活、心理、青春期、生命教育。

10. 学校教育培养四个习惯：学习、劳动、锻炼、节约。

11. 家校共育的四个保障：学习、锻炼、休息、娱乐。

12. 家校共育的四个机制：家校联系制度、家委会制度、家长学校制度、家访制度。

《中华人民共和国家庭教育促进法》知识点

2020 年 10 月，全国人大常委会通过《中华人民共和国家庭教育促进法》并颁布实施。通过学习梳理了以下知识点。

1. 家庭教育的四个第一：第一所学校、第一任老师、第一责任人、人生第一粒扣子。

2. 家庭职责的四个保障：健康安全的生活、义务教育、休息与锻炼、财产。

3. 家庭职责的三个关注：生理、心理、情感。

4. 家庭职责的四个禁止：虐待、遗弃、暴力、教唆。

5. 家庭教育的四个内容：道德品质、身体素质、行为习惯、生活技能。

6. 家庭教育的四个任务：健康成长、立德树人、社会主义核心价值观、传统文化。

7. 家庭教育的四个原则：言传身教、严慈相济、亲子陪伴、寓教于生活。

8. 家庭培养的四个道德：个人道德、家庭美德、社会公德、家国情怀。

9. 家庭的四个促进：营养均衡、睡眠充足、科学运动、身心健康。

10. 学校的四种支持方式：

宣传：向家长宣传《中华人民共和国家庭教育促进法》《中华人民共和国未成年人保护法》。

建立家校共育机制：家委会、家长学校、家访制度、家长投诉制度。

支持：通过公众号、家委会、家长学校、家长会等平台，请专家介绍典型家教经验。

个别帮助：对有困难的学生和家庭，通过家访、心理咨询、家校协商等方式提供个性化的帮助。

教师队伍建设的知识点

党的十八大以来，以习近平总书记为核心的党中央将教师队伍建设摆在突出位置。每逢教师节来临，习近平总书记或深入学校看望教师学生，或以书信形式向全国教师致以节日祝贺、表达关心关怀与殷切期望。以下为学习习近平总书记讲话的部分心得体会。

1. 四个认识：教育要为党育人，为国育才。教育是民族振兴、社会进步的基石。教师是立教之本、兴教之源。兴国必兴教，重教必重师。

2. 四个作用：凝聚人心、开发人力、培养人才、造福人民。

3. 三个逻辑：一个人遇到一个好教师是一生的荣幸，一个学校拥有一个好教师是学校的光荣，一个民族拥有一批好教师是民族的希望。

4. 教师四个作用：

四个传播：知识、思想、情感、真理。

四个塑造：灵魂、人格、生命、新人。

5. 四个牢固树立：中国特色社会主义理想信念；全面贯彻党的教育方针，落实立德树人的根本任务；终身学习理念，提升专业素养；改革创新意识，提高教育艺术。

6. 育人的四种方式：用爱心滋润学生的心田，用爱心去坚定学生的信心，用爱心打开学生的知识大门，用爱心去培育学生的爱心。

7. 教师的四种感觉：使命感、责任感、获得感、幸福感。

8. 习近平总书记提出的四有教师：有理想信念，有道德情操，有扎实学识，有仁爱之心。

9. 习近平总书记提出的四个引路人：做锤炼品格、学习知识、创新思维、奉献祖国的引路人。

10. 习近平总书记提出的四个相结合：教书与育人、言传与身教、潜心问道与关注社会、学术自由与规范的融合。

11. 优秀教师的四个标准：师德优良、政治可靠、学科专业能力强、与时俱进地学习新技术新理念。

12. 教师培养的四个维度：关爱教师有温度、培养教师有深度、管理教师有力度、宣传教师有广度。

13. 培养教师的四项措施：校本培训研修、教育科研提升、青蓝工程帮扶、年度考核评价。

14. 个人修养的四个以德：以德立身、以德立学、以德施教、以德立威。

15. 教师成长的四个阶段：入职教师、合格教师、优秀教师和知名教师。

16. 教师成长的四个途径：上课及教学反思，听课及同伴互助，结合教学的课题研究，坚持读书与写作。

学校文化建设的知识点

2006年4月，教育部办公厅下发了《关于大力加强中小学校园文化建设的通知》，要求各地基层学校通过加强文化建设，提升学校教育质量。

1. 文化建设的四个内涵：物质、精神、制度、活动文化。

2. 精神文化的四个方面：办学思想、共同的价值观思维方式行为习惯、学风教风班风校风、人际氛围。

3. 物质文化的四个方面：建筑风格、教室及办公室布置、走廊宣传栏目、校徽校旗校服。

4. 制度文化的四个方面：

学生层面：学籍管理制度、日常行为规范制度、上课听课要求、个人与班级评比制度。

教师层面：聘用制度、教师履职要求、备课要求、个人和教研组评价制度与奖惩制度。

5. 活动文化的四个项目：

学生层面：科技节、体艺节、读书节，学生社团。

教师层面：一个教学设计、一堂公开课、一个课题、一篇论文。

6. 人际关系的四个之间：学生之间、教师之间、师生之间、干群之间。

7. 学校的四个风气：学风、教风、班风、校风。

8. 校长的四个示范：办学思想、工作作风、言行习惯、营造氛围。

9. 学校文化的四要素：价值观、思维方式、语言风格、行为习惯。

10. 校园“四化”：净化、绿化、美化、文化。

11. 学校文化的四个融合：“理想教育文化”与“美的教育美好人生”办学思想的融合；“最佳公民”与“雅美教师公约”融合；“准最佳公民”与“尚美学生公约”融合；“理想教育方法论”与主体教育靶思维的融合。

学校劳动教育的知识点

2020 年 3 月，中共中央、国务院下发了《关于加强大中小学劳动教育的意见》的重要文件。2022 年 6 月，教育部印发《义务教育劳动课程标准》，明确将劳动、信息科技从综合实践活动课程中完全独立出来。这意味着从 2022 年秋季开始，劳动课将成为义务教育阶段必修的课程，进入全国中小学课堂。

1. 劳动教育目标三个组成：培养社会主义事业接班人和建设者的劳动价值观（最光荣、最伟大、最美丽）、劳动技能、精神风貌（意志品质）。

2. 教学机制的三个安排：纳入人才培养全过程，每周一课时、必修课、集体劳动为主。

3. 劳动教育三个内容：日常生活劳动、生产劳动、服务性劳动。

4. 三个责任划分：家庭是基础作用，学校起主导作用，社会发挥支持作用。

5. 学校的三个任务：多途径宣传劳动价值与意义，多渠道开辟劳动方式与场所，多方面进行劳动安全保护。

6. 形成三个特点：家庭劳动经常化、学校劳动规范化、社会劳动多样化。

7. 三个学段的不同特点：

小学：劳动意识启蒙，包括生活自理、卫生习惯。

初中：劳动习惯养成，包括家务劳动、社区服务。

高中：职业劳动体验，包括生产劳动、服务性劳动。

8. 鼓励学生参加三项活动：公益劳动、社区治理、高新企业研学。

9. 劳动教育的三个环节：讲解说明、操作实践、评价交流。

10. 劳动手册的五个组成：课程目标、活动内容、工具使用、考核评价、安全保护。

中小学校党组织领导的校长负责制知识点

2022 年 1 月，中共中央办公厅印发了《关于建立中小学校党组织领导的校长负责制的意见（试行）》，要求各地区各部门结合实际认真贯彻落实。通过自学梳理了知识点。

1. 四个目的：落实为党育人、为国育才、全面贯彻党的教育方针，落实立德树人的根本任务。

2. 两个要求：将政治标准、政治要求贯穿办学治校、教书育人全过程。

3. 六个职责：把方向、管大局、做决策、抓班子、带队伍、保落实。

4. 把好三个方向：政治方向、改革方向、办学方向。

5. 主管三个方面：主管党建，加强基层党组织建设，强化政治功能，提升组织力；抓好“三会一课”，发挥基层党组织的堡垒作用、发挥党员的先锋示范作用；抓好师德作风、精神文明建设。主管德育处、团委、学生会，抓好社会主义核心价值观、传统文化、爱国主义教育。主管工会、老教协，密切联系群众，做好统战工作。

6. 管好三个大局：事关学校章程、改革发展、行政管理的大决策、大责任、大协调。

7. 管好“三重一大”：“三重一大”指的是重大事项、重要干部任免、重大项目投资、大额资金使用。

8. 决策的三种原则：原则上是“集体领导、民主集中、个别酝酿、会议决定”。书记主持会议，半数以上的党组织班子成员参加。干部任免讨论则需三分之二的党组织班子成员参加。

9. 干部管理的五环节：党管干部，抓好干部的教育、培训、选拔、考核、监督。

10. 抓班子的三活动：抓好民主生活会、年度述职评议、年度工作总结。报告个人执行情况。

11. 带队伍的五环节：做好教师的招聘、培养、使用、职评、考核工作。抓好师德作风建设。

12. 保落实的三方面：从组织、思想、监督三个方面保障落实。

提升学校教育质量的可能途径

中国进入特色社会主义建设的新时代，基础教育应该不断改革创新，提升教育质量，发挥教育主阵地的作用，构建公平均衡优质的基础教育体系，从而满足社会经济发展的需求，满足科技人才培养的需要，减少学生及家长对基础教育的过度焦虑，满足人民对美好生活的向往。以下观点仅供参考。

1. 加强思想建设，明确“四个认识”。

学校教育担负着“为党育人，为国育才”的历史使命。

全面贯彻党的教育方针，落实立德树人的根本任务。

改革促进学生全面发展，培养有理想、有能力、有担当的接班人。

面向全体，因材施教，发挥课堂育人的主阵地作用。

2. 加强制度建设，提升“四个管理”。

教师管理：教师聘任制度、教师备课上课制度、骨干教师评比制度、教师年终考核评优制度。

学生管理：中小学生日常行为规范、学籍管理制度、学生考勤制度、期末学习考查与评价制度。

干部管理：干部选拔聘用制度、干部岗位职责、干部培训制度、干部考核评价制度。

其他制度：学校安全制度、卫生管理制度、财产管理制度、人事管理制度、档案管理制度。

3. 加强作风建设，增强“四支队伍”。

干部队伍（以身作则、执行力强、协调有方、管理有效）。

党员队伍（政治可靠、师德优良、专业过硬、岗位示范）。

班主任队伍（熟悉学生、严格管理、密切家校、爱心育人）。

学生干部队伍（公正选拔、积极培养、支持工作、严格管理）。

4. 落实“四项工作”，提升教师素养。

四项研修：集体备课、相互听课、科研课题、理论学习。

四项评比：教学设计、命题设计、公开课、教学论文。

5. 构建“四个课程”，实现全面育人：国家必修课、选修课、校本课程、社团活动课程。

6. 推广“四种教学”，提高教学效益：启发式、探究式、合作式、实践式。

7. 狠抓“四个环节”，促进学习进步：预习、听课、作业、辅导。

8. 小组合作“四点”，保障学习顺畅：选小组长、异质分组、任务分工、小组文化。

9. 牢记“四个要素”，努力春风化雨：知、情、意、行。

10. 构建“四个支点”，践行立德树人：课程、文化、制度、活动。

11. 活跃“四个节日”，促进全面发展：读书节、科技节、艺术节、体育节。

12. 作业“四个要求”，实现减负提质：限时长、必公示、师先做、分层次。

13. 作业“四种类型”，优化作业质量：基础性、探究性、实践性、跨学科。

14. 四种课后服务，优化因材施教：菜单式、超市化、科体艺、作业辅导。

15. 创新“四种途径”，优化家校共育：家委会、家长学校、家长群、家校联系制。

16. 实施“四种整合”，信息技术赋能教育：信息技术与课程的目标、内容、方法、评价的四个整合及一体化。

提高线上教学效率的一些思考

客观而言，线上教学效果不好，两极分化严重，目前尚未找到解决办法。

一、线上教学效果不好的可能原因

1. 学习环境过度舒适，注意力容易分散。
2. 内心深处不想学习，缺乏学习目标。
3. 没有周围的压迫感，缺少陪伴与督促。
4. 看了就有懂的心理，实际上不全懂。
5. 看电脑屏幕太久，视觉迷糊、思维迟钝。

二、提高线上教学效率的可试办法

1. 教学内容生活化。内容符合学生的认知水平与生活经验，听得懂才愿意听。比如有小学一年级老师结合足球世界杯热点，给学生讲卡塔尔，儿童哪里有地球、地理、地图、国家的概念?

2. 教学难度缓坡化。适当降低难度，小步子快节奏。大致每 5 分钟为一个教学环节，即变换一种学习方式。歌曲通常是 3－5 分钟，说明人的注意力集中时间大约 5 分钟。

3. 教学方式互动化。多一些师生互动，提问尽量关照到所有学生，学生都喜欢老师关注自己。

4. 学习过程前置化。布置一些学习主题，让学生提前预习。自主学习既增加了知识、提高了学习能力，也享受了学习成功的乐趣，还发现了理解不了的问题。

5. 学习方式合作化。设计一些小组合作学习任务，比较适合高年段学生。学生至少表面上都不愿意在同伴们面前示弱，或多或少会学会一点儿。

6. 学习成果展示化。多让学生回答、展示学习成果，包括小组合作学习成果。无论成人还是儿童，都会尽量展现自己成功与优秀的一面。

7. 当堂训练限时化。当堂的作业有时间要求，难度尽量小一点儿，控制在 5 分钟内完成。时间的限定有利于短时记忆与理解，防止养成拖拖拉拉的习惯。

8. 作业检查经常化。包括课前、课中、课后都可以随时检查反馈。任何人都会有惰性，检查可以抑制一些惰性。

三、可以尝试的“五少”“五多”

五个少一些：

1. 少一些老师的口头灌输。每讲一个主题控制在5分钟，然后换一种教学方式。

2. 少一些大量文字的PPT。大部分老师通过讲述与展示，就感觉完成了任务，有些自我安慰。

3. 少一些重复性的纪律要求。唠叨是大多数老师特别是班主任的习惯。

4. 少一些公开埋怨与批评。千万别将自己的生活琐事与埋怨向儿童们诉说。

5. 少一些让家长参与的管理与督促。家长因为工作、生活压力，够烦了。

五个多一些：

1. 多一些让学生质疑。这往往能够发现学生的思维障碍与教学难点。

2. 多一些动态视频讲解演示。动态演示总比讲述更好。

3. 多一些让学生活动实践。实践出真知是永恒的真理。比如音乐课隔空欣赏不如多一些让学生实际唱歌练习。

4. 多一些隔空的表扬赞许。无论成人还是儿童，都愿意接受表扬。

5. 多一些让孩子们放松心情的体育、艺术展示活动，哪怕是讲个笑话让孩子们开心。心情好才可能有心思去看书、作业。

家庭、学校、社会协同教育中应重视的问题

家庭、学校、社会在协同育人中的地位、职能、内容、责任、方法都有所不同。协同育人中应该正确理解、高度重视十个问题。

1. 明确四个目的及意义：要提高政治站位，认识到协同育人对促进儿童成长、家庭幸福、国家发展、民族兴旺的现实意义及其深远影响。

2. 明确四个核心任务，即培养道德品质（包括诚信、爱国、友善）、学习能力（自主学习）、劳动意识（劳动光荣、奋斗精神）、锻炼习惯。

3. 着重于立德树人中的四个德：个人道德、家庭美德、社会公德、爱国情怀。

4. 教育过程坚持四个尊重：尊重孩子的身心发展规律，尊重孩子学习的认知规律，尊重孩子的个性差异，尊重孩子的人格尊严。

5. 重视解决四个难题：学习困难、心理焦虑、沉迷网络、代沟隔阂（叛逆心理）。

6. 四条禁止的红线不能踩：体罚学生、侮辱人格、教唆、虐待。

7. 着眼于建构四个机制：沟通联系、协同支持、预防欺凌、评价改进。

8. 落实家庭教育的四个第一的主体责任：第一所学校、第一任教师、第一责任人、人生第一粒扣子（主动履职、科学履职）。

9. 落实学校主导的四个支持：宣传（《中华人民共和国未成年人保护法》《中华人民共和国家庭教育促进法》），指导（学习、生活、劳动、锻炼），个别帮助（困难学生与家庭），联系（家委会、家长学校、家长会、家访）。

10. 落实社会协同的四个支持：场地开放、资源共享、环境净化、公益服务（自然景区、名人故居、博物馆、科技馆等对青少年免费开放）。

2023年高考命题的一些估计

2023年的高考依然大体保持前两年的方向、原则、要求与特点。归纳起来大概有以下几个方面的研判与预测。本文观点也适合对中考的命题估计。

一、基本要求

1. 无超标

过去讲不超纲。现在没有《考试大纲》了，只能讲命题的范围不能超出新的课程标准和各种教材。

2. 无争议

各类试题的情景描述、提问表达、考查要求等准确合理。不会出现科学性的错误和审题的歧义。坚决避开校外培训机构和社会竞赛的题目，以免产生争议，变成社会舆情。

3. 有核心

试题的内容应该覆盖各个学科的核心内容、主干知识，或者说考查核心素养。核心知识年年考，非核心的知识“轮流考”。

4. 有区分

试题的难易比例比较合理，符合考试的信度、效度、区分度要求。毕竟是选拔性考试，太难或太易都不利于区分与选拔。

5. 有干扰

这是针对选择题的要求。试题的题干需要围绕一个核心知识点表述明确，与答案的方向及关系是一致的。各个选择项的结构、语言风格、文字长度也大体一致。

6. 有梯度

这是针对非选择题的要求。主要考查多层次的学科思维能力，入易出难，层层设卡，环环相扣，逐步变难。真正的高手才能完全答对得满分。所以答题量、思维量、赋分值的设计要搭配合理。

二、命题方向

1. 国家意志体现

高考是事关民生的最大的政治，命题必然反映国家意志、政治要求、时代精神。譬如，优秀的中华传统文化、红色革命文化、社会主义先进文化等“三大文化”，必然会融入语文、政治、历史等文科科目的考试命题。又比如政治、历史科目涉及的中国共产党党史、新中国史、改革开放史、社会主义发展史，毫无疑问会有不同程度与方式的体现。

2. 考试功能发挥

高考评价要有利于高校的人才选拔，并有中小学教学指挥棒的作用。因此，主要考学科的基础知识、基本能力、基本体验与思想是必须遵循的准则。所以重点考的主干内容，只有在材料选取、情境设计、设问角度各方面进行创新，实现常考常新。初看试题貌似押题成功心中窃喜，实际解题才发现是另辟新径。比如，世界气候类型的形成、分布、特点、成因等的考查就可以年年考、年年新。

3. “以生考熟”方法

既然是主干知识年年考容易变“熟”，那就采用变换考试素材、情境设置、提问方式等“生”的方式。尤其是情境设置，有生活情境、生产情境、学习情境、学术情境等，均已经成为广泛运用的试题方式。譬如，自然资源利用、废物回收利用等，化学、地理、生物科目都可以设计对考生而言“生”的新颖情境。当然，知识呈现的形式变了，知识的本质没有变，万变不离其宗，还没有教材痕迹。这是考基础、考主干、考重点的必选方法与途径。可以既植根于教材，又灵活创新，避免“机械刷题”可能受益带来的影响。

4. “高举轻落”技术

就是考试的起点、立意很高，但是它的落点较低。比如立意高屋建瓴，是考查“中国式现代化”的农村振兴话题，但具体落点是某小流域的生态治理措施与农业发展方向，实际关联了高中地理教材的基础内容，并没有超出课程标准。又比如考查冬奥运动会的某项运动，英语、物理、政治科目都可以采用“高举轻落”的技术，从点状式的测试尝试走向结构化、整体性的基础能力测试。

5. “小点切入”方式

呈现以小见大的素材，透过现象分析本质、解决问题，这也是近几年的命题特点。比如人与自我、人与自然、人与社会的三大主题，政治、语文、英语、地理、生物等科目，都可以有信手拈来的小点切入，题材更是丰富多彩。这样既可以避免过多的死记硬背知识的考查，还可以立意深刻地考查考生的探究过程、价值判断、思维方式与能力。甚至是从青年视角测试评估“小我融入大我”的价值取向。

6. “学以致用”永恒

理论联系生活与生产实际，运用所学的知识原理，举一反三分析解决问题，既体现学科价值，也反映出学生的思维水平。这还可以从简单情境、一般情境、复杂情境三个层次去设计，从而考查不同水平考生的信息读取、分析、运用、表达能力。譬如，同样围绕我国航天科技的发展，数学、语文、政治、物理、化学、地理诸科目都可以有“学以致用”的考查方式与内容。这样就避开了知识的裸考，让考试测评发生在知识的生成与应用状态中。

7.“时事热点”关注

高考命题从来不回避时事热点，国内外都一样。这是考查理论联系实际、解决问题能力的必然。党的二十大精神如何体现在各个学科的考试中，基层学校和高三教师必须进行深入研究。其他诸如北京冬奥会、卡塔尔世界杯、俄罗斯与乌克兰的战争、“双减”工作、大湾区、中国与东南亚及阿拉伯国家的合作、丝绸之路、“一带一路”、中欧专列等，都很容易与各学科知识联系起来，并设计出探究性、开放性、创新性的话题考查学生的能力。

8.“以学定考”趋势

“以学定考”是指结合各省市的社会经济发展现状、高中教学实际等情况，因地制宜，因生制宜，科学命题。尽可能地避免被考生认为的偏题、怪题、难题、超标题。因为这四种题目放在试卷中，会大大降低试卷的信度、效度、区分度。

后 记

教师职业是教书育人，在传递知识、思想时，也传递文化与情感。劳动过程是与学生打交道，热爱学生是非常重要的职业素养。与其他职业不同的是，劳动过程有情感的投入，会有某种感情的心境。教育是有情怀的职业。有情怀可以有多种表现形式，还表现为若干年后的回味与想念。有情怀应该是教育工作者必须的，教育管理更不例外。

在北京化工大学附属中学工作六年，各种体会和感悟很丰富，但最想说的还是要有情怀。为什么呢？因为是一所普通中学，面临的发展问题、困难很多，对前景的预期也在意料之中。与以前我所在的重点中学工作的业绩期望、社会地位、工作氛围等落差是很大的。然而，作为校长的职业操守以及组织信任等因素，工作中必须有情怀，不忘初心、牢记使命，才能带领全体干部、教师、学生等砥砺前行，奋发图强。同时，有情感的心境，才会有激情与力量，才能体会到工作中的愉悦与乐趣，进而享受工作过程的成功与快乐。

学校发展规划应符合校情。我用了近半年时间，深入课堂及教学一线调研，对学校的现状、困境、前景、对策与措施有大体的判断与规划。同时，区教委的几位领导，及时在“1+3”招生政策、校园文化建设、“理想教育文化”改革、化大子弟班、师生饭堂、隔音工程等主动提供了政策、财务支持。学校的办学目标、思想、课程、特色等逐渐有了相应的定位。首先是立足于为党育人，为国育才，为社会主义事业培养接班人与建设者。其次认同康德的观点：“教育的最大秘密是促进人性的完美。”特别是普通老百姓家的孩子，更应该享受教育的美好过程。通过发动干部、群众积极讨论，“十三五”规划三易其稿，教代会讨论通过。实事求是定位为“办家门口的好学校”，提出了“美的教育，美好人生”的办学思想，并构建了相应的课程、文化、活动、管理及其育人体系的目标、任务、方法、途径等。规划中的共同愿景蕴含着情怀，就成了工作指南，激发了干部、教师的工作激情，又有了同舟共济的工作动力。后来又有了“十四五”规划，是情感与动力的延续。应该讲，规划既符合教育规律，又具有前瞻性。

引领教师发展有真情。一所学校的办学质量，关键取决于教师队伍水平。即便是教师年龄结构偏大，也有发展的需求与期待。学校应该创造平台与机会，比如鼓励帮助教师申请市区课题开展教科研工作、通过骨干教师梳理搭建进一步发展提升的平台、一年一度的教师“限时论文”写作比赛、评选的优秀论文结集出版、新老教师拜师结对促进青年教师快速成长、组织参加区教委“理想教育文化”改革实验、探索“合作对话”教学模式、特级教师进校园听课指导等，都是真心诚意帮助老师的专业发展。我最开心的是排除各种困难，清退了“出租出借”，办成了师生食堂，让师生有了可口的热饭菜。哪怕是购买坐卧兼备、可供老师午休的沙发的小细节，也体现了关心老师健康发展的真情。每次全体教师会的讲话稿，最好是有数据、摆事实、讲道理、讲形势、讲危机、鼓干劲。困难与成绩都讲透，少讲套话与空话，实事求是讲真话，有理有据有真情。相信绝大多数老师是明白事理、有政治觉悟、有大局意识的人。

促进学生发展有热情。学校教育的任务，就是创造条件促进学生的全面发展与个性发展。全面发展是国家层面的要求，个性发展是因材施教的依据。比如通过审美融入国家课程，努力实现国家课程校本化；依托化工大学的师资与资源，开设大学先修物理、化学实验课，探索理工特长的人才培养模式；尝试京内、京外线路的探究性旅行学习课程，让学生在社会实践中增长见识；组建海棠系列的文学社、民乐团、赛诗会、《海棠听语》校报等。办学者不能因为学生的入学起点不高而缺乏工作热情，甚至降低培养目标要求。面对学生的每一次讲话，我都是满怀热情，精心写稿，现场演讲时经常会因激情而脱稿，因兴奋而煽情。因为有热情才能感动学生、感染学生。我眼中的每一个学生，都是充满希望的未来人才，任何时候我都有鼓舞士气的责任和义务。

育人文化要有激情。校园文化育人不是宣传栏的标语口号，而是师生认同的价值观与行为方式。崇善向美等充满正能量的办学理念、规章制度、评价与表彰等有利于得到认可、践行。依托上级主管部门的支持和全体师生的共同努力，学校构建了以“美”为主题的校园走廊文化，海棠系列的学生社团蓬勃发展、张扬个性，率先推出了《尚美学生公约》《雅美教师公约》，进行以“美”为标准的全校性评比并隆重颁奖等，营造的是“各美其美，美人之美”的育人文化。孩子们特别期待的一年一度的科技节、运动会、“海棠诗会”、篮球比赛、艺术展演等活动是个性彰显、激情澎湃的时刻。当师生的生活、学习、工作中都融入了审美情感体验时，人的学习、生活状态就会喷发出激情，教育的本质属性即完善人格的过程就显现出来了，并逐渐转化为人的价值观、思维方式、行为习惯。以美育人、以文化人，通常是有审美情感体验的，也可以是潜移默化的。

撰稿与发言要有感情。情感是写文章的重要心理因素。我写文章前，通常有几天的构思与酝酿过程，激情一来一气呵成。应该讲，材料选择、主题提炼、结构安排、语言修辞等，都伴随着情感活动。真情实感让文字有可读性，有感染力。同样的道理，各种类型的论坛发言，无论是线上还是线下，都是需要情感来丰富的。为什么一些会议上听众会打瞌睡，就是因为讲的是被空话套话废话充斥的八股文，而发言者又是板着面孔没有情感地念稿。言之有情有助于言之有理。2018 年以来，一些媒体或者教育机构向我约稿及论坛发言，我通常会热情响应，当成任务驱动下的学习、思考、提升过程，会积极地投入情感准备，因而文章或者发言得到观众、听众认可，后进入反复被约的良性循环，学校的知名度、影响力也随着扩大了。

这个小册子收集了近六年来我的一些文章、工作计划与总结汇报，各种会议、直播、论坛、采访的发言等。绝大部分是我自己写的，而且通过不同的形式发表了。它大体反映了近几年的办学与管理思路，特别突出了作为管理者的思想与情怀、努力与风格。另外，个别收录了桂城中学、横琴一中的办学规划、陈经纶中学的党建工作汇报等。一方面可以看到工作的连续性，另一方面也可以比较校情与工作的差异性。五篇教育成长叙事是反映当时的成长经历与社会环境，从一个角度看教育发展与社会变革。有些内容有重复，比如汇报稿中的“审美融入的课程与文化结构图”，都原汁原味保留了。备感荣幸的是，耄耋之年的著名教育家、原国家教委副主任、总督学柳斌先生为本书的出版题字以示鼓励，在此特致敬意。大部分文章是请宣颖华老师帮忙修改，纪楠同志帮忙排版或画图，谨此致谢。由衷感谢北京人天图书有限公司施春生总经理对作者的支持、指导与鼓励。编辑成册，如流行之“文创”，与同行分享，望读者批评指正。如果教育界同行，特别是青年管理干部都能从中得到一些启发，少走一些弯路，作者的工作就有价值，这也是作者将其编辑成册的一个良好愿望！